地球の歩き方 A28 ● 2019〜2020年版

ブルガリア ルーマニア

Bulgaria Romania

JN047908

地球の歩き方 編集室

出発前に必ずお読みください!
旅のトラブルと安全情報…
P.33、P.169、P.311

本書で用いられる記号・略号

紹介している地区の場所と
巻頭折込地図での場所を
示します

✈ 飛行機

🚄 鉄道

🚌🚐 バス

🚗 タクシー

🚢 フェリー

見どころの地図位置
※折込Mapと表記されている地
図は本書巻頭に折り込まれた
地図を指します

ブルガリアの歴代王などを題材にしたブルガリア建国記念碑

シューメン
Шумен
Shumen

国の北東部に位置する、ソフィア〜ヴァルナ間の交通の要衝。第一次ブルガリア帝国の最初の首都プリスカと2番目の首都プレスラフに地理的に近いため、首都防衛のための要塞都市として町は興った。ブルガリア帝国の建国は西暦681年。1981年には当時の要塞跡にブルガリア建国1300年記念碑が建設された。

現在のシューメンには、トルコ系住民が多く住み、町のなかでもトルコ語がよく聞こえてくる。たばこや家具、皮革製品の製造が盛んなほか、人気のシューメンスコビールの生産地としても有名だ。周辺のプリスカ、プレスラフ、世界遺産があるマダラやスヴェシュタリなどを巡る拠点として訪れる人も多い。

シューメンへの行き方

●ソフィアから
✈1日4便
所要6時間〜6時間10分
運賃23.90〜32.60Lv
🚌中央バスステーションから6:30〜22:30の1時間に1〜2便
所要5時間15分〜6時間20分
運賃28Lv
●ルセから
🚌アフトガーラ・ユクから1日3便、ラズグラドРазградで乗り換えたほうが便は多い。
所要約1時間30分
運賃11Lv
●ヴェリコ・タルノヴォから
🚄直行1日2便(ゴルナ・オリャホヴィッツァからは1日4便)
所要：約2時間25分〜3時間25分
運賃7.90〜15.40Lv
🚌アフトガーラ・ユクから1日11便
所要：2時間20分〜2時間45分
運賃13〜15Lv
●ヴァルナから
🚄6:00〜21:35に12便
所要：1時間〜2時間35分
運賃5.90〜12Lv
🚌アフトガーラ・ザパッドから8:00〜17:30の1時間に1〜3便程度、22:30発
所要：1〜2時間
運賃9Lv

シューメンの❶

🗺Map P.113-A

市役所の隣にある。近郊の見どころを含めて、情報はかなり豊富。
✉бул. Славянски 17 (Slavyanski Blvd.)
☎(054)857773
🌐www.tourism-shumen.com
🕐8:30〜17:00　🚫土・日

歩き方

鉄道駅とアフトガーラは町の東側にある。町の中心は、ホテル・マダラのある**オスヴォボジュデニエ広場пл. Освобождение**から駅まで続く大通り、**スラヴャンスキ大通りбул. Славянски**にかけて。広い並木道の両側にはカフェや店が続く。だが、駅からオスヴォボジュデニエ広場までは緩やかな上り坂。1、4番のバスがアフトガーラ西側の**マダラ大通りбул. Мадара**から**シメオン・ヴェリキ通りул. Симеон Велики**経由でホテル・シューメン付近まで行く。

華やかな雰囲気漂うスラヴャンスキ大通り

■本書の掲載情報について

本書は、ブルガリアとルーマニアの多彩な魅力をいろいろな角度から取り上げています。初めての旅行でも個人で歩けるよう、交通機関や観光ポイントのデータを重視し、いろいろなカテゴリーのホテルを掲載しています。

■現地取材および調査時期

本書は2018年8月〜2019年2月の調査をもとに編集しています。具体的で役立つデータを記載していますが、時間の経過とともに変更が出てくることをお含みおきのうえでご利用ください。特に料金はシーズンによる変動も大きいものです。掲載の料金には原則として税、サービス料などは含まれません。日本の消費税については、消費税込みの料金を表示しました。

なおブルガリアとルーマニアでは、正式に発表されていなくても、クリスマスから正月にかけて休業となる施設が多いようです。これらの休日は記載しておりませんのでご了承ください。

■発行後の情報の更新と訂正について

本書に掲載している情報で、発行後に変更されたものについては、『地球の歩き方』ホームページの「ガイドブック更新・訂正情報」で、可能な限り最新のデータに更新しています(ホテル、レストラン料金の変更は除く)。旅立つ前に、ぜひ最新情報をご確認ください。
🌐book.arukikata.co.jp/support ▶

■投稿記事について

投稿記事は、多少主観的になっても原文にできるだけ忠実に掲載してありますが、データに関しては編集部で追跡

見どころ

ブルガリア建国記念碑 The Memorial "Founders" of the Bulgarian State

Паметник "Създатели на Българската Държава" パメトニク・サズダテリ・ナ・バルガリスカタ・ダルジャヴァ

記念碑から見下ろすシューメンの町並み

1981年に建設された、ブルガリア建国1300年記念碑。記念碑はシューメンの町からも見えるので、スラヴャンスキ大通りから丘を上ればいい。碑のある丘の上は見晴らしがよく町を一望できる。

シューメン要塞 Shumen Fortress

Шуменска Крепост シューメンスカ・クレボスト

建国記念碑から南西に約5km。シューメン高台公園の丘の上には第一次ブルガリア帝国時代に築かれた要塞がある。敷地内にはトラキア時代の陶器や装飾品を展示した博物館もある。スタリヤ・グラド Стария Град と呼ばれる城塞の保存状態がよい。

保存状態のよい要塞

トンブル・ジャーミヤ Tombul Mosque

Томбул Джамия トンブル・ジャーミヤ

1744年にオスマン朝総督ハリ・パシャにより建てられた。ブルガリアのイスラム礼拝堂としては最大の大きさを誇る。18世紀中頃に建てられただけあって、外観、内装ともに西ヨーロッパのバロック様式の影響を感じさせる造りになっている。敷地内には礼拝堂のほかに、3つの神学校や蔵書約5000冊の図書館が併設され、信仰と教育を担っていた。

オスマン・バロック様式の建築

■ブルガリア建国記念碑
　　Map P.113-A
歴史博物館の西側にある公園から記念碑へと続く1300段の階段を上る。約20分。タクシー利用だと約5Lv。
TEL(054)872107
0896 104139（携帯）
開10〜4月10:00〜17:00
　5〜9月 9:00〜18:00
休無休
料3Lv
　学生1Lv　英語ガイド5Lv

■シューメン要塞
　　Map P.113-A外
ブルガリア建国記念碑とシューメン要塞を合わせてタクシーで回ってもらうとよい。両方30分ずつ見て30Lv〜。
TEL(054)200351
開夏期9:00〜19:00
　冬期9:00〜17:00
休無休
料3Lv　学生1Lv

■トンブル・ジャーミヤ
　　Map P.113-A
住ул. Г. С. Раковски 21
（G. S. Rakovski Str.）
TEL(054)802875
開9:00〜18:00
休無休
料4Lv　学生2Lv
■2Lv　ビデオ5Lv

ブルガリア

シューメン

地図

- **✚** 観光案内所
- **H** ホテル
- **R** レストラン
- **HR** ホテル&レストラン
- **S** 商店、旅行会社など
- **✉** 郵便局
- **☎** 電話局
- **🚏** バス停
- **🚌** バスターミナル
- **✈** 空港
- 歩行者天国

凡例:
- ✉ 住所
- TEL 電話番号
- FAX ファクス番号
- email eメールアドレス
- URL ホームページアドレス
　（http://は省略。日本語で読めるサイトには末尾に●を表示）
- 開 開館時間
- 休 休業日
- 料 入場料
- ● 写真撮影料
　写真撮影の可否
- フラッシュ撮影の可否

見どころの現地語と読み

地図（シューメン）

П.114
パンチョ・ヴラディギュエロフの家
Къща-Музей Панчо Владигеров

П.115 Minalial Vek
P.115 Popsheytanova Kashta
Shumeni

ヴォイニコフの家
Къща-Музей Добри Войников

時計塔

トンブル・ジャーミヤ
Томбул Джамия

シューメン要塞へ P.113
Шуменска Крепост

コシュートの家

Madara

歴史博物館 P.114
Исторически Музей

Contessa

P.115
Art Hotel
Nirvana

シューメン中央駅

アフトガーラ
Автогара

町の中心行きのバス乗り場

P.113 ブルガリア建国記念碑
Паметник
"Създатели на Българската Държава"

シューメン

0　300m

113

調査を行ってます。投稿記事のあとに（東京都　○○　'18）とあるのは、寄稿者と旅行年度を表しています。ただし、ホテルなどの料金を追跡調査で新た確認データに変更している場合は、寄稿者データのあとに調査年度を入れ['19]としています。
※皆さんの投稿を募集しています。（→P.315）

■キリル文字表記
　ブルガリアの公用語であるブルガリア語はキリル文字で表記され、ラテン文字は通常使われませんが、ホテルやレストランなどの店名はそのかぎりではありません。そこで、本書では取材先でキリル表記の店名の回答がなかった場合、ラテン文字の店名のみの掲載としています。

■博物館、美術館の展示
　博物館や美術館では展示物をほかの施設に貸し出したり、補修などのために非公開とすることもあります。記載されている展示物は予告なく変更になることもあります。

■掲載情報のご利用にあたって
　編集部では、できるだけ最新で正確な情報を掲載するように努めていますが、現地の規則や手続きなどがしばしば変更されたり、またその解釈に見解の相違が生じることもあります。このような理由に基づく場合、または本書に重大な過失がない場合について、本書を利用して生じた損失や不都合などについて、弊社は責任を負いかねますのでご了承ください。また、本書をお使いいただく際は、掲載されている情報やアドバイスがご自身の状況や立場に適しているか、すべてご自身の責任でご判断のうえご利用ください。

ショップ、レストラン、ホテル凡例

⌧ 住所
TEL 電話番号
🕭無料 日本国内で利用できる無料電話
FAX ファクス番号
email eメールアドレス
URL ホームページアドレス
(http://は省略。日本語で読めるサイトには末尾に🔲と記しています。)
開 営業時間
休 休業日
📶 無線LAN
EV エレベーター

💳 現金
Lv ブルガリア・レヴァ
Lei ルーマニア・レイ
US$ 米ドル
€ ユーロ
JPY 日本円
C/C クレジットカード
Ⓐ アメリカン・エキスプレス
Ⓓ ダイナースカード
Ⓙ JCBカード
Ⓜ マスターカード
Ⓥ ビザカード

ショップ

フォークアート＆クラフトセンター Center of Folk Arts & Crafts　　Map P.53-D2
Центрът за Народни Художествени Занаяти　　　　　民芸品

国立民族学博物館が運営する店。博物館に併設されている本店より品数豊富。民族衣装、陶器、キリム、ローズオイルなど、ブルガリアの代表的な手工芸品が何でも揃っている。

⌧ул. Париж 4 (Parizh Str.)
TEL(02)9896416
🕭0888 268588 (携帯)
URLwww.craftshop-bg.com
開9:00～18:00
休無休
💳€ Lv
C/CⓂⓋ(50Lv以上)

レストラン

ディヴァーカ Divaka　　Map P.52-B3
Дивака　　　　　ブルガリア料理

イグナティエフ通りの裏道にある。ガラス張りのコンサヴァトリー (温室) 風のスペースもある。メニューは肉、魚料理に各種スイーツなど、バラエティに富む。メインの料理は5.99～15.99Lv。ラストオーダー23:00

⌧ул. Гладстон 54 (Gladston Str.)
TEL0887 440011 (携帯)
URLdivaka.bg
開10:00～24:00
休無休
💳€ Lv ⒸⓂⓋ
📶あり

ホテル

トラキア Rosslyn Thracia Hotel Sofia　　Map P.52-B3
Рослин Премиер Тракия Хотел София　　★★★★　高級 室数:42

ソフィアで最もにぎやかな通り、ヴィトシャ大通りの2ブロック西にある。客室は設備も調い、広々としている。館内にはマッサージ施設や駐車場などが完備しており、設備も充実。

⌧ул. Солунска 30 (Solunska Str.)
TEL(02)8017900
FAX(02)8017979
URLthracia.rosslyn-hotels.com
Ⓢ🚿🛁🚽🍽€60～
Ⓦ🚿🛁🚽🍽€70～
💳€ Lv ⒶⓂ Ⓥ
📶全館 EVあり

部屋の種類・設備

Ⓓ ドミトリー／相部屋　Ⓢ シングルルーム　Ⓦ ダブルorツインルーム (料金は1部屋あたり)
※個人旅行者向けの宿泊料金の公式レートを公表していない所は取材時の実勢料金を掲載。
🚿 部屋にシャワー付き　🚿 共同シャワー
🛁 部屋にバスタブ付きのシャワールームあり　🛁 部屋のシャワールームにバスタブはない
🚽 部屋にトイレ付き　🚽 共同トイレ　🍽 宿泊料金に朝食が込み　🍽 宿泊料金に朝食は含まれない

ブルガリアと
ルーマニアの
魅力

上:リラの僧院周辺に広がるリラ七つの湖（P.74）　下:歴代ルーマニア国王の墓所、クルテア・デ・アルジェシュ修道院（P.227）

ブルガリアに夏の訪れを知らせる
バラ祭りへ行こう！

バラ摘みに行くぞ～！
たくさん摘むぞ～！

　伝説によるとオスマン朝のスルタン、ムラト3世は宮殿に植えるためのバラを、現在のカザンラクあたりで栽培するよう命じたそうだ。16世紀後半にトルコから輸入されたバラは、気候や土壌が適していたことから、現在ではブルガリアを代表する産業にまで発展している。

　バラの収穫を祝うバラ祭りは、1903年にカザンラクとその周辺で開かれるようになった。規模は年々拡大し、イベントも多彩。世界各国から舞踊団や音楽団を招き、伝統的音楽やダンスを披露し合う国際フォークロア・フェスティバルなどが開かれている。

カザンラクのバラ祭り

　香水用のバラが栽培されているのは「バラの谷」と呼ばれている地域。この周辺では、**毎年6月の第1週末**を中心にあちこちの村でバラ祭りが開催される。最大規模の祭りが開催されるのは、カザンラク。祭りの時期は各国から舞踊団や旅行者が集まり、町はにぎやかになる。ここではカザンラクのバラ祭りの様子を紹介しよう。

収穫用の台車もおめかし

見どころ1
国際フォークロア・フェスティバル

バラ祭りの魅力はなんといっても踊りと音楽。ブルガリア国内だけではなく、世界中から音楽団や舞踏団を招いてそれぞれが伝統舞踊や演奏を披露する。

セヴトポリス広場を中心に3日間にわたって開催され、最近はアジアからもゲストを呼ぶなど、国際色豊かなイベントとなっている。

上：セルビアからやってきた舞踏団
下：チアリーディング・ショーも開催される

期間中毎日いろいろな団体が出場します！

上：地元カザンラクの舞踊団の登場で盛り上がる　下：セヴトポリス広場に踊りの輪が広がる

若さあふれるチアリーディング

民族衣装も見どころ　男性の舞踊も華やか

見どころ2
バラの女王戴冠式

バラ祭りの主役ともいえる「バラの女王」にクラウンを授け、祭りが正式に始まる。2018年は50人目の女王が選出された記念すべき年。その後、コンサートなどがにぎやかに始まり、祭り初日の夜は更けていく。

上：玉座に座り冠を戴く　下：ピンクの衣装が愛らしい女王

屋台めぐりも楽しい
バラグッズをGet!

期間中、カザンラクの町はバラグッズの屋台が並ぶ。ジャムやバラ水など、日本ではなかなか知られていないバラ製品も地元ならではの価格で売られている。はちみつや自家製ヨーグルト、ハンドメイドの刺繍なども、ブルガリアらしいおみやげになる。

上左：バラの造花で作った冠　上右：蜜蝋キャンドルとバラの花せっけん　下左：ほのかに香りがするバラ水　下右：バラモチーフのアクセサリー

バラの畑で
摘み取りのデモンストレーション

　各村のバラ畑では早朝から昼にかけてバラ摘みが行われる。まず民族衣装を着た村の人が伝統舞踊を披露し、その後バラ摘みがスタート！　摘み取りが終わったら、みんなで一緒にフォークダンスを踊ろう。旅人とともにバラの収穫を祝う、これがバラ祭りの最大の魅力だ。

摘んだばかりのバラでローズオイルを作る。香りは最高！

上左:バラ摘みの前に行われる収穫を祝う伝統舞踊　下左:みんなで一緒にフォークダンス！　下右:トゲがあるので注意

世界に誇る香り
ダマスクローズ

開花する前に摘むと香りがいっそう引き立つと言われる

　ブルガリアで生産されているバラは、精油となる工業用のバラ。なかでも最高峰といわれるダマスクローズが主品種で、バラの谷で生産されるものはとくに香りがよく「バラの女王」と称えられている。世界で作られるローズオイルの約7割はブルガリア産といわれ、フランスの名だたる化粧品メーカーや香水ブランドも使っているという。

　収穫は5月下旬から6月上旬にかけて。観賞用よりもかなり小ぶりだが、バラ畑には強い香りが漂う。香りが逃げないように、バラ摘みは満開よりもつぼみのうちに、そして早朝に行われる。

　摘み取ったら、すぐに蒸留釜に入れ精製する。ローズオイルは約2600個の花から1gしかとれないといわれる貴重なものだ。

　精製の過程でできるローズウォーター（バラ水）も人気。飲料や菓子などの香り付けに使われている。

蒸留釜はカザンラク・クラタ民族学博物館（P.120）に展示してある

見どころ4
最終日に行われるパレード

祭りの3日目（日曜）には、カザンラク中心部でパレードが行われる。朝、近郊の畑でバラ摘みを行い、その後バラをたくさん積んだ馬車や民族衣装を着た人々が行進をする。国際フォークロア・フェスティバルに参加している音楽団や舞踏団、さらにバラの女王が乗る車など、華やかな行列が続く。

写真上はバラの女王を乗せたオープンカー。収穫したバラを沿道の人に投げたりマーチングバンドが演奏したりと、趣向を凝らしたパレードが続く

バラ祭り期間外でもOK！
1年中バラが楽しめるスポット

ローズ・オブ・ブルガリア Rose of Bulgaria
ブルガリア産のローズウォーターを使用したコスメブランド。各都市に店舗を持つ。
URL biofresh.bg

レファン ⇒ P.62
ブルガリアを代表するバラのコスメや香水のブランド。
URL www.refanshop.bg

カザンラク・クラタ民族学博物館 ⇒ P.120

19世紀の家屋が並ぶ民族学博物館。見学者にはカザンラクで造られたバラのリキュールとジャムをふるまってくれる。

バラ博物館 ⇒ P.120

バラ公園内にある博物館。ローズオイルの精製過程を見ることができる。各種バラグッズも販売している。

カザンラクは小さな町なのでホテルが少ない。祭りの期間は3ヵ月以上前に予約すること。周辺の都市から日帰りで参加するのもいいが、バスの便が少ないので不便。日本からのツアーに参加することも検討しよう。

吸血鬼誕生秘話！？
ドラキュラ伝説

小説『吸血鬼ドラキュラ』で、
作者のブラム・ストーカーは、ドラキュラ伯爵が住む地として
現在のルーマニアを舞台に選んだ。
ドラキュラのモデルとして知られる
ヴラド・ツェペシュ（ヴラド3世）は実在した人物で、
ルーマニアには彼ゆかりの地が多い。

ヴラド・ツェペシュゆかりの見どころ

ヴラド・ツェペシュ生誕の場所
ヴラド・ドラクルの家
Casa Lui Vlad Dracul ➡P.235

シギショアラの旧市街にある邸宅でヴラド・ツェペシュは生まれた。現在はレストランとなっており、ヴラド・ツェペシュの銅像や絵画などが飾られている。

まさにこれぞドラキュラ城！
ポエナリ城
Cetatea Poenari ➡P.226

ヴラド・ツェペシュが渓谷沿いに建設した要塞。現在は城壁しか残っていない（背景写真）が、入口には串刺しにされた男性の人形が観光用に置かれており、不気味な雰囲気が漂う。

ドラキュラ城のモデル
ブラン城
Castelul Bran ➡P.224

岩山の上に建つこの城はまさに"吸血鬼ドラキュラ"のイメージとぴったり。しかし、実際にヴラド・ツェペシュがここを居城とした記録はなく、彼の祖父であるミルチャ老公の城だった。

物語のドラキュラ

　小説『吸血鬼ドラキュラ』は1897年、アイルランドの作家、ブラム・ストーカーによって誕生した。一般にドラキュラ伯爵のモデルはヴラド・ツェペシュ（ヴラド3世）とされている。しかし、著者はルーマニアを訪れたことはなく、吸血鬼ドラキュラのイメージを作り上げる際に使用したのは、

① **ドラキュラという名前**
② **トランシルヴァニア（現在はルーマニア領）を舞台にした**

この2点だけ。吸血鬼のイメージは19世紀にシェリダン・レ・ファニュによって描かれた『カーミラ』に影響されている。

ヴラド・ツェペシュの生涯

　1431年ヴラド・ツェペシュ（ヴラド3世）はワラキア公であったヴラド・ドラクル（ヴラド2世）の次男として生まれた。ドラキュラという名はニックネームのようなもので、父が竜公（ドラクル）と呼ばれていたため、彼は竜の子を意味する"ドラキュラ"と呼ばれていた。15世紀、ワラキア公国は西にハンガリー、南にはオスマン朝と大国に挟まれた状況で、常に両国の影響下に置かれていた。

　ヴラド・ツェペシュはワラキア公国内の貴族たちから支持を集め、領土を脅かしつつあったオスマン朝への朝貢を断り、使者を串刺しにした。その後もオスマン朝の兵士を次々と串刺しにしたことから"串刺し公"（ルーマニア語でツェペシュ）と呼ばれるようになる。その後も抵抗を続けてきたヴラド・ツェペシュだが、最後はオスマン朝との戦いで戦死。首はオスマン朝の首都イスタンブールへと運ばれ、遺体はブカレスト郊外のスナゴヴ　P.200 に埋められたと伝えられている。

ヴラド・ツェペシュが眠る場所 その1

スナゴヴ修道院
Mănăstirea Snagov　➡P.200

修道院にはヴラド・ツェペシュが眠るという言い伝えがある。実際に祭壇の下には首のない白骨が発見されているが、これがヴラドかどうかはまだ確定していない。

ヴラド・ツェペシュが眠る場所 その2

コマナ修道院
Mănăstirea Komana　➡P.201

コマナ湖の近くにあるコマナ修道院もヴラド・ツェペシュが眠ると信じられている。こちらは墓の位置は分からないが、修道院の壁画にヴラド・ツェペシュが描かれている。

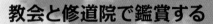

教会と修道院で鑑賞する
東方正教美術の世界

ブルガリアとルーマニアのおもな宗教は
それぞれブルガリア正教とルーマニア正教。
ギリシア正教やロシア正教などと同じ
東方正教と総称され、
同じキリスト教でも西欧のカトリックや
プロテスタントと多くの面で異なっている。
イコンやフレスコ画に代表される
東方正教美術の世界を旅してみよう。

聖なる壁イコノスタス

　東方教会内では信者が礼拝を行う内陣と聖職者のみが入れる至聖所を、イコノスタス（聖障）によって遮っている。中央には王門と呼ばれる出入口があるが普段は閉じられ、特別な礼拝時に開かれる。至聖所は神の国であり、王門が開くことは、天国への扉が開いていることを象徴している。イコノスタスは木製や大理石製などがあるが、精緻な彫刻が施されているものが多い。

金色に輝くイコノスタス

イコンに表現される東方正教の教え

　東方正教の教会内には、キリストや聖人の彫像は置かれておらず、代わりに木の板や壁に直接描かれたイコン（聖画）が置かれている。イコンは東方正教の教え、価値観を正しく伝えるために、伝統的構図、技法で描かれるため平面的かつ様式的に描かれる。作者の個性や価値観が色濃く出るカトリックの宗教画とイコンはこの点が決定的に異なっている。

ブルガリア&ルーマニアを代表する教会と修道院

ブカレスト
ソフィア
ブルガリア

1 イヴァノヴォの岩窟教会群
Ивановски Скални Църкви

P.137

岩をくり抜いて造られた教会にはフレスコ画が多く描かれている。これらは13～14世紀にかけて造られた。

1 ホレズ修道院
Mănăstirea Horezu

P.211

17世紀末、ワラキア公コンスタンティン・ブランコヴェアヌによって建てられた、ブランコヴェアン様式建築の傑作。内部装飾も秀逸。

2 五つの修道院
Cinci Mănăstiri Bucovinene

ブコヴィナ地方には外壁をフレスコ画で覆われた修道院が点在し、一般的に「五つの修道院」と呼ばれている。

P.277

2 ボヤナ教会
Боянска Църква

ソフィア郊外、ヴィトシャ山の麓にある。内壁に描かれた11世紀と13世紀のフレスコ画はそのまま保存されている。

P.60

P.71

3 リラの僧院
Рилски Манастир

第二次ブルガリア帝国の時代に発展し、オスマン朝の時代になってもリラの僧院はブルガリア修道文化の中心として発展を続けた。

4 バチコヴォ僧院
Бачковски Манастир

P.130

プロヴディフ郊外にある。リラの僧院に次いで国内では2番目にすぐれているとされ、3つある聖堂はどれもイコンが美しい。

3 シュルデシュティの木造教会
Surdești

マラムレシュはルーマニアの中でも伝統文化が息づく地域。シュルデシュティの村には塔の高さが72mにも及ぶ木造の教会がそびえている。

P.262

トラキア王黄金のマスク

2004年にシプカのスヴェティツァ墳丘墓で発掘された、紀元前5世紀の黄金のマスク。トラキアの諸部族を統一したオドリュサイ王国の王テレス1世の肖像と考えられている。重さ672g。ソフィアの**国立考古学研究所付属博物館**蔵（→ P.59）

ブルガリアの地に華開いた
トラキアの黄金文明

紀元前3000年頃から現在のブルガリア領に発展したトラキア文明。ホメロスの叙事詩『イーリアス』にもトラキアは黄金を豊富に産する国として登場し、トラキア王レソスは黄金をふんだんに用いた武具と戦車でトロイア戦争に参戦している。ブルガリアが世界に誇る黄金製品を紹介しよう。

トラキア以前、世界最古の黄金製品

トラキア人がブルガリアの地に到着する以前の新石器時代の遺跡からも黄金製品は発掘されている。なかでも紀元前4400～4200年頃のヴァルナ集団墓地遺跡の発掘品は、世界最古の黄金製品といわれている。また、2004年に発掘されたドゥベネの黄金製品は紀元前2000年頃の前期青銅器時代のもの。

ソフィアの**国立歴史博物館**に収蔵されているドゥベネの黄金製品 ➡ P.61

世界最古の黄金製品を収蔵するヴァルナの**考古学博物館** ➡ P.143

セウテス3世の墳墓

　2004年にシプカにあるオドリュサイ王国の王セウテス3世の墳墓からは、数多くの黄金製品が出土している。黄金の花環はオークの葉と実により飾り付けられている。墳墓は王の馬が犠牲として葬られており、黄金の馬具が付けられていた。

セウテス3世の黄金の花環。カザンラクの**イスクラ歴史博物館**蔵 **➡ P.121**

黄金の装飾が施された馬具。カザンラクの**イスクラ歴史博物館**蔵 **➡ P.121**

ボロヴォの遺宝

　ルセ郊外のボロヴォ村で1974年に発見された遺宝で、紀元前4世紀頃の品。4点のリュトン（鹿などの角の形をした器）と1点の容器からなっており、いずれも銀製で、渡金、彫金細工が施されているなど、トラキア人の金属工芸技術の高さをうかがい知ることができる。

ボロヴォの遺宝。馬や女神をかたどった銀製のリュトン。ルセの**地方史博物館**蔵 **➡ P.136**

黄金の花環

　2005年にズラティニツァのゴリャマタ墳丘墓で発掘された紀元前4世紀中頃の黄金の花環。墳丘墓の被葬者はオドリュサイ王国の貴族と考えられている。花環にはオリーブの葉と実が飾り付けられ、前面の有翼女神像は、ギリシアの勝利の女神ニケ。手には月桂樹の花環をもっている。

ゴリャマタ墳丘墓出土の黄金の花環。ソフィアの**国立歴史博物館**蔵 **➡ P.61**

パナギュリシュテの遺宝

　1949年に発掘された遺宝で、紀元前4世紀末から紀元前3世紀初頭にかけて作られたもの。ヤギをかたどったリュトン4点、女性の頭部をかたどった水差し3点、取っ手部分がケンタウロスになっているアンフォラ杯1点、皿状のフィアラ杯1点の計9点からなり、総重量は6kg以上もある。

9点の黄金製品からなるパナギュリシュテの遺宝。プロヴディフの**考古学博物館**蔵 **➡ P.130**、写真はソフィアの**国立歴史博物館**
➡ P.61で展示されているレプリカ

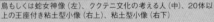

鳥もしくは蛇女神像（左）、ククテニ文化の考える人（中）、20体以上の王座付き粘土型小像（右上）、粘土型小像（右下）

古ヨーロッパ文明
ククテニ文化の美術品を訪ねて

ククテニ文化はルーマニア北東部からウクライナにかけて発達した新石器文化。
洗練された三色土器と女神信仰が特徴的な、古ヨーロッパを代表する文化だ。

三色土器と女神像

　紀元前5000年〜3400年頃にかけてこの地に華開いたククテニ文化。当初単色だった土器は年代が下るにつれて、三色の文様が描かれるようになった。文様はヘビや、ヘビを図案化した渦巻き、犬や植物など多岐にわたる。彼らは、地母神を信仰しており、発掘品のなかには女神像も多い。臀部がデフォルメされたものや、全身に線の模様が入ったものなど、その種類は多様。20以上もの玉座付きの粘土型小像もあり、何らかの儀式で使われていたと考えられている。

渦巻き文様入り2段式土器（左）、結合された杯（上）、動物型土器（下）

ククテニ文化の発掘品が見られる代表的博物館

大学博物館
Muzeul Universitatii, Iasi

➡ P.285

　ヤシのアレクサンドル・クザ大学が運営する博物館。1階がククテニ文化の展示になっている。3室にわたった展示で、それぞれ土器、祭祀、日常生活をテーマにしている。

歴史考古学博物館
Muzeul de Istorie şi Arheologie

✉ Str. Mihai Eminescu 10
☎ (0233) 217496
🌐 www.muzeu-neamt.ro
🕐 4〜9月　10:00〜18:00
　　10〜3月　9:00〜17:00
🚫 月
💰 4Lei　学生2Lei　📷 10Lei
　ピアトラ・ニャムツにある。先史時代から現代までのピアトラ・ニャムツの歴史を紹介しており、ククテニ文化に関する展示も充実する。英語による解説がないのが残念。

ククテニ新石器文化博物館
Muzeul de Artă Eneolitică Cucuteni

✉ Str. Stefan cel Mare 3
☎ (0233) 226471
🌐 maecpn.muzeu-neamt.ro
🕐 4〜9月　10:00〜18:00
　　10〜3月　9:00〜17:00
🚫 月
💰 4Lei　学生2Lei　📷 10Lei
　ピアトラ・ニャムツにある。ククテニ文化の発掘品のなかでも、特に芸術的価値が高い品が集まる。1階は陶器、2階は女神像や動物型の土器など祭祀にまつわる品、3階は近年の発掘品などを展示。

ピアトラ・ニャムツ（折込MAP裏 C1）Piatra Neamuţへのアクセス
🚌 ヤシから1〜2時間に1便程度の運行、所要約2時間15分、運賃34Lei

プランニングアドバイス

ブルガリアではフォークロア・フェスティバルが各地で開かれる

日本からのアクセス

　日本からブルガリアの首都ソフィア（ソフィア空港）、ルーマニアの首都ブカレスト（アンリ・コアンダ国際空港）への直行便は2019年2月現在なく、近隣諸国を経由するのが一般的。

　おもな空路は全日空のウィーン、ルフトハンザ・ドイツ航空のフランクフルト、ミュンヘン経由やターキッシュ エアラインズのイスタンブール経由など。日本航空や全日空を使ってロンドンやパリに行き、ブリティッシュ・エアウェイズやエールフランスに乗り換えたり、ブルガリア・エアー、タロム航空に乗り換えて行くのも一般的。

乗り継ぎを楽しもう！　　　　トルコ
イスタンブール *Istanbul*
ターキッシュ エアラインズで成田から約12時間。アジアとヨーロッパの架け橋といわれ、町歩きやバザール巡り、ボスポラスクルーズなど楽しみ方もいろいろ。

乗り継ぎを楽しもう！　　　　ドイツ
フランクフルト *Frankfurt*
ドイツ経済の中心としてヨーロッパでも最大級の空港を持つ。高層ビルが多く並ぶモダンな町並みだが歴史も深く、文豪ゲーテの故郷でもある。

乗り継ぎを楽しもう！　　　　フランス
パリ *Paris*
エールフランスは日本からは深夜便、昼便と多発しており、滞在時間の調整もラク。パリで美術館巡りやカフェでのんびりしたり、楽しみ方もいろいろ。

欧州域内で便利な格安航空会社

ライアンエア Ryanair　URL www.ryanair.com

イージージェット easyJet　URL www.easyjet.com

ウィズエア Wizz air　URL www.wizzair.com

フライビー Flybe　URL www.flybe.com

ブルガリア・ルーマニアへの空路

日本から直行便がある航空会社
日本航空（JL）ANA（NH）
ブリティッシュ・エアウェイズ（BA）

3 15

ドイツ

アムステルダム

日本から直行便がある航空会社
KLMオランダ航空（KL）

ロンドン
イギリス

オランダ

フランクフル

パリ

日本から直行便がある航空会社
日本航空（JL）
ANA（NH）
ルフトハンザ・
ドイツ航空（LH）

日本から直行便がある航空会社
日本航空（JL）
ANA（NH）
エールフランス（AF）

スイス

フランス

3 05

2 40

2 50

おもな航空路線
― ソフィア路線
― ブカレスト路線
所要時間 0 00

アクセスのよいおもな航空会社

ルフトハンザ・ドイツ航空 (LH)	TEL (03) 4333-7656	URL www.lufthansa.com	羽田発は1日2便、関空発は1日1便、中部発は週5便。
ターキッシュ エアラインズ (TK)	TEL (03) 6837-2337	URL www.turkishairlines.com	成田発は1日1便。
カタール航空 (QR)	TEL (03) 5501-3771	URL www.qatarairways.com	成田発は1日1便、羽田発は1日1便。
エールフランス (AF)	TEL (03) 5767-4143	URL www.airfrance.co.jp	成田発は1日1便、羽田発は1日1～2便、関空発は週5便。
ブリティッシュ・エアウェイズ (BA)	TEL (03) 3298-5238	URL www.britishairways.com	成田発は1日1便、羽田発は1日1便、関空は週4便。
アエロフロート・ロシア航空 (SU)	TEL (03) 5532-8781	URL www.aeroflot.ru/ru-ja	成田発は1日1便。

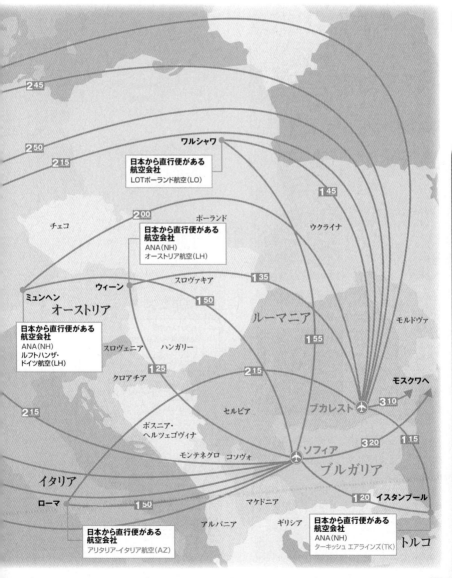

2 45

2 50

2 15

ワルシャワ

日本から直行便がある航空会社
LOTポーランド航空 (LO)

1 45

チェコ

2 00
ポーランド

日本から直行便がある航空会社
ANA (NH)
オーストリア航空 (LH)

ウクライナ

ウィーン
スロヴァキア
1 35

ミュンヘン
オーストリア
1 50

ルーマニア

モルドヴァ

日本から直行便がある航空会社
ANA (NH)
ルフトハンザ・ドイツ航空 (LH)

スロヴェニア
ハンガリー

1 55

クロアチア
1 25

2 15

2 15

セルビア

ブカレスト

モスクワへ

3 10

ボスニア・ヘルツェゴヴィナ

ソフィア

3 20
1 15

モンテネグロ　コソヴォ

ブルガリア

イタリア

ローマ
1 50
マケドニア
1 20　イスタンブール

アルバニア
ギリシア

日本から直行便がある航空会社
ANA (NH)
ターキッシュ エアラインズ (TK)

トルコ

日本から直行便がある航空会社
アリタリア-イタリア航空 (AZ)

周辺諸国からのアクセス

●鉄道

　ブルガリア、ルーマニアともにハンガリーやウクライナ、セルビア、トルコなどからの国際列車が発着する。中欧全体を回ろうとする人にも非常に便利だ。おもな国際列車の路線は右下の図のとおり。

●バス

　国際バスの旅は、乗客の出入りも限られ、列車の旅より比較的安全だ。国境近くの町は隣国行きのバスが出ているが、国境越えで時間がかかることが多い。特に非EU国からブルガリア、ルーマニアに入る際は要注意。

鉄道&バスで行く周辺都市　　セルビア

ベオグラード *Београд*

　ソフィアから鉄道もあるが、バスの方が早い。バルカン半島の交通の要衝であり、ドナウ川とサヴァ川が交わる地でもある。王宮やセルビア正教の大聖堂など、魅力的な見どころが多い。

バスで行く周辺都市　　マケドニア

スコピエ *Скопје*

　マケドニアの首都スコピエへはソフィアからバスで4時間30分。中心部にはオスマン朝時代から残るバザールやイスラム寺院などが残り、オリエンタルな雰囲気が抜群。

バスで行く周辺都市　　ギリシア

アテネ *Αθήνα*

　ソフィアからギリシア方面のバスの便は多く、首都アテネにも行ける。世界遺産のシンボルとしても有名なパルテノン神殿など、古代ギリシアのロマンに浸りたい人におすすめ。

鉄道で行く周辺都市　　トルコ

エディルネ *Edirne*

　ブルガリアとの国境近くにある。この町の名を有名にしているのは、トルコ随一の美しさを誇るセリミエ・ジャーミィだ。周辺のバザールなどとともに世界遺産にも登録されている。

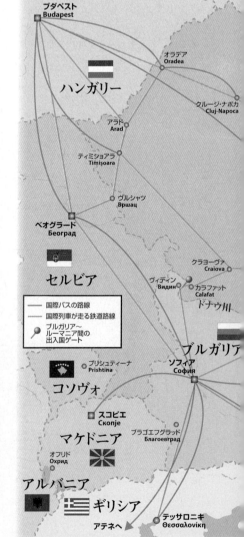

ブダペスト
Budapest

オラデア
Oradea

ハンガリー

クルージ・ナポカ
Cluj-Napoca

アラド
Arad

ティミショアラ
Timişoara

ヴルシャツ
Вршац

ベオグラード
Београд

セルビア

クラヨーヴァ
Craiova

ヴィディン
Видин

カラファット
Calafat

ドナウ川

ブルガリア

プリシュティーナ
Prishtina

ソフィア
София

コソヴォ

スコピエ
Скопје

ブラゴエフグラッド
Благоевград

マケドニア

オフリド
Охрид

アルバニア

ギリシア

テッサロニキ
Θεσσαλονίκη

アテネへ

――― 国際バスの路線
――― 国際列車が走る鉄道路線
🔍 ブルガリア〜ルーマニア間の出入国ゲート

鉄道で行く周辺都市　ハンガリー

ブダペスト Budapest

クルージ・ナポカやオラデアなど、トランシルヴァニア西部の都市から直通便がある。ドナウ川に架けられたくさり橋や王宮など、迫力ある景観が魅力。

バスで行く周辺都市　モルドヴァ

キシニョウ Chişinău

モルドヴァにはルーマニア系の人々が多く住み、首都キシニョウへはヤシ発のバスがある。小さな町だが博物館や民芸品など見どころは多い。

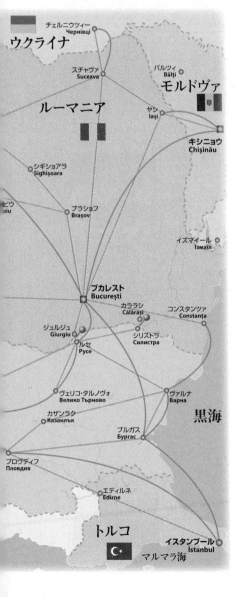

チェルニウツィー
Чернівці

ウクライナ

スチャヴァ
Suceava

バルツィ
Bălți

モルドヴァ

ルーマニア

ヤシ
Iaşi

キシニョウ
Chişinău

シギショアラ
Sighişoara

ビウ
oiu

ブラショフ
Braşov

イズマイール
Ізмаїл

ブカレスト
Bucureşti

カララシ
Călăraşi

コンスタンツァ
Constanţa

ジュルジュ
Giurgiu

シリストラ
Силистра

ルセ
Pyce

ヴェリコ・タルノヴォ
Велико Търново

ヴァルナ
Варна

黒海

カザンラク
Казанлък

ブルガス
Бургас

プロヴディフ
Пловдив

エディルネ
Edirne

トルコ

イスタンブール
İstanbul

マルマラ海

ユースフルインフォメーション

■鉄道パス

ブルガリアやルーマニアを主に鉄道を利用して旅行する場合に便利なのが鉄道パス。鉄道パスなら、乗車ごとにいちいち切符を購入する手間を省くことができる。全席指定制の列車の場合は、座席指定券を購入する必要がある。ブルガリアでは、隣国間との国際列車および一部の国内の急行列車、ルーマニアでは普通列車を除くインターシティ（IC）、インテルレジオ（IR）が全席指定制の列車となる。

ブルガリア、ルーマニアで利用できるパスは、バルカン諸国8ヵ国で利用できるバルカンフレキシーパスとユーレイルグローバルパスなどがある。またブルガリア、ルーマニアの1ヵ国で利用できるパスもある。旅程にあわせて選ぼう。なお、バルカンフレキシーパスのルーマニアでの利用は、ルーマニア旅客鉄道（C.F.R.）で利用できず、レジオトランス社（Regiotrans）の列車のみ利用できる。

バルカンフレキシーパスの料金			
1等	大人	シニア （60歳～）	ユース （12～25歳）
3日分/2ヵ月間	€127	€108	€95
5日分/2ヵ月間	€180	€144	€108
7日分/2ヵ月間	€243	€196	€146
10日分/2ヵ月間	€314	€252	€188
15日分/2ヵ月間	€378	€303	€227
2等	大人	シニア	ユース
3日分/2ヵ月間	€91	€77	€68
5日分/2ヵ月間	€134	€107	€80
7日分/2ヵ月間	€183	€145	€106
10日分/2ヵ月間	€233	€187	€140
15日分/2ヵ月間	€280	€225	€168

ユーレイルブルガリアパスの料金			
	1等		2等	
	大人	ユース	大人	ユース
3日分/1ヵ月間	€78	€62	€59	€51
4日分/1ヵ月間	€99	€79	€74	€64
5日分/1ヵ月間	€119	€95	€89	€77
6日分/1ヵ月間	€139	€111	€104	€90
8日分/1ヵ月間	€176	€141	€132	€114

ユーレイルルーマニアパスの料金			
	1等		2等	
	大人	ユース	大人	ユース
3日分/1ヵ月間	€123	€98	€92	€80
4日分/1ヵ月間	€152	€122	€114	€99
5日分/1ヵ月間	€179	€143	€134	€116
6日分/1ヵ月間	€205	€164	€154	€133
8日分/1ヵ月間	€253	€202	€190	€164

※掲載の料金は、2019年2月現在のもの

旅のカレンダー

月		☀日の出 ★日没 (ソフィア)	旅行情報 祭りとイベント	混雑具合	航空券の値段	ソフィアとブルガリア西部、ブルガリア中央部	最高気温 最低気温 (ソフィア)
1	上旬	☀7:54 ★17:19	スルヴァカネ（ブルガリア各地、1/1）	★	★★	気候　バルカン山脈以北は雪が降り、寒さが厳しい。山脈以南は気温は北部ほど低くはならないが、積雪は多い。	2 -5
	中旬			★	★		
	下旬			★	★		
2	上旬	☀7:25 ★17:56	クケリ（ブルガリア各地、2〜3月）	★	★	服装　東京の冬の服装でも十分だが、滑りにくい靴を用意しよう。 観光アドバイス　バンスコではスキーが楽しめる。	5 -3
	中旬			★	★		
	下旬			★	★		
3	上旬	☀6:39 ★18:32	ババ・マルタ祭り（ブルガリア各地、3/1） ソフィア国際映画祭（ソフィア、'19/3/7〜17）	★	★	気候　気温が上がると同時に雨が多くなる。4月になれば温暖になるので過ごしやすくなる。 服装　ジャケットは用意しておこう。長袖のシャツだけだとかなり寒い。 観光アドバイス　5月になるとバラが咲き始め、各地でバラ祭りが開かれる。	9 1
	中旬			★	★		
	下旬			★	★		
4	上旬	☀6:46 ★20:08	夏時間実施期間 イースター（'19/4/28）	★★	★		15 4
	中旬			★★	★		
	下旬			★★	★★★		
5	上旬	☀6:04 ★20:41	バルカン・フォークロアフェスティバル（ヴェリコ・タルノヴォ、'19/5/9〜19）	★★★	★★★	カザンラクのバラ祭り	20 9
	中旬			★★	★★		
	下旬			★★	★★		
6	上旬	☀5:48 ★21:06	バラ祭り（カザンラク、6月第1週） シビウ国際演劇祭（シビウ、'19/6/17〜22）	★★	★★	気候　各地で気温は上がるが、バルカン山脈以北は多湿で山脈以南は乾燥している。	23 12
	中旬			★★	★★		
	下旬			★★	★★		
7	上旬	☀6:01 ★21:03	国際フォークロアフェスティバル（ヴァルナ、'19/7/28〜8/1）	★★	★★	服装　夜は冷えるので、上着を用意しておくのがベスト。 観光アドバイス　カザンラクのバラ祭りは国内最大級の規模。ホテルの料金も上昇する。	26 13
	中旬			★★★	★★		
	下旬			★★★	★★★		
8	上旬	☀6:32 ★20:29	国際フォークロアフェスティバル（ブルガス、'19/8/26〜30）	★★★	★★★		26 14
	中旬			★★★	★★★★		
	下旬			★★★	★★★		
9	上旬	☀7:05 ★19:37	ジョルジェ・エネスク音楽祭（ブカレスト、'17/8/31〜9/22）	★★★	★★★	気候　日本に比べて降水量は少ないが、11月を過ぎると気温がぐっと下がるので要注意。 服装　11月以降はコートを用意したほうがいい。 観光アドバイス　秋になるとできたてのワインが楽しめる。サルミがおいしい季節。	22 11
	中旬			★★	★★		
	下旬			★★	★★		
10	上旬	☀7:39 ★18:45	ハロウィン（ルーマニア各地、10/31）	★★	★★		16 6
	中旬			★	★		
	下旬			★	★		
11	上旬	☀7:17 ★17:04		★	★	リラの僧院は寒さが厳しい	9 1
	中旬			★	★		
	下旬			★	★		
12	上旬	☀7:49 ★16:55	クリスマス（12/24〜26）	★	★		4 -3
	中旬			★	★		
	下旬			★★★	★★★		

24 ※日の出、日没の時刻は2018年の各月の中日を採用しています。

ヨーロッパの東側に位置するブルガリアとルーマニア。両国とも気候は概ね大陸性気候。日本と同様にどの地域にも春夏秋冬があり、季節ごとに見られる風景も変化する。以下の表を参考にして、訪れる時期も考慮しながら予定を立ててみよう。

ブカレストとワラキア地方、トランシルヴァニア地方、	最高気温 最低気温（ブカレスト）	マラムレシュ地方、モルドヴァ、ブコヴィナ地方	最高気温 最低気温（ヤシ）	黒海沿岸地方、ドブロジャ地方	最高気温 最低気温（ヴァルナ）	月
気候　積雪が多く、特に山間部は寒さが厳しい。服装　防水加工を施したレインコートを用意しよう。観光アドバイス　ブラショフ近郊のスキーリゾートはこの時期が一番混み合う。山間部は霧が多く発生する	1 -6	気候　2月は豪雪で道が閉鎖されるほど。服装　雪の上を歩くことも多いので、長靴を用意しておくと便利。観光アドバイス　五つの修道院ツアーは行っていない。旅行会社で車を手配してもらうか、タクシーをチャーターする。	-1 -7	気候　冬でも比較的温暖で積雪も少ない。服装　東京の冬の服装でも十分。観光アドバイス　博物館やビーチなどは閉鎖されているが、ホテルなどは安く宿泊できる。	5 -1	1
	4 -3		2 -5		6 -1	2
	10 -1	気候　3月はまだ雪が多いが、4月になれば気候も穏やかになる。服装　冬の服装くらいがちょうどいい。観光アドバイス　五つの修道院ツアーが始まるのがこの時期。日照時間も長くなるので観光には適したシーズン。	8 -1	シーズンオフのソゾポル	9 2	3
気候　イースターを過ぎると比較的過ごしやすくなる。服装　昼間は長袖のシャツでも過ごせるが、ジャケットも用意しておこう。観光アドバイス　野花が美しい季節。	18 6		16 5	気候　3・4月は肌寒い日が続くが、5月になると気候も温暖になる。服装　薄手のジャケットを用意しておこう。観光アドバイス　町にバカンス客があふれだすのは5月頃から。	14 7	4
	23 10		22 10		19 12	5
気候　平野部では気温が30℃近くまで上がり、暑い日が続く。山間部の気温はそれほど上がらない。服装　夜になると冷えるので、上着は必ず持って行こう。観光アドバイス　日照時間も長く、観光客も多く集まる。ブラショフやシナイアなどはホテルが混み合う。	27 14	修道院巡りは夏が最適	25 15	気候　他の地域に比べて温暖な地域だが、夜は冷えるので注意。服装　昼間は水着でも過ごせるが、夜はシャツだけだと寒い。観光アドバイス　訪れるのならこの時期がベスト。だが、どこも観光客で混み合うので、ホテルは必ず予約しよう。ドナウ川クルーズも行われる。	24 16	6
	28 16	気候　気温は一年で最も高いが、雨の日も多い。服装　雨の日は冷えるので、常に上着を着用したほうがいい。観光アドバイス　マラムレシュの村々では祭りが行われ、伝統的な音楽なども楽しめる。夏の間だけオープンするペンションも多い。	27 15		27 17	7
夏のペレシュ城	28 15		26 14		27 17	8
	24 11	気候　気温は春とあまり変わらないが、11月になると寒さは本格的になる。服装　10月以降はコートを用意したほうが無難。観光アドバイス　11月になると霧が発生するのでレンタカーを運転するのはかなり危険。	22 11	ママイアのビーチ	23 14	9
気候　9月に入ると気温も下がり、秋を感じるのもこの時期から。10月からはコートも必要だ。服装　日によっては冷えるので、防寒具は必要。観光アドバイス　11月頃は霧が多く発生するので、車での移動は注意。	18 6		16 5	気候　9月の中旬になると気温は下がり始めるので海水浴は厳しい。服装　日によっては冷えるので、防寒具は必要。観光アドバイス　博物館やビーチは徐々に閉まり始める。スパなどは季節に関係なく営業している。	18 9	10
	10 1		8 1		13 5	11
	3 -3	冬のモルドヴィツァ修道院	2 -4		8 1	12

星の数★〜★★★は相対的な値の大きさを示しています。星の数が増えれば混雑度は大きくなり、料金は高くなる。

10日間のモデルルート

ブルガリア、ルーマニアは魅力的な見どころでいっぱいだ。しかし、町の数も多いのでどこから訪れたらいいか悩んでしまうかもしれない。ここでは10日間で代表的な見どころを巡るモデルプランを紹介。これを参考に自分の興味に合わせてアレンジしてみよう。

1日目 ソフィア

午前 世界遺産リラの僧院を見る
→ P.71

ブルガリア正教の総本山。色彩豊かな修道院は見る者を圧倒する。昼食は名物のマス料理を。

午後 ソフィアへ戻り、市内見学
→ P.45

ソフィアではブルガリアで最も美しいといわれるアレクサンダル・ネフスキー寺院を見学。夕食はトロップス・フーズ（→P.70）でブルガリア料理に挑戦しよう。

> ブルガリア料理がいっぱい！

2日目 プロヴディフ

午前 ソフィアから長距離バスでプロヴディフへと移動

午後 旧市街をのんびりとおさんぽ
→ P.128

旧市街には伝統的な家々が多く並んでおり、見学もできる。さらにおしゃれなみやげ物屋も多いので、ハンドメイドのかわいらしい雑貨をゲットしよう！

> 可愛らしいハンドメイドなら旧市街で探してみてね！

3日目 カザンラク

早朝 プロヴディフから長距離バスでカザンラクへと移動

午後 カザンラク・クラタ民族学博物館でおみやげをゲット！
→ P.120

館内にはアンティークが展示されている。ただし冬期は閉まってしまう。ちなみに6月第1週にはバラ祭りも開かれるので時期が合えばぜひ参加したい。

> ペアで買ってね！

4日目 ヴェリコ・タルノヴォ

午前 カザンラクから長距離バスでヴェリコ・タルノヴォへと移動

午後 職人たちと触れ合いながら、市場を散策
→ P.100

旧市街の市場は職人の工房が多く並び、手作りのおみやげが売られている。食事はブルガリアのワインが充実しているハジ・ニコリ・インや、シュタストリヴェツァ（→P.105）で。

5日目 ヴェリコ・タルノヴォ〜ブカレスト

午前 ヴェリコ・タルノヴォからルセ経由でルーマニアのブカレストへと移動

午後 ルーマニアに到着したら、その日はそのままホテルで休もう

6日目 ブカレスト

午前 世界で2番目に大きい建築物、国民の館に入ってみよう！　→P.194

あまりにも広いので、館内を巡るガイドツアーで見学できるのは一部の部屋のみ。

午後 町で一番おしゃれな旧市街エリアでカフェバー巡り　→P.198

旧市街エリアはおしゃれなカフェバーが集まる現地の若者に人気のスポット。ルーマニア産のワインやビールを飲みながらゆっくりとしたい。

7日目 ブカレスト〜シナイア

早朝 ここがドラキュラのお墓？　スナゴヴ修道院を訪れる　→P.200

ブカレストからの公共交通はないので旅行会社の半日ツアーで訪れよう。

午前 ブカレストから鉄道でシナイアへと移動

午後 ルーマニアで最も壮麗な城、ペレシュ城までお散歩　→P.217

町の中心部からペレシュ城までは緩い坂道となっており、道の両脇にはみやげ物屋が並んでいる。途中でバウムクーヘンの原型といわれるクルトゥーシ・カラーチをつまみつつ、のんびりと登ろう。

8日目 ブラショフ

早朝 ブカレストから鉄道でブラショフへと移動

午前 "吸血鬼ドラキュラ"の雰囲気が漂うブラン城へ　→P.224

ドラキュラグッズも手に入るぞ！

実際はモデルとなったヴラド・ツェペシュの祖父が住んでいた城。現在は観光地となっていて、周囲には露店やお化け屋敷などが並ぶ。

午後 トゥンパ山から赤茶色の旧市街を一望しよう　→P.222

ブラショフに戻ったらロープウエイでトゥンパ山の山頂へ。おやつにはブラショフ名物パパナシをどうぞ。

9日目 シギショアラ

午前 ブラショフから鉄道でシギショアラへと移動。ブラショフから日帰り

午後 中世の町並みが残る旧市街でおみやげ探し　→P.234

シギショアラの旧市街は世界遺産に登録されており、古風な街並みが今も残っている。ドラキュラのモデルとなったヴラド・ツェペシュの生家もある。

10日目 ブラショフ〜ブカレスト

午前 ブラショフからブカレストまで鉄道で移動

午後 ブカレストのノルド駅から空港バスでアンリ・コアンダ空港へ

地球の歩き方

ぷらっと地球を歩こう！

Plat ぷらっと

自分流に
旅を楽しむための
コンパクトガイド

これ1冊に
すべて
凝縮！

軽くて
持ち歩きに
ピッタリ！

定価1100円～1650円（税込）

＼写真や図解でわかりやすい！／

人気の観光スポットや旅のテーマは、
じっくり読み込まなくても写真や図解でわかりやすく紹介

＼モデルプラン＆散策コースが充実！／

そのまま使えて効率よく楽しめる
モデルプラン＆所要時間付きで便利な散策コースが満載

ブルガリア
Bulgaria

カザンラクのバラ祭でのパレード

ブルガリアの基本情報

▶旅の言葉→P.160

国 旗
白・緑・赤の3色旗

正式国名
ブルガリア共和国
Република България

国 歌 Мила Родино（わが祖国）
面 積 11万910km²（日本の3分の1）
人 口 707万5991人（2017年）
首 都 ソフィア София
元 首
ルーメン・ラデフ大統領
Румен Радев

政 体
共和制（2007年1月からEUに加盟）

民族構成
ブルガリア人（南スラヴ系）80％、トルコ人9.7％、ロマ3.4％。そのほかアルメニア人、ギリシア人、ルーマニア人など。

宗 教
ブルガリア正教が大多数、ほかにイスラム教など。

言 語
公用語はブルガリア語。ホテルやレストラン、ソフィアのような大都市では、英語は比較的通用する。ロシア語、ドイツ語も通じやすい。北東部を中心に、トルコ語を話す人々も多い。

通貨と為替レート

　ブルガリアの通貨はレフЛев（複数はレヴァ Лева）。本書ではLvと表記する。ユーロとの固定相場制で、2019年2月現在、1Lv＝約64円、€1≒1.96Lv。補助通貨はストティンキстотинкиで、1Lv＝100ストティンキ。

　流通している紙幣は100Lv、50Lv、20Lv、10Lv、5Lv、2Lv。硬貨は2Lv、1Lv、50ストティンキ、20ストティンキ、10ストティンキ、5ストティンキ、2ストティンキ、1ストティンカ。

クレジットカード

　クレジットカードは高級なレストランやホテルでの利用に限られる。

両替　ブルガリア語で両替はオブミャーナ（ナ・ヴァウータ）Обмяна（на валута）という。市中の両替所にはEXCHANGEと英語で書かれた看板がレート表とともに出ている。両替には原則としてパスポートが必要で、それと引き替えに両替証明書（領収証）が発行される。

1レフ　2レヴァ　2レヴァ　5レヴァ　10レヴァ

20レヴァ　50レヴァ　100レヴァ

1ストティンカ　2ストティンキ　5ストティンキ　10ストティンキ　20ストティンキ　50ストティンキ

電話のかけ方

日本からブルガリアへかける場合　**例** ソフィアの（02）1234567へかける場合

国際電話会社の番号	国際電話識別番号	ブルガリアの国番号	市外局番（頭の0は取る）	相手先の電話番号
001（KDDI）※1 0033（NTTコミュニケーションズ）※1 0061（ソフトバンクテレコム）※1 005345（au携帯）※2 009130（NTTドコモ携帯）※3 0046（ソフトバンク携帯）※4	010 ※2	359	2	1234567

※1 「マイライン」の国際区分に登録している場合は、不要。詳細は、http://www.myline.org/
※2 auは、010は不要。
※3 NTTドコモは事前登録が必要。009130をダイヤルしなくてもかけられる。
※4 ソフトバンクは0046をダイヤルしなくてもかけられる。

祝祭日（おもな祝祭日）

年によって異なる移動祝祭日（※印）に注意。		
1/1		元日
3/3		解放記念日
4/26 ('19) 4/17 ('20)	※	復活祭前の金曜
4/28 ('19) 4/19 ('20)	※	復活祭
4/29 ('19) 4/20 ('20)	※	復活祭の翌月曜
5/1		労働および労働省の国際的連帯の日
5/6		聖ゲオルギイの日
5/24		聖キリルと聖メトディウスの日
9/6		統一記念日
9/22		独立記念日
11/1		民族復興指導者の日
12/24 ～ 26		クリスマス

ビジネスアワー

以下は一般的な営業時間の目安。

銀 行 月〜金曜は8:30〜16:30。土・日曜は休業。

デパートやショップ 一般の商店は月〜金曜は10:00〜20:00、土曜は〜13:00、

日曜、祝日は休業というのが一般的。ショッピングモールはだいたい10:00〜22:00の営業で無休。

レストラン 12:00〜24:00というところが多い。ディナー時のみ営業の店もある。

電気＆ビデオ

電圧とプラグ 電圧は220Vで周波数50Hz、プラグは2本足のCタイプが一般的。日本国内の電化製品はそのままでは使えないものが多く、変圧器とプラグアダプターが必要。

DVD方式 DVDソフトは地域コードRegion Codeが日本と同じ「2」と表示されていれば、DVD内蔵パソコンでは通常PAL出力対応なので再生できるが、一般的なDVDプレーヤーでは再生できない（PAL対応機種なら可）。

チップ

タクシー おつりの小銭をチップとする。

レストラン 高級レストランでサービスに満足したときには、料金の10％程度が一般的。

ホテル 基本的に不要。特別な頼みごとをしたときに1Lv程度。

トイレ

トイレ 駅やバスターミナルの公衆トイレ（トアレートナ Тоалетна）は基本的には有料で、1回0.50〜1Lv。料金を払ってトイレットペーパーをもらう。入口は女性用（ダーミー Дами またはジェニー Жени）、男性用（マジェ Мъже）に分かれている。しゃがんで使う便器は日本の和式と反対側を向いて使用する。

ブルガリアから日本へかける場合　　例 (03) 1234-5678 または (090) 1234-5678へかける場合

国際電話識別番号	+	日本の国番号	+	市外局番と携帯電話の最初の0を除いた番号	+	相手先の電話番号
00		**81**		**3 または 90**		**1234-5678**

▶ブルガリア国内通話　市内へかける場合は市外局番は不要。市外へかける場合は市外局番からダイヤルする。

▶公衆電話のかけ方　公衆電話はオレンジ色と青の2種類があり、それぞれ別のテレフォンカード（50度数4.90Lv〜）を使用する。テレフォンカードはどちらもキオスクで購入。電話機の普及度は同程度なので、どちらのテレフォンカードを購入してもあまり違いはない。

飲料水

ブルガリアでは、水道管が古く、混濁している場合もあるので水道水の飲用はおすすめできない。ミネラルウオーター（ミネラルナ・ヴォダ**Минерална Вода**）が売られている。500mℓで0.50Lv程度。チェシマという水くみ場で水を充填する人も多い。

気候

ブルガリアの気候は、全体的に大陸性気候といえる。ただし、国土のほぼ中央を東西に走るバルカン山脈（スタラ・プラニナ）を境に、北と南では同じ時期でも気温や雨量は大きく違ってくる。山脈以北は、冬は寒さが厳しく乾燥しやすいが夏は高温多湿になる。山脈以南は地中海性気候の影響を強く受けているため、温暖多湿で果樹やたばこの栽培に適した地が多い。

ブルガリアには日本と同様に春夏秋冬の四季があり、季節ごとに旅の楽しみがある。なかでもベストシーズンといわれているのは春から秋にかけて。特に5〜6月には、ブルガリア最大のフェスティバル「バラ祭り」をはじめ、各都市でさまざまな催しが開かれる。黒海沿岸のリゾート地なら6〜9月がベスト。スキーシーズンである冬は、寒さが厳しいうえに、交通が麻痺する可能性があるので余裕をもったスケジュールを立てよう。服装は日本とほぼ同じでよいが、冬は道路が凍結することもあるので、滑りにくい靴を用意し、防寒対策も万全に。

ソフィアと東京の気温と降水量

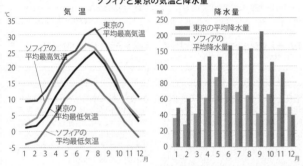

気温

- 東京の平均最高気温
- ソフィアの平均最高気温
- 東京の平均最低気温
- ソフィアの平均最低気温

降水量

- 東京の平均降水量
- ソフィアの平均降水量

日本からのフライト時間

▶日本からのアクセス →P.20

日本からブルガリアへの直行便はないので、最低一度は周辺国の各都市で乗り換える必要がある。羽田発の場合、フランクフルト、ミュンヘン、ロンドン、ドーハ乗り換えで同日着。フライト時間の目安は、乗り継ぎ時間も含めて所要17〜19時間。

時差とサマータイム

日本との時差は7時間で、日本時間から7時間引けばよい。つまり、日本のAM6:00がブルガリアでは前日のPM11:00となる。これがサマータイム実施中は6時間の時差になる。

サマータイム実施期間は、3月最終日曜のAM3:00（＝AM4:00）〜10月最終日曜のAM4:00（＝AM3:00）まで。

郵便

郵便局には、ポシュタ**ПОЩА**と大きく書かれているのですぐにわかる。月〜金曜は8:00〜18:00の営業で、土・日曜が休業。

郵便料金

日本までのエアメールは、ハガキと20gまでの封書の場合1.70Lv。約1週間で日本に届く。

出入国

ビザ
90日までの観光目的の滞在ならビザは不要。

パスポート
パスポートの残存有効期間は、入国時に6ヵ月以上必要。

▶旅の必需品
→ P.308

税金

ブルガリアではほとんどの商品に付加価値税**ДДС**が20％かかっている。多くの場合内税方式で、税金を別途に払う必要はないが、一部の高級ホテルでは、付加価値税（9％）を別に徴収する場合がある。免税の対象店で買い物をしたときには書類を作成してもらい、出国地で申請すれば払い戻しが受けられる。

安全とトラブル

首都ソフィアのほか、ルセなど国境地域、観光客の多いヴァルナなどでは、観光客を狙った犯罪が多発しており、注意が必要だ。要注意地域はソフィアの場合は国立文化宮殿、スヴェタ・ネデリャ広場、中央駅（中央バスステーション）周辺、市内西部と北部など。

警察
警察官はポリツァイ**Полицай**といい、青色を基調とした制服を着ている。ニセ警察官もいるが、正規の警察官はパスポートの提示は求めても、財布の提示などは求めない。

スリ
ソフィアの中心部や中央駅、中央バスステーション周辺、トラムや市内バスの車内といったところで多発している。数人でターゲットを取り囲んで混雑状況を作り出し、気をそらしている間にかばんの中やポケットから貴重品を盗むという手口が一般的。

睡眠薬強盗
町なかで声をかけられ、一緒にコーヒーを飲んだあと（ビスケットの場合もある）意識を失い、気づいたら身ぐるみはがされている、という手口。最近は巧妙化しており、気をつけていてもだまされる旅行者が多い。ビスケットの場合、目の前で袋を開封して自分が食べてみせて安心させるが、相手は袋の上から注射針で睡眠薬を注入しているのだ。また、最初は自分がお金を払い数

日かけて信用させ、最後にだますという悪質なケースもある。とにかく見知らぬ人物から安易に物をもらって、口にしたりしないことが最善の対策だ。

ヤミ両替、ニセ警官
「チェンジマネー」と声をかけられ、話を聞いていると、ニセ警官が現れ「不法両替」という理由でパスポートの提示を求められ、現金の提示を求められ、札を数えるふりをしながら抜き取るなどの例が多い。

タクシー
ブルガリアのタクシーは黄色い車体と料金の表示が義務づけられている。主要都市や国境地域では、料金表示をしているが、それが通常のタクシー料金の10倍だったり、メーターを改造したタクシーも見られる。また、会計後財布をすったりひったくったりして、客を車の外へ追い出し、逃走する例もある。電話番号と車体番号はメモしておくこと。

▶治安とトラブル
→P.311

警察 救急 消防　112

年齢制限

ブルガリアでは18歳未満の酒類とたばこの購入は不可。また、レンタカーは年齢制限があり、25〜60歳という場合がほとんど。クレジットカードの提示を求められる場合もある。

度量衡

日本の度量衡と同じでメートル法を採用。距離はメートル、重さはグラム、キロ、液体はリットル。

ブルガリアってどんな国?

ブルガリアには、ヨーロッパでありながらアジアの雰囲気が漂う。中央アジアにいた遊牧民のブルガール人とスラヴ人を祖先にもち、オスマン朝に14世紀後半から約500年間支配された。異文化が混在した独特の雰囲気には、こういった歴史的背景が大きく影響している。

リラの僧院は、ブルガリア正教会を代表する修道院。プロヴディフの旧市街には、張り出し窓が印象的な家々が並ぶ。森と丘に囲まれた古都ヴェリコ・タルノヴォ、初夏に収穫祭があるバラの谷、黒海沿岸のリゾート、雪深きスキーリゾートと、1年中楽しめる。

ブルガール人とスラヴ人が移住するまでは、この地はトラキアと呼ばれ、トラキア人が住んでいたため、彼らの遺跡も数多く見られる。世界遺産にも登録されているカザンラクとスヴェシュタリのトラキア人の墳墓はその代表格だ。トラキアは黄金の産地として知られ、ソフィアやカザンラク、ヴァルナなどの博物館では、美しい黄金細工を見ることができる。

「はい」で首を横に振り、「いいえ」で首を縦に振る古い習慣の残るブルガリア。人々は一見表情が硬く、寡黙でシャイだが、知り合いになれば親身になって面倒をみてくれる。朴訥で正直で人情が厚い、それがブルガリア人気質だといわれている。あなたもきっと人々のあたたかさに触れることができるだろう。

ソフィアとブルガリア西部　**P.43**
София, Западна България

ソフィアは標高550mと、ヨーロッパでも比較的高所にある首都のひとつ。南には国立公園がいくつも連なる豊かな自然環境が広がっている。世界遺産ピリン国立公園へはバンスコが起点。リラの僧院があるのもこの地方だ。

リラの僧院 (→P.71)

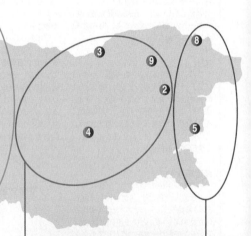

ソフィア

ヴェリコ・タルノヴォ (→P.96) の町並み

ゴールデン・サンズのビーチ (→P.145)

ブルガリア中央部　**P.89**
Средна България

北はバルカン山脈、スレドナ・ゴラ山脈、南はトラキア平原と風景は変化に富む。初夏には香油用のバラが咲くバラの谷もある。遺跡や古都も多く、ブルガリアの歴史を語るうえで欠かせないエリアだ。

黒海沿岸　**P.139**
Черно Море

夏には多くの人々が訪れるブルガリア自慢のビーチリゾート。その一方で、ネセバルやソゾポルのように昔ながらの町並みが残る町があるのも魅力だ。

ブルガリアの世界遺産リスト

世界遺産❶
ボヤナ教会

Боянска Църква　　　　➡P.60

　ソフィアの南西、ヴィトシャ山の麓に建つ教会。ひとつの教会ながら、増築によって1048年に創建された聖ニコラウス聖堂と、1259年創建の聖パンテレイモン聖堂、1845年創建の第3聖堂と3つの部分からなり、いずれも内壁には見事なフレスコ画が描かれている。

世界遺産❷
マダラの騎士

Мадарски Конник　　　➡P.117

　切り立った断崖に刻まれる、巨大な騎士のレリーフ。猟犬をしたがえ片手にワイングラスを持ち馬に乗った勇壮な騎士のモデルは諸説あるが、ブルガリアの伝説の騎士といわれるテルヴェル・ハーンという説が有力。レリーフに刻まれた文字から8世紀頃のものと考えられている。

世界遺産❸
イヴァノヴォの岩窟教会群

Ивановски Скални Църкви　　➡P.137

　ブルガリア北部にあるイヴァノヴォの洞窟。洞窟内には「主の渓谷聖堂」という教会があり、内部は聖人を描いたフレスコ画で彩られる。一時は300を超す礼拝堂や聖堂が造られ聖地として栄えたが、14世紀末にオスマン朝の支配下に入ると放棄され、半分以上が朽ち果ててしまった。

世界遺産❹
カザンラクのトラキア人の墳墓

Казанлъшка Тракийска Гробница　➡P.120

　1944年に発見されたトラキア人の墓。内部は3室からなっている。そのなかの1室には紀元前300年頃に描かれたとされる壁画が残っており、トラキア人の埋葬儀式と戦闘の様子が鮮やかな色を保っている。

世界遺産❺
古代都市ネセバル

Стариятъ Град Несебър　　➡P.150

　黒海に突き出した港町ネセバル。歴史は古く、およそ3000年前にトラキア人が住み着いたのが始まり。海に囲まれた天然の要塞は交易、戦略の拠点として魅力的で、紀元前5世紀のギリシア人の入植以来、ローマ帝国、初期ビザンツ帝国、オスマン朝などに支配された。

世界遺産❻
ピリン国立公園

Национален Парк "Пирин"　　➡P.80

　ブルガリア南西部に位置するピリン山脈。標高2914mのヴィフレン山とその周辺の国立公園一帯が自然遺産に登録されている。荒々しい山岳地帯に約70もの氷河湖や小川、滝、湖、温泉などが点在。絶滅の危機に瀕する植物や野生動物も数多く生息する。

世界遺産❼
リラの僧院

Рилски Манастир　　　➡P.71

　ソフィアから南へ約65km、リラの山奥にひっそりとたたずむリラの僧院。この僧院の建立は10世紀。14世紀に皇帝の庇護により僧院文化が花開いた。フレスコ画で彩られた聖母誕生教会や4つの礼拝堂、図書館などが建てられた。1833年の火事で教会はいったん消失したが、再建された。

世界遺産❽
スレバルナ自然保護区

Природен Резерват Сребърна　➡P.149

　ドナウ川沿いの町シリストラ近郊にある自然保護区。スレバルナ湖を中心とした湿地帯にはハイイロペリカン、イヌワシ、ブロンズトキなど、絶滅の危機に瀕する種を含む100種以上の貴重な鳥が生息する。1992年には自然破壊のため危機遺産に登録されたが、その後の保護活動で解除された。

世界遺産❾
スヴェシュタリのトラキア人の墳墓

Свещарска Гробница　　　➡P.114

　1982年にブルガリア北部、スヴェシュタリで発見された、紀元前3世紀頃に建てられたとされるトラキア王の墓。古墳の入口から細長い通路を進むと王と王妃の眠る玄室がある。周囲には棺を見守るように10体の女性像が置かれ、壁にはフレスコ画が描かれている。

ブルガリア　旅のキーワード

✈ 国内交通 🚄

アエロガーラ・レティシテ
Аерогара Летище

　空港のこと。ブルガリアの国内航空便は少ないが、ソフィア〜ヴァルナ間を1日1〜4便、ソフィア〜ブルガス間を週5便、ブルガリア・エアБългарин Срが定期運航している。

ブルガリア・エア
🔗www.air.bg

ベーデージェー　БДЖ

　ブルガリア国鉄のこと。列車のことはヴワクВлакという。古い車両もあるが、ヨーロッパ屈指の電化率を誇る。列車の種類は長距離（エクスプレスЕкспрес、Еと表示）、快速（バルズБърз、Бと表示）、普通（プトニチェスキПътнически、Пと表示）で、便数は少ないが地方都市まで路線がある。発車時刻もまずまず正確。ただし、主要路線から外れると便数は大幅に減るので注意しよう。国際列車と長距離列車は予約が必要になる。

ブルガリア国鉄
🔗www.bdz.bg

ガラ　Гара

　鉄道駅のこと。駅には時刻表が掲示されている。出発（ザミナヴァネZAMИНАВАНЕ）時刻が片側半分、もう半分に到着（プリスティガネПРИСТИГАНЕ）時刻が書かれている。駅名は原則的にキリル文字表記で、目的地の駅名をキリル文字で覚えておかな

ヴィディン駅にて

乗車券の読み方

❶購入場所、日時　❷席の等級　❸列車種別　❹車両番号（○号車）　❺席番号
❻出発地一目的地　❼運賃　❽列車番号　❾出発時刻　❿出発日

いとわからないだろう。心配なら周囲の乗客に聞くのが一番いい。

ビレト　Билет

　乗車券や切符のこと。窓口の人はほとんど英語を話さないが、ラテン・アルファベット（ローマ字）は読むことができる。そこで紙に行き先を書いて渡すか、「エディン・ビレト・ザ〜（目的地名）、モーリャ（英語のOne ticket for 〜, please.に相当する）」と言えば通じる。枚数が増えるときは頭の数字を変えればよい。

　列車の便数が少ない地方都市や特急は、ひとつの列車に乗客が集中する。切符売り場には行列ができ、時間ぎりぎりに行くと、乗り遅れることがあるので注意。

　客席はコンパートメント形式の場合、1等（パルヴァ・クラサ）は6人がけ、2等（フトラ・クラサ）は8人がけのものが多い。オープン

シートの車両が連結されていることも多い。2等は混雑することが多いが、だから危険だというわけでもない。1等は乗客が少ないぶんコンパートメント内で逆に犯罪に遭うこともある。普通列車の場合は通常2等のみ。

アフトブス　Автобус

　ブルガリアでは主要都市間を結ぶ交通は鉄道よりもバスのほうが便数が圧倒的に多く、しかも所要時間も鉄道に比べて短くてすむので利用しやすい。ETAP、Union Ivkoni、Group社など、大手バス会社は網の目のようにブルガリア国内をカバーしている。

　バス会社のなかには、無線LANが使える車両も増えてきた。また、シーズンオフなどで乗客が少ない場合は、マイクロバスになる場合もある。

オープンシートの2等席の車内　　　ソフィアと各地を結ぶ長距離バス

ソフィアの中央バスステーション、ツェントラルナ・アフトガーラ

アフトガーラ　Автогара

　中・長距離路線のバスターミナル。都市では方面や会社ごとにバスターミナルが分かれている場合が珍しくないので、事前にホテルなどで確認しよう。

　中心にある建物では切符を販売しており、この周辺に時刻表が掲げられてあるはずだ。読み方は鉄道駅の時刻表に準じる。

　ただし、注意したいのは、この時刻表は、通常公営バスの時刻のみを表示していること。私営のバス会社の路線については、ターミナル内またはその周辺、町の中心部などにあるバス会社のオフィスで直接確認したほうがよい。私営バスの場合は行き先が

大きくオフィスに書かれているので、だいたいどの会社がどちら方面に強いかがわかるだろう。主要路線の時刻表は入口周辺に書かれていることも多い。もちろんオフィスではチケットも買うことができる。

ガルデローブ　Гардероб

　荷物預かりのこと。主要な鉄道駅やアフトガーラに置かれており、ない場合でもコインロッカーならあるということも少なくない。重い荷物を持ったまま、ホテル探しをしたり観光したりするのはなにかと面倒。荷物から解放されて自由になって歩きまわろう。

🚌 市内交通 🚗

メトロ　Метро

　ソフィア市内を走る**地下鉄**のこと(→P.48)。1号線はソフィア空港まで結んでいるので便利。乗車券のバーコード部分を改札機に差し込んでから改札を通る。

トラムヴァイ　Трамвай

　路面電車のことで、略してトラムとも。ソフィアではメトロが開通するまでは交通の花形だった。メトロができた現在でも、市内の各地を走り、市民の重要な足として活躍している。乗車後はすぐに乗車券を車内の刻印機に必ず通すこと。通していない場合、罰金を取られることもある。乗車券は駅周辺のスタンドで購入できるが、郊外ではスタンドが近くにない駅もあるので回数券や1日券を購入すると便利。

トロレイブス　Тролейбус

　トロリーバスのことで、道路上に張られた架線から電力をとって走行するタイプのバス。ソフィアのほか、プロヴディフやヴァルナといった町でも採用されているが基本的にバスとあまり変わらない。乗車券は車内で購入するのが基本だが、ソフィアでは乗車券はスタンドで購入し、車内の刻印機に通して利用する。

アフトガーラに掲げられた時刻表

メトロのセルディカ駅

ソフィア市内を走るトラムヴァイ

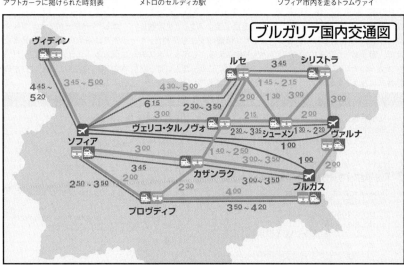
ブルガリア国内交通図

バスターミナルで待機しているタクシー

タクシー　Такси

ブルガリアの**タクシー**は日本と同じようにメーター制だが、違うのは会社によって料金が大きく異なること。助手席の窓に料金表が張ってあり、距離や時間ごとに料金は決まっている。

ただし、大都市を中心にメーターを細工したり不正に操作したりする悪質なタクシーも珍しくない。また、ソフィアのOKスーパートランス社のように、人気がある会社の社名やロゴはまねされやすく、OK○○トランス、CKスーパートランスなどなど、似た名前のロゴと、似た電話番号を掲げて営業している会社も少なくない。気がつかずに乗ってみたら数倍の料金を請求された、なんてこともしばしば。

いずれにしても、急に値段が上がったり、あまりにもメーターの上がり方がおかしい場合は抗議しよう。大都市になればなるほどタクシーの台数も多いので、傷口が広がらないうちに降りてしまうというのも手だ。ただし、乗り降りの際、財布をすられる例も少なからずあるので、乗降時はくれぐれもポケットや持ち物に気をつけて。何かあったときのために、タクシーのナンバーと会社の電話番号は控えておきたい。

宿泊 🛍

ホテル　Хотел

国際チェーンの規模の大きな最高級**ホテル**や、4つ星、5つ星クラスの高級ホテルは大都市やリゾート地にある。バスタブは一部の部屋にしかないところも多い。料金はダブルで€100〜。

中級クラスのホテルには、昔から国営ホテルとして営業してきたものから、新装オープンしたばかりの私営ホテル、アパルトマンタイプの小さな宿まで、さまざまなタイプがある。たいていの町ではホテルといえばこのクラスしかない。ダブルで€40〜50ほど。

経済的な宿はブルガリアにはそれほど多くはないが、ソフィアや観光地ならいくつかある。料金はダブル€15〜30。

5つ星ホテルの客室

ホステル　Хостел

ソフィアやヴェリコ・タルノヴォなどの都市ではバックパッカー向けの**ホステル**が多い。たいてい英語を話す若いスタッフが常駐しており、情報収集にも便利だ。1ベッド€10前後。しかし、ホステルで知り合いになった人にぼったくりバーに連れていかれたとか、ドミトリーで貴重品を盗まれたというような報告もあるので、宿選びは慎重に。

最新の設備が揃ったホステルもある

チャストナ・クヴァルティーラ　Частна квартира

プライベートルーム。1泊€10〜と安く、旅行会社に紹介されたものであれば、安全性が高く清潔。門と入口の鍵を渡されるので、門限も基本的にはないところが多い。1つ星ホテルよりも安く快適なこともあり好評だ。

また、町なかで部屋の提供をもちかけられることがあるが、その場合は部屋と料金、場所を確認してから決めること。トラブルに巻き込まれたという例は少ないが、当たり外れが大きい。

ヴァナ　Вана

バスタブのこと。バスタブ付きのバスルームを希望するなら、「バーニャ・ス・ヴァナ」と伝えよう。

アサンスィヨール　Асансьор

エレベーターのこと。ブルガリアでは階数の数え方が日本とは異なる。「グランドフロア」が日本の1階にあたり、「1階」は日本の2階にあたる。

ホテル予約の文例（Eメール）

I would like to know whether the room described below is available.
以下の客室が空いているかどうかを教えてください

Name: Ayumu Chikyu　氏名(例)地球 歩

Number of persons: 2　宿泊人数:例 2名

Type of rooms: ○○ room
希望する客室の種類
例 single room（1名）
　　double room
　　（2人用のベッドが1つある部屋）
　　twin room
　　（1人用のベッドが2つある部屋）

Total nights: Two nights
滞在日数:例　2泊

Arrival Date: 1st March, 2019
到着日:例 2019年3月1日

Departure Date: 3rd March, 2019
出発日:例 2019年3月3日

Could you let me know the price in return?
宿泊料金を教えてください

I'm looking forward to hearing from you soon.
すぐにお返事を頂けないでしょうか？

Sincerely,
Ayumu Chikyu

🍽️ 食事 🍷

レストラン　Ресторант

　ブルガリア語でも「レストラン」と発音する。セルフサービスの店も多く、言葉がわからなくても、食べたいものを見ながら「これとこれ」というように指させるのは便利。ブルガリアの料理は、ギリシアやトルコなど、バルカン半島共通の料理文化をベースに、さまざまなチーズや卵などを加えたものが多い。

Happyは人気のグリルチェーン店

　外国料理では、中華料理店が多い。料金は基本的にブルガリア料理よりは高いところが多いが、中華料理やイタリア料理などはお手頃。ひと皿でもゆうに2人前を超えるほどの量があり、お得感も抜群。日本料理はスシブームの影響で、大都市で見かけるようになった。「Happy」というグリルチェーン店が寿司を主力商品にしたこともあって、手頃な料金で食べられるようになった。

デュネル・ケバブ　Дюнер Кебап

　いわゆるドネルケバブのことで、屋台の定番。そのほか串焼肉シシチェ Шишчеや、挽肉焼きのケバプチェ Кебапче、ピザ Пицаの切り売りなどが屋台には多い。どの店も安いが大体5Lvほどでお腹いっぱいになる。

メハナ　Механа

　メ＝酒、ハナ＝家を意味するペルシア語起源の言葉で、いわゆる居酒屋を指している。たいていは、内装に伝統的な織物などをあしらい、昔ながらのブルガリア料理を出している。元来の意味どおり、お酒の種類を豊富に揃えている店が多い。

　高級なメハナでは、ディナータイムに音楽の演奏も行われる。一般的なメハナでスープ、メイン、デザート、飲み物をすべて注文しても25Lvほどと、それほど高くはない。

観光地には雰囲気のよいメハナが多い

メルニックのレストランにあるワインセラー

ヴィノ　Вино

　ワインのこと。ワイン造りはブルガリア全土で非常に盛んで、メルニックの赤ワインは世界的に有名。ブルガリア南東部のハスコヴォ Харковоやヤンボル Ямбол産のワインも人気がある。白ワインなら東部のシューメン周辺のものが有名。

ラキヤ　Ракия

　スモモなどの果実で造った蒸留酒。ブルガリアの国民酒といわれ、食前酒としてよく飲まれる。材料により味が異なる。

ビラ　Бира

　ビール。ザゴルカ Zagorka、シューメンスコ Шуменско、カーメニッツァ Kamenitzaなどの銘柄がある。いわゆるピルスナータイプが一般的だが、黒ビールもある。缶や瓶のほか、ペットボトルにつめた大容量タイプもある。

ユースフルアドレス

【緊急時】病院

●**Tokuda Hospital Sofia（ソフィア徳田病院）**
　✉️бул. Никола Й. Вапцаров 51Б,
　（Nikola Vaptsarov Blvd.）
　☎(02)4034000　☎(02)4034112（緊急）
　🌐www.tokudabolnica.bg　🕐24時間

●**Pirogov**
　✉️бул. Тотлебен 21（Totleben Blvd.）
　☎(02)9154411　☎(02)9154213（緊急）
　🌐www.pirogov.eu（ブルガリア語）　🕐24時間

【在外公館】

●**在ブルガリア日本大使館**
　Embassy of Japan　Map P. 51-D3
　✉️ул. Люлякова Градина 14（Lyulyakova Gradina Str.）
　☎(02)9712708　📠(02)9711095
　🌐www.bg.emb-japan.go.jp 🔗
　🕐8:30〜12:30、13:30〜17:15
　🏖️土・日、日本とブルガリアの祝日

【日本での情報収集】

●**ブルガリア共和国大使館**
　✉️〒151-0053
　東京都渋谷区代々木 5-36-3
　☎(03)3465-1021　📠(03)3465-1031
　🌐www.mfa.bg/embassies/japan 🔗
　🕐9:00〜12:30、13:00〜17:30
　（訪問は要事前予約）
　🏖️土・日、日本とブルガリアの祝日

●**DTACブルガリア観光情報局**
　🌐www.dtac.jp/caucasus/bulgaria/ 🔗
　🌐info@dtac.jp

ブルガリア ④ 旅のキーワード

39

ブルガリア料理図鑑

　ブルガリア料理は、デュネル、キュフテといった肉料理や、カヴァルマやサルミ、ムサカなど、トルコやギリシア料理と共通するものが多い。しかし、チーズをはじめとする乳製品を料理に多用するあたりは、さすがヨーグルトの国として名高いだけのことはある。保存用の肉を使った料理が多いのも、長い間の牧畜文化が育んできたものだろう。

Таратор
タラトール
冷製ヨーグルトスープ

Шкембе Чорба
シュケンベ・チョルバ
独特の香りがある臓物のスープ

Пилешка Супа
ピレシュカ・スーパ
鶏でだしをとったあっさりスープ

Боб Чорба
ボップ・チョルバ
豆と野菜を煮込んだスープ

Лозови Сарми
ロゾヴィ・サルミ
ブドウの葉で挽肉や米を包む。キャベツ版もある

Пастърма
パストゥルマ
塩漬け乾燥肉。ビールのおつまみに

Шопска Салата
ショプスカ・サラタ
白チーズのかかった一般的なサラダ

Кашкавал Пане
カシュカヴァル・パーネ
チーズのフライ。オードブルに

Мусака
ムサカ
ひき肉やイモ、トマトのオーブン焼き

Кебапче
ケバプチェ
ひき肉の炭火焼き。屋台にもある

Кюфте
キュフテ
ブルガリア風ハンバーグ

Мишмаш
ミシュマシュ
卵と玉ねぎのチーズ焼き。朝食に

Гювече
ギョヴェチェ
壺焼き料理。さまざまな種類がある

定番

Кавърма
カヴァルマ
ブルガリアの代表的な煮込み料理

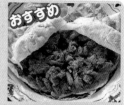

おすすめ

Кавърма Омлет
カヴァルマ・オムレット
カヴァルマは卵巻きスタイルも人気

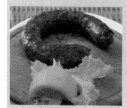

Суджук
スジュック
ブルガリア版サラミ。グリルにもする

Капама
カパマ
大鍋で作るブルガリア版シチュー

Чорбаджийски Сач
チョルバジイスキ・サチ
サチとは豪華な鉄板焼料理のこと

Пъстърва
パスタルヴァ
リラの名物マス。フライかグリルで

Пърленка
パルレンカ
伝統的トースト

Баклава
バクラヴァ
シロップ漬けの甘～い焼き菓子

Айрян
アイリャン
グビグビいけるヨーグルトドリンク

Билков Чай
ビルコヴ・チャイ
ハーブティー。紅茶はチェレン・チャイ

くせあり

Боза
ボザ
アルコールを含んだ雑穀の発酵飲料

Ракия
ラキヤ
スモモなどの果実で造った蒸留酒

Бира ビラ
ビール。シューメンスコやカメニツァが有名

Вино
ヴィノ
欧州屈指のワイン大国。種類も多い

ブルガリアのおみやげ

　ブルガリアのおみやげといえば、まずはバラにちなんだ品を。バラから採れた香料をふんだんに使った数々の商品が作られている。そのほか、伝統的な模様を施した陶器、銅の食器や良質のブドウから造られるワイン、幾何学模様が美しいキリムなども人気。

キリスト教グッズ

イコンはキリスト教徒の大事なアイテム。トロヤン僧院にある3本の手のマリアのイコン(左)折りたたみ式のイコン(中央、右)

キリル文字の起源になったグラゴール文字をプリントしたTシャツ

バラグッズ

バラだけでなくヨーグルトも配合されたデイクリーム

黒海のミネラルをたっぷり含んだローズオイル入りバスソルト

バラの香りが詰まったアロマキャンドルで癒やしの時間を

バラの刺繍がほどこされた小物入れと乾燥バラポプリ

バラエッセンス入り石鹸

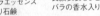

民族衣装をまとった人形の置物。バラの香水入り

食料品

安くて品質のよいブルガリア産ワイン

バラの花びら入りのジャム

ブルガリアの国民酒的存在のラキヤ。いろいろな果実から造られる。写真は左から順にスモモ、洋ナシ、アンズ

求肥やゆべしに似た食感のロクムというお菓子

その他

社会主義時代のなつかしグッズはソフィアの青空市などで手に入る

第二次ブルガリア帝国時代から伝わるスグラフィート陶器

バンスコの露店でみかけた、チェルギと呼ばれる薄い平織りの敷物

ソフィアとブルガリア西部

Западна Бъргария Western Bulgaria

世界遺産リラの僧院 (P.71)

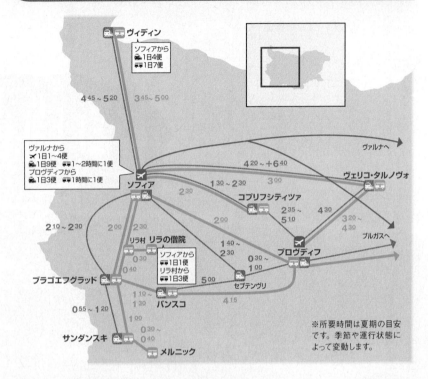

ヴィディン

ソフィアから
✈1日4便
🚌1日7便

4⁴⁵～5²⁰　3⁴⁵～5⁰⁰

ヴァルナから
✈1日1～4便
🚌1日9便　🚆1～2時間に1便
プロヴディフから
🚌1日3便　🚆1時間に1便

ソフィア

ヴァルナへ

4²⁰～＋6⁴⁰　　ヴェリコ・タルノヴォ

1³⁰～2³⁰　3⁰⁰
2³⁰　コプリフシティツァ

2²⁰～2³⁰　2⁰⁰　2³⁰
リラ村　リラの僧院

2⁰⁰
2³⁵
5¹⁰　4³⁰

4³⁰
3²⁰～
4³⁰

ブルガスへ

ソフィアから
🚌1日1便
リラ村から
🚌1日3便

1⁴⁰～
2³⁰

0³⁰～
1⁰⁰

プロヴディフ

0³⁰
0⁴⁰

5⁰⁰
セプテンヴリ

ブラゴエフグラッド

2¹⁰～2³⁰

0⁵⁵～1²⁰

1¹⁰～
1³⁰
バンスコ

4¹⁵

1⁰⁰

サンダンスキ

0³⁰～
0⁴⁰
メルニック

※所要時間は夏期の目安
です。季節や運行状態に
よって変動します。

地理

　ブルガリアの首都ソフィアとその南に広がるピリン山脈。この地域は国立公園がいくつもあり、豊かな自然環境によって知られている。山

ブルガリアの精神的支柱、リラの僧院

岳地域のため、交通の便は決してよいとはいえないが、ブルガリア正教の中心、リラの僧院Рилски Манастир、スキー＆山岳リゾートのバンスコБанско、温泉町サンダンスキСанданскиなど、個性ある町や見どころが多い。リラの僧院へはソフィアからの日帰りも可能だが、いろいろ回るのであればブラゴエフグラッドБлагоевградを拠点にするのが便利だ。

気候

　内陸部に位置しているため、典型的な大陸性気候。冬は冷え込むが、ギリシアに近いメルニックやサンダンスキは比較的温暖。バンスコではスキ

ーやスノーボードを楽しむことができる。

ルート作り

1日目:ソフィア市内を観光。アレクサンダル・ネフスキー寺院やボヤナの国立歴史博物館、ボヤナ教会を見て回る。
2日目:バスでリラの僧院へ移動。僧院を見学し、名物のマス料理を食べたら、宿泊地のブラゴエフグラッドへ。
3日目:バンスコへの日帰り旅行。ピリン国立公園では、夏にはトレッキング、冬にはウインタースポーツを満喫しよう。
4日目:メルニックへ。昼食には名物のワインを楽しもう。ソフィアへはサンダンスキでバスを乗り継いで行く。

かつての浴場を利用したソフィア歴史博物館

ソフィア
София ソフィヤ
Sofia

ブルガリア西部、ヴィトシャ山の麓に位置する首都ソフィアは人口約128万人、標高550mの高原都市。欧州の首都としては、マドリッドに次ぐ高所にある。北にはバルカン山脈、南にヴィトシャ山、西にリュウリン山と、周囲を山々に囲まれた盆地で、水がおいしいことでも有名だ。

民主化から約30年が経過した現在のソフィアは、旧ソ連やブルガリア共産党に関係する建物や銅像が撤去され、通りや広場の名前も旧ソ連を連想させるものは一掃された。町そのものも、そしてそこに生きる人々の意識も、加速度を増して変化しつつある。

ターミナルから市内へ

飛行機で着いたら

ソフィア空港 Sofia Airport

Летище София　レティシテ・ソフィヤ

ヨーロッパ各都市からの便は、ソフィア中心部から東約10kmのヴラジデブナ地区にあるソフィア空港Sofia Airportに到着する。空港にはふたつのターミナルがあり、利用する航空会社によって、ターミナルが決まっている。ブルガリア航空、ルフトハンザ・ドイツ航空、オーストリア航空、アリタリア航空、ターキッシュ エアラインズ、アエロフロート

ソフィア空港

Bulgaria
折込Map表 A2

★ソフィア

ソフィアへの行き方

✈ **飛行機利用のポイント**
　国際線はヨーロッパ各都市から就航（⇨P.20、21）。国内線はヴァルナとブルガスにブルガリア・エアの定期便がある。

🚉 **鉄道利用のポイント**
　周辺国からのアクセスはよく、ベオグラード、テッサロニキ、イスタンブール、ブカレストなどから国際列車がある（⇨P.22、23）。

🚌 **バス利用のポイント**
　隣国およびヨーロッパ各地への国際バスが運行（⇨P.22、23）。国内路線も充実。

●**ヴァルナから**
✈1日1～4便
所要：約1時間
運賃：90.82Lv～
🚉1日昼行6便、夜行3便
所要：7時間22分～8時間45分
運賃：23.60～39.60Lv
🚌アフトガーラ・ザパッドから5:30～翌0:45の1～2時間に1便
所要：5時間30分～7時間
運賃：23～32Lv

●**プロヴディフから**
🚉1日3便
所要：2時間20分～3時間30分
運賃：7.90～11.80Lv
🚌アフトガーラ・ユクから6:00～20:00の1時間に1便程度
所要：約2時間
運賃：13～14Lv

●**ヴェリコ・タルノヴォから**
🚉ゴルナ・オリャホヴィッツァ Горна Оряховицаまたはダボヴェ Дабовеで乗り換え、1日3便
所要：4時間20分～6時間40分
運賃：15.40～20Lv
🚌アフトガーラ・ユクやホテル・エタルHotel Etar（⇨Map P.98-B2）前から頻発
所要：約3時間
運賃：20～22Lv

45

■ソフィア空港
⇨Map P.49
●フライトインフォメーション
☎(02)9372211〜3
URL www.sofia-airport.bg

■ブルガリア・エア
Bulgaria Air
☎(02)4020400
URL www.air.bg
●空港内
🕐5:00〜23:00 休無休
●イヴァン・ヴァゾフ通り支店
⇨Map P.53-C2
✉ул. Иван Вазов 2
(Ivan Vazov Str.)
🕐9:00〜12:00、
　12:30〜17:30
休土・日

✉ソフィア空港からの地下鉄
　料金はどこまで乗っても1.60LV、途中で乗り換えをしなければなりませんが、中央バスステーションまで30分位で行けます。ソフィア空港へ行く際は必ず列車先頭に表示されている行先を確認して下さい。M 2路線はソフィア空港の手前で枝分かれしています。
　　　　（北海道　Y.N.　'15)['19]

■ソフィア中央駅
⇨Map P.51-C1
✉бул. Мария Луиза
(Maria Luiza Blvd.)
☎(02)931111
（列車の時刻確認）

中央駅構内にある国際線のチケット売り場

など大手航空会社はいずれもターミナル2に発着する。
　一方、ターミナル1はイージージェットEasyJet、ウィズ・エアーWizz Airといった格安航空会社が利用している。ふたつのターミナル間は無料のシャトルバスによって結ばれている。

■空港から市内への行き方

◆地下鉄 Метро(メトロ)

　ターミナル2の隣には地下鉄のホームがあり、市内中心部へは地下鉄M2線で行くことができる。町の中心部であるスヴェタ・ネデリャ広場（セルディカ2駅Serdika 2）までの所要時間は

ソフィア空港の地下鉄駅

約30分。約30分に1便、最終フライト後まで運行されている。市内への片道切符は1.60Lv。

◆タクシー Такси

　タクシーで町の中心部へ行くことも可能。空港にはタクシーの客引きが待ち構えているが、法外な値段を要求する場合もあるので注意。乗る前に料金表を確認しておこう（→P.49）。目的地が町のどこかにもよるが、だいたい20〜30Lv。

鉄道で着いたら

ソフィア中央駅　Sofia Central Station
Централна Ж. П. Гара София
ツェントラルナ・ジェー・ペー・ガラ・ソフィヤ

　国際列車、国内列車ともにソフィア中央駅に到着する。構内1階の奥には、国内や国際列車の切符を販売するチケットカンターがある。また出口付近

ソフィア中央駅の構内

には鉄道案内の小さなブースもあるが英語はあまり通じないので紙に書いて見せるとよい。

■中央駅から市内への行き方

　駅前からマリア・ルイザ大通りбул. Мария Луизаが町の中心へと続いている。約1kmなので歩いても行けるが、地下鉄

Information　**タクシーでぼられないための4箇条**

①ホテルやレストランで呼んでもらう
ホテルやレストランの人に評判のよいタクシー会社を尋ね、電話で呼んでもらう。これが最も安全で確実な方法だ。
②車体の色と料金表を確認
タクシーの車体は黄色。窓ガラスのところには料金表があり、1kmあたりの料金の掲示が法律で義務づけられている。料金はタクシーによりばらつきがあるが、標準的料金の10倍近い料金を堂々と載せているタクシーもあるので、乗る前にしっかりと確認すること。

③前もって金額を予想しておく
目的地までの距離から、だいたいの金額をあらかじめ試算しておく。
④命を大事に！　クレームはあとから
不当な料金を請求された場合、強気に出るのも大事だが、最近は暴力事件なども頻発している。相手とその場の雰囲気によってはおとなしく払って降り、あとでタクシー会社や警察に照会するほうがいいときもある。そんなときのために電話番号と車内などに書かれた車体認識番号は必ずメモしておこう。

ならM2号線で**スヴェタ・ネデリャ広場пл. Св. Неделя**(⇨Map P.52-B2)のある**セルディカ2駅Сердика 2**に行ける。トラムの場合は、12番がスヴェタ・ネデリャ広場へ行く。所要約10分、運賃は1.60Lv。また、大きな荷物がある場合は、荷物1個ごとにチケットが1枚必要。

バスで着いたら

ソフィアのおもなアフトガーラ（バスターミナル）は以下の3つ。

中央バスステーション Central Bus Station

Централна Автогара ツェントラルナ・アフトガーラ

近代的な施設

　ブルガリアで最大かつ最新の設備を誇るアフトガーラ。ヴァルナ、ブルガス、プロヴディフ、ヴェリコ・タルノヴォ、シューメン、ルセなどおもな地方都市、またブカレストやイスタンブール行きなど一部の国際バスが発着する。**ただし、リラの僧院行きとコプリフシティツァ行きのバスは出ないので注意。**

　1階には24時間オープンのバス案内所兼チケット売り場や、民営バス会社のブース、OKスーパー・トランス社のタクシーブース、荷物預かり所、両替商、銀行を併設している。2階はフードコートになっており、バスの出発時間まで食事をとることができる。スヴェタ・ネデリャ広場へはソフィア中央駅からのアクセスと同様。

アフトガーラ・セルディカ Serdica Bus Station

Автогара Сердика アフトガーラ・セルディカ

　おもに国際バスが発着するアフトガーラ。そのほか**コプリフシティツァ行きのバスも国内便としては例外的にここに発着する。**ソフィア中央駅の真正面にあり、中央バスステーションもすぐ横に見える。敷地内にはバス会社の小さなオフィスがズラリと並んでいるが、会社により行き先が異なる。オフィスの窓ガラスには運行している都市が記載されているので、自分が行きたい国や都市を見つけたら、カウンターで時間と料金を確認しよう。

　なお、国際バスのなかには、一部だが中央バスステーションやソフィア・ラマダ・ホテル（⇨Map P.51-C1）前から出発する便もあるので、必ず確認のこと。

　スヴェタ・ネデリャ広場までのアクセスはソフィア中央駅、中央バスステーションと同じ。

アフトガーラ・オフチャ・クペル Ovcha Kupel Bus Station

Автогара "Овча Купел" アフトガーラ・オフチャ・クペル

　ソフィア市街の西にあり、アフトガーラ・ザパッド**Автогара Запад**ともいう。ここには**リラの僧院、バンスコ**など、ピリン山脈地方方面のバスが発着する。町の中心までトラム5番で約20分。タクシーなら8〜10Lvが目安。

■リラ予約所 Rila
（国際列車のチケット売り場）
●ゲネラル・グルコ通り
⇨Map P.53-C2
⊠ул. Ген. Гурко 5
(General Gurko Str.)
☎(02) 9859357
⏰7:30〜18:30
休土・日

英語も通じるので便利

■中央バスステーション
⇨Map P.51-C1
⊠бул. Мария Луиза 100
(Maria Luiza Blvd.)
☎0900 63099
URLwww.centralnaavtogara.bg

バス会社のカウンターがずらっと並ぶ

■アフトガーラ・セルディカ
⇨Map P.51-C1
⊠бул. Мария Луиза
(Maria Luiza Blvd.)
●ユーロ・ツアーズ
Euro Tours
国際バスの切符販売のほか、ホテル予約、リラの修道院へのツアーなども行っている。
⊠Трафик Маркет 61
(Traffic Market)
☎0888 922916 (携帯)
URLwww.eurotours.bg
（ブルガリア語）
⏰6:00〜20:00
休無休

■アフトガーラ・オフチャ・クペル
⇨Map P.50-A3
⊠бул. Овча Купел
(Ovcha Kupel Blvd.)

発着するバスも少ない小さなアフトガーラだ

ソフィアの市内交通

◆公共交通機関

　ソフィア市内の公共交通機関は、以下の4つ。運賃はそれぞれ乗車1回1.60Lv。頻繁に利用する人は、すべての乗り物に使える1日券、**エドノドネヴナ・カルタ**Едноднeвна Карта(4Lv)と呼ばれるフリーパスを利用すると便利だろう。また、大きな荷物（60×40×40cm以上）を持っている場合はもう1枚切符が必要だ。運行は始発が5:00～6:00、最終が22:30～24:00頃。

◆トラム Трамвай（トラムヴァイ）
◆バス Автобус（アフトブス）
◆トロリーバス Тролейбус（トロレイブス）
◆地下鉄 Метро（メトロ）

　トラム、バス、トロリーバスの切符（ビレトБилет)はいずれも停留所近くにある切符売り場やキオスクで買える。営業時間はだいたい7:15～18:30。切符は車内で購入できないので、利用する分だけ事前に購入しておこう。回数券も販売されており10回券で12Lv。ただし回数券は、他人とのシェアや地下鉄用に使うことはできない。乗車したら、柱や窓際に付いている黄色い改札機で、切符をパンチする。しばしば車掌が抜き打ち検札にやってくるので不正はすぐにわかる。外国人といえども罰金（20Lv）は免れない。なお、カルタはパンチ不要。

公共交通機関の切符売り場

トラムを使いこなせせれば、観光の効率は大幅アップ

■**ソフィア交通局**
URL www.sofiatraffic.bg
■**地下鉄**
URL www.metropolitan.bg

地下鉄の改札

切符を挟んで下から押し上げる

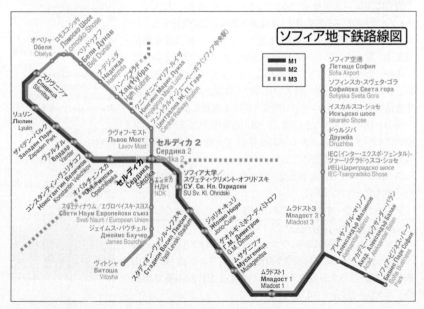

ソフィア地下鉄路線図

M1
M2
M3

オベリャ Обеля Obelya
ロメスコ・ショセ Ломоско Shose
ベリ・ドゥナフ Бели Дунав Beli Dunav
ナデジュダ Надежда Nadezhda
ハン・クブラト Хан Кубрат Hah Kubrat
スリヴニツァ Сливница Silvnitsa
リュリン Люлин Lyulin
ザパデン・パルク Западен Парк Zapaden Park
ヴァルダル Вардар Vardar
コンスタンティン・ヴェリチコフ Константин Величков Konstantin Velichov
オパルチェンスカ Опълченска Opalchenska
スヴェティ・ナウム／エヴロペイスキ・スヨユス Свети Наум / European Union Sveti Naum / European Union
ジェイムス・バウチェル Джеймс Баучер James Bourchier
ヴィトシャ Витоша Vitosha
ラヴォフ・モスト Львов Мост Lavov Most
セルディカ 2 Сердика 2 Serdika 2
セルディカ Сердика Serdika
エンデカ НДК NDK
ソフィア大学／スヴェティ・クリメント・オフリドスキ СУ. Св. Кл. Охридски SU Sv. Kl. Ohridski
ジョリオ・キュリ Жолио-Кюри Jorio-Curie
ヴァシル・レフスキ・スタジアム Стадион Васил Левски Vasil Levski Stadium
ムサゲニツァ Мусагеница Musagenitsa
ムラドスト1 Младост 1 Mladost 1
ムラドスト3 Младост 3 Mladost 3
ゲ・エム・ディミトロフ Г. М. Димитров G.M. Dimitrov
アレクサンダル・マリノフ Александър Малинов Aleksandar Malinov
アカデミク・アレクサンダル・バラン Акад. Александър Балан Acad. Aleksandar Balan
ソフィア空港 Летище София Sofia Airport
ソフィンスカ・スヴェタ・ゴラ Софийска Света гора Sofiyska Sveta Gora
イスカルスコ・ショセ Искърско шосе Iskarsko Shose
ドゥルジバ Дружба Druzhba
IEC（インター・エクスポ・ツェンタル）-ツァーリグラドゥスコ・ショセ ИЕЦ-Цариградско шосе IEC-Tsarigradsko Shose
ビジネス・パーク・ソフィア Бизнес Парк София Sofia Business Park

ニャグニャ・マリア・ルイザ Кнагиня Мария Луиза Kniaginia Maria Luiza
ツェントラルナ・ジェー・ペー・ガラ（ソフィア中央駅) Централна Ж. П. Гара Central Railway Station

多くの人でにぎわう地下鉄2号線のセルディ
ィカ2駅

ソフィアの地下鉄は2路線ある。地下鉄M1線はソフィアの東西を走る。地下鉄M2線はソフィア中央駅や中央バスステーションなど町の中心部から円を描くようにソフィア空港まで結んでいるので旅行者にとって便利だろう。切符は駅構内の切符売り場か、改札のそばの自動券売機で販売されている。

◆ミニバス Маршрутка (マルシュルトゥカ)

ミニバスは決められた路線を走る。同一ルート上を複数の会社が運行しており、時刻表や決められたバス停などはない。乗るときはタクシーと同様に手を挙げて停め、運賃 (1.50Lv)は直接ドライバーに支払う。降りるときも、好きな場所でドライバーに告げて降ろしてもらう。

◆タクシー Такси

乗り換えや待ち時間のないタクシーは、最も便利な交通手段のひとつ。2019年2月現在の料金はOKスーパー・トランス社の場合、1km0.79Lv(夜間は0.90Lv、電話で呼ぶと0.70Lvが加算される)。料金はタクシー会社によってかなり異なる。メーター左端の数字は1が昼間、2が夜間料金である。

✉ 深夜のタクシー

ソフィア中央駅のひとつ前で降りる人が多く、つられて降りてしまい、タクシーでホテルに戻るのに4Lv程度を遠回りして12Lv請求された。夜遅く、安全を優先するために払ったが、ぼったくり注意。
(愛知県　コレちゃん　'14)['19]

タクシーに張られた料金表。左上から右下へ順に、1kmあたりの昼料金、同じく夜料金、電話での呼び出し追加昼料金、同じく追加夜料金、メータースタート時料金、待ち時間1分あたりの料金

■おもなタクシー会社
●OK Supertrans
☎(02)9732121
☎18294 (携帯から)
☎0899 732121 (携帯から)
URL www.oktaxi.net
●Green Taxi
☎(02)810810
☎0878 810810 (携帯から)
URL greentaxi.bg

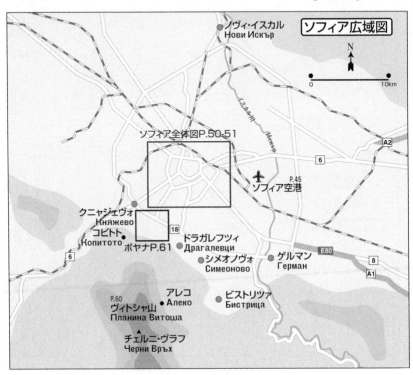

ソフィア広域図

N

0　　　　10km

ノヴィ・イスカル
Нови Искър

ソフィア全体図P.50-51

ソフィア空港　P.45

A2

6

クニャジェヴォ
Княжево
コピトト
Копитото
18
ボヤナP.61
ドラガレフツィ
Драгалевци
シメオノヴォ
Симеоново
ゲルマン
Герман
E80
8
A1

6

アレコ
Алеко
ビストリツァ
Бистрица
P.60
ヴィトシャ山
Планина Витоша
チェルニ・ヴラフ
Черни Връх

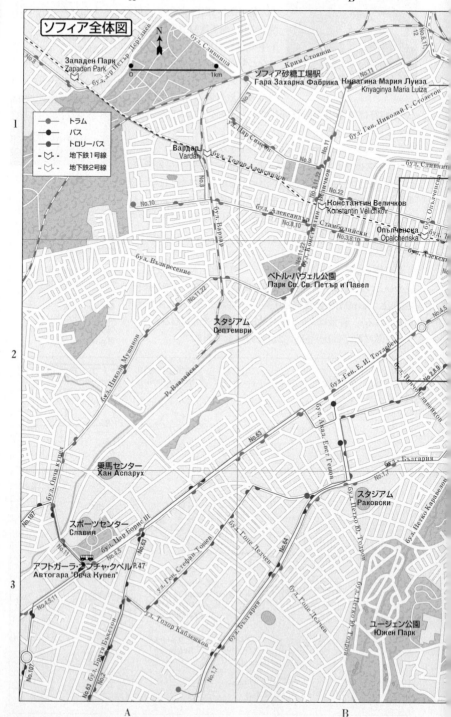

ソフィア全体図

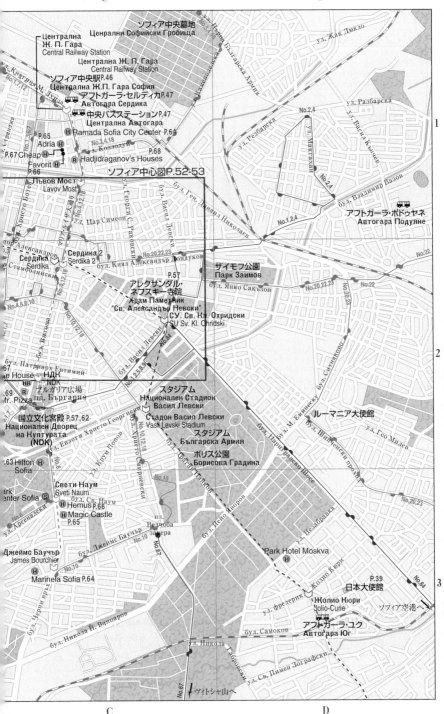

ソフィア中央墓地
Ценрални Софийски Гробища

Централна
Ж. П. Гара
Central Railway Station

Централна Ж. П. Гара
Central Railway Station

ソフィア中央駅 P.46
Централна Ж.П. Гара София

アフトガーラ・セルディカ P.47
Автогара Сердика

中央バスステーション P.47
Централна Автогара

Ⓗ Ramada Sofia City Center P.64

P.65
Adria Ⓗ
P.67 Cheap
Favorit Ⓗ
P.66

P.68
Ⓡ Hadjidraganov's Houses

ソフィア中心図 P.52-53

Львов Мост
Lavov Most

Сердика 2
Serdika 2

бул. Княз Александър Дондуков

Сердика
Serdika

アレクサンダル・
ネフスキー寺院
Храм Паметник
"Св. Александър Невски"

P.57

ザイモフ公園
Парк Заимов

СУ. Св. Кл. Охридски
SU Sv. Kl. Ohridski

НДК
ブルガリア広場
Mr. Pizza пл. България

スタジアム
Национален Стадион
Васил Левски

Стадон Васил Левски
Vasil Levski Stadium

ルーマニア大使館

国立文化宮殿 P.57,62
Национален Дворец
на Културата
(NDK)

スタジアム
Българска Армия

ボリス公園
Борисова Градина

.63 Hilton Ⓗ
Sofia

enter Sofia Ⓢ

Свети Наум
Sveti Naum
Ⓗ Hemus P.66

Ⓗ Magic Castle
P.65

ジェイムス バウチャ
James Bourchier

Ⓗ
Marinela Sofia P.64

Park Hotel Moskva
Ⓗ

アフトガーラ・ボドゥヤネ
Автогара Подуяне

P.39
日本大使館

ジョリオ キュリ
Jolio-Curie

ソフィア空港へ

アフトガーラ・ユク
Автогара Юг

No.67 ↓ヴィトシャ山へ

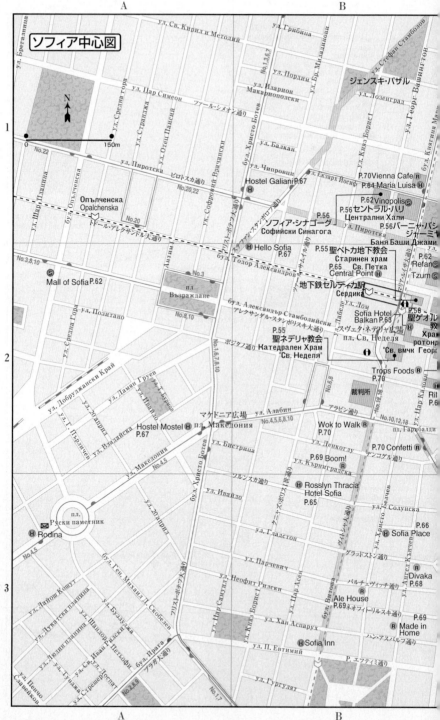

ソフィア中心図

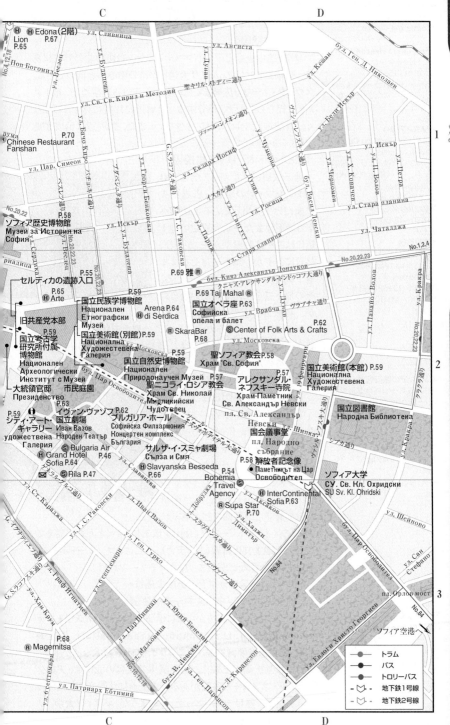

C   D

ブルガリア　ソフィア

1

ⓗ Lion P.65   ⓗ Edona(2階) P.67
No.4,12,18
Поп Богомил

ул. Сливница

ул. Ангиста

бул. Ген. Д. Николаев

ул. Кешан

ул. Бели Искър

ул. Св. Св. Кирил и Методий

聖キリル・メトディー通り

ул. Вашо Киро

G.Sラコフスキ通り

ул. Георги Бенковски

ул. Екзарх Йосиф

ツァール・シメオン通り

ул. Чумерна

ул. Черномен

ул. Х. Ковачев

ул. Стара планина

Ⓟ Chinese Restaurant Fanshan P.70

ул. Пар. Симеон

ブルガーリャ通り

イスカル通り

ул. Осъм

бул. Васил Левски

No.20,22
P.58
ソフィア歴史博物館
Музеи за История на София

ул. Сердика

ул. Искър

ул. Булаланеша

ул. Г.С. Раковски

ул. Парчи

ул. Стара планина

ул. Чаталджа

No.1,2,4

нрадица

P.55
ⓡ P.69 雅
бул. Княз Александър Дондуков
クニャズ・アレクサンダル・ドンドゥコフ大通り

No.20,22,23

セルディカの遺跡入口 P.65
ⓗ Arte

ул. Московска

P.69 Taj Mahal ⓡ

国立民族学博物館
Националҳен
Етнографски
Музей

ⓜ di Serdica

Arena P.64

国立オペラ座 P.63
Софийска
опела и балет

ул. Врабча

ブラチャ通り

P.62
ⓢ Center of Folk Arts & Crafts

ул. Московска

旧共産党本部

P.59
国立考古学
研究所付属
博物館
Националҳен
Археологически
Институт с Музей

国立美術館(別館)P.59
Националҳна
Художествена
Галерия

ⓡ SkaraBar
P.68

P.59
国立自然史博物館
Националҳен
Природонаучен Музей P.57

聖ソフィア教会P.58
Храм "Св. София"

国立美術館(本館) P.59
Националҳна
Художествена
Галерия

国立図書館
Народна Библиотека

2

大統領官邸
Президенство

市民庭園

聖ニコライ・ロシア教会
Храм Св. Николай
Мирликийски
Чудотворец

P.57
アレクサンダル・
ネフスキー寺院
Храм-Паметник
Св. Александър Невски

シプカ通り

P.59
シティ・アート・
ギャラリー
удожествена
Галерия

イヴァン・ヴァゾフ
国立劇場 P.62
Иван Вазов
Народен Театър

ソフィア・フィルハーモニー
Концертен комплекс
България

ブルガリア・ホール P.63

пл. Св. Александър Невски

国会議事堂
пл. Народно събрание

ソフィア大学
СУ. Св. Кл. Охридски
SU Sv. Kl. Ohridski

ⓢ Bulgaria Air   P.46

サルザ・イ・スミャ劇場
Сълза и Смя

P.58
解放者記念像
● Паметникът на Цар Освободител

ⓗ Grand Hotel Sofia P.64

✉   ⓢ Rila P.47

Slavyanska Besseda P.66

P.54
Bohemia
Travel
Agency

ⓗ InterContinental Sofia P.63

пл. Орлов мост

3

ул. Граф Игнатиев

ⓡ Supa Star P.70

ул. Хаджи Димитър

ул. Шейново

ул. Сан Стефано

No.84

ソフィア空港へ

ⓡ Magernitsa P.68

бул. Цар Освободи тел

	トラム
	バス
	トロリーバス
-〈∨〉-	地下鉄1号線
-〈∨〉-	地下鉄2号線

C   D

■ブルガリア全体の🛈
**National Tourist
Information Centre**
⇨Map P.52-B2
⌗пл. Света Неделя 1
(St. Nedelya Sq.)
TEL(02)9335826
URLwww.bulgariatravel.org 🔗
圓月～金　　9:00～17:30
　　土・日　　9:30～18:00
休祝
■ソフィアの🛈
Tourist Information Centre
URLwww.visitsofia.bg
●ラルゴ（地下鉄セルディカ駅2）
⇨Map P.52-B2
⌗Сердика 2
(Serdika 2 Station)
TEL(02)4949315
圓9:30～18:00
休土・日
●市民庭園
⇨Map P.53-C2
⌗Градска Градина
(City Garden)
TEL0885 921620（携帯）
圓10:00～20:00
休無休

■ソフィアの旅行会社
●ボヘミア・トラベル・エージェ
ンシー Bohemia Travel Agency
⇨Map P.53-D3
⌗ул. Цар Иван Шишман 2А
(Tsar Ivan Shishman Str.)
TEL(02)9808950
URLwww.bohemia.bg（ブルガリ
ア語）
圓月～金　　8:30～19:00
　　土　　　10:00～14:00
休日

■中央郵便局
Централна Поща
⇨Map P.53-C2
⌗ул. Ген. Гурко 6
(General Gurko Str.)
URLwww.bgpost.bg
圓火～土　7:00～20:30
　　土～月　7:00～19:00
休無休（EMSは土・日）

歩き方

ソフィア駅周辺

ソフィア中央駅と中央バスステーションは町の北の外れにあり、駅前から**マリア・ルイザ大通り**が町の中心へと続いている。**スヴェタ・ネデリャ広場**までは約1kmと歩ける距離だが、地下鉄M2号線なら2駅目で到着する。駅周辺には特に見どころはなく、宿泊施設やレストランも少ない。また、駅周辺は治安があまりよくないので注意すること。

スヴェタ・ネデリャ広場周辺

地下鉄駅、ブルガリア全体の🛈があるソフィアの中心。広場中央に頭だけ突き出しているのが**聖ペトカ地下教会**だ。教会周辺の地下道にはみやげ物屋やカフェが並び、終日にぎやか。地下道はそのまま地下鉄乗り場につながっている。その地下道を挟んで向かい合うのが、高級百貨店のツムとソフィア・

旧共産党本部。すぐ前に地下道入口がありセルディカの遺跡へと続く

ホテル・バルカン。そのすぐそばには**聖ネデリャ教会**がある。教会前の広場には、大道芸人、花売り、露店などが出て、いつも大勢の人々が集まっている。東には、威圧的な外観の**旧共産党本部**の建物もある。

ヴィトシャ大通りに沿って

中央駅から延びるマリア・ルイザ大通りは、スヴェタ・ネデリャ広場を境に、**ヴィトシャ大通りбул. Витоша**と呼び方が変わる。カフェ、レストランやファッショナブルなブティック、"Exchange"と英語表示を掲げた両替商などが並ぶソ

ヴィトシャ大通り周辺にはおしゃれなレストランやショップが並ぶ

フィアのメインストリートだ。通りを南下していくと左側に見えてくるのが、**国立文化宮殿（エンデカ）**。ここは、コンサートホール、カフェ、映画館などが集まったカルチャースポット。

ツァール・オスヴォボディテル大通り～
アレクサンダル・ネフスキー寺院周辺

スヴェタ・ネデリャ広場から東に延びる**ツァール・オスヴォボディテル大通りбул. Цар Освободител**の両脇には、**国立美術館、国立民族学博物館、聖ニコライ・ロシア教会**などが並び、国会議事堂広場へと続く。国会議事堂広場の北には、**アレクサンダル・ネフスキー寺院**がある。寺院前には観光客目当ての露店が並び、連日フリーマーケットのようだ。**ソフィア大学、**ソフィアのメインの🛈はこのすぐ近くにある。

見どころ

聖ネデリャ教会 St. Nedelya Church

Катедрален Храм "Св. Неделя"
カテドラレン・フラム・スヴェタ・ネデリャ

ソフィア中心部に建つ聖ネデリャ教会

スヴェタ・ネデリャ広場に建つ、広場と同名のブルガリア正教教会。緑のドームが印象的だ。もとは、木造のささやかな教会だったが、オスマン朝支配からの解放後、周辺にいくつかあった私有の教会や神学校を集めてこのような建物となった。もともとこの場所は、貴族の土地だったもの。1925年には、この教会で行われていた葬儀に出席した、ときの国王ボリス3世を狙った爆弾騒動が起こっている。120人余りの死者が出たが国王自身は無事難をのがれた。

聖ペトカ地下教会 St. Petka Old Church

Старинен Храм Св. Петка スタリネン・フラム・スヴェタ・ペトカ

地下道から、屋根だけを地表に突き出している半地下式の教会。教会が建てられたのは、オスマン朝の治世下にあった14世紀。イスラム全盛の世にあって、このような形を採らざるを得なかったキリスト教の教会は、さぞかし肩身の狭い思いをしていたことであろう。大型デパートのツムの向こう側に堂々とそびえ建つ背の高いイスラム寺院バーニャ・バシ・ジャーミヤとは、何とも対照的だ。外観は窓もなく質素だが、内部装飾はすばらしい。現在は、教会を囲むように地下道が整備され、みやげ物屋やカフェが並ぶにぎやかな商店街となっている。

セルディカの遺跡 Ancient Fortress Serdica

Античната Крепост Сердика アンティチュナタ・クレポスト・セルディカ

旧共産党本部前の地下道にあるセルディカの遺跡

旧共産党本部前の地下道に残る、古代の城塞都市セルディカの遺跡。地下鉄工事の際に偶然発見されたもので、2～14世紀の城壁や門の一部が残り、ローマ時代の壺なども展示されている。ローマ帝国治世下の2世紀に、市の中心部を取り囲むように約500m四方にわたって、高さ12mの防壁が巡らされた。4ヵ所の城門付近には、見張りのために五角形の塔が建てられていたという。遺跡の一角は現在、みやげ物店やアンティークショップになっている。

■聖ネデリャ教会
⇨Map P.52-B2
✉ул. Св. Неделя
(St. Nedelya Sq.)
☎(02)9875748
🕐8:00～20:00
休無休 料無料
◉5Lv

■聖ペトカ地下教会
⇨Map P.52-B2
✉бул. Мария Луиза 2
(Maria Luiza Blvd.)
☎(02)9807899
🕐8:00～19:00
(礼拝時の入場不可)
休無休 料2Lv

周囲を大きな建物に囲まれひっそりとたたずむ聖ペトカ地下教会

✉聖ペトカ地下教会
地下教会の入り口の場所が正面ではなく、脇道から入るシステムになっていて分かりにくいので注意。
（栃木県　水沼正昂　'18)

■セルディカの遺跡
⇨Map P.53-C2
🕐7:00～23:00
(地下道入口の開閉時間)
休無休 料無料

発掘品は地下鉄2号線のセルディカ2駅にも展示されている

バーニャ・バシ・ジャーミヤ Banya Bashi Mosque

Баня Баши Джамия バーニャ・バシ・ジャーミヤ

オスマン朝最盛期の典型的な建築

　1566年のオスマン朝時代に建立されたイスラム寺院。マリア・ルイザ大通りに面し、丸いドームと尖塔が遠い所からでも目を引く。オスマン朝期最高の建築家と呼ばれるミマール・スィナンの設計で建てられた。スィナンはオスマン朝の領内に81のイスラム寺院を建てており、トルコのエディルネにあるセリミエ・ジャーミィは世界遺産にも登録されている。周辺にはトルコ系の住民が多く、ほかの地区とはひと味違った雰囲気。社会主義時代は、トルコ系住民がここを信仰のよりどころとすることが禁止されていた。"風呂"を意味するバーニャの名は、このすぐ東にある中央浴場Централна минерална баня（現在はソフィア歴史博物館）に由来している。

庶民の食生活を垣間見に行くだけでも楽しい

セントラル・ハリ Central Hali (Halite)

Централни Хали ツェントラルニ・ハリ

　マリア・ルイザ大通りを挟んでバーニャ・バシ・ジャーミヤの向かいに建つ石造りの大きな建物は、1910年に建てられたかつての中央市場。1989年の政変以来営業が途絶えていたが、2000年にショッピングセンターとして装いも新たに復活した。地上2階、地下1階の館内は、食料品店や生活雑貨を扱う商店が並んだモールになっていて、早朝から夜まで活気がある。周辺は古くから市が開かれていたにぎやかな街区で、地下にはローマ時代の城壁や浴場の跡が残されている。ビザンツ様式を取り入れた外観も見応えがあり、ライトアップに映える夜はひときわ美しい。

ソフィア・シナゴーグ Sofia Synagogue

Софийска Синагога ソフィイスカ・シナゴガ

色鮮やかなユダヤ教の集会場

　セントラル・ハリの西に隣接するように建つユダヤ教の宗教施設。建設は1909年で、落成式にはブルガリア王フェルディナンド1世も出席している。ユダヤ教徒には東欧系のアシュケナジムと南欧系のセファルディムの2大勢力があり、このシナゴーグはセファルディムのシナゴーグとしてヨーロッパ最大のもの。1170人もの信徒を収容できる。内部に入ってひときわ目に付くのは中央の大ドームからつり下がった大シャンデリア。重さは2トンあり、ブルガリア最大を誇っている。

国立美術館の東翼と同じフリードリヒ・グリュナンガーの設計

国立文化宮殿 National Palace of Culture

Национален Дворец на Културата
ナツィオナレン・ドヴォレツ・ナ・クルトゥラタ

スヴェタ・ネデリャ広場から、ヴィトシャ大通りを南下していくと、突如左側に現れる近未来的な建物。通称は、NDK(エンデカ)。合計1万人は収容できるという、1981年に建国1300年を記念して建てられた総合文化センター。

1万5000㎡の敷地内には、劇場や会議場として使われる大小14のホールのほか、テレビやラジオのスタジオ、銀行、郵便局、旅行会社などがある。コンサートのスケジュールは、正面に向かって左側にあるプレイガイドで確認を。

聖ニコライ・ロシア教会 St. Nicholas the Wonderworker Church

Храм Св. Николай Мирликийски Чудотворец
フラム・スヴァティ・ニコライ・ミルリキイスキ・チュドトゥヴォレツ

1914年に、ロシアの外交官セモントフスキ・クリロの命により、聖ニコライを祀るために建立された教会。ロシアとブルガリアでは、同じ正教とはいっても宗派が違うため、自らの宗教上のアイデンティティを守るために建立を思い立ったというエピソードも。終日、祈りをささげるためにやってくる信者の姿は途切れることがない。陽光を浴びていっそう輝く5つの金色のドームと、エメラルドグリーンの尖塔が美しい。

アレクサンダル・ネフスキー寺院 Aleksandar Nevski Memorial Church

Храм-Паметник Св. Александър Невски
フラム・パメトニク・スヴェティ・アレクサンダル・ネフスキ

寺院内は荘厳な雰囲気が漂う

5000人を収容する、ブルガリア最大で最も美しいといわれる寺院。高さ60mの金色のドームをはじめ12のドームからなるネオ・ビザンツ様式の豪華な建物だ。この寺院は、ブルガリア独立のきっかけとなった露土戦争で戦死した約20万人のロシア人兵士を慰霊する目的で建立され、1882年に着工してから40年の歳月を経て完成した。

内部装飾で目を見張るのは、メノウ、大理石をふんだんに使った精巧なモザイクが壁を覆う壁画。大理石はブラジル、ギリシア、エジプト、イタリアなどからはるばると運ばれてきたものだ。ドームの頂上からつり下げられた巨大なシャンデリアの豪華さも圧巻。3つある

■国立文化宮殿
⇨Map P.51-C2
✉пл. България 1
(Bulgaria Sq.)
☎(02)9166560
URL www.ndk.bg
圖月〜金 9:00〜19:00
土・日 10:00〜19:00
休無休 ■不可

ブルガリアの文化の殿堂、NDK

■聖ニコライ・ロシア教会
⇨Map P.53-C2
✉бул. Цар Освободител 3
(Tsar Osvoboditel Blvd.)
☎(02)9862715
圖7:45〜18:30
休無休
料無料(寄付歓迎)
■不可

金色に輝くドームが美しい

■アレクサンダル・ネフスキー
寺院 ⇨Map P.53-D2
✉пл. Св. Александър
Невски
(St. Aleksandar Nevski Sq.)
☎(02)9881704
圖7:00〜19:00頃
休無休 料無料
■10Lv ビデオ30Lv
■地下のイコン博物館
(寺院正面向かって左)
☎(02)9815775
圖10:00〜18:00
休月 料6Lv 学生3Lv
✗不可

重なるドームが印象的

■聖ソフィア教会
⇨Map P.53-D2
✉ул. Париж 2
(Parizh Str.)
🕐夏期7:00〜19:00
　冬期7:00〜18:00
🚫日　💰無料（寄付歓迎）
📷不可

■聖ゲオルギ教会
⇨Map P.52-B2
✉пл. Св. Неделя
(St. Nedelya Sq.)
🕐8:00〜19:00
🚫無休　💰無料（寄付歓迎）
📷不可

聖ゲオルギ教会は現存するソフィ
ア最古の教会

■解放者記念像
⇨Map P.53-D2
🕐常時開放

堂々としたモニュメント

祭壇は、中央がロシア、向かって右がブルガリア、左がほか
のスラヴ諸国にささげられたもの。地下室は、ブルガリア国内
から集められたイコンを展示する博物館Национална
Художествена Галерияになっている。

聖ソフィア教会 St. Sofia Church

Храм Св. София フラム・スヴェタ・ソフィヤ

6世紀に、ユスティニア
ヌス帝が建てた教会。ビ
ザンツ様式とロマネスク
様式の初期キリスト教会
堂で、首都ソフィアの名は
この教会に由来する。オ
スマン朝の支配下にあっ

赤れんがが美しい聖ソフィア教会

た時代には、イスラム寺院として使用されていた。その後、地
震などで建物は破壊され、現在の建物は、1900年以降になっ
て復元された。

聖ゲオルギ教会 St. George Church(Rotuda)

Храм ротонда Св. вмчк Георги フラム・ロトンダ・スヴェティ・ヴェリコムチェニック・ゲオルギ

ソフィア・ホテル・バルカン（P.63）の裏側にあり、周囲をビル
に囲まれ隠れるように建つれんが造りの教会。4世紀にローマ
帝国によって建設されて以来、長い歴史を今に伝える貴重な
建物である。内部の壁や天井には10〜14世紀に描かれた宗教
画が見られ、教会の背後にはローマ時代の浴場跡などが残る。

解放者記念像 Monument to the Liberators

Паметникът на Цар Освободител バメトニカト・ナ・ツァール・オスヴォボディテル

インターコンチネンタル・ソフィア（→P.63）を背に、国会議事
堂広場の中央に建つのは、ロシア皇帝アレクサンダル2世（1818
〜81）の騎馬像。アレクサンダル2世は、露土戦争の勝利によっ
て、ブルガリアをオスマン朝支配から解放した英雄だ。アレク
サンダル・ネフスキー寺院同様に、解放戦争をたたえるために
建てられたモニュメントである。高さ約14m。右側にはオスマ
ン朝に対する宣戦布告書を持ち、台座には「我が兄弟、解放
者のために」の碑文が刻み込まれている。

ソフィアの博物館

ソフィア歴史博物館
Регионален Исторически Мзей на София レギオナレン・イストリチェスキ・ムゼイ・ナ・ソフィア　Map P.53-C1

20世紀初頭から中央浴場として使用されてきた
建物を改装し、2014年に歴史博物館としてオー
プンした。紀元前6世紀から20世紀までのソフィ
アの歴史がテーマで、時代とともに町がどのよう
に発展したかがよく分かる展示となっている。
見どころはイコンや19世紀に使用されていた家具
や衣服、さらにブルガリア王室のコレクションなど
多岐に渡る。

✉пл. Бански 1 (pl. Banski)
☎(02)9854455
🌐www.sofiahistorymuseum.
bg
🕐5〜9月　11:00〜19:00
　10〜4月　10:00〜18:00
🚫月　💰6Lv　学生2Lv
📷15Lv　ビデオ100Lv

ブルガリア王室のコレク
ション

国立美術館
Национална Художествена Галерия ナツィオナルナ・フドジェストヴェナ・ガレリヤ

Map P.53-D2

　国内初の国立美術館。外国に住む裕福なブルガリア人たちの基金によってオープンした、白亜の宮殿のような美術館。館内ではおもに、ニコラ・ペトロフNikola Petrov（1881～1910）をはじめとしてブルガリア芸術家の作品（絵画、版画、彫刻など）を展示している。

本館は宮殿のような外観

　中心部にある別館はかつて王宮として使われていた。ブルガリア・ルネッサンスとバロック風の外観は壮麗そのもの。内部の装飾も美しい。おもに企画展が行われる。

⊠ул. 19-ти февруари 1 (19 Fevruari 1 Str.)
TEL(02)9884922
URLnationalgallery.bg
圏10:00～18:00（最終入場17:30）
休月・祝　料10Lv 学生5Lv 不可
●別館 ⇨Map P.53-C2
⊠пл. Княз Александър Батенберг 1
(Knyaz Alexander Batenberg Sq.)
圏10:00～18:00
（最終入場17:30）
休月・祝
料6Lv 学生3Lv
不可

別館は国立民族学博物館と同じ建物に入っている

国立民族学博物館
Национален Етнографски Музей ナツィオナレン・エトノグラフスキ・ムゼイ

Map P.53-C2

　国立民族学博物館は国立美術館の別館と同じ建物で、入口も共通。入って正面右側が民族学博物館の受付になっている。民族衣装と工芸品、生活用品など生活に密着したものが展示され、昔の生活の様子を垣間見ることができる。

⊠пл. Княз Александър Батенберг 1
(Knyaz Alexander Batenberg Sq.)
TEL(02)805262　URLiefem.bas.bg
圏3/6～11/13 10:00～18:00
11/14～3/5 10:00～17:00 ※最終入場30分前
休月　料6Lv 学生3Lv 不可

国立自然史博物館
Национален Природонаучен Музей ナツィオナレン・プリロドナウチェン・ムゼイ

Map P.53-C2

　動植物や鉱物に関する展示が見られる博物館。哺乳類や鳥類の剥製が多く、ブルガリアのみならず世界中から集められている。ただし、ほとんどの解説はブルガリア語のみなので、どれがブルガリアの固有種なのかがわかりづらいのが残念。

⊠бул. Цар Освободител 1
(Tsar Osvoboditel Blvd.)
TEL(02)9885116　URLwww.nmnhs.com
圏10:00～18:00
休1/1、12/25　料5Lv 不可

シティ・アート・ギャラリー
Софийска Градска Художествена Галерия ソフィイスカ・グラドゥスカ・フドジェストヴェナ・ガレリヤ

Map P.53-C2

企画展も見応えがある

　市民庭園の南端にある小さな美術館。ブルガリア人アーティストを中心とした絵画や彫刻を展示している。現代美術から古典まで幅広い企画展示が行われるが、現代美術に重点がおかれている。

⊠ул. Ген. Гурко 1 (Gen Gurko Str.)
TEL(02)9872181
URLwww.sghg.bg
圏火～土10:00～19:00、日11:00～18:00
※最終入場30分前
休月
料4Lv 学生2Lv ※第2・4木曜無料
不可

国立考古学研究所付属博物館
Национален Археологически Институт с Музей ナツィオナレン・アルヘオロギチェスキ・インスティトゥト・ス・ムゼイ

Map P.53-C2

　もともとは1494年に建立されたイスラム寺院だったが、19世紀からは考古学博物館として利用されている。1階の広間にはおもにローマ時代の発掘品が展示され、2階にはイコンなど中世ブルガリアの教会文化を中心としたコレクションが並ぶ。ここに収蔵されているマダラの騎士像はレプリカながら、20世紀初頭に作られたもので、風化が進んだ本物よりも状態がよい。宝物室にはトラキア人による黄金製の品々が数多く展示されている。

⊠ул. Съборна 2
(Saborna Str.)
TEL(02)9882406（内線223）
URLwww.naim.bg
圏5～10月10:00～18:00
11～4月10:00～17:00
休月　料10Lv 学生2Lv
※毎月最終日曜無料
不可

国立歴史博物館に次ぐ数多くの黄金コレクション

アレコへの行き方
🚊10、18番のトラムでセミナ
リヤタ**Семинарията**まで行
き、66番のバスに乗り換え、
アレコ下車。

起点となるアレコ村

ヴィトシャ山方面行きのバス

ボヤナへの行き方
🚎2番のトロリーバスで終点
下車。バス停からボヤナ教会
までは徒歩30分（坂がきつい
ので歩くのは少し大変）。ある
いは、5番のトラムでアフトガーラ・
オフチャ・クペルまで行き、そこで
107番のバスに乗り換える。107
番のバスはボヤナ教会の近くに
停車する。

世 界 遺 産
ボヤナ教会
Боянска Църква
1979年登録

■**ボヤナ教会**⇨Map P.61-A2
✉ул. Боянско Езеро 1-3
（Boyansko Ezero Str.）
☎(02)9590939
☎0879 456635（携帯）
🌐www.boyanachurch.org
🕐夏期9:30～18:00
　冬期9:00～17:30
🈺無休
🈹10Lv　学生　2Lv
　国立歴史博物館との共通券
　12Lv
📷教会内不可

✉入場制限
　教会内入場では一度に8～
10名の人数制限があり、待た
されることがあります。11世紀
建造の教会内の壁には、11世
紀のフレスコ画と13世紀に上
書きされた部分とが層になって
おり、興味深いです。
（千葉県　aeroterra　'15）['19]

エクスカーション

ヴィトシャ山 Vitosha Mountains

Планина Витоша プラニナ・ヴィトシャ

ソフィアから日帰りで行ける人気の山

ソフィアの南にそびえるヴィトシャ山は、標高2000m級の山々が連なる連峰で、最高峰は標高2290mのチェルニ・ヴラウ Черни Връх（「黒い頂」の意）。山頂に近い村アレコ Алеко へはトラムとバスを乗り継いでソフィア中心部から行くことができる。夏期はトレッキング、冬期はスキーリゾートとして人気があり、スキーのシーズンは12月から4月の初めくらいまで。周辺にはレストランやホテルもある。

ボヤナ教会 Boyana Church

Боянска Църква ボヤンスカ・ツァルクヴァ

すばらしいフレスコ画で知られるボヤナ教会（上）
13世紀の増築を行ったブルガリア貴族カロヤンとその妻デシスラヴァのフレスコ画（下）

ソフィア中心部から南西へおよそ8km、ヴィトシャ山の麓に建つ、見事なフレスコ画で世界的に有名な教会。11世紀に創建された後、13世紀と19世紀に2度増築をおこなったため、全部で3つの部分からできている。東端にあるれんがだけで組み上げられた部分が最初に建てられた聖堂で、以降西へと増築されていったので、入口から奥に行くほど古い時代のものとなる。とりわけ重要なのは13世紀に加えられた真ん中の聖堂で、当時のソフィア周辺の領主カロヤンによって増築された。内部を彩る1259年制作のフレスコ画は、写実性に乏しく様式化されたそれまでの宗教画に比べ、より写実的で表現豊かに描かれており、中世ブルガリア美術の最高傑作として知られている。

国立歴史博物館 National Museum of History

Национален Исторически Музей
ナツィオナレン・イストリチェスキ・ムゼイ

建物の装飾も見応えがある（上）　教会から移設されたフレスコ画（下）

迎賓館として使われていただけあり重厚感漂う国立歴史博物館

紀元前から20世紀にかけてのブルガリアの歴史を、全土から収集した数多くの展示品でたどる国内最大の博物館。収蔵品は65万点に及び、実際に展示しているのはその1割。展示は先史時代、古代、中世、オスマン朝支配時代、民族復興期と各時代ごとに区分されている。古墳からの発掘品から財宝類、武器、民族衣装、イコンまで多岐にわたるコレクションのなかでも、特に古代トラキアの繁栄をしのばせる金銀の工芸品はすばらしい。予約すれば各国語のガイド（英語、日本語、スペイン語、ロシア語、フランス語）を頼める。

■ **国立歴史博物館**
⇨ Map P.61-A1
🚎2番のトロリーバスで終点下車。中心部から所要25分、そこから徒歩3分。
✉ул. Витошко Лале 16 (Vitoshko Lale Str.)
☎(02)9554280
URL www.historymuseum.org
⏰ 夏期9:30～18:00
　　冬期9:00～17:30
※最終入場45分前　困無休
💴10Lv　学生1Lv
　　各国語ガイド30Lv
　　ボヤナ教会との共通券12Lv
📷無料　ビデオ80Lv
🚫不可

紀元前二千年紀のアクセサリー

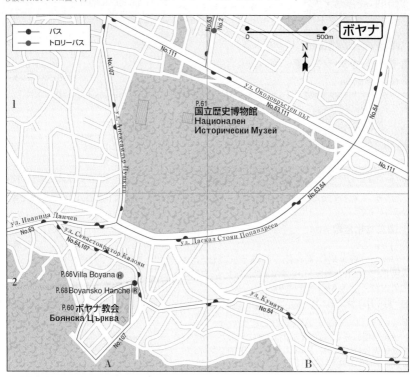

凡例:
- バス
- トロリーバス

ボヤナ

N

P.61 国立歴史博物館
Национален Исторически Музей

ул. Александър Пушкин
ул. Околовръстен път
ул. Иваница Данчев
ул. Севастократор Калоян
ул. Даскал Стоян Попандреев
ул. Кумата
No.63　No.2
No.111
No.107
No.64
No.63,111
No.63,64
No.111
No.63
No.64,107
No.64
No.107

P.66 Villa Boyana Ⓗ
P.68 Boyansko Hanche Ⓡ
P.60 **ボヤナ教会**
Боянска Църква

A
B
1
2

ソフィアのショッピング *Shopping*

おもなショッピング街は、ヴィトシャ大通り、アレクサンダル・スタンボリスキ大通り、クニャズ・アレクサンダル・ドンドゥコフ大通り。平日の営業時間は9:00～17:00ぐらいで土曜は13:00まで。

レファン Refan
Рефан

Map P.52-B2
バラ製品

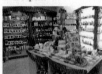

老舗百貨店ツムの中にある、ブルガリアを代表するコスメブランドの支店。国内産のダマスカスローズを贅沢に使った石鹸やローズオイル、クリームなどが並ぶ。

✉бул. Мария Луиза 2
(Maria Luiza Blvd.)
TEL 0882 037627 (携帯)
URL www.refan.com
開 月～土 10:00～20:00
日 11:00～19:00
休 無休 Lv C/C M V

フォークアート&クラフトセンター Center of Folk Arts & Crafts
Центърът за Народни Художествени Занаяти

Map P.53-D2
民芸品

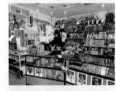

国立民族学博物館が運営する店。博物館に併設されている本店より品数豊富。民族衣装、陶器、キリム、ローズオイルなど、ブルガリアの代表的な手工芸品が何でも揃っている。

✉ул. Париж 4 (Parizh Str.)
TEL (02)9896416
TEL 0888 268588 (携帯)
URL www.craftshop-bg.com
開 9:00～18:00
休 無休
€ Lv
C/C M V (50Lv以上)

ヴィノポリス Vinopolis
Винополис

Map P.52-B1
ワイン

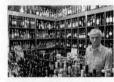

セントラル・ハリの1階にあるワインの店。ブルガリアワインの品揃えが豊富で、価格は3.40～48Lv。容量3ℓのボックスワイン9.80～13.90Lvもある。

✉бул. Мария Луиза 25
(Maria Luiza Blvd.)
TEL 0889 536558 (携帯)
開 9:00～21:00
休 無休
Lv
C/C D M V

モール・オブ・ソフィア
Mall of Sofia

Map P.52-A2
ショッピングセンター

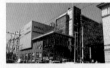

ソフィア最大級のショッピングモール。敷地内には有名ブランドなど130ほどの店舗がひしめきあっており、ソフィアの流行を見るにはぴったり。

✉бул. Ал. Стамболийски 101
(Al. Stamboliyski Blvd.)
TEL (02)9804437
URL mallofsofia.bg
開 10:00～21:00 休 無休
Lv C/C 店舗により異なる

ソフィアのエンターテインメント *Entertainment*

コンサートやオペラの開演は19:00頃。チケットは各会場の窓口か、国立文化宮殿のプレイガイドで買うことができる。

国立文化宮殿 NDK
НДК

Map P.51-C2
劇場

ソフィアで開催される多くのコンサートチケットはここで入手できる。文化宮殿の入口は建物正面に向かって左側でチケットオフィスも入口の隣にある。

✉пл. България 1 (Bulgaria Sq.)
TEL (02)9166400
URL ndk.bg
開 10:00～20:00 休 無休

ブルガリア・ホール Bulgaria Hall
Концертен комплекс България Зала България

Map P.53-C2
劇場

市民庭園の近くに位置するソフィア・フィルハーモニック管弦楽団の本拠地。1100人収容。館内はクラシックな雰囲気に包まれている。

✉ул. Аксаков 1 (Aksakov Str.)
TEL (02)9877656 開 チケットオフィス月～金 9:30～14:30 15:00～19:30 土・日11:00～14:30 15:00～19:30 休 無休

国立オペラ座 National Opera and Ballet

Map P.53-C2

Софийска опера и балет

劇場

　1890年創立の劇場。オペラとバレエが観られる。2012年には日本で5回目の公演が行われた。チケットを購入する際、受付のPC画面より直接希望の席を選ぶことができる。

✉ул. Врабча 1 (Vrabcha Str.)
TEL (02)8006266　URL www.operasofia.bg
チケットオフィス：月〜金9:00〜14:00
14:30〜19:00、±10:00〜19:00、日11:00
〜16:00　無休

イヴァン・ヴァゾフ国立劇場 Ivan Vazov National Theatre

Map P.53-C2

Иван Вазов Народен Театър

劇場

　『くびきの下で』などの作品で知られるブルガリアの国民的作家イヴァン・ヴァゾフの名を冠した劇場。建物は1904年に完成し、ブルガリアの歴史的建造物や文化財にも指定されている。1000人以上を収容できる。

✉ул. Дякон Игнатий 5 (Dyakon Ignatii Str.)
TEL (02)8119227
URL nationaltheatre.bg（ブルガリア語）
月〜金9:30〜19:30、土・日11:30〜19:30
無休

ソフィアのホテル　　　　　　　　　　　　　　*Hotel*

日本からの電話のかけ方　電話会社の番号（→P.30）＋010＋359（ブルガリアの国番号）＋2（0を取った市外局番）＋番号

　ソフィア市内には5つ星の高級ホテルからプライベートルーム、バックパッカー向けのホステルまで、さまざまなタイプのアコモデーションが混在している。ソフィア中央駅や中央バスステーションの周辺にはホテルはあまり多くないので、予約をしておいたほうがいい。

ソフィア・ホテル・バルカン Sofia Hotel Balkan

Map P.52-B2

София Хотел Балкан

★★★★★　最高級　室数:184

　地下鉄セルディカ駅を出てすぐ、町の中心スヴェタ・ネデリャ広場に面して建つ、ソフィアを代表するホテルのひとつ。かつては東側諸国で最初に開業したシェラトンホテルとしても有名だった。階下からは聖ゲオルギ教会に直接アクセスすることができる。カジノも併設。

✉пл. Света Неделя 5
（Sveta Nedelya Sq.）
TEL (02)9816541
FAX (02)9806464
URL www.sofiabalkan.com
S€71〜
W€81〜
US$　€　Lv
ADMV
全館　EV あり
日本での予約先 無料 0120-003535

ヒルトン・ソフィア Hilton Sofia

Map P.51-C2

Хилтън София

★★★★★　最高級　室数:245

　国立文化宮殿の背後にある。現代的でスマートな内装が目を引く高級ホテル。客室は広めに設計されており、旅の疲れを癒やすのに最適。モダンな内装のレストランやフィットネスクラブ、屋内の温水プールも完備されている。週末割引あり。

✉бул. България 1
（Bulgariya Blvd.）
TEL (02)9335000
FAX (02)9335111
URL www.hilton.com
S€220〜
W€252〜
US$　€　Lv
ADMV
全館　EV あり
日本での予約先 TEL (03)6864-1633

インターコンチネンタル・ソフィア InterContinental Sofia

Map P.53-D3

ИнтерКонтинентал София

★★★★★　最高級　室数:142

　解放者記念像の背後にある。全室ネスプレッソとコーヒー・ティ・ショコラのカプセルが備わっている。最新の設備を誇り、カーテンの開閉、照明の明暗、フロントやルームサービスなどはすべてTVモニタを使って行う。

✉пл. Народно Събрание 4
（Narodno Sabranie Sq.）
TEL (02)9334334　FAX (02)9334335
URL www.intercontinental.com
S W€130〜
US$　€　Lv
AMV
全館　EV あり
日本での予約先 無料 0120-677651

マリネラ・ソフィア Hotel Marinela Sofia

Map P.51-C3

Маринела София

★★★★★　最高級　室数:442

建築家の故黒川紀章氏が設計したホテル。中心部から少し離れており、喧騒を逃れてゆっくり過ごせる客室はどの部屋も眺めがいい。館内にはプール、ジムのほかバーやレストランがある。高層階からの展望を満喫できるレストラン「パノラマ」や、日本庭園に面して建つ「ハッピー・スシ」が人気。

✉бул. Д. Баучър 100 (Dzheyms Bauchar Blvd.)
TEL(02)9692222
FAX(02)9692223
URL www.hotel-marinela.com
S W 各種€107〜
US$ € Lv
A D M V
全館
EV あり

アレナ・ディ・セルディカ Arena di Serdica

Map P.53-C2

Арена ди Сердика

★★★★★　最高級　室数:63

ローマ時代の円形劇場跡に建てられたブティックホテル。アレナとは円形劇場で、セルディカとはローマ時代のソフィアのこと。地下の広場では保存された遺跡の上を歩くこともできる。スパセンターなど設備も充実。

✉ул. Будапеща 2 (Budapeshta Str.)
TEL(02)8107777　TEL0886 107777 (携帯)
FAX(02)8107770
URL arenadiserdica.com
S 各種€104
W 各種€114
US$ € Lv
D M V
全館 EV あり

グランド・ホテル・ソフィア Grand Hotel Sofia

Map P.53-C2

Гранд Хотел София

★★★★★　最高級　室数:122

ガラス張りでモダンな外観が特徴的なホテル。外観とは違い、客室とロビーは重厚感あふれる、ハイクラスな雰囲気を演出している。客室は広々としており、最低クラスでも45m²。バスルームはバスタブとシャワーが別になっている。

✉ул. Ген. Гурко 1 (Gen. Gurko Str.)
TEL(02)8110811／8110808
0884 400848 (携帯)
URL www.grandhotelsofia.bg
S 各種€100〜
W 各種€132〜
US$ € Lv
A D M V
全館
EV あり

ラマダ・ソフィア Ramada Sofia City Center

Map P.51-C1

Рамада София

★★★★　高級　室数:600

ソフィア中央駅前から至近距離にある高級ホテル。以前はプリンセス・ソフィアという名前だった。館内には屋内プールやサウナ、ジャクージがあり、カジノも併設している。

✉бул. Мария Луиза 131 (Maria Luiza Blvd.)
TEL(02)9338888　FAX(02)9338777
URL www.wyndhamhotels.com
S W 各種€110
US$ € Lv
A M V
全館
EV あり

マリア・ルイザ Maria Luisa

Map P.52-B1

Хотел Мария Луиза

★★★★　高級　室数:20

マリア・ルイザ大通り沿い、バーニャ・バシ・ジャーミヤのはす向かいにある。歴史のある建物なので外観は古びているが、建物に一歩足を踏み入れるとラグジュアリーな雰囲気に変わる。5室はスイート仕様。

✉бул. Мария Луиза 29 (Maria Luiza Blvd.)
TEL(02)9805577
FAX(02)9803355
URL www.marialuisa-bg.com
S 各種€75〜
W 各種€85〜
€ Lv
A M V
全館 EV あり

トラキア Rosslyn Thracia Hotel Sofia

Map P.52-B3

Рослин Премиер Тракия Хотел София

★★★★　　高級　室数:42

ソフィアで最もにぎやかな通り、ヴィトシャ大通りの2ブロック西にある。客室は設備も調い、広々としている。館内にはマッサージ施設や駐車場などが完備しており、設備も充実。

✉ул. Солунска 30 (Solunska Str.)
℡(02)8017900
FAX(02)8017979
URLthracia.rosslyn-hotels.com
⑤§🌡🛁📶🚻€60〜
Ⓦ🌡🛁📶🚻€70〜
💳€　Lv　ⒸⒶⒶⓂⓋ
📶全館　EVあり

アルテ Arte Hotel

Map P.53-C2

Арте Хотел

★★★　　中級　室数:25

3つ星だが、比較的新しく、設備的には4つ星ホテルにもひけを取らない。客室はスタンダードとデラックスがあり、デラックスは30㎡と広々している。朝食は別途€10。右記は調査時の実勢料金。

✉бул. Княз Александър Дондуков 5
(Knyaz Aleksandar Dondukov Blvd.)
FAX(02)4027100
FAX(02)9811699
URLwww.artehotelbg.com
⑤§Ⓦ🌡🛁📶🚻€65〜70
💳US$　€　Lv
ⒸⒶⒹⓂⓋ
📶全館　EVあり

リオン Lion

Map P.53-C1

Хотел Лион София

★★★　　中級　室数:33

ライオン橋の前にあり、地下鉄駅もすぐ近く。入口には感じのよいカフェがあり、内装も非常に洗練されている。客室は冷蔵庫とエアコン付き。朝食は1階のカフェレストランでとる。

✉бул. Мария Луиза 60
(Maria Luiza Blvd.)
℡(02)9178400　FAX(02)9178401
URLwww.hotelslion.bg
⑤§🌡🛁📶🚻€45〜　Ⓦ🌡🛁📶🚻€55〜
💳€　Lv　ⒸⒶⒶⓂⓋ
📶全館
EVあり

マジック・キャッスル

Map P.51-C3

Magic Castle

★★★　　中級　室数:18

童話に登場するお城のようなメルヘンチックな外観が印象的。外観とは違い、客室はスタイリッシュな家具で調えられている。朝食はビュッフェ形式。

✉бул. Черни Връх 29
(Cherni Vrah Blvd.)
℡(02)4910091　℡0884 929629 (携帯)
URLwww.magiccastle.bg
⑤§🌡🛁📶🚻€43〜58
Ⓦ🌡🛁📶🚻€62〜70
💳€　Lv　ⒸⒶⓂⓋ　📶全館　EVあり

セントラル・ポイント Central Point

Map P.52-B2

Централ Пойнт

★★★　　中級　室数:18

地下鉄セルディカ駅10番出口を出てすぐ。中心街にあり、空港、鉄道、バス、全ての移動に便利。朝食は出さないが、周囲にはカフェや惣菜店などがあり、食べるところには困らない。

✉ул. Трапезица 6
(Trapezitsa Str.)
℡(02)4817262
⑤§Ⓦ🌡🛁📶🚻€68
💳€　Lv　ⒸⒸⓂⓋ
📶全館　EVなし

アドリア Hotel Adria

Map P.51-C1

Хотел Адриа

★★★　　中級　室数:15

中央駅、中央バスステーションの徒歩圏内。客室数は少ないものの、サウナやジムも併設と充実した設備が自慢。部屋も広々としている。

✉ул. Княаз Борис I 207
(Knyaz Boris I Str.)
℡(02)4470733　℡0988 177174 (携帯)
FAX(02)4470731　URLhotel-adria.eu
⑤§🌡🛁📶🚻€60　Ⓦ🌡🛁📶🚻€70〜80
💳€　Lv　ⒸⒸⓂⓋ
📶全館　EVあり

ファヴォリト Hotel Favorit
Хотел Фаворит

★★★　中級　室数:28

中央駅、中央バスステーションから近く、地下鉄ラヴォヴ・モスト駅から200m。レストランは郷土料理が自慢。ラマダ・ソフィア（→P.64）内のスパ施設などが無料で利用可。

✉ул. Княз Борис I 193 (Knyaz Boris I Str.)
TEL(02)9319391　TEL0885 858985（携帯）
FAX(02)8035043
URL www.hotelfavorit.bg
R S €45〜　W €53〜
€　Lv　CC M V　全館　EV あり

ヴィラ・ボヤナ Hotel Villa Boyana
Вила Бояна

★★★　中級　室数:13

ボヤナにある家族経営のホテル。比較的新しく、ほとんどの客室にバルコニーがある。入口には水汲み場があり、天然水を汲むために地元の人も集まる。素泊まりは朝食9.50Lv。

✉пл. Сборище 5 (Sborishte Sq.)
TEL & FAX(02)9590529
URL www.villa-boyana.com
R S 85Lv
W 108〜116Lv

€　Lv
CC M V
全館　EV なし

ヘムス Hemus
Хемус Хотел

★★★　中級　室数:180

中心部からやや南へ行った所にある。18階建ての高層ホテルでビジネスセンターなど設備も充実。客室はスタンダードとクラシックの2種類。朝食はビュッフェスタイル。

✉бул. Черни Връх 31 (Cherni Vrah Blvd.)
TEL(02)8165000　TEL0885 466778（携帯）
FAX(02)8661315
URL www.hemushotels.com
R S 75Lv〜
W 90Lv〜

US$ € Lv　CC A M V
全館　EV あり

リラ Rila
Хотел Рила

★★★　中級　室数:100

観光に便利な立地で、裏通りにひっそり建つ閑静さが魅力。ヴィトシャ山側の上階の部屋からはソフィアの夜景が一望できる。バルコニー付きの部屋はプラス10Lv。

✉ул. Цар Калоян 6 (Tsar Kaloyan Str.)
TEL(02)9379100　TEL0884 797969（携帯）
URL hotelrila.bg
R S 68Lv〜
W 75Lv〜

Lv　CC M V
全館
EV あり

ソフィア・プレイス Hotel Sofia Place
Хотел София Плейс

★★★　中級　室数:20

ヴィトシャ大通りから1本東に入った所にある。設備の整ったビジネスホテルで、全20室のうち9室はシングルルーム。右は公式料金で、取材時の実勢料金はS €50、W €60。

✉ул. Христо Белчев 29 (Hristo Belchev Str.)
TEL(02)4811900　TEL0884 789203（携帯）
FAX(02)4811401
URL www.sofiaplacehotel.com
R S 137Lv
W 157Lv
€　Lv　CC A M V　全館　EV あり

スラヴィヤンスカ・ベッセダ Slavyanska Besseda
Славянска Беседа

★★★　中級　室数:92

にぎやかなラコフスキ通りに面している。ほとんどの部屋は改装済でアパートメントタイプの部屋もある。エアコンが設置されていない部屋もあるので要注意。2階は中華料理店。

✉ул. Славянска 3 (Slavyanska Str.)
TEL(02)9801303　TEL0878 742122（携帯）
FAX(02)9359832
URL slavyanska.com
R S €32
W €42

€　Lv　CC M V
全館　EV あり

ザ・ハウス Hotel-Restaurant "The House"

Map P.51-C2

Къщата

★★ 経済的 室数:9

国立文化宮殿の近くにあるホテル・レストラン。中心地からのアクセスもよく、周囲は静かな環境。各部屋にミニバーとエアコンが併設されている。朝食は別途5Lv。

✉ул. **Верила** 4（Verila Str.）
TEL(02)9520830　TEL0879 846376（携帯）
FAX(02)9515760
URL www.hotelthehouse.com
⊞ⓈⓌ🛁📶📺🔒🍴45Lv〜
　Ⓦ🛁📶📺🔒🍴53Lv〜
💳€　Lv　CCⓂⓋ
WiFi全館　EVなし

チープ Hotel Cheap

Map P.51-C1

Хотел Чийп

★★ 経済的 室数:20

名前の通り、周辺のホテルに比べて料金は手頃。設備も調っており、部屋も広めに造られている。1階には小さなカフェ・バーも併設しており、朝食（5Lv）はここでとる。

✉ул. **Княз Борис I** 203（Knyaz Boris I Str.）
TEL(02)4400031　TEL0889 120031（携帯）
URL hotel-cheap.bg
⊞ⓈⓌ🛁📶📺🔒🍴€30〜45
　Ⓦ🛁📶📺🔒🍴€35〜40
💳€　Lv
CCⒶⒹⓂⓋ
WiFi全館　EVなし

エドナ Edona

Map P.53-C1

Хотел Едона

★ 経済的 室数:16

中央駅と町の中心のほぼ中間に位置している。リオン・ホテルの横にあり、レセプションは2階で1階はKFCとダンキンドーナツになっている。設備はシンプルだが、立地と安さで人気が高い。

✉бул. **Сливница** 172（Slivnitsa Blvd.）
TEL(02)9832036
Email hotel_edona@abv.bg
⊞Ⓢ🛁📶📺🔒🍴35Lv　Ⓢ🛁📶📺🔒🍴45Lv
　Ⓦ🛁📶📺🔒🍴45Lv　Ⓦ🛁📶📺🔒🍴60Lv
💳€　Lv　CCⓂⓋ
WiFi全館
EVなし

ホステル・ガリアーニ Hostel Galiani

Map P.52-B1

Хостел Галиани

経済的 ベッド数:30

フリスト・ボテフ大通り沿いに面するホステル。騒音は多少気になるが、観光には便利な立地。建物は古いが館内は清潔。エアコンの使用は有料で、別途€3。

✉бул. **Христо Ботев** 70（Hristo Botev Blvd.）
TEL0879 594970（携帯）
URL www.galiani-hostel.com
⊞Ⓢ🛁📶📺🔒🍴€18　Ⓢ🛁📶📺🔒🍴€23
　Ⓦ🛁📶📺🔒🍴€23　Ⓦ🛁📶📺🔒🍴€28
💳€　Lv　CCⒶⒹⓂⓋ
WiFi全館　EVなし

ハロー・ソフィア

Map P.52-B2

Hello Sofia

経済的 室数:8

外観は古いが、内部はきれいにリフォーム、デザインされている。ドミトリーはベッド数5。紅茶、コーヒーは無料。ランドリーは1回€4。予約時に到着時間を伝えてほしいとのこと。

✉бул. **Стефан Стамболов** 12
（Stefan Stambolov Blvd.）
TEL0889 138298（携帯）
⊞Ⓓ🛁📶📺🔒🍴€9〜11
　Ⓢ🛁📶📺🔒🍴€18　Ⓢ🛁📶📺🔒🍴€24
　Ⓦ🛁📶📺🔒🍴€25　Ⓦ🛁📶📺🔒🍴€29〜35
💳€　Lv　CC不可　WiFi全館　EVなし

ホステル・モステル Hostel Mostel

Map P.52-A2

Хостел Мостел

経済的 ベッド数:38

通り沿いの看板が目印で、小さな入口を入った先にある。ホステルの建物は19世紀のものを利用している。夕食＆ビール、インターネット、シーツ＆タオルが無料。リラの僧院ツアーも催行。

✉бул. **Македония** 2A（Makedoniya Blvd.）
TEL0889 223296（携帯）
URL www.hostelmostel.com
⊞Ⓓ🛁📶📺🔒🍴18〜26Lv
　Ⓢ🛁📶📺🔒🍴42〜50Lv
　Ⓦ🛁📶📺🔒🍴45〜60Lv
💳Lv　CC不可
WiFi全館　EVなし

ブルガリア　ソフィア

ブルガリアの首都だけあり、世界各国料理のレストランがバラエティ豊かに取り揃う。値段はやや高めだが日本料理店もある。郷土料理を出すメハナやホテルのレストランなら当たり外れが少なく、予算はひとり10～30Lvほど。おしゃれなレストランが集まるのはヴィトシャ大通り周辺で、隠れ家レストランから雰囲気のよいバーなど選択肢は豊富。

■ マゲルニツァ Manastirska Magernitsa　　　Map P.53-C3
Манастирска Магерница　　　ブルガリア料理

ブルガリアの伝統料理を中心としたレストラン。古い邸宅風の店内にはアンティーク家具が多く配されている。クルモヴグラト風キノコ煮込み（写真右）18.80Lvなど、メインは5.70～35.80Lvでメニューも豊富。

✉ул. Хан Аспарух 67 (Khan Asparuh Str.)
☎(02)9803883
☎0899 949400（携帯）
URLmagernitsa.com
⊕11:00～23:00
💳Lv
💳MⓋ
🅿あり

■ ディヴァーカ Divaka　　　Map P.52-B3
Дивака　　　ブルガリア料理

イグナティエフ通りの裏道にある。ガラス張りのコンサヴァトリー（温室）風のスペースもある。メニューは肉、魚料理に各種スイーツなど、バラエティに富む。メインの料理は5.99～15.99Lv。ラストオーダー23:00

✉ул. Гладстон 54
(Gladston Str.)
☎0887 440011（携帯）
URLdivaka.bg
⊕10:00～24:00
⊕無休
💳€ Lv 💳MⓋ
🅿あり

■ ハジドゥラガノヴィテ・カシュティ Hadjidraganov's Houses　　　Map P.51-C1
Хаджидрагановите Къщи　　　ブルガリア料理

民族衣装を着たスタッフの給仕と、伝統的家屋をイメージした内装の中でブルガリア料理を楽しめる。メインは5.20～29.60Lv。ブルガリア・ワインの品揃えも充実。

✉ул. Козлодуй 75 (Kozloduy Str.)
☎(02)9313148
☎0899 917837（携帯）
URLwww.kashtite.com
⊕12:00～24:00
⊕無休 💳Lv
💳ⒶMⓋ 🅿あり

■ ボヤンスコ・ハンチェ Boyansko Hanche　　　Map P.61-A2
Боянско Ханче　　　ブルガリア料理

ボヤナ教会近くのバス停横。広い中庭が自慢で、テラス席が気持ちよい。各種肉料理が揃っているほか、魚料理も充実している。ラストオーダー22:00。

✉пл. Сборище 1 (Sborishte Sq.)
☎0898 592906（携帯）
⊕10:00～23:00
⊕無休
💳€ Lv
💳MⓋ 🅿なし

■ スカラ・バー SkaraBar　　　Map P.53-C2
СкараБар　　　ブルガリア料理

店名のスカラとはバーベキューの意味で、串焼きのシシチェ（右写真）やブルガリア風ハンバーグのキュフテなど。メインは9.30～34Lv。ラストオーダー22:30。

✉ул. Бенковски 12 (Benkovski Str.)
☎(02)4834431　☎0884 195817（携帯）
URLwww.skarabar.com
⊕12:00～23:30
⊕8月の土・日
💳€ Lv 💳不可
🅿あり

メイド・イン・ホーム
Made in Home

Map P.52-B3

ブルガリア料理

　ブルガリアの家庭の味がコンセプトだが、イタリアや中近東の料理などメニューは幅広い。店内はレトロな家具に囲まれている。メインは5.60～20.60Lv。ラストオーダーは90分前。

⊠ул. Ангел Кънчев 30A(Angel Kanchev Str.)
℡0876 884014 (携帯)
✉madeinhome.bg@gmail.com
🕐月　　　10:30～22:00
　火～木　10:30～23:30
　金・土　10:30～24:00
　日　　　10:30～21:00
㊡無休　💴Lv　💳不可　📶あり

エール・ハウス
Ale House

Map P.52-B3

ブルガリア料理

　各テーブルにはタップが設置されており、ビールはグラスで自ら注ぐ方式のユニークなビアレストラン。1ℓで6.49Lv。メニューはビールと合う料理を多く揃えており、5.99～23.99Lv。

⊠ул. Христо Белчев 42
(Hristo Belchev Str.)
℡(02)9801717
℡0884 320400 (携帯)
🔗www.alehouse.bg
🕐11:00～24:00
㊡無休　💴Lv
💳Ⓜ Ⓥ　📶あり

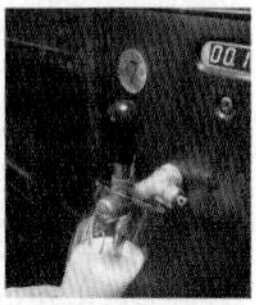

ミスター・ピッツァ
Mr. Pizza

Map P.51-C2

イタリア料理

　国立文化宮殿の近くにあるレストラン。メニューの種類が多く、料理は写真入りで紹介されているものが多い。ピザは25種類以上あり5.60～12.80Lv。

⊠ул. Верила 3
(Verila Str.)
℡0895 616111 (携帯)
🔗mrpizza.bg
🕐11:00～翌1:00
㊡無休
💴Lv　💳不可　📶あり

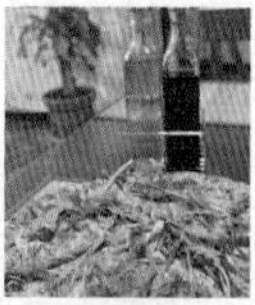

ブーム！
Boom!

Map P.52-B2

ハンバーガー

　人気のハンバーガー・ショップ。食事時は会社員や学生でにぎわっている。パティは自家製で毎朝作り、冷凍食品や加工食品は使用していない。ハンバーガーは7種あり、9.99～14.99Lv。

⊠ул. Кърниградска 15
(Karningradska Str.)
℡0894 420440 (携帯)
🔗www.boomburgers.bg
🕐12:00～22:00
　(金・土～22:30)
㊡無休　💴Lv
💳Ⓜ Ⓥ　📶あり

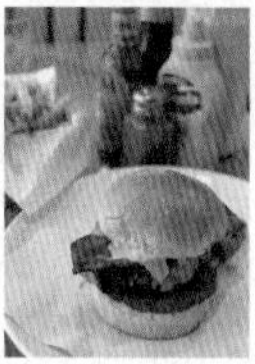

タージ・マハル Taj Mahal
Тадж Махал

Map P.53-D2

インド料理

　アレクサンダル・ネフスキー寺院の近くにある。ソフィアでは珍しいインド料理店。メインは9.99～25.99Lv。テイクアウトもでき、店内で食べるのに比べて料金は20%割引きになる。

⊠ул. 11 Август 11
(11th of August Str.)
℡(02)9873632
℡0876 600776 (携帯)
🔗www.tajmahal.bg
🕐11:30～23:00
㊡無休　💴Lv
💳Ⓐ Ⓜ Ⓥ　📶あり

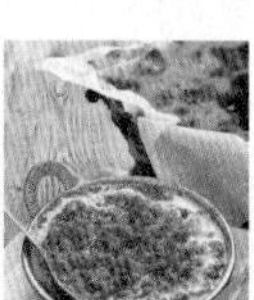

雅 Miyabi
Мияби

Map P.53-C2

日本料理

　ソフィアの中心部にある和食レストラン。寿司だけではなく、和食全般が楽しめる。勉強熱心なブルガリア人シェフによる巻き寿司5.96Lv～、土瓶蒸し11.99Lv、揚げ出し豆腐8.90Lvなどの味もよい。

⊠ул. Стара Планина 5
(Stara Planina Str.)
℡0886 105675(携帯)
🔗miyabi.bg
🕐12:00～22:00
㊡日
💴Lv　💳Ⓙ Ⓜ Ⓥ
📶あり

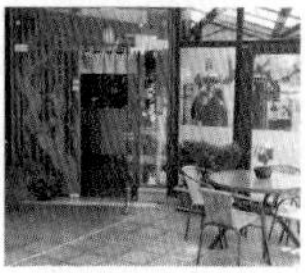

中国仿膳（ファンシャン）Chinese Restaurant Fanshan

Китайски Ресторант Фаншан

中華料理

地元の人でにぎわうレストラン。麺類は4.20Lv～で、メインは4.40Lv～。おすすめは豚肉とタケノコの入った炒め物7.90Lv。デザートとしてバニラアイスの唐揚げ2.80Lvも人気がある。

✉ ул. Струма 2
（Struma Str.）
TEL (02)8360469
営 月～土11:00～23:00
日　12:00～23:00
休 無休　カード Lv
CC 不可
カード なし

ウォク・トゥー・ウォーク

Wok to Walk

中華ファストフード

ヴィトシャ大通り沿いにある中華のファストフード。7種類の麺かご飯（卵麺、うどん、ジャスミン・ライスなど）、14種類の具材（鶏肉、牛肉、エビなど）、8種類のソース（オイスターソース、テリヤキなど）を順に選んで注文する。5.95Lv～。

✉ бул. Витоша 8
（Vitosha Blvd.）
TEL 0884 122920（携帯）
URL www.woktowalk.com
営 月～木　11:00～22:00
金　　11:00～23:45
土　　12:00～23:45
日　　12:00～22:00
休 無休　カード Lv　CC M V
カード なし

トロップス・フーズ Trops Foods

Тропс Фуудс

ファストフード

安くておいしいブルガリア料理のファストフード店。昼時にはビジネスマンがどっと押し寄せる。料理を指さしで注文できるので旅行者でも安心。5～10Lvでおなかもいっぱい。

✉ ул. Съборна 11
（Saborna Str.）
TEL 0894 661200（携帯）
URL tropsfood.bg
営 8:00～20:00
休 無休　カード Lv　CC M V
カード あり

スッパ・スター Supa Star

Супа Стар

スープ

軽めの食事を楽しむのにびったりの店。手作りスープは日替わりで、常時6種類以上。3.30～6Lv。メニューはブルガリア語のみだが指さしで注文できる。

✉ ул. Шишман 8（Shishman Str.）
TEL (02)9313933
営 月～金 10:00～21:00
土　　12:00～21:00
日　　12:00～19:00
休 無休　カード Lv　CC M V
カード あり

ヴィエナ・カフェ Vienna Cafe

Виенски Салон

カフェ

マリア・ルイザ・ホテルのロビー奥にあるカフェ。自家製のケーキは13種類あり3.50～6Lv。カプチーノやウィンナーコーヒーは2.90Lv。15:00～17:00は40%オフになる。

✉ бул. Мария Луиза 29（Maria Luiza Blvd.）
TEL (02)9805577　FAX (02)9803355
URL www.marialuisa-bg.com
営 8:30～21:00
休 無休
カード Lv　CC D M V
カード あり

コンフェッティ

Confetti

カフェ

町の中心部にあるジェラテリア。エレガントな雰囲気の店で女性を中心に人気を集めている。旬のフルーツを盛り込んだケーキや濃厚なアイスクリームなど、さまざまなスイーツが揃う。

✉ ул. Граф Игнатиев 4
（Graf Ignatiev Str.）
TEL (02)9884444
営 9:00～24:00
休 無休
カード Lv
CC M V
カード あり

ブルガリア正教のシンボル的な存在

リラの僧院
Рилски Манастир リルスキ・マナスティル
Rila Monastery

ソフィアの南約65km。リラ山脈の奥深くにひっそりと、リラの僧院はある。ブルガリア正教の総本山ともいうべき僧院である。バスに乗って、鬱蒼とした緑深き1本道の山道を揺られて行くと、曲がりくねった道の先に突然現れる、色彩豊かな僧院の門。このような場所に、いったい誰がどんな想いで、僧院を建てたのだろうか……。

　僧院の歴史は10世紀にさかのぼる。イヴァン・リルスキИван Рилскиという僧が、隠遁の地としてこの場所を選んだ。そして小さな寺院を建立。それがやがて中世の宗教と文化の中心になっていったのである。

リラの僧院のフレスコ画は美術的価値も高いといわれている

　現在の形になったのは14世紀。時の王の庇護の下で僧院文化は華開いた。その後、ブルガリアは約500年にわたってオスマン朝の支配下に入ることになる。この間、キリスト教の信仰はもちろん、ブルガリア語の書物を読むことにも制限が加えられていたのだが、この僧院だけは、それらが黙認されていた。往時には約360の房に、全国から僧が集い、寝起きしていたという。

　僧院の建物は1833年の大火事でおおかた燃えてしまったが、その後復旧され、1983年に世界遺産に登録された。

リラの僧院への行き方

🚌 **バス利用のポイント**

　ソフィア発リラの僧院行きのバスは1日1便。時間はよく変更されるので、バスターミナルなどで確認。ブラゴエフグラッドからリラ村へは、7:00〜20:00までは毎時バスがあるが、リラ村と僧院を結ぶバスは1日3便しかない。

●**ソフィアから**
🚌リラ村経由僧院行きは、アフトガーラ・オフチャ・クペルから10:20発。中央バスステーション（ツェントラルナ・アフトガーラ）からではないので注意が必要（僧院発ソフィア行きは15:00発）
所要：約3時間
運賃：11Lv

●**リラ村から**
🚌僧院行きのバスは7:40、12:40、15:50発（僧院発リラ村行きは8:20、9:30、15:00、17:00発）
所要：約30分　運賃：2Lv

●**ドゥプニツァから**
🚌6:40、14:15発
所要：約1時間45分
運賃：5.50Lv

■**リラ村へ**
●**ソフィアから**
🚌アフトガーラ・オフチャ・クペルから10:20、18:20発
所要：約2時間30分
運賃：9Lv

●**ブラゴエフグラッドから**
🚌7:00〜20:00に毎時運行（9:00、13:00、17:00発のバスは日曜運休）
所要：約40分　運賃：2Lv

●**ドゥプニツァから**
🚌10:00（日曜運休）、11:00、11:30、19:20発
所要：約1時間
運賃：3.50Lv

■聖母誕生教会
🕐7:00〜20:00頃
🚫無休 💴無料
📷 教会内不可

■リラの僧院で
　気をつけること

　僧院は観光地である前に神聖な場所である、ということをお忘れなく。露出度の高い服、ノースリーブ、ショートパンツでは僧院内に入れてもらえない。ジーンズはOK。暑い日でも、羽織れる服を持参しよう。

天井のフレスコ画をがんばって撮影している旅行者

■リラの僧院への
　日帰りツアー

　ソフィアからは多くの旅行会社がリラの僧院へのツアーを催行している。そのほとんどは、プライベートツアーで、車を1台チャーターするため、料金は€50〜150とやや割高。ボヘミア・トラベル・エージェンシー（→P.54）では夏期は毎日、冬期は週末にツアーを催行している。前日までの予約が必要。そのほか、ホステル・モステル（→P.67）ではひとり€20でツアーを行っており、最少催行人数は3人。9:30にソフィア発で帰りは17:30頃。

『出エジプト記』にあるファラオの王女に拾われるモーセのフレスコ画

見どころ

聖母誕生教会 Main Church Virgin Birth

Църква "Рождество Богородично" ツァルクヴァ・ロジュデンストヴォ・ボゴロディチュノ

民族復興様式の教会　4階建ての外陣に囲まれ、敷地内の中央に建っているのが、聖母誕生教会。建物自体は、1833年の火事のあとに再建されたもので、民族復興様式と呼ばれる建築様式によって建てられている。

ヴォールトいっぱいに描かれたフレスコ画　白と黒の横縞模様が印象的な教会

聖母誕生教会の外回廊に描かれたフレスコ画

正面のアーチをくぐると、外壁の壁面いっぱいに、そして天井にも、フレスコ画。そこには、36の聖書の場面やこの地方のそれぞれの時代の生活の様子が、色彩豊かに描かれている。

これらは民族復興期最高のイコン画家といわれるザハリ・ゾグラフ Захари Зографを含む当時を代表する画家たちが無償で描いたという。

　ブルガリアの教会で見られるフレスコ画はほとんどが屋内に描かれており、しかもロウソクの煙で色がくすんでいる。リラの僧院のように極彩色のフレスコ画は非常に珍しい。

黄金に輝くイコノスタス　教会内に入ると正面奥に見える数多くのイコンで飾られた壁はイコノスタス。聖障ともいわれ、ブルガリア正教会を含む東方正教会系の教会ではなくてはならないものだ。東方正教会系の教会では至聖所の前にイコノスタスが置かれるため、通常至聖所へは入ることも中を見ることもできない。至聖所は天国を表しており、礼拝のときなどには、天国が開かれているという意味を込めて、イコノスタスの扉が開くようになっている。

　聖母誕生教会のイコノスタスは、幅が10mもある立派なもの。精緻な彫刻が施され、表面には金箔が施されている。ブルガリアの木彫芸術の最高傑作ともいわれているもので、その制作には5年の歳月を要した。

イヴァン・リルスキの聖遺物　イコノスタス中央すぐ前に置かれているのは、この僧院の創設者であるイヴァン・リルスキ左手の聖遺物。彼の聖遺物は、聖なる力をもち、数々の奇跡を行ったと伝えられている。教会内にはそのほかにも多くの聖人の聖遺物が置かれている。

フレリョの塔 Hrelyo's Tower

Хрельова Кула フレリョヴァ・クラ

　僧院内で1833年の火災を免れたの
は、このフレリョの塔だけ。14世紀に
建てられた当時のままに残っている。
それでも、外壁の壁画はほとんど退
色しておらず、十分に鑑賞に堪えうる
見事なもの。現在、1階がみやげ物屋
になっている。

火災を免れたフレリョの塔

歴史博物館 History Museum

Църковно Исторически Музей ツァルコヴノ・イストリチェスキ・ムゼイ

ラファエロの十字架

　中庭を囲む外陣の、東部分の建物
（門から見て正面）1階とその地下が歴
史博物館になっていて、イコンや古い
聖書などが展示されている。

　必見なのは、19世紀初頭に制作さ
れたラファエロの十字架。高さ50cm
ほどの木製の十字架には、140の聖書
の場面が彫り込まれ、登場する人間
の数はなんと1500人。12年の歳月をかけて完成したときには、
僧ラファエロの視力はすっかり失われていたという。ほかにも、
1835年に発行された、ネオフィト・リルスキによるブルガリア初の
文法書や、1865年製の印刷機などがある。

　また、僧院内には歴史博物館以外に、19世紀の僧院での生
活に関する展示やイコン・ギャラリーもある。

塔で鐘を鳴らす修道士

■**フレリョの塔**
圖10:00～16:00
休無休　料5Lv

■**歴史博物館**
圖夏期8:30～19:30
　冬期8:30～16:30
休無休
料8Lv
　英語のガイド20Lv
📷不可

■**19世紀僧院の生活展示**
圖9:30～16:30
休無休
料5Lv　📷不可

■**イコン・ギャラリー**
圖夏期8:30～19:30
　冬期8:30～16:30
休無休
料3Lv
📷不可

修道士の姿も垣間見られる

ブルガリア語初の文法書を著した
ネオフィト・リルスキの墓。ブルガ
リア語教育に多大な貢献をした人
物で、リラの僧院の院長も務めた

リラの僧院周辺 (地図)

[63]　[18]　[A2]　[6]

[6]　ソフィア P.45　София

ペルニック Перник
ラドミール Радомир
[6]

[E80]　[8]

[E79]

[A1]

[1]

ドゥブニッツァ Дупница
[62]　[62]

サパレヴァ・バーニャ Сапарева Баня
サモコフ Самоков　[62]

チェア・リフト乗り場

コステネツ Костенец

リラ七つの湖
Седемте Рилски Езера

N

リラ Рила
コチェリノヴォ Кочериново
ブラゴエフグラッド P.76 Благоевград

リラの僧院
Рилски Манастир

0　15km

リラの僧院周辺

73

ソフィアまたはブラゴエフグラッドからドゥプニツァ **Дупница** へ行き、バスに乗り換えサパレヴァ・バーニャ **Сапарева баня** へ。ここからミニバスでチェア・リフト乗り場まで行き、チェア・リフトでリラ七つの湖へ。

リラの僧院とリラ七つの湖を直接結ぶ車道はなく、トレッキングルートのみ。

● **ソフィアからドゥプニツァへ**

🚆1日5便

所要:1時間50分〜2時間30分

運賃:5.20〜5.70Lv

🚌1〜2時間に1便程度

所要:約1時間40分　運賃:6Lv

● **ブラゴエフグラッドから**
ドゥプニツァへ

🚆1日9便

所要:30〜45分

運賃:2.70〜4.50Lv

🚌2時間に1便程度

所要:30分〜1時間

運賃:4.80Lv

● **ドゥプニツァから**
サパレヴァ・バーニャへ

🚌1時間に1便程度

所要:約30分　運賃:2Lv

● **サパレヴァ・バーニャから**
チェア・リフト乗り場へ

🚌ミニバスが観光客の数に応じて不定期に運行されている。ミニバスのスケジュールはソフィアの❶で聞くか、下記バス会社に電話で問い合わせる。

ET Kalin Gelev(バス会社)

☎0885 148906 (携帯)

所要:約30分　運賃:4Lv

● **チェア・リフト**

運行:夏期8:30〜18:30
　　　冬期9:00〜16:00
　　　(月曜運休)

所要:約25分

運賃:片道10Lv、往復18Lv

```
┏╍╍╍╍╍╍╍╍╍╍╍╍╍╍╍╍╍╍╍┓
      エクスカーション
┗╍╍╍╍╍╍╍╍╍╍╍╍╍╍╍╍╍╍╍┛
```

リラ七つの湖 Rila Seven Lakes

Седемте Рилски Езера セデムテ・リルスキ・エゼラ

右側手前は七つの湖最大のブリズナカ湖、左奥にはトゥリリストゥニカ湖

リラの僧院周辺は、リラ国立公園に指定されており、ブルガリア屈指の美しい自然が広がっている。なかでも特に人気なのがリラ七つの湖。氷河によって作り出された起伏に富んだ地形に湖が点在し、最も標高の低い湖は2100m、最も高いものは2500m。すべてを回るには4〜5時間かかるが、体力と時間に応じて、さまざまなトレッキングコースが整っている。

リラの僧院へもトレッキングルートで結ばれているが、片道だけで4〜5時間かかるので、1日で僧院と七つの湖を見るのは体力的、時間的にみてかなり厳しい。ソフィア、ブラゴエフグラッドなどから日帰りするのが一般的だが、チェア・リフトへの起点の町となるサパレヴァ・バーニャは、温泉の町と知られ、宿泊施設も多いので、ここで宿泊するのもおすすめ。

七つの湖のひとつ、バブレカ湖で水遊び

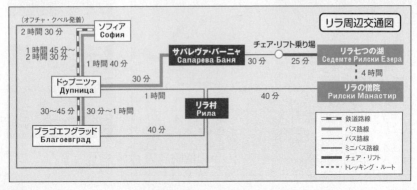

リラ周辺交通図

(オフチャ・クベル発着)

ソフィア София ─ 2時間30分

1時間45分〜2時間30分

1時間40分

ドゥプニツァ Дупница

サパレヴァ・バーニャ Сапарева Баня ─ 30分 ─ チェア・リフト乗り場 ○ ─ 25分 ─ リラ七つの湖 Седемте Рилски Езера

30分

4時間

リラの僧院 Рилски Манастир

40分

1時間　リラ村 Рила

30〜45分　30分〜1時間

ブラゴエフグラッド Благоевград ─ 40分

凡例:
━━ 鉄道路線
━━ バス路線
━━ バス路線
━━ ミニバス路線
━━ チェア・リフト
╍╍╍ トレッキング・ルート

リラの僧院のホテル&レストラン *Hotel & Restaurant*

ブルガリアを代表する観光地ではあるが、ソフィアやブラゴエフグラッドからの日帰りが一般的なため、リラの僧院の周辺には宿泊施設やレストランは非常に少ない。じっくりと雰囲気を味わいたいなら、僧院内の宿坊やリラ村での滞在も検討するとよいだろう。また、僧院の裏側やリラ村にあるレストランでは、この地方の名物であるリラ川でとれた新鮮なマスの料理を食べられる。

名物のマス料理

日本からの電話のかけ方　電話会社の番号（→P.30）＋010＋359（ブルガリアの国番号）＋7054（0を取った市外局番）＋番号

オルビタ Orbita Hotel
Орбита Хотел
地図なし／中級　室数:18

アフトガーラから徒歩5分、リラ村の中心部にあるホテル。建物自体は老朽化が進んでいるが、部屋はきれい。リラ村で食事ができるところは多くないため、併設のレストランはありがたい。朝食は別途5Lv。エアコン利用は別途5Lv。

✉ул. Св. Иван Рилски 2 (Sveti Ivan Rilski Str.)
℡(07054)2167
℡0888 301031（携帯）
FAX(07054)2262
S🔒🚿➡25Lv
W🔒🚿➡40Lv
€ Lv
不可
全館　EVあり

リルスキ・マナスティル Rila Monastery
Рилски Манастир
地図なし／経済的　室数:11

リラの僧院内にある宿坊。受付は歴史博物館の近くにあるレセプションで行う。カギの返却は歴史博物館のスタッフにする。未婚カップルは同室に宿泊できない。

✉Рилски Манастир (Rila Monastery)
℡0896 872010（携帯）
FAX(07054)3383
S🔒30Lv　W🔒🚿60Lv
Lv 不可
不可　EVなし

✉人気のないひっそりとした僧院を堪能できるのでおすすめです。朝（6:00〜8:00）頃、夕方（17:00〜18:00頃）の奉神礼にも参加でき、修道僧の厳粛な祈りに触れて感動しました。なお、宿泊受付は14:00〜16:00、18:00〜19:00の間に限られるので注意。（千葉県　MY　'18）

ゲルマネヤ Germanea
Хотел Германея
地図なし／★ 経済的　室数:46

サパレヴァ・バーニャの中心部にあり、バス停にも近い。1つ星ながらサウナ、屋外プールなど充実した設備が自慢。プールやジャクージは温泉水を引いている。客室にはエアコンがないので夏は要注意。

✉ул. Германея 9, Сапарева Баня (Germanea Str., Sapareva Banya)
℡0898 843888（携帯）
URLrilatour.com（ブルガリア語）
S🔒🚿➡40〜50Lv
W🔒🚿➡60〜75Lv
Lv M Ⓥ
全館　EVなし

ツァレフ・ヴラフ Tzarev Vrah
Царев Връх
地図なし／ブルガリア料理

僧院の裏門を出た所にある、民芸調の内装の店。メインは6.80〜22Lvで、ブルガリア料理をいろいろと出すが、この店の名物は近くの川でとれたマス（280g10Lv）。帰りのバスを待つ旅行者の利用も多い。

✉Рилски Манастир (Rila Monastery)
℡(07054)2180
🕐8:30〜21:00
無休
US$ € Lv
不可
なし

75

ヴァロシャ地区に建つ受胎告知教会

Bulgaria
折込Map表 A2

ソフィア
★ ブラゴエフグラッド

ブラゴエフグラッド
への行き方

●ソフィアから
🚃1日3便
所要:2時間10〜30分
運賃:6.40〜7.50Lv
🚌中央バスステーションか
ら6:40〜19:00の1時間に1
便程度
所要:約2時間　運賃:11Lv
●サンダンスキから
🚌1〜2時間に1便程度
所要:約1時間
運賃:5Lv
🚃1日6便
所要:55分〜1時間20分
運賃:3.90〜4.90Lv
●バンスコから
🚌1日6便
所要:1時間10分
運賃:7Lv

川沿いのスタンボリスキ通り周辺
のヴァロシャ地区

■地域歴史博物館
⇨MapP.77-B1
✉ул. Рила 1 (Rila Str.)
☎(073)886078
🕐月〜金 9:00〜18:00
　土・日 9:30〜18:00
休無休　料2Lv　学生1Lv
※月曜無料
🚫不可
革命家ゲオルギ・イズミルリエ
フの生家。見学の受付も兼ね
ている(料2Lv　学生1Lv、博
物館とセットで料2.50Lv 学
生1.50Lv)。

ブラゴエフグラッド
Благоевград
Blagoevgrad

　ブラゴエフグラッドは、ピリン山脈の北の端に位置し、この地方の行政、交通、商業の中心的役割を担う、緑多い地方都市。ソフィアからは100kmほど南、リラの僧院からは35kmほど南西に位置する。

　ブラゴエフグラッドには銀行、郵便局、病院などが揃っており、周辺を巡る際の拠点として利用するのにも便利だ。リラの僧院、サンダンスキ、バンスコなどへは、列車やバスの便があり、この地域の交通の要所でもある。町の中心には、アメリカン大学があり、活気ある学生街の雰囲気ものぞかせる。

歩き方

　鉄道駅とアフトガーラは、いずれも町の南西にあり、町の中心までは約1.5km。

　鉄道駅を出て通りを渡ると、バス停が見える。2番などのバスに乗り、ゲオルギ・イズミルリエフ・マケドンチェト広場пл. Георги Измирлиев Македончетоで降りよう。ここから南東に延びるディミタル・タレフ通りул. Димитър Талевとその周辺はカフェ、ブティック、銀行などが集まるにぎやかなエリアになっている。さらに、東に進むとビストリッツァ川に出る。

　川沿いのスタンボリスキ通り周辺はヴァロシャ地区Варошаと呼ばれ、ていねいに修復された旧市街の町並みが広がっている。地域歴史博物館Регионален Исторически Музейや受胎告知教会Църква Въведение Богородичноもここにある。

76

日本からの電話のかけ方　電話会社の番号（→P.30）＋010＋359（ブルガリアの国番号）＋73（0を取った市外局番）＋番号

サンダンスキやバンスコといった周辺の町への日帰り観光の起点にもなることから、宿泊施設は近年増加傾向にある。ヴァロシャ地区には民族復興様式の建物を活用したホテルもある。また、カフェやレストランはマケドニア広場の周辺や、トドル・アレクサンドロフ通り沿いに多い。

クリスト Kristo
Map P.77-B1

Кристо Хотелски Комплекс

★★★　　中級　室数:36

ヴァロシャ地区にある。伝統的な建物を利用しており、雰囲気がよい。受胎告知教会の東の高台に位置しており、部屋からの眺めもよい。地下のメハナも人気。アパートメントタイプの部屋もある。

⌂кв. Вароша（Varosha Quarter）
℡(073)880444
℡0893 305045（携帯）
URLhotel-kristo.com
S📶📺45Lv〜
W📶📺65Lv〜
US$　€　Lv
MV全館　EVなし

コロナ Korona
Map P.77-B2

Хотел Корона

★★★　　中級　室数:27

町の中心の南東、ニコラ・ヴァプツァロフ通り沿いにある。設備は新しく、エアコン、ケーブルテレビが備わっている。バスタブ付きの客室あり。周囲の環境も静か。朝食は別料金で5Lv。

⌂ул. Никола Вапцаров 16
（Nikola Baptsarov Str.）
℡(073)886633
URLhotelkorona.info
S📶📺30〜45Lv
W📶📺35〜50Lv
€　Lv　MV
全館　EVなし

リオ Rio
Map P.77-A2

Семеен Хотел Рио

★★　　経済的　室数:22

鉄道駅のすぐ近くにある。各部屋にはエアコン、衛星放送視聴可能のテレビ付き。1階のレストランは深夜まで営業している。人気の宿なので要予約。

⌂бул. Св. Д. Солунски 35
（Sv. D. Solunski Blvd.）
℡(073)881611
S📶📺30Lv
W📶📺40Lv
US$　€　Lv
MV全館　EVなし

ブルガリア　ブラゴエフグラッド

古くからの温泉療養地

サンダンスキ Сандански

　ブルガリアの療養所として知られるサンダンスキは、ピリン山脈の南にある温泉の町。年平均気温は14℃で、国中が最も冷え込む1月でも平均気温は4℃（ちなみにソフィアは1℃）と、国内で最も温暖な地である。

マケドニア通り

　町の名は、マケドニア革命団IMROの闘士ヤネ・サンダンスキЯне Сандански に由来しているが、かつては「聖なる医者」を意味するスヴェティ・ヴラチСвети Врачと呼ばれ、古来から温泉療養の町として栄えていた。しかし、ブルガリア帝国時代、ブルガリア人があまり入浴を好まなかったので一時衰退する。その後、イスラム教徒が多いオスマン朝の支配下で再び繁栄したというのも興味深い話である。

歩き方

　鉄道駅は町の中心から非常に離れており、バスを利用したほうがはるかに便利。メインス

考古学博物館の裏にある遺跡

トリートのマケドニア通りул. Македонияには、療養設備の充実したホテルやレストラン、銀行などが並び、公衆浴場もこの通り沿い。また、この通り沿いにある考古学博物館は、建物1階に広がるモザイクの床があり、見応えがある。博物館の裏にはビザンツ時代の教会跡も残っている。

ホテル&レストラン

　ブルガリア広場やマケドニア通り周辺など、町の中心に集中している。レストランもこのエリアにある。温泉の町だけあり、スパ施設を完備したホテルも少なくない。

DATA
■サンダンスキ（折込Map表 A3）への行き方
●ブラゴエフグラッドから
🚌1日6便程度
所要:55分〜1時間25分　運賃:3.90〜4.90Lv
🚐1〜2時間に1〜2便　所要:約1時間　運賃:5Lv
■サンダンスキの❶　⇨Map P.78-2
✉ул. Македония 28 (Macedonia Str.)
TEL0882 050176 (携帯)　⏰10:00〜20:00
■考古学博物館　⇨Map P.78-1
✉ул. Македония 55 (Macedonia Str.)
⏰10:00〜18:00　㊡月　🎫2Lv　学生1Lv
■スヴェティ・ヴラチ温泉
Термална Бана Св. Врач　⇨Map P.78-1
✉ул. Македония 60 (Macedonia Str.)
TEL(0741)59975　⏰7:00〜13:00　㊡無休
🎫10Lv(各種サービス別途)

ピリン国立公園への基点の町バンスコ

バンスコ
Банско
Bansko

Bulgaria
折込Map表A3

ソフィア
★バンスコ

バンスコへの行き方
●ソフィアから
🚂直通はなくセプテンヴリ Септемвриで乗り換え。1日3便。バスに比べて倍以上時間がかかるが、セプテンヴリ～バンスコ間は景勝路線として鉄道ファンに人気が高い。
所要：6時間50分～8時間30分
運賃：15.50～19.20Lv
🚌中央バスステーションから8：30、11：25、14：05、16：45発
所要：約3時間　運賃：16Lv
●ブラゴエフグラッドから
🚌7：00～12：55の1日5便
所要：1時間30分
運賃：7Lv

ピリン山脈の最高峰ヴィフレン山（2914m）の麓のバンスコは、世界自然遺産にも登録されているピリン国立公園への起点となる町。夏はトレッキング、冬はスキーと1年を通じて楽しめる人気のリゾート地だ。

バンスコはもともと工芸品やたばこ産業の町として発展してきた。18～19世紀に最盛期を迎えた後、町は衰退したが、ネオフィト・リルスキНеофит Рилски（1793～1881年）らの登場で、次第に民族復興活動の町としても知られるようになった。

歩き方

アフトガーラ、鉄道駅はいずれも町の北に位置する。町の中心へはここから徒歩10分ほど。町の中心は**ニコラ・ヴァプツァロフ広場пл. Никола Вапцаров**。広場から南に進んでいくと、❶のある**ヴァズラジュダネ広場пл. Възраждане**、**ネオフィト・リルスキ博物館Къща-Музей Неофит Рилски**と彼によって建てられた**聖トロイツァ教会Църква Св. Троица**がある。

聖トロイツァ教会

聖トロイツァ教会がある**ピリン通りул. Пирин**をさらに南に700mほど進んでいくと、ケンピンスキ・ホテル・グランド・アレナがあり、その横には、スキー場へ行くロープウエイ乗り場がある。

■バンスコの❶
⇨MapP.80-1
✉️пл. Възраждане 4
（Vazrazhdane Sq.）
☎(0749)88580
☎0888 251095（携帯）
🌐www.bansko.bg
（ブルガリア語）
🕐月～金　9：00～12：00
　　　　　13：00～18：00
　土　　　10：00～12：00
　　　　　13：00～18：00
　日　　　10：00～14：00
🚫無休

■ネオフィト・リルスキ博物館
⇨MapP.80-1
✉️ул. Пирин17（Pirin Str.）
🕐夏期
9：00～12：00 13：00～17：30
冬期
9：00～12：00 13：00～17：00
🚫無休
💴3Lv　学生1Lv
英語ガイド10Lv
📷不可

■聖トロイツァ教会
⇨MapP.80-1
🕐7：30～18：00
🚫無休　💴無料
📷不可

79

■バンスコ・スキー・リゾート

ロープウエイの運行は12～4月で、スキー場までは所要約22分、往復20Lv。スキー場のリフトが1日乗り放題になるスキーパスは1日券46Lv、2日券90Lv、3日券136Lvあり。学生割引あり。夏期も営業する日がある。

ピリン国立公園への行き方

🚡ロープウエイの上の駅からさらに5kmほど先にあるヴィフレン・ハット（標高1950m）までは車で上ることができる。夏はミニバスも出ているが午前に1便、午後に2便程度と便が少ない。運賃は6Lv。タクシーを利用すればバンスコから片道40Lv程度。ここからは2～5時間程度のウオーキングコースがいくつかある。ヴィフレン山頂までは3～4時間の行程。

世 界 遺 産

ピリン国立公園
Национален Парк "Пирин"
1983年登録
■ピリン国立公園ビジターセンター　⇨MapP.80-2外
✉ул. Пирин 104 (Pirin Str.)
☎0884 323245（携帯）
🕐5～10月
　9:00～12:30 13:00～17:30
　11～4月
　9:00～12:30 13:00～17:00
🈺無休

ピリン国立公園ビジターセンター

トレッキングに自信がない人もロープウエイには乗ってみよう

見どころ

バンスコ・スキー・リゾート　Bansko Ski Resort
Ски Зона "Банско" スキー・ゾーナ・バンスコ

　バンスコはブルガリアきってのスキー／スノーボードリゾート。スノーボードのワールドカップも行われている。町にはアウトドアショップや器材のレンタルショップもたくさんあるので、手ぶらでも十分楽しめる。

エクスカーション

ピリン国立公園　Pirin National Park
Национален Парк "Пирин" ナツィオナーレン・パルク・ピリン

　その険しい地形のため、人間の手による開発が進まず、独特の生態系が守られてきたピリン国立公園。固有種を含むさまざまな生物がすんでおり、世界遺産にも登録されている。

朝日を受けて輝くヴィフレン山

その中心にそびえるのがヴィフレン山（標高2914m）だ。周囲には数々のトレッキングコースが設定されている。山あいには点々と散らばるように小さな湖があり、美しい景色を眺めながら歩いてみよう。ただし、歩くときは詳しい地図を忘れずに。

ヴィフレン・ハットの道しるべ

バンスコの**ホテル&レストラン** *Hotel & Restaurant*

日本からの電話のかけ方　電話会社の番号（→P.30）＋010＋359（ブルガリアの国番号）＋749（0を取った市外局番）＋番号

人気のリゾート地だけあり、周辺の町と比べても圧倒的にアコモデーションが多い。大型ホテルからアパートメントタイプの客室を備えたファミリーホテルまで、種類はさまざま。スキーシーズンは料金も通常時よりも割高になり、どこも混み合うので早めの予約が必須だ。たいていの宿泊施設はロープウエイ乗り場までの送迎サービス付き。

ケンピンスキ・ホテル・グランド・アレナ Kempinski Hotel Grand Arena　Map P.80-2
Кемпински Хотел Гранд Арена

★★★★★　　最高級　室数:159

バンスコ唯一の5つ星ホテル。併設するスパは1200m²の広さで、スポーツマッサージから各種トリートメントまでメニューが充実している。4月中旬〜5月中旬は休業。

✉ул. Пирин 96 (Pirin Str.)
TEL(0749)88888　FAX(0749)88560
URL www.kempinski.com
🛁Ⓢ🚾Ⓦ🛁📶🔌80€〜
💰US$　€　Lv
CC ⒶⓂⓋ
WiFi 全館
EV あり

グランド・ホテル・バンスコ Grand Hotel Bansko　Map P.80-1
Гранд Хотел Банско

★★★★　　高級　室数:202

アフトガーラのすぐ隣にある4つ星ホテル。スパセンターには屋内、屋外スイミングプール、3つのサウナ、ジャクージを備え、かなりの充実ぶりを誇る。カジノも併設している。

✉ул. Глазне 5 (Glazne Str.)
TEL 0700 12120
TEL 0879 999941 (携帯)
URL www.grandhotelbansko.bg
🛁Ⓢ🚾🛁📶🔌63Lv〜
Ⓦ🛁📶🔌78Lv〜
💰€　Lv　CC ⒶⒹⓂⓋ
WiFi 全館　EV あり

カリストゥリナ・カシャタ Kalistrina House　Map P.80-1
Калистрина Каща

経済的　室数:5

アフトガーラ近くにあるゲストハウス。部屋は広々としており、過ごしやすく、テレビや冷蔵庫など基本的な設備は揃っている。冬期はスキーやスノーボードの道具のレンタルも行っている。

✉пл. Македония 4 (Makedoniya Sq.)
TEL 0898 608688 (携帯)
🛁Ⓢ📶🔌20Lv
🚾📶🔌30Lv
💰Lv　CC ⓂⓋ
WiFi 全館
EV なし

オベツァノヴァ Obetsanova　Map P.80-1
Обецанова

ブルガリア料理

ヴァズラジュダネ広場に面したメハナ。店内には刺繍や工芸品など民俗色豊かな装飾が多く施されている。夏期は前庭がテラス席となる。バンスコ周辺の伝統料理を多く揃えており、メインが9.90〜。

✉пл. Възраждане 1 (Vazrazhdane Sq.)
TEL 0878 317555 (携帯)
🕐12:00〜24:00
🛌無休
💰Lv
CC ⓂⓋ
WiFi あり

ソフィア
★メルニック

メルニックへの行き方

🚌バス利用のポイント
　メルニック行きのバスは、ローカルバスで各村を回っていくので所要時間が変わりやすい。加えて発着時間もよく変更されるので、現地で必ず確認のこと。
●ソフィアから
🚌中央バスステーションから14:00発
所要:約5時間　運賃:13Lv
●サンダンスキから
🚌7:40、11:40、15:30、17:30発（17:30発以外の便はロージェン村行きでメルニック下車）
所要:30〜40分　運賃:2.50Lv

ロージェンスカ川沿い町並み

メルニックのバス乗り場

山あいの小さな村。鉄道は通っていない

メルニック
Мелник
Melnik

　ギリシアとの国境にほど近いメルニックは、ワインの産地として世界的に有名な小さな町。山岳地方ならではの雄大な自然景観とかわいらしい町並みが、不思議と調和している。

　町の歴史は古く、トラキア時代に始まる。その後、ローマ、スラヴの支配下で発展し、第二次ブルガリア帝国の時代には、帝国の南西部を治めていたアレクスィ・スラヴ Алексий Слав のもとで、この地方の中心になった。長い間のオスマン朝支配を経て、ブルガリア領になったのはバルカン戦争（1912〜13年）のあと。往時には教会の数も75あったといわれているが、今では数えるほどしか残っていない。

歩き方

　サンダンスキ方面からのバスが着く停留所から南へしばらく歩くと、ロージェンスカ川に出る。ここを左に折れて川沿いに

ロージェン修道院へ約6km P.83
石灰岩の崖　P.83イズバ・プリ・シェスタカ（洞窟ワインセラー）Изба при Шестака
ヤネ・サンダンスキ像
バス停（ロージェン修道院行き）　聖アントニ教会　ボリャールの家 Болярската Къща
ワイン博物館
バス停（サンダンスキ方面行き）　オスマン朝時代の浴場跡　P.83コルドプロフの家 Кордопулова Къща
P.84Bolyarka Ⓗ
歴史博物館　シェスタカ Шестака
P. Роженска ロージェンスカ川
サンダンスキへ約20km　Chinarite Ⓡ　Ⓡ Loznitsite　段々畑　N
P.84 Melnik Ⓗ P.84　0　50m
メルニック

行けば、そこが村のメインストリートだ。ホテル、史跡、メハナ（食堂）などが点在する。

　この通りを進んでいくと、左の小高い丘の上に廃墟のようなものが見えてくる。これは**ボリャールの家Болярската Къща**と呼ばれ、メルニックに残る最古の建造物だ。12〜13世紀にかけてこの地方の総督だったアレクスィ・スラヴが住んでいた屋敷だが、現在は廃墟になっている。アレクスィ・スラヴは、メルニックの発展のために尽力した人物で、一時的ながら第二次ブルガリア帝国からこの地方を独立させたこともある。

ボリャールの家

見どころ

コルドプロフの家 Kordopulov House
Кордопулова Къща コルドブロヴァ・カシュタ

　19世紀の裕福な商人の家で、現在は博物館。2階の窓が張り出した独特のスタイルで、2階にあるリビングルームは特に豪華だ。窓と天井には、ヴェネツィアから運ばれてきたというステンドグラスがはめ込まれており、差し込む陽光とあいまって独特の色合いと空間を生みだしている。地下にはワインの倉庫があり、併設するバーではここで造られたワインの試飲、販売がされている。近くには**オスマン朝時代の浴場跡Турска Баня**がひっそりと残っている。

エクスカーション

ロージェン修道院 Rozhen Monastery
Роженски Манастир ロジェンスキ・マナスティル

　メルニックから南へ約6km、山あいにひっそりと建つロージェン修道院。12世紀に建立されたが、幾度となく火事で焼け落ち、現在の形に修復されたのは1732年。オスマン朝の治世に修復が完成した修道院のなかで現在も残って

教会の外壁に描かれたフレスコ画

■コルドプロフの家
⇨Map P.82
⊠гр. Мелник(Melnik)
TEL(07437)2265
圏夏期
　火〜日　　9:30〜18:30
　月　　　10:30〜18:30
　冬期
　火〜日　　9:30〜16:30
　月　　　10:30〜16:30
困無休　料3Lv

コルドプロフの家

ロージェン村への行き方
●サンダンスキから
🚌7:40、11:40、15:30の1日3便。ロージェン村からサンダンスキへは8:50、13:00、17:10の1日3便。
所要：約45分　運賃：3Lv
●メルニックから
🚌上記のサンダンスキ発の便がメルニックを経由。
所要：13分　運賃：1Lv
　メルニックからロージェン村へは徒歩でも行ける（所要約2時間）。ロージェン村から修道院までは1kmほど坂を上る。
■ロージェン修道院
⇨Map P.82外
圏8:00〜20:00
困無休　料無料
■教会内不可

山あいに建つ修道院

いるのは、国内ではここだけである。

　ロージェンとは「聖誕」の意味をもつ。中庭に建つ聖処女教会の門には、キリストと12人の使徒たちや150の聖書の場面が描かれていて、聖書に詳しくなくても感心してしまう。礼拝堂のイコン（聖画）も見事。

メルニックの**ホテル&レストラン** *Hotel & Restaurant*

日本からの電話のかけ方　電話会社の番号（→P.30）＋010＋359（ブルガリアの国番号）＋7437（0を取った市外局番）＋番号

レストラン内にあるワインセラー

　町の規模が小さいため軒数はさほど多くはないが、川沿いのメインストリートをそぞろ歩けば、プライベートルームを改装したリーズナブルなホテルやメハナを見つけることができるだろう。ほとんどのホテルでメハナを併設している。また、ワインの産地として有名なだけに、どこのメハナでも郷土料理によく合うメルニック産ワインを豊富に取り揃えており、自家製のワインを提供する店もある。

メルニク Melnik

Map P.82

Хотел Мелник

★★★　中級　室数:31

町で最も高級なホテル。高台の上に位置するのでメルニックを一望できる。客室はシンプルだが広々としている。設備も充実しており、ジャクージやサウナを完備したスパセンターも併設。

✉гр. Мелник(Melnik)
☎(07437)2232　☎0879 131448（携帯）
URL www.hotelmelnik.com
S 40Lv
W 60～70Lv
US$ € Lv
CC M V
全館　EVなし

ボリャルカ Bolyarka

Map P.82

Болярка

★★★　中級　室数:21

町の東にある、民芸調の落ち着いた雰囲気のホテル。全室にテレビ、電話を完備している。1階にあるメハナもよくにぎわっている。アパートメントタイプの部屋（100～130Lv）もある。

✉ул. Мелник 34
(Melnik Str.)
☎(07437)2383
URL www.melnikhotels.com
S 40Lv
W 60Lv
US$ € Lv
CC不可　全館　EVなし

チナリテ Chinarite

Map P.82

Чинарите

ブルガリア料理

ホテルを併設したメハナで、広めの店内は外光を多く取り込み明るい雰囲気。メインの肉料理はポークフィレ10Lvなど、7～16Lv程度。自家製ワインはグラスで赤、白ともに3Lv。英語のメニューあり。

✉ул. Мелник 19 (Melnik Str.)
☎0878 688328（携帯）
夏期9:00～23:00
　冬期9:00～22:00
無休
US$ € Lv
CC不可
あり

ロズニツィテ Loznitsite

Map P.82

Лозниците

ブルガリア料理

川沿いにある人気のメハナ。店内はそれほど広くはないものの、店の奥にワインセラーを併設しており、自家製ワインを通年味わうことができる。食事はグリル類が1.50～13Lv、魚が8Lv。

✉ул. Мелник 20 (Melnik Str.)
☎0877 397606（携帯）
8:30～24:00
無休
US$ € Lv
CC不可
あり

町の北東に建つババ・ヴィダ城塞は貴重な歴史遺産

ヴィディン
Видин
Vidin

Bulgaria
折込Map表 A1

ヴィディン
ソフィア

ヴィディンへの行き方

●ソフィアから
🚄1日4便
所要:4時間45分〜5時間20分
運賃:13.80〜17.30Lv
🚌中央バスステーションから7:30〜17:45に7便
所要:3時間45分〜5時間
運賃:20Lv

　ブルガリアの北西部に位置するヴィディンは、ドナウ川を挟んで東はルーマニア、20kmほど西はセルビアと国境を接する国境沿いの港町。その起源は紀元前3世紀のケルト人の集落に始まり、以来ローマ帝国、中世ブルガリア帝国、オスマン朝と、さまざまな民族、王朝の支配を受けてきた。長い時代にわたり通商と防衛の要衝として、発展を続けてきたヴィディンには、町の北東に建てられた要塞をはじめ、数多くの歴史的建築物が残っており、往時の繁栄ぶりをしのばせる。

ヴィディンのアフトガーラは鉄道駅のすぐそばにある

■ルーマニアへ

　ドナウ川の対岸にあるルーマニアのCalafatへは2013年に橋が建設されたことで、アクセスがよくなった。タクシーで所要20〜30分。
　鉄道ではヴィディン駅からクラヨヴァCraiovaへ行く国際列車がある。毎日17:05発、所要約3時間30分、15.26Lv。

歩き方

　ヴィディンの町は、徒歩で十分回れるほどの大きさ。南西には駅とアフトガーラ、北東にはババ・ヴィダ城塞があり、すべての見どころはこの間に位置している。町の南西と北東は、ドナウ川沿いの道のほか、ババ・ヴィダ通りул. Баба Вида、ボリス1世通りул. Князь Борис I が結んでいる。

ルーマニアとを結ぶ国際列車

見どころ

ババ・ヴィダ城塞 Baba Vida Fortress
Крепост Баба Вида クレポスト・ババ・ヴィダ

　ブルガリア国内でも屈指の保存状態を誇る城塞。この場所にはローマ時代から砦が建っていたとされるが、現在の城塞

ブディンツィ広場周辺が町の中心部

■パバ・ヴィダ城塞
⇨Map P.86-B1
✉Баба Вида(Baba Vida)
℡(094)601705
⏰夏期
　月〜金　8:30〜17:00
　土・日　9:30〜17:00
　冬期
　月〜金　9:00〜16:30
　土・日　10:00〜16:30
休無休　料4Lv　学生2Lv
📷2Lv

パバ・ヴィダ城塞の中では人形などを使い、中世の様子を再現している

ドナウ川に面したパバ・ヴィダ要塞からは対岸の町が見える

■コナック博物館
⇨Map P.86-A2
✉ул. Общинска 2
(Obshtinska Str.)
℡(094)601713
⏰8:30〜17:00
休月
料4Lv　学生2Lv
📷不可

伝統的衣装が並べられている

は10世紀頃に建てられた城塞を基に、幾度もの増改築を重ねたもの。二重の城壁に囲まれた城塞内には、11の塔が建ち、中世、近代を通してこの地域において防衛の拠点であったことがよくわかる。城塞内には、小さいながらも舞台があり、夏期には、演劇などが催される。

コナック博物館 Konaka Museum

Конака Музей コナカ・ムゼイ

博物館として利用されている伝統的邸宅

　コナックとは、トルコ語起源の言葉で邸宅のこと。この建物は18世紀の中頃、ヴィディンがオスマン朝支配下の時代に建てられた屋敷で、現在は博物館になっている。おもに旧石器時代から19世紀にかけての考古学、歴史関係の資料を展示している。

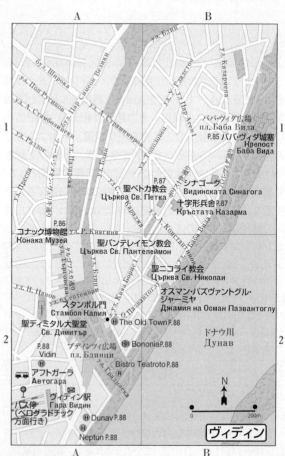

86

十字形兵舎 Cross Shaped Barrack

Кръстата Казарма クラスタタ・カザルマ

　1801年に創建。十字架の形をした2階建ての建物で、オスマン朝軍のエリート部隊であるイェニチェリの兵舎として使われていた。現在は民族学博物館として利用されており、この地方の漁業用具や工芸品、民族衣装などを展示している。

聖ペトカ教会 St. Petka Church

Църква Св. Петка ツァルクヴァ・スヴェタ・ペトカ

半地下に広がる神聖な空間

　ヴィディンに数多くある教会のなかで最も歴史が古く、1627年に建てられた。半地下に造られた小さな教会で、素朴なイコノスタスが印象的。内部はフレスコ画によって装飾されているが、損傷が激しい。木〜日曜とキリスト教の祭日にしか開かれないので注意。町にはほかにも1633年に建てられた聖パンテレイモン教会Църква Св. Пантелеймонがある。

エクスカーション

ベログラドチック Belogradchik

Белоградчик

　ヴィディンの南約50kmにあるベログラドチックは、奇岩で知られるブルガリア有数の観光名所。周囲を美しい自然に囲まれており、トレッキングなどでも人気が高い。

奇岩と城塞が見事に融け合った独自の景観

　最大の見どころはひときわ高くそびえる**ベログラドチック城塞Белоградчишка Крепост**。かつては廃城同然の状態だったが、オスマン朝統治下の1838年に大幅に補強され、いまの形になった。イスラム寺院やキリスト教会もあったというが、いまは広い城塞内に城壁と門がある程度。建築物はほとんどないが、さまざまな形をした奇岩が数多く見られる。特に、入って3つ目の門を越え、岩山を登った先は、南側は町を一望でき、北側には奇岩が群のように連なる絶景が広がっている。

城塞の背後に広がる、奇岩が連なる風景

入口は南西側にある

■**十字形兵舎**　⊠Map P.86-B1
⊠ул. Княз Борис I 26
（Knyaz Boris I Str.）
☎(094)601709
圖月〜金　9:00〜12:00
　　　　　13:00〜17:30
　土　　　9:00〜11:30
　　　　　13:30〜17:00
休日　料無料

■**聖ペトカ教会**　⊠Map P.86-B1
⊠ул. Княз Борис I
（Knyaz Boris I Str.）
圖木　8:00〜15:00
　金　7:00〜17:30
　土　7:30〜17:30
　日　7:00〜12:00
休月〜水　料無料
■不可

ベログラドチックへの行き方

●**ヴィディンから**
🚃1日5便。オレシェツОрешецで下車し、そこからタクシー（5Lv程度）かバスに乗り換える
所要：約1時間
運賃：3.30〜5.40Lv
🚌アフトガーラ向かいのバス停から7:40、12:00、14:00、17:30発（土14:00、日17:30のみ）
所要：約1時間　運賃：5Lv
●**ソフィアから**
🚃1日3便。オレシェツОрешецで下車し、そこからタクシー（5Lv程度）かバスに乗り換える
所要：約4時間
運賃：10.40〜13Lv
🚌中央バスステーションから16:30発
所要：約4時間　運賃：16Lv
●**ベログラドチックの❶**
⊠ул. П. Дворянов 1А
（P. Dvoryanov Str.）
☎0877 881283（携帯）
圖8:00〜17:00
休無休

■**ベログラドチック城塞**
圖9:00〜17:30
休無休
料6Lv　学生4Lv

ヴィディンの**ホテル&レストラン** *Hotel & Restaurant*

日本からの電話のかけ方　電話会社の番号（→P.30）＋010＋359（ブルガリアの国番号）＋94（0を取った市外局番）＋番号

　ヴィディンの宿泊施設は近年増加傾向にあり、鉄道駅やアフトガーラから徒歩でアクセスできる町の中心部に点在している。新しいホテルは小・中規模のものが多く、ドナウ川まで見渡せる客室が自慢の高層ホテルもある。レストランでは川沿いの町なので魚料理を堪能してみよう。セルビアとの国境に近いことから、セルビア風のグリル料理を出す店もある。

ネプチューン Neptun
Map P.86-A2

Хотел и Спа Център Нептун
★★★　　中級　室数:23

鉄道駅のすぐ近く。スパ施設が自慢で、ジムやサウナ、トルコ風蒸し風呂などを完備。各種マッサージが60分50Lv～と手頃な料金で受けられる。

⊠ул. Дунавска 8
(Dunavsa Str.)
TEL(094)680039
URLwww.hotelneptunvidin.com
🛏S🔌📶🍴💧50Lv～　W🔌📶🍴💧70Lv～
💳€　Lv　CCMV
📶全館　EVあり

オールド・タウン The Old Town
Map P.86-A2

Хотел Старият Град
★★★　　中級　室数:8

スタンボル門のすぐそばにある。全8室のうち、2室がバスタブ付き。室内は調度品がアンティークなテイストでまとめられ、感じがいい。

⊠ул. Княз Борис I 2 (Knyaz Boris I Str.)
TEL(094)600023
TEL0888 357577 (携帯)
🛏S🔌📶🍴💧60Lv　W🔌📶🍴💧80Lv
💳€　Lv　CCMV
📶全館　EVあり

ドゥナフ Dunav
Map P.86-A2

Хотел Дунав
★★★　　中級　室数:40

ホテル・ネプチューンのすぐ近く。改装済みで設備は新しく、1階にはレストランを併設。スタッフの応対もフレンドリー。朝食4Lv。

⊠ул. Еделвайс 3 (Edelvais Str.)
TEL(094)600174　TEL0893 326411 (携帯)
FAX(094)600177
URLwww.hoteldunav.eu
🛏S🔌📶🍴💧44Lv～　W🔌📶🍴💧54Lv～
💳€　Lv　CCMV　📶全館　EVあり

ヴィディン Vidin
Map P.86-A2

Семеен Хотел Видин
★★★　　中級　室数:10

アフトガーラから徒歩1分。客室はダブルかツインのみ。各部屋にはテーマになる色が決められており、統一感ある内装になっている。

⊠ул. Княз Дондуков 15
(Knyaz Dondukov Str.)
TEL(094)606938
🛏S🔌📶🍴💧36～50Lv
W🔌📶🍴💧50～80Lv
💳€　Lv　CCMV　📶全館　EVなし

ボノニア Bononia
Map P.86-A2

Хотелски Комплекс Бонония
★★★　　中級　室数:40

町では老舗のホテル。外観はやや老朽化しているが、中はきれい。併設のレストランは結婚式でもよく使われる。朝食5Lv。

⊠ул. Бдин 2 (Bdin Str.)
TEL(094)606031
FAX(094)606010
🛏S🔌W🔌📶🍴💧36～45Lv
💳Lv　CCAMV
📶全館　EVあり

ビストロ・テアトロト Bistro Teatroto
ブルガリア料理

Бистро Театрото

ドナウ川沿いの公園内、劇場横にあるレストラン。カフェとして利用する人も多い。ログハウス風の建物を利用しており、緑に囲まれたテラス席が人気。ナマズのグリル9.90Lvなど魚料理もある。

⊠гр. Градниска
(Gradinska Str.)
TEL0896 800347 (携帯)
🕐9:00～翌2:00
🈺無休
💳US$　€　Lv
CC不可
📶あり

ブルガリア中央部

Средна България Central Bulgaria

ルセ郊外にあるバサルボボの岩窟修道院（P.136）

ブルガリア中央部 Central Bulgaria Средна България

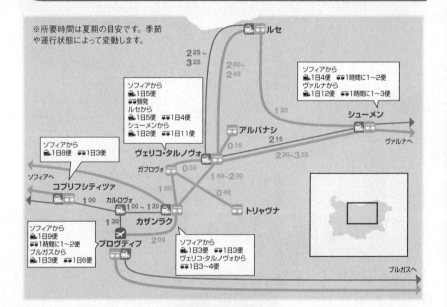

※所要時間は夏期の目安です。季節や運行状態によって変動します。

ルセ

2²⁵～3²⁵

2⁰⁰～2⁴⁵

ソフィアから
🚂1日4便 🚌1時間に1～2便
ヴァルナから
🚂1日12便 🚌1時間に1～3便

1³⁰

シューメン

ソフィアから
🚂1日5便
🚌頻発
ルセから
🚂1日5便 🚌1日4便
シューメンから
🚂1日2便 🚌1日11便

アルバナシ

2¹⁵

0¹⁵

ヴァルナへ

ヴェリコ・タルノヴォ

2³⁰～3²⁵

ソフィアから
🚂1日8便 🚌1日3便

ガブロヴォ

0⁵⁰

ソフィアへ

コプリフシティツァ

1⁰⁰

1⁴⁰～2³⁰

カルロヴォ

0⁴⁰

1⁰⁰～1²⁰

トリャヴナ

ソフィアから
🚂1日9便
🚌1時間に1～2便
ブルガスから
🚂1日3便 🚌1日6便

1³⁰

カザンラク

2⁰⁰

プロヴディフ

ソフィアから
🚂1日3便 🚌1日3便
ヴェリコ・タルノヴォから
🚌1日3～4便

ブルガスへ

地理

　ブルガリア中央部は、北はバルカン山脈、スレドナ・ゴラ山脈がそびえる山岳地帯、南はトラキア平原が広がる肥沃な地域からなっている。また、バルカン山脈とスレドナ・ゴラ山脈の間には、バラ祭りで有名なバラの谷がある。

　この地域はトラキア人、ローマ人、ブルガリア人など、多様な民族の興亡の舞台となった土地。トラキア人の墳墓があるカザンラクКазанлъкやスヴェシュタリСвещари、ローマ遺跡が残るプロヴディフПловдив、第一次ブルガリア

崖沿いに建つヴェリコ・タルノヴォの住宅

カザンラクのバラ祭り

帝国の首都プリスカПлискаや第二次ブルガリア帝国の首都ヴェリコ・タルノヴォ Велико Търновоなどはいずれもブルガリアの歴史を語るうえで欠かすことができない場所である。

気候

　内陸部に位置しているため、典型的な大陸性気候。

　旅のベストシーズンは6～9月。特にバラ祭りの時期のカザンラクでは、ホテルは満室ということもある。また、町の郊外にある博物館や教会では、11～3月になると閉館されるところもある。

ルート作り

1日目: ソフィアからコプリフシティツァへ。ハウスミュージアムや村歩きを楽しもう。

2日目: カザンラクへ。町の外れにあるトラキア人の墳墓やバラ博物館など、見逃せない見どころが多い。

3日目: ガブロヴォでバスを乗り継ぎトリャヴナへ。村には昔ながらの建物が残り、木彫細工の工房もある。

4日目: ヴェリコ・タルノヴォへ。ヤントラ川沿いの切り立った崖やツァレヴェッツの丘、郊外のアルバナシにある聖誕教会のイコンや壁画は必見だ。

コプリフシティツァのハウスミュージアム

村内の388軒の建物がブルガリアの文化遺産として登録されている

コプリフシティツァ
Копривщица
Koprivshtitsa

コプリフシティツァ への行き方

🚃🚌鉄道・バス利用のポイント
鉄道、バスともに便数が限られるため、乗り遅れると翌日まで移動できないことも。❶などで必ず最新時刻表を確認しておくこと。

●ソフィアから
🚌1日8便
所要：1時間30分～2時間30分
運賃：5.20～5.90Lv
🚌アフトガーラ・セルディカからアンコール・トラベルAngkor Travel（トラベルマーケット64番）が8:00、14:00、18:00発（8:00発は日曜運休。途中で乗り換える場合もある）。戻りは6:30、8:00（土・日運休）、15:10発
所要：約2時間30分
運賃：12Lv

●カザンラクから
🚃直通1日2便。カルロヴォ乗り換えが1日4便
所要：2時間5分～3時間40分
運賃：5.70～8.80Lv
🚌なし

●プロヴディフから
🚃カルロヴォ乗り換えが1日3便
所要：2時間35分～5時間10分
運賃：6.10～8.90Lv
🚌なし

ソフィアからバスで東へ2時間30分ほどの距離にある小さな村、コプリフシティツァ。周囲を山に囲まれた標高1060mのこの村は、その涼しい気候から避暑地として有名だが、それ以上にブルガリアで最初に「美術館都市」宣言をしたことで知られている。

村の歴史は、14世紀にオスマン朝の侵入によって土地を追われた人たちが、この山奥に隠れ住んだことに始まる。その後、18世紀から商業が盛んに行われ、スルタン（オスマン朝皇帝）から租税の軽減と村人の武器携帯が許されるようになり、19世紀には各地との通商はいっそう発展した。当時の商人たちはオスマン朝領土内の全域で活動し、遠くアレキサンドリアやカイロにまで出かけていったという。経済的に潤った商人たちはこの時期に、現在も村に残る豪華な邸宅を競って建てた。

コプリフシティツァの村が美しく彩られていく19世紀の中頃は、ソフィアなど他の都市も同じように拡張期だったので、新しい建築様式が次々と生まれた。バロック様式と民族復興様式が混交した商業都市プロヴディフ（⇨P.124）の邸宅に、コプリフシティツァの人たちは特に感化を受け、そのスタイルは村の邸宅にそのまま取り入れられた。この村の富豪の屋敷が洗練されているのは、こうした理由による。

村には、たくさんの美しい屋敷が保存され、今でも住居として使われている屋敷も多い。またそのうちの7軒は、ハウスミュージアムとして公開されている。

ソフィアとコプリフシティツァを結ぶアンコール社のミニバス

しっとりとした風情のある村

■コプリフシティツァの❶
⇨Map P.92-A1
✉пл. 20 Април 6
(20th April Sq.)
☎(07184)2180
🕐9:30〜17:30　困月・火

4月20日広場

四月蜂起の記念碑

レースのおみやげもよく売られて
いる

石畳の上で遊ぶ子供たち

歩き方

　鉄道駅は村から北へ約10kmの所にあり、駅周辺は山に囲
まれていて見どころはない。駅から村までは列車の発着時刻
に合わせてミニバスが運行されている。運賃は2Lv、所要約
20分。タクシーはないので乗り遅れないように注意しよう。

　山あいに開けたコプリフシティツァは歩いて回れるほどの小
さな村。家々の間を小川が流れていて、石畳の道を馬車がの
んびりと走る音が響きわたるのどかな田舎だ。ブルガリアで最
も美しい村と称されることもあるほど。

　ハウスミュージアムとして一般公開されている7軒の屋敷も半
日あれば歩いて回ることができ、村全体が生きた博物館だとも
いえる。

見どころ

オスレコフの家 Oslekov House

Музей "Ослекова Къща" ムゼイ・オスレコヴァ・カシュタ

オスレコフの家のファサード

豪商オスレコフが1856年に建てた屋敷。建物は毛織物の作業場、取引オフィスとして利用されていた。建物正面に描かれた3つの都市は左からアレキサンドリア、イスタンブール、カイロと、商取引のあったある都市を描いている。玄関部を支える3本の柱は、レバノン・スギ製。旧約聖書の中でソロモン神殿を建てるために用いられたという高級木材だ。オスマン朝内の通商で莫大な富を得たオスレコフは同時にブルガリア独立の英雄で、1876年の四月蜂起に参加して逮捕され、プロヴディフの刑務所でその生涯を終えた。

デベリャノフの家 Dimcho Debelyanov House

Къща-Музей "Димчо Дебелянов"
カシュタ・ムゼイ・ディムチョ・デベリャノフ

質素でつつましい暮らしぶりがうかがえる

コプリフシティツァの屋敷は、19世紀の初期と中期のものとではその建築様式が大きく異なるが、デベリャノフの家は初期の典型。あまり豊かでもなかったデベリャノフの家は、優雅なファサードもなくシンプルだ。館内にはディムチョ・デベリャノフの直筆ノートや写真が公開されている。

カラヴェロフの家 Lyuben & Petko Karavelov House

Къща-Музей "Любен и Петко Каравелови"
カシュタ・ムゼイ・リュベン・イ・ペトコ・カラヴェロヴィ

カラヴェロフの家内に展示されている印刷機

4月20日広場から川を渡ってすぐ。3つの棟からなる屋敷。1810年に豪商カラヴェロフの仕事場として建てられ、1820年には7人の子供を育てるために増築。1835年には夏を過ごすための別棟を建て増した。そのような家族の歴史を感じさせるこの屋敷は、政治とも深く関わったカラヴェロフの生涯を伝える博物館にもなっている。

■オスレコフの家
⇨Map P.92-A1
✉ул. Геренило 4
(Gereniloto Str.)
☎0878 175613（携帯）
🕐4〜10月　9:30〜17:30
　11〜3月　9:30〜17:00
休月
料4Lv　学生1Lv
不可　ビデオ2Lv

室内の装飾も見応えある

毛織物製を展示している

■デベリャノフの家
⇨Map P.92-A1
✉ул. Димчо Дебелянов 6
(Dimcho Debelyanov Str.)
☎088 5743657（携帯）
🕐4〜10月　9:30〜17:30
　11〜3月　9:30〜17:00
休月

ぐるりと部屋を囲むようにソファーが置かれている

■カラヴェロフの家
⇨Map P.92-B1
✉бул. Хаджи Ненчо Палавеев 39
(Hadzhi Nencho Palaveev Blvd.)
☎0885 743572（携帯）
🕐4〜10月　9:30〜17:30
　11〜3月　9:30〜17:00
休火

増築を重ねていったカラヴェロフの家

■**カブレシュコフの家**
⇨Map P.92-A2
✉ул. Тодор Каблешков 8
(Todor Kableshkov Str.)
☎0885 743672（携帯）
🕐4〜10月 9:30〜17:30
　11〜3月 9:30〜17:00
休月

カブレシュコフの家の出窓装飾

■**リュトフの家**
⇨Map P.92-A2
✉ул. Никола Беловеждов
2 (Nikola Belovezhdov Str.)
☎0885 743756（携帯）
🕐4〜10月 9:30〜17:30
　11〜3月 9:30〜17:00
休月

調度品一つひとつも豪華

■**ベンコフスキの家**
⇨Map P.92-B3
✉ул. Георги Бенковски 5
(Georgi Benkovski Str.)
☎0885 743666（携帯）
🕐4〜10月 9:30〜17:30
　11〜3月 9:30〜17:00
休火

トドール・ドロシエフの家

カブレシュコフの家 Todor Kableshkov House

Къща-Музей "Тодор Каблешков"
カシュタ・ムゼイ・トドール・カブレシュフ

カブレシュコフの家の外観

　村のやや奥まった所の高台にある、コプリフシティツァの大工ムラデノフによって1845年に施工された屋敷。ムラデノフは今でいうインテリアデザイナーでもあったので、建物と内装とを巧みに調和させてこの屋敷を設計した。1階の大広間の、壁に対する扉の位置や天井の装飾などが見どころ。館内は、この屋敷の持ち主で、四月蜂起の指導者であったトドール・カブレシュコフに関する展示も行っている。

リュトフの家 Lyutov House

Музей "Лютова Къща" ムゼイ・リュトヴァ・カシュタ

リュトフの家の外観

　富豪タパロフが、プロヴディフから大工を呼んで1854年に建てたのがこの屋敷。1906年にリュトフの手に渡ったのでこの名がつけられている。シンプルで力強い外観が美しい。一方内装は華々しくて、メリハリのある設計意図が伝わってくる。

　また、屋敷の半地下ではこの地方で作られたフェルトの絨毯や民族衣装、伝統的な織機などが展示されており、こちらも見応えがある。

ベンコフスキの家 Georgi Benkovski House

Къща-Музей "Георги Бенковски"
カシュタ・ムゼイ・ゲオルギ・ベンコフスキ

　19世紀のブルガリアの英雄であり、四月蜂起の首謀者であるゲオルギ・ベンコフスキ。彼の生家は1831年に建てられた。屋敷の施工主は無名の村人だが、それだけに普通の家の様子がよくわかる。とはいえ、立派な屋敷だ。

　隣接する屋敷は1840年に建てられたトドール・ドロシエフの家で、ここでは、民族復興期の教育に関する展示がされている。コプリフシティツァは、1846年にブルガリア初の世俗的近代教育が行われた場所で、展示は、学校の設立者であるナイデン・ゲロフの人生を紹介するパネルや、当時の学校の再現などが中心。

ベンコフスキの家のリビング

コプリフシティツァのホテル&レストラン　*Hotel & Restaurant*

日本からの電話のかけ方　電話会社の番号（→P.30）＋010＋359（ブルガリアの国番号）＋7184（0を取った市外局番）＋番号

観光地ということもあって、ホテルの数は近年増加している。ひとり40Lv程度で宿泊できるプライベートルームもあり、手配はインターネットの予約サイトでできる。夏期や週末は混みあうので、早めの予約がおすすめだ。メハナ（食堂）の数はあまり多くないが、4月20日広場周辺にいくつかある。

カリナ Kalina　　　　　　　　　　　　　　　　　Map P.92-B1

Хотел Калина
★★★　　　中級　室数:6

カラヴェロフの家の隣にある民家を改装した3つ星ホテル。門をくぐると花に彩られた庭があり、小径を通って館内へ。部屋はシンプルだが、暖房などの基本設備は調っている。週末は予約で満室になることが多い。

⊠ул. Хаджи Ненчо Палавеев 35
　(Hadzhi Nencho Palaveev Str.)
☎(07184)2032
ⓈＳ🛁💰📶45Lv
Ｗ🛁💰📶58Lv
💳€　Lv
🆑不可
📶全館
ＥＶなし

シュレヴィ・カシュティ Shulevi Kashti　　　　　　Map P.92-B2

Шулеви Къщи
★★　　　中級　室数:5

元船乗りで親日家のミシュさんが営むアットホームなファミリーホテル。客室はどれも広くてゆったりとしており、ダブルルームは4人まで宿泊できる。夏期は屋外ジャクージも利用可。

⊠ул. Петко Кълев 1 (Petko Kalev Str.)
☎0899 866732 (携帯)
ⓈＳ🛁💰📶40Lv～
Ｗ🛁💰📶60Lv～
💳€　Lv
🆑不可
📶不可
ＥＶなし

バシティナタ・カシュタ Bashtinata Kushta　　　Map P.92-A1

Хотел Бащината Къща
★★　　　中級　室数:14

4月20日広場から少し川を遡った所にある。民家の雰囲気を活かしてホテルとしているが、内装も現代的。1階のレストランではブルガリア料理を出す。

⊠ул. Хаджи Ненчо Палавеев 32
　(Hadzhi Nencho Palaveev Str.)
☎(07184)3033
🌐www.fhhotel.info
ⓈＳ🛁💰📶45Lv　Ｗ🛁💰📶60Lv
💳Lv　🆑ＡＭＶ
📶全館　ＥＶなし

20アプリール 20th April　　　　　　　　　　　Map P.92-A1

20 Април
ブルガリア料理

4月20日広場の南側にあるレストラン。店内は伝統家屋を模した造りとなっている。メニューは郷土料理の種類が多く、ランチは4.30～6.90Lv、ディナーは4.30～16.90Lv。

⊠пл. 20 Април 2
　(20th April Sq.)
☎0876 800281 (携帯)
📧20april@ellatzite-med.com
🕐8:00～24:00
🚫無休
💳Lv　🆑ＭＶ　📶あり

チュチュラ Chuchura　　　　　　　　　　　　　Map P.92-B2

Чучура
ブルガリア料理

地元でも人気のメハナ。チキンのカヴァルマ5.50Lvなど郷土料理のほか、スペシャルメニューとして軽く2人前はあるサチ（鉄板焼き）各種12Lv～が揃う。自家製ヨーグルトもある。

⊠ул. Хаджи Ненчо Палавеев 66
　(Hadzhi Nencho Palaveev Str.)
☎0888 347770 (携帯)
🌐www.mehana.eu
🕐8:30～24:00　🚫無休
💳Lv　🆑ＭＶ　📶あり

ソフィア
★ヴェリコ・タルノヴォ

ヴェリコ・タルノヴォへの行き方

🚉**鉄道利用のポイント**

ソフィアやヴァルナ方面などからの直通列車はないが、3駅離れたゴルナ・オリャホヴィッツァ **Горна Оряховица** まで行き、そこで乗り換える。ゴルナ・オリャホヴィッツァからヴェリコ・タルノヴォへは1日7便程度、1.50～3Lv。所要約20分。

●ソフィアから

🚉ゴルナ・オリャホヴィッツァ乗り換えで1日5便
所要：4時間40分～7時間20分
運賃：15.40～19.30Lv
🚌中央バスステーションから5:30～翌0:30に頻発
所要：約3時間
運賃：20～22Lv

●ルセから

🚉ゴルナ・オリャホヴィッツァ乗り換えで1日5便
所要：2時間30分～3時間50分
運賃：6.50～9.40Lv
🚌アフトガーラ・ユクから9:00～17:00に4便
所要：約2時間
運賃：10Lv

●シューメンから

🚉6:17発。そのほかの便はゴルナ・オリャホヴィッツァ乗り換えで1日4便。
所要：2時間30分～3時間25分
運賃：7.90～15.90Lv
🚌6:30～翌1:45に約14便
所要：約2時間15分
運賃：12Lv

●カザンラクから

🚉ダボヴォ **Дъбово** で乗り換える。1日3便
所要：2時間35分～3時間20分
運賃：6.10～8.90Lv
🚌9:10、12:30発
所要約2時間30分
運賃：8～12Lv

ヤントラ川沿いに広がるヴェリコ・タルノヴォの町並み

ヴェリコ・タルノヴォ
Велико Търново
Veliko Tarnovo

国土の東西に横たわるブルガリア最大の山脈、バルカン山脈の東部にある、人口約7万の地方都市。ブルガリア人にも人気の観光地だ。森に包まれたいくつもの丘と、周囲を蛇行するヤントラ川の切り立った崖の独特の美しさは、中央ヨーロッパでも際立つものだ。

どこを歩いても違う表情を見せてくれ、地図を見ているだけでは想像もできないほど立体的。自然と中世の町並みが鮮やかに溶け合っている。

かつては「タルノヴォ」と呼ばれ、1187～1393年に第二次ブルガリア帝国の首都として栄えた。イヴァン・アッセン王治下の最盛期にはビザンツ帝国（東ローマ帝国）をも圧倒し、バルカン半島のほぼ全域を支配したこともあった。文化的にもこの時代は周囲を押さえ、タルノヴォで勉学を修めるためにルーマニアや遠くモスクワからも留学生がやってきた。

しかし、その帝国もアッセン王死後に衰退を始め、やがて宿敵ビザンツ帝国に屈服、1398年にはオスマン朝との3ヵ月にわたる首都攻防戦の後、ついに滅亡する。タルノヴォが再び脚光を浴びるのは、500年にわたるトルコ支配からの独立を達成した1879年から。新生ブルガリア王国の最初の国会がこの町で開かれたのだ。

どのような歴史を経ようとも、タルノヴォの美しさは現在も変わらない。石畳の坂道を歩きながら、町が刻んできた歴史の一つひとつを、味わってほしい。

ターミナルから市内へ

鉄道で着いたら

　ヴェリコ・タルノヴォ駅（⇨Map P.98-B3）は、旧市街からはるか丘の下にある。ブルガリアの母広場までは2kmほどだが、上り坂なので歩くと30分くらいかかる。駅から4、5、13番のバスで広場近くのヴァシル・レフスキ通りул. Васил Левскиまで行ける。所要約15分、運賃は0.70Lv。また、この地域におけるターミナル駅となっているゴルナ・オリャホヴィッツァ駅からも、バス10番やミニバスで旧市街まで出ることができる。運賃は2Lv。

バスで着いたら

　アフトガーラはふたつある。ひとつは町の西にある**アフトガーラ・ザパッドАвтогара Запад**（⇨Map P.99-C3）で、ガブロヴォ、カザンラク、ルセ方面などへのバスが発着している。もうひとつは南にある**アフトガーラ・ユクАвтогара Юг**（⇨Map P.98-B3）。こちらには、おもにソフィア、シューメン、ヴァルナ方面へのバスが発着している。

　アフトガーラ・ザパッドはブルガリアの母広場から西へ約3km。広場を経由して旧市街まで1、2、10、110番のバスが運行されている。運賃は1Lv、タクシーなら4〜5Lv。アフトガーラ・ユクは、❶から南へ約700mの所にあり、1、2、5、9、13番などのバスもあるが、歩いてもそれほど遠くはない。またビオメット社Biometのバスは、ブルガリアの母広場近くのホテル・エタル前にも発着していて便利。

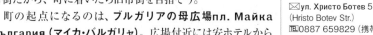

歩き方

　ヴェリコ・タルノヴォは、新市街、旧市街、3つの丘と、3つの地域に分けられる。新市街はシンプルな町並み、3つの丘は第二次ブルガリア帝国の城塞などの遺跡が残り、見晴らしがよい。おもな見どころやカフェ、レストランが集まっているのは旧市街だから、町に着いたら旧市街を目指そう。

　町の起点になるのは、**ブルガリアの母広場пл. Майка България（マイカ・バルガリャ）**。広場付近には安ホテルから最高級ホテルまで集まっており、郵便局や英語が通じる❶もここにある。この広場を境に東が旧市街、西が新市街だ。旧市街のメインストリートは、広場からツァレヴェッツの丘まで続く一本道。この通りは名前が**ネザヴィシモスト通りул. Независимост〜ステファン・スタンボロフ通りул. Стефан Стамболов〜ニコラ・ピコロ通りул. Никола Пиколо**と変わっていく。

ブルガリアの母広場に建つモニュメント

ブルガリア

ヴェリコ・タルノヴォ

ヴェリコ・タルノヴォの鉄道駅

アフトガーラ・ザパッド

アフトガーラ・ユク

■**中央郵便局**
　　　　　　　⇨Map P.98-B2
圏月〜金 7:30〜18:30
　　土　　9:00〜13:00
休日

中央郵便局

■**ヴェリコ・タルノヴォの❶**
　　　　　　　⇨Map P.98-B2
✉ул. Христо Ботев 5
（Hristo Botev Str.）
☎0887 659829（携帯）
URLwww.velikoturnovo.info
圏月〜金
　9:00〜12:00 13:00〜18:00
　土・日
　9:00〜12:00 13:00〜17:00
休11〜3月の土・日

ヴェリコ・タルノヴォの❶

ヴェリコ・タルノヴォ中心図

N

0 ━━━━━━ 500m

ул. Ал. Бурмов

ул. Оплъченска

1

Момчилов

ул. Ивам

ул. Мурави

ул. Б. Пута

ул. Поборническа

聖キリル・メトディー教会
Църква Св. Св. Кирил и Методий

ул. Шипка

Hikers Ⓗ

ул. Приеоровска

聖ニコラ教会
Църква
Св. Никола

Стоян Михайловски

P.105Shtastliveca Ⓡ

Hadji Nikoli Inn

P.105

Gurko Ⓗ ул. Гурко

ул. Стефан Стамбол

ул. Акация

P.104

P.104
Anhea Ⓗ

P.100

ул. Чумерна

ул. Алеко Константинов

ул. Ком

ул. Черни Връх

ул. Бетчеви

Premier Ⓗ

ул. Хаджи Димитър

サラフキナの家
Къща-Музей
Сарафкина Къща

ул. Пейо К. Яворон

ул. Гео Милев

ул. Христо Смирненски

Play Ⓗ
P.104

ул. Дондуков

アッセン王モニュメント
Паметник на Асеневци
P.103ヴェリコ・タルノヴォ美術館
Художествена Галерия
Борис Денев

ヴェリコ・タルノヴォ駅
行きのバス停 ✉

ул. Пар Калоян

ул. Елин Пелин

ул. Зеленк

ブルガリアの母広場
пл. Майка
България

ул. Стамболийски

ул. Ивайло

アフトガーラ・
ザパッド行き
バス停

Pizza Bianco Ⓡ
Bar & Grill
P.105

Ⓗ Etar
P.104

ビオメット社
バス乗り場

ул. Цветарска

ул. Пар Освободител

ул. В. Левски

ул. Цветарска

ул. Чавлар Войвода

ул. Павил Церковски

ул. Пар Голод Светослав

ул. Пар Сеадар

ул. Христ Ботев

ул. Неитчр

ул. Възрожденска

бул. България

アルバナシ行きバス停

市場
Общински Пазар

ул. Никола Габровски

ул. Любен Каравелов

マルノ・ポレ公園
Парк Марно Поле

ул. Марно поле

ул. Рафаил Попов

ул. Страши

ул. Бачо Киро

ул. 7 Юли

ул. Мир

ул. Хан Крум

ул. Хан Аспарух

ул. Веля Благоева

ул. Огнен Панчий

ул. Поп Харитон

アフトガーラ・ユク
Автогара Юг

ул. Филип Тотю

ул. Иксъл

ул. Козлодий

ул. Мармарлийска

ул. Козлодий

ул. Средна гора

ул. Стара планина

ул. Росица

ドルージバ公園
Парк Дружба

ヴェリコ・タルノヴォ駅
Гара Велико Търново

ул. Тракия

ул. Поп Харитон

ул. Балканеска

ул. Магистрална

ул. Христо Ботев

ул. Гара Велико Търново

2

3

A   B

Р. Янтра ヤントラ川

C

D

ул. Трапезица

ул. Евтимий

ул. Кеилифорска

アルバナシへ約2.5km

ул. Дервеня

1

P.102
聖ディミタル教会
Църква Св.
Димитър

P.101
聖ペテロ・聖パウロ教会
Църква Св. Св. Петър и Павел

聖イヴァン教会跡
Църква Св. Иван

P.102
聖ゲオルギ教会
Църква Св. Георги

アセノフ地区
жк. Асенов

ул. Хисаря

ул. Цар Иван Асен II

P.100
サモヴォドスカ
チャルシャ
Самоводска Чаршия

P.101
40人教会
Църква Св.
Четиридесет Мъченици

トラペジッツァの丘
Трапезица

р. Янтра

H Grand Hotel Yantra

P.103
民族復興期博物館 P.102
Музей Възраждане и
Учредително Събрание

P.101
ツァレヴェッツの丘
Архитектурно-Музеен
Резерват Царевец

ツァレヴェッツの丘
チケット売り場
Ivan Asen
ул. Климент Охридски

入口

大主教区教会
Патриаршеската Катедрала
Св. Бъзнесение Господне

ул. Цар Иван Асен II

P.105
Ivan Asen

ニコラ・ピコロ通り
ул. Никола Пиколо

H Studio
大聖堂
Катедрален Храм P.104
ул. Иван Вазов
ул. Х. Кефалов
ул. Х. Иванов
ул. Крайбрежна

ツァレフグラド・タルノフ・マルチメディア・ビジターセンター
Мултимедиен посетителски център Царевград Търнов
P.100

2

P.102
近現代史博物館
Музей Нова и
Най-Нова История
ул. Читалищна

P.105
H Hostel Mostel Veliko Tarnovo

ул. Сливница

考古学博物館 P.102
Археологически музей
ул. Крайбрежна

スヴェタ・ゴラの丘
Света Гора

ул. Сливница

ヴェリコ・タルノヴォ全体図

N
0 ——— 400m

聖ディミタル教会 聖ペテロ・パウロ教会
Църква Св. Църква Св. Св.
Димитър Петър и Павел

アセノフ地区
жк. Асенов

40人教会
Църква Св.
Четиридесет Мъченици

トラペジッツァの丘
Трапезица

大主教区教会
Патриаршеската
Катедрала
Св. Бъзнесение
Господне

р. Янтра

ブルガリアの母広場
пл. Майка България

бул. България

бул. България

市場アルバナシ行きバス停

Общински Пазар

アフトガーラ・ユク
Автогара Юг

スヴェタ・ゴラの丘
Света Гора

ヴェリコ・タルノヴォ駅
Гара Велико Търново

ул. Магистрална

бул. Никола Габровски

ул. Магистрална

アフトガーラ・ザパッド
Автогара Запад

3

ヴェリコ・タルノヴォ中心図
P.98-99

C

D

■サモヴォドスカ・チャルシャ
⇨Map P.98-B1

第二次ブルガリア帝国時代から伝わるスグラッフィート陶器の実演

銅製品の職人

■ツァレフグラド・タルノフ・マルチメディア・ビジターセンター
⇨Map P.99-C2
⊠ул. Никола Пиколо 6
（Nikola Pikolo Str.）
℡(062)682525
🕐夏期9:30～18:30
　冬期9:30～17:00
休無休
料10Lv　学生5Lv
📷5Lv　📹不可

■サラフキナの家
⇨Map P.98-B2
⊠ул. Гурко 88
（Gurko Str.）
℡(062)635802
🕐4～10月　9:00～18:00
　11～3月　9:00～17:00
休日・月
料6v　学生2Lv
📹不可

グルコ通り沿いからは2階建てにしか見えないが実は5階建て

見どころ

サモヴォドスカ・チャルシャ Samovodska Charshiya
Самоводска Чаршия サモヴォドスカ・チャルシーヤ

旧市街のなかでも特に趣のある町並み

チャルシャは市場の意味で、ここでは古くから営業を続ける金銀細工、陶器、織物、革製品、木彫り、絵画などの小さな店が軒を連ねている。どの店も工房を兼ねており、職人たちが作ったものをその場で売っている。彼らの仕事ぶりを見ているだけでも楽しい。伝統的な建物が並ぶ石畳の町並みは雰囲気があり、散策にもおすすめ。ステファン・スタンボロフ通りの北側がサモヴォドスカ・チャルシャ（職人街）で、サモヴォドスカ・チャルシャ広場пл. Самоводска Чаршияがその中心だ。

ツァレフグラド・タルノフ・マルチメディア・ビジターセンター
Tsarevgrad Tarnov Multimedia Visitor Centre
Мултимедиен посетителски център Царевград Търнов
ムルティメディエン・ポセティテルスキ・ツェンタル・ツァレフグラド・タルノフ

大聖堂の近くにある、第二次ブルガリア帝国時代をテーマにしたアトラクション。王侯、聖職者、職人などの生活や歴史的なイベントを人形などを用いて再現しており、当時の様子を視覚的に学ぶことができる。陶器作りやイコン制作に関するビデオ上映なども行っている。

ブルガリア帝国の戴冠の間の再現

サラフキナの家 Sarafkina House
Къща-Музей Сарафкина Къща カシュタ・ムゼイ・サラフキナ・カシュタ

1860年に裕福な銀行家の邸宅として建てられた民族復興様式の建物。入り口はヤントラ川が大きく歪曲する北側に沿って延びるグルコ通りул. Гурко沿いにあるが、入り口を入った所は4階。これは川沿いの崖に建っているためで、1～3階は通りよりも低い場所に建っている。建物は全部で5階建てで、見学できるのは、4・5階のみ。

中央部は吹き抜けになっている

屋敷は建物自体見応えあるのはもちろん、民族衣装や織物、民芸品といった展示も行われている。また、5階にあるイスラエルを描いたイコンは動物の皮に描かれた大変珍しいもの。

ツァレヴェッツの丘 Museum Tsarevets

Архитектурно-Музеен Резерват Царевец
アルヒテクトゥルノ・ムゼエン・レゼルヴァト・ツァレヴェッツ

ヴェリコ・タルノヴォ随一の人気スポット

旧市街のメインストリートを歩いていくと、頂上に教会の建つ丘が見えてくる。ツァレヴェッツの丘だ。ここからの旧市街の眺めは抜群。第二次ブルガリア帝国の時代にはこの丘全体が宮殿だったが、オスマン朝の猛攻によって瓦礫の山と化してしまった。

頂上の教会は大主教区教会。内装の壁画はブルガリア現代絵画の巨匠の手によるものだが、硬直した筆遣いで、社会主義があらゆるところに影響力をもっていたことがわかる。

40人教会 Church of St. Forty Matryrs

Църква Св. Четиридесет Мъченици
ツァルクヴァ・スヴェティ・チェティリデセト・マチェニツィ

見た目は新しいが、歴史ある教会

ツァレヴェッツの丘からアセノフ地区に向かう途中にある。第二次ブルガリア帝国時代の1230年にイヴァン・アッセン2世によって建てられた。2006年9月に修復されたので、一見すると新しい教会に見えるが、内部にある教会の柱は、クルム汗やオムルタグ汗、アッセン1世の文字を刻んだ、歴史的に非常に貴重なもの。かつて教会の壁を彩っていたフレスコ画も一部展示されている。

聖ペテロ・聖パウロ教会 St. Peter and St. Paul Church

Църква Св. Св. Петър и Павел
ツァルクヴァ・スヴェティ・スヴェティ・ペタル・イ・パヴェル

フレスコ画のカレンダー

13世紀の第二次ブルガリア帝国時代に建てられた教会。オスマン朝時代にはタルノヴォ主教区の主教区聖堂としての機能を果たしていた。内部に残るフレスコ画は質、保存状態ともに非常によく、見応えがある。特にイヴァン・リルスキ、生神女就寝（カトリック教会でいう聖母マリア被昇天）、エッサイの樹のフレスコ画が有名。アセノフ地区にある歴史的教会は、40人教会を除いてすべてがヴェリコ・タルノヴォ市によって管理されている。これらの教会の管理人が常駐しているのが、聖ペテロ・聖パウロ教会。

ブルガリア

ヴェリコ・タルノヴォ

■ツァレヴェッツの丘
⇨Map P.99-D1〜2
TEL(062)638841
圏8:00〜18:30
※最終入場17:30
困無休 囲6Lv 学生2Lv
※チケット売り場はレストランのイヴァン・アッセンの並びにある建物内にある。

ニコラ・ピッコロ通り沿いにあるツァレヴェッツの丘のチケット売り場

■ツァレヴェッツの音と光のショー
ヴェリコ・タルノヴォの絵はがきやパンフレットに必ず使われている、ツァレヴェッツの華麗な音と光のショーの写真。これは団体の観光客が希望したときに行われ、1グループごとに800Lv〜。遠目に見るだけならお金はいらない。開始時間は日によってまちまち。スケジュールは観光案内所のウェブサイトでも確認できる。
問い合わせ
Звук и Светлина
(Sound & Light)
TEL0885 080865（携帯）

街灯のない暗闇にライトアップされた丘が浮かび上がる

■40人教会
⇨Map P.99-C1
⊠ул. Митрополска
(Mitropolska Str.)
圏火〜日 9:00〜18:00
　月　　12:00〜18:00
※最終入場17:30
困無休
囲6Lv 学生2Lv
◘不可

■聖ペテロ・聖パウロ教会
⇨Map P.99-D1
⊠ул. Митрополска
(Mitropolska Str.)
圏木〜火 9:00〜18:00
　水　　12:00〜18:00
困11〜3月
囲6Lv 学生2Lv
◘5Lv

■聖ディミタル教会

⇨Map P.99-C1

✉ул. Патриарх Евтимий
(Patriarh Evtimiy Str.)

圏木～火 9:00～18:00
　水　　12:00～18:00

休11～3月

料6Lv 学生2Lv

●5Lv 🚫不可

■聖ゲオルギ教会

⇨Map P.99-C1

✉ул. Цар Иван Асен II 10
(Tsar Ivan Asen II Str.)

圏木～火 9:00～18:00
　水　　12:00～18:00

休11～3月

料6Lv 学生2Lv

●5Lv 🚫不可

美しいフレスコ画に彩られている

聖ディミタル教会、聖ゲオルギ教会が閉まっているときは、ここのスタッフに頼んでカギを開けてもらう。聖ペテロ・聖パウロ教会の通りを挟んだ所には聖イヴァン教会の遺跡がある。

聖ディミタル教会 Church of St. Dimitur

Църква Св. Димитър ツァルクヴァ・スヴェティ・ディミタル

ブルガリア史で大きな役割を果たした教会

第二次ブルガリア帝国時代の守護聖人、聖ディミタルの名を冠した教会。1185年にペタルとアッセンはこの教会において、ビザンツ帝国への反乱を起こしたといい、そういう意味では、ここは、第二次ブルガリア帝国誕生の場所ともいえる。現在の教会は1985年に修復されたもの。

聖ゲオルギ教会 Church of St. George

Църква Св. Георги ツァルクヴァ・スヴェティ・ゲオルギ

40人教会横にある橋より一本北にある橋を渡った場所にある教会。1616年に建立された。小さな教会だが、中を彩るフレスコ画は秀逸。聖書の場面や、多くの聖人が描かれている。

ヴェリコ・タルノヴォの博物館

民族復興期博物館
Музей Възраждане и Учредително събрание ムゼイ・ヴァズラジュダネ・イ・ウチレディテルノ・サブラニエ
`Map P.99-C2`

オスマン朝のヴェリコ・タルノヴォ総督邸だった屋敷で、1879年にはブルガリアの最初の国会が開かれた。館内はブルガリア独立運動を中心とする19世紀の社会情勢に関連した資料を展示しており、歴史を勉強するにはもってこい。美術が好きな人なら、地下階に展示されているイコンのコレクションも必見だ。

✉пл. Съединение 1
(Saedinenie Sq.)
TEL0885 105282 (携帯)
圏5～10月 9:00～18:00 (火12:00～18:00)
　11～4月　9:00～17:30 (火12:00～17:00)
休無休
料6Lv 学生2Lv

近現代史博物館
Музей Нова и На- Нова История ムゼイ・ノヴァ・イ・ナイ・ノヴァ・イストリヤ
`Map P.99-C2`

民族復興期博物館の横にある。建物はかつて、オスマン朝時代に刑務所として使用されていた。対オスマン独立戦争からバルカン戦争までの、戦史博物館といった趣の内容。ブルガリアの近代の歴史は常に戦乱だったのだと、あらためて思い起こされる。当時の地図がいくつか展示されていて、ブルガリアの領土の変遷が一目瞭然。

✉пл. Съединение 1
(Saedinenie Sq.)
TEL0885 105282 (携帯)
圏9:00～17:30
休日・月
料6Lv 学生2Lv
🚫不可

考古学博物館
Археологически Музей アルヘオロギチェスキ・ムゼイ
`Map P.99-C2`

民族復興期博物館とその隣の図書館に挟まれた階段を下りていくと、図書館の裏側に出る。これが考古学博物館。ヴェリコ・タルノヴォ周辺で発掘されたトラキア時代の土器や、中世のフレスコ画や装飾品などが展示されている。

✉ул. Иванка Ботева 2 (Ivanka Boteva Str.)
TEL0885 105282 (携帯)
圏4～10月9:00～18:00 (月12:00～18:00)
　11～3月9:00～17:30休11～3月の月曜
料6Lv 学生2Lv ●5Lv 🚫不可

ヴェリコ・タルノヴォ美術館
Художествена Галерия Борис Денев フドジェストヴェナ・ガレリヤ・ボリス・デネフ
Map P.98-B2

　蛇行するヤントラ川に挟まれた中州のような場所にある美術館。展示の中心は19、20世紀の現代画家たちによる作品で、風景、風俗画などのほか、イコンなどもある。ブルガリアの歴史にまつわる作品も多く、特に第二次ブルガリア帝国時代を題材にした歴史画には見応えのあるものが多い。そばにはアッセン王のモニュメントもある。

✉Парк Асеновци
(Park Asenovtsi)
☎(062)638951
⏰10:00～18:00
休月
料3Lv　学生1Lv
木曜は無料　📷不可

エクスカーション

エタル野外博物館 Etar Museum
Етър Музей

川辺に広がる民族復興期の職人街

伝統的なパン作り

　シベク川のほとりにある民族復興期の職人街を再現した博物館で、1960年に開設された。職人街としては、ヴェリコ・タルノヴォのサモヴォドスカ・チャルシャ、トリャヴナのスラヴェイコフ通りが現在でも昔ながらの形をとどめているが、エタル野外博物館は規模においてはるかに勝っている。2階部分が張り出した古いスタイルの家が小川のほとりに並び、それぞれが金銀細工、皮革、毛織物、刺繍の職人の工房として、実際に職人たちが仕事をしている。作品を買うこともできるし、時間さえあれば注文して作ってもらうことも可能。ほかにパン職人やお菓子職人の家もあって焼きたてのパンも食べられる。シベク川には水車が回っていて、これらの工房の動力は水力であることがわかる。

エタル野外博物館への行き方

🚌🚖ガブロヴォ Габрово の南8kmにある。ヴェリコ・タルノヴォのアフトガーラ・ザパッドからガブロヴォまでは1時間30分に1便、所要50分、6Lv。ガブロヴォから博物館まではタクシーで所要15分、片道約10Lv。ガブロヴォから7、10番のなどバスでも行ける。アフトガーラから最寄りのバス停へは、ガブロヴォのアフトガーラを出てすぐ左折し、150mほど進んで右折したところ。

■エタル野外博物館
☎(066)801830
URLetar.org
⏰夏期9:00～18:00
　冬期9:00～16:30
休無休
料5Lv　学生2Lv
　ガイドツアー20Lv

シベク川の流れを利用する水車

ヴェリコ・タルノヴォのホテル　*Hotel*

日本からの電話のかけ方　電話会社の番号（→P.30）＋010＋359（ブルガリアの国番号）＋62（0を取った市外局番）＋番号

　ブルガリア屈指の観光名所ということもあり、宿泊施設の数は多い。駅からはやや距離があるが、旧市街に近いロケーションを選んだほうが観光には便利。場所によってはツァレヴェッツの音と光のショーを客室から見られることもある。

グランド・ホテル・ヤントラ Grand Hotel Yantra
Гранд Хотел Янтра
Map P.98-B2
★★★★　　高級 室数:71

　サモヴォドスカ・チャルシャの近くにある。スパ施設などもあり、町で最も高級なホテルのひとつ。客室は広めに設計されており、バスタブ付きも多い。

✉ул. Опълченска 2 (Opalchenska Str.)
☎(062)600607　FAX(062)600569
URLwww.yantrabg.com
料S🚿🚽🛁📶100Lv～
　W🚿🚽🛁📶168Lv～
💰Lv　CDMV
📶全館　EVあり

プレミア Hotel Premier

Хотел Премиер

Map P.98-B1

★★★★　　高級　室数:43

町の中心にある。スパセンター、スイミングプール、ジャクージなど最新の設備が自慢。1階ロビーのスペースには、この町出身の元力士、琴欧州の写真や新聞記事が飾られている。

✉ул. Сава Пенев 1 (Sava Penev Str.)
☎(062)615555　FAX(062)603850
URL www.hotelpremier-bg.com
⑤🚿📶💻📶□80Lv〜
Ⓦ🚿📶💻📶□110Lv〜
💳€　Lv
ⒸⒹⓂⓋ
全館　EVあり

スタジオ Hotel Studio

Хотел Студио

Map P.99-C2

★★★　　中級　室数:13

デザイン性の高いブティックホテルで、黒と赤を基調にした内装。薄型テレビやエアコン、ミニバーなどを完備。1階に併設されているレストランやバーもおしゃれな雰囲気。

✉ул. Тодор Лефтеров 4 (Todor Lefterov Str.)
☎(062)604010
URL www.studiohotel-vt.com
⑤🚿📶💻📶□75〜85Lv
Ⓦ🚿📶💻📶□90〜135Lv
💳€　Lv
ⒸⓂ Ⓥ
全館　EVあり

プレイ Play

Хотел Плай

Map P.98-B2

★★★　　中級　室数:9

ブルガリアの母広場のすぐ近くにある。白をベースにした客室はどれも広々としており、清潔感にあふれる。レセプションはエレベータを上がった3階にある。

✉ул.Рафаел Михайлов 2
　(Rafael Mihailov Str.)
☎088 2809000 (携帯)
URL www.hotelplay-vt.com
⑤🚿📶💻□50Lv
Ⓦ🚿📶💻□62Lv
💳€　Lv　ⒸⓂ Ⓥ　全館　EVあり

グルコ Gurko

Хотел Гурко

Map P.98-B1

★★★　　中級　室数:21

スヴェタ・ゴラの丘を見渡せる場所にある家族経営のホテル。客室にはブルガリア製のアンティーク家具が置かれ、落ち着いた雰囲気。18室は渓谷ビュー。1階には雰囲気のよいメハナもある。

✉ул. Гурко 33 (Gurko Str.)
☎(062)627838
URL www.hotel-gurko.com
⑤🚿📶💻📶□€45〜90
Ⓦ🚿📶💻📶□€50〜106
💳€　Lv
ⒸⓂ Ⓥ
全館　EVあり

エタル Hotel Etar

Хотел Етър

Map P.98-B2

★★　　経済的　室数:105

❶の近くにある高層ホテル。客室の設備はベーシックだが、高層階からの眺めはよく、スタッフも親切。1階は一部の長距離バスが発着するので、夜遅くに到着したときや早朝の出発にも便利。

✉ул. Ивайло 6 (Ivailo Str.)
☎0892 217915 (携帯)
URL www.hoteletar.com
⑤🚿📶💻📶□45Lv
Ⓦ🚿📶💻📶□60Lv
💳Lv　ⒸⓂ Ⓥ
全館
EVあり

アンヘア Anhea

Хотел Анхеа

Map P.98-B1

★　　経済的　室数:19

にぎやかなエリアにある家族経営のホテル。レセプションは2階にある。規模はあまり大きくないが、客室にはケーブルテレビやミニバーを完備。朝食は別途3Lv。トリプルルーム60Lv。

✉ул. Независимост 32
　(Nezavisimost Str.)
☎088 5971313 (携帯)
URL anheabg.com
⑤🚿📶💻📶□30Lv
Ⓦ🚿📶💻📶□55Lv
💳€　Lv　ⒸⒶⓂⓋ
全館　EVなし

ホステル・モステル・ヴェリコ・タルノヴォ　Hostel Mostel Veliko Tarnovo　Map P.99-C2

Хостел Мостел

経済的　ベッド数:31

ソフィアで人気のホステル、ホステル・モステル（→P.67）の2号館。テラスからはツァレヴェッツのショーを楽しむことができ、ブルガリア料理の夕食とビール付きとあってこちらも評判。ドミトリーは男女混合でベッド数は6〜10。

✉ул. Йордан Инджето 10
　(Yordan Indzheto Str.)
☎0897 859359（携帯）
🔗www.hostelmostel.com
🛏️🅳🍴🛁🚿▶️20〜22Lv
　🆂🍴🛁🚿▶️46Lv
　🆆🍴🛁🚿▶️60Lv
💴Lv
💳不可
📶全館　🛗なし

ブルガリア ／ ヴェリコ・タルノヴォ

ヴェリコ・タルノヴォの**レストラン**　*Restaurant*

ステファン・スタンボロフ通りなど、メインストリートを中心に旧市街にはレストランやカフェが点在している。メハナ以外にも手頃な値段のカジュアルなレストランが建ち並び、坂の多いヴェリコ・タルノヴォならではの眺望を楽しめる展望レストランもおすすめだ。

シュタストリヴェツァ　Shtastliveca　Map P.98-B1

Щастливеца

ブルガリア料理

窓際の席では、ヤントラ川を見下ろし、絶景を眺めながら食事ができる。窯焼きのピザ6.50〜18.90Lvや種類豊富な肉料理8.90〜25.90Lvなどがおすすめ。

✉ул. Стефан Стамболов 79
　(Stefan Stambolov Str.)
☎(062)600656
🔗www.shtastliveca.com（ブルガリア語）
🕐11:00〜23:00
休無休　💳€　Lv
💳 Ⓜ Ⓥ　📶あり

イヴァン・アッセン　Ivan Asen　Map P.99-C2

Иван Асен

ブルガリア料理

ツァレヴェッツの丘の目の前という抜群のロケーションで、食事をしながら音と光のショーを楽しむことができる。ブルガリア料理がメインで一品7.40〜27Lv。パスタやリゾットなどもある。

✉пл. Цар Иван Асен 2 (Tsar Ivan Asen Sq.)
☎088 2650065（携帯）
🔗www.ivan-asen.com
🕐月〜土10:00〜23:00
　日　　 10:00〜19:00
休無休
💳€　Lv
💳 Ⓜ Ⓥ　📶なし

ハジ・ニコリ・イン　Hadji Nikoli Inn　Map P.98-B1

Хан Хаджи Николи

ブルガリア料理

1858年に建てられた歴史的建造物を改装したレストラン。洗練された創作料理を味わうことができ、メインは9〜30Lv。レストランのオリジナルワインはグラスで4.50〜5Lv。

✉ул. Г. С. Раковски 19 (G. S. Rakovski Str.)
☎(062)651291
🖨(062)650250
🔗www.hanhadjinikoli.com
🕐11:00〜24:00
休無休
💳€　Lv
💳 Ⓜ Ⓥ
📶あり

ピッツァ・ビアンコ・バー&グリル　Map P.98-B2

Pizza Bianco Bar & Grill

イタリア料理

ブルガリアの母広場に面したカジュアルな店。ピザやスパゲティのほか、ブルガリア料理も多数ある。メニューは写真付き。ピザは7Lv〜。予算は1人25Lvほど。

✉пл. Майка България 5 (Mayka Bargaliya Sq.)
☎088 2552661（携帯）
🔗bianco-pizza.com
🕐9:00〜翌1:30
休無休
💳US$　€　Lv
💳 Ⓜ Ⓥ　📶あり

アルバナシへの行き方

●ヴェリコ・タルノヴォから

🚐🚐アフトガーラ・ザパッド発、ブルガリアの母広場から南西に500mほど行った市場、オブシュティンスキ・パザル Общински Пазар 付近を経由するミニバスが出ている。平日6:20～19:20に9便、土・日8:05～18:20に4便。所要約15分、運賃は1.50Lv。タクシーで行けば料金は4～6Lv。

アルバナシからヴェリコ・タルノヴォへのミニバスは平日6:45～19:45に9便、土・日8:30～18:45に4便。

アルバナシ行きのミニバス

アルバナシのバス停には時刻表があるので、帰りのバスの時刻を確認しておこう

聖誕教会のイコノスタス

アルバナシ
Арбанаси
Arbanassi

　ヴェリコ・タルノヴォの近郊には、古都とともに歴史を刻んできた村がいくつもある。どの村にも古い教会があり、時間が止まったようにのんびりとしている。アルバナシもそんな村のひとつ。ヴェリコ・タルノヴォからは北へわずかに4km。ニコラ・ピコロ通りまで来れば旧市街からも遠くの崖の上にその姿が見える。

　アルバナシには古くからの屋敷が80余り現存しているが、そのうち36の家が国の文化財に指定されている。この村に美しい家が多いのには理由がある。1838年にオスマン朝のスルタンであるスュレイマン2世は、義理の息子にアルバナシを贈り、その所有権は代々の後継者たちに受け継がれていった。オスマン朝の統治下にあってアルバナシは税制上の特権を授けられ、村人は有利な条件で商売ができた。職人や商人たちが美しい屋敷を建てられたのも、蓄財ができたからなのだ。屋敷のいくつかは博物館として公開されている。

コンスタンツァリエフの家で販売される民芸品

歩き方

　ヴェリコ・タルノヴォからのバスやタクシーが着く広場が村の中心部。この広場には村の案内図があるので、位置を把握してから歩き始めよう。

アルバナシの中心部

見どころ

聖誕教会 The Nativity Church

Църква Рождество Христово ツァルクヴァ・ロジデストヴォ・フリストヴォ

ギリシアの文人が描かれている

アルバナシで最も古い教会。内部はギャラリー、ナルテクス、本堂の3室からなり、いずれも質素な外観からは想像もつかないほど、色鮮やかなフレスコ画で埋め尽くされている。特に有名なのはギャラリーに描かれた「運命の車輪」。ナルテクスにはキリスト教の聖人ではなく、ギリシアの文人を描いたフレスコ画があり、非常に珍しい。

コンスタンツァリエフの家 Kostantsalieva House

Константалиева Къща コンスタンツァリエヴァ・カシュタ

伝統的生活が再現されている

アルバナシで最も美しいといわれる家。オスマン朝時代のヴェリコ・タルノヴォ総督の親戚にあたる女性の旧家。

階段を上った2階にはリビングルームがある。トルコ風のソファにブルガリア伝統の織物がかけられた、広い部屋だ。ソファの上にはコーヒーセットや重そうなアイロンが置かれ、少しばかりオスマン朝時代の生活に触れた気になる。キッチンには食器が並び、トイレはトルコ式のもの。1階では民芸品の販売もしている。

■聖誕教会
⇨Map P.107-A2
✉ул. Рождество Христово 1
(ul. Rojdestvo Hristovo)
☎0885 105254（携帯）
（グループ予約）
🕐9:00〜17:30
休11〜3月（グループでの事前予約で見学可）
料6Lv　学生2Lv
📷不可

「運命の車輪」のフレスコ画

■コンスタンツァリエフの家
⇨Map P.107-A1
✉ул. Опълченска 18
(ul. Opulchenska)
☎0885 105282（携帯）
🕐火〜日　9:00〜17:00
　月　　12:00〜17:00
休11〜3月
料6L　学生2Lv

大天使ミカエル・ガブリエル教会 St. Archangel Gabriel and Michael's Church

Църква Св. Св. Архангели Михаил и Гавраил
ツァルクヴァ・スヴェティ・スヴェティ・アルハンゲリ・ミハイル・イ・ガブライル

■大天使ミカエル・ガブリエル教会 ⇨Map P.107-B2
✉ул. Софроний Врачански 7
(ul. Sofronii Vrachansk)
⏰火～日　9:00～18:00
　　日　　9:00～12:00
休11/1～3/20
料6L　学生2Lv
💰5Lv　📷不可

ナルテクスの天井画

教会の本堂は両側に4人ずつのコーラス用の席がある

1760年創建、アルバナシ最大で、唯一ドームを持つ教会。構造は聖誕教会と同様に入り口を入ってギャラリー、女性の礼拝所であるナルテクス、男性の礼拝所である本堂の3室からなっている。ドームがあるのは本堂。ナルテクスのフレスコ画はテッサロニキとブカレストの画家によって描かれており、天井のフレスコ画に付けられている光輪は純金を使用している。

アルバナシの**ホテル&レストラン** *Hotel & Restaurant*

日本からの電話のかけ方　電話会社の番号（→P.30）＋010＋359（ブルガリアの国番号）＋62（0を取った市外局番）＋番号

ヴェリコ・タルノヴォから日帰りも可能だが、村にはホテルやメハナを併設したゲストハウスもある。中心部の広場周辺には多くのメハナがある。

アルバナシ・パラス Arbanassi Palace　Map P.107-A2
Арбанаси Палас
★★★★★　最高級　室数:19

共産党一党独裁体制時に国家評議会議長だったジフコフの夏の家を利用したホテル。サウナやジャクージ、スポーツセンターも完備する。朝食はイングリッシュブレックファストなど5種類から選べる。眺望がよく、カフェテリアでコーヒーだけでも楽しめる。11～3月は休業。

✉ул. Капитанска 2 (ul. Kapitanska)
☎(062)630176
URLwww.arbanassipalace.bg
🛏S🚿🚽📺📶79～87Lv
　W🚿🚽📺📶106～136Lv
💳US$ € Lv
CC M V
📶全館
EVなし

ボリャルスカ・ハウス Bolyarska House　Map P.107-B2
Болярска Къща
★★　経済的　室数:7

広場の近くにある。中庭のきれいな芝生や、広々として明るいレストランもある。ダブルルームにはバスタブ付きの部屋もある。全室ケーブルテレビ、エアコン付き。

✉ул. Опълченска 6 (ul. Opulchenska)
☎0882 797275 (携帯)
🛏S🚿🚽📺📶40Lv
　W🚿🚽📺📶60Lv
💳€ Lv
CC A M V
📶全館 EVなし

チェシュマタ Cheshmata　Map P.107-B2
Чешмата
ブルガリア料理

ホテルに併設されたメハナ。壁には伝統工芸品が多く飾られている。郷土料理4.20～60Lvがメインとなっており、ウサギ料理も用意。

✉ул. Капитан Павел Грамадов 2
(Kapitan Pavel Gramadov)
☎(062)600760
URLwww.cheshmata.com
⏰8:30～23:00 休無休
💳€ Lv CC A M V 📶あり

歴史的な町並みが残るスラヴェイコフ通り

トリャヴナ
Трявна
Tryavna

Bulgaria
折込Map表 B2

ソフィア
トリャヴナ

トリャヴナへの行き方

🚌 バス利用のポイント
ソフィア以外の町から行く場合は近郊の町ガブロヴォ Габровоでバスを乗り継ぐ。
●ソフィアから
🚌中央バスステーションから11:30、16:00発
所要:約3時間30分
運賃:18Lv
●ガブロヴォから
🚌6:30〜19:30の1時間に1便(日8:30〜18:30に5便)
所要:約40分
運賃:3.50Lv

■トリャヴナの❶
⇨Map P.109-B2
✉ул. Ангел Кънчев 33
(Angel Kanchev Str.)
☎(0677)62247
URLwww.tryavna.bg
⏰9:00〜12:30 14:00〜17:00
休土・日

トリャヴナは、旧市街に民族復興期の建物が並ぶ美術館都市。町は古くからイコン製作と木彫工芸で知られており、数々の教会や一般に公開されている民族復興様式の建物の中で、意匠を凝らした木彫細工、秀逸なイコンなどが見られる。週末は多くの旅行者でにぎわっている。

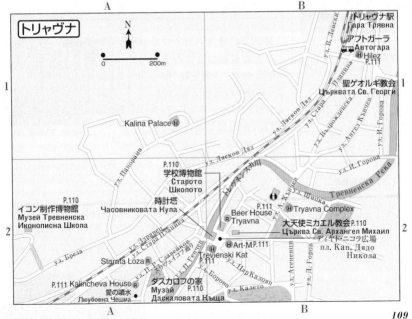

■大天使ミカエル教会

⊠ул. Ангел Канчев 9
(Angel Kanchev Str.)
☎(0677)63442
🕐8:00〜18:00
休無休 料無料
　イコン・ギャラリー1Lv
📷10Lv 🚫不可
ビデオ30Lv

半地下に建てられた教会

■ダスカロフの家
　　⇨Map P.109-A2
⊠ул. П. Р. Славейков 27
(P. R. Slaveikov Str.)
☎(0677)62166
🕐9:00〜17:00
休無休 料2Lv 学生1Lv
📷5Lv ビデオ10Lv

天井装飾の細かさに注目！

■学校博物館
　　⇨Map P.109-B2
⊠Пл. Капитан Дядо
Никола 7
(Kapitan Dyado Nikola Sq.)
☎0899 705045 (携帯)
🕐9:00〜17:00
休無休 料2Lv 学生1Lv
📷5Lv 🚫一部不可
ビデオ10Lv

■イコン制作博物館
　　⇨Map P.109-A2
⊠ул. Бреза 1 (Breza Str.)
☎0896 755938 (携帯)
🕐9:00〜16:30
休月・火
料2Lv 学生1Lv
📷5Lv 🚫不可
ビデオ10Lv

歩き方

　アフトガーラと鉄道駅は、町の北東に位置しており、旧市街までは徒歩15分程度。❶は旧市街へ向かう途中、川を越えた先にある。❶からさらに南西へと進んでいくと、時計塔が印象的なディヤド・ニコラ広場пл. Кап. Дядо Николаにいたる。ここが旧市街の入口だ。広場から橋を渡った西側は、細い通りに民家やショップ、レストランが並んでいる。

見どころ

大天使ミカエル教会 St. Archangel Michael Church

Църква Св. Архангел Михаил
ツァルクヴァ・スヴェティ・アルハンゲル・ミハイル

　13世紀に創建されたが、現在のようになったのは19世紀に入ってから。イコン制作と木彫り細工で有名なトリャヴナだけあり、教会内のイコノスタスは、非常にすばらしい。教会内にある主教座とともに、トリャヴナ派の木彫細工の最高傑作とされている。そのほか教会内には、イコン・ギャラリーがあり、数々の歴史あるイコンも見学できる。

ダスカロフの家 Daskalov House

Музай Даскаловата Къща ムゼイ・ダスカロヴァタ・カシュタ

　民族復興期の屋敷。1804年に豪商のフリスト・ダスカロフによって建てられた。1階部分には木彫り細工の工房を再現、2階部分は民族復興期の部屋を当時の家具で飾りつけている。特に木彫の天井装飾は見応えがある。

学校博物館 The Old School

Старото Школото スタロト・シュコロト

　1839年に建てられたブルガリアで最初の近代的学校のひとつで、中庭を取り囲むように数々の教室が並んでいる。館内には、アンティークの時計や現代芸術作品などが展示されている。

当時の教室を再現した一室

イコン制作博物館 Tryavna Icon-Painting School Museum

Музей Тревненска Иконописна Школа
ムゼイ・トレヴネンスカ・イコノピスナ・シュコラ

　かつてカトリックの教会だった建物を利用している。博物館のコレクションの多くは19世紀に作られたトリャヴナ派のイコン。そのほか、イコン工房を再現した部屋もあり、どのようにイコンが制作されるかがわかるようになっている。

すばらしいイコンが多数収蔵されている

日本からの電話のかけ方　電話会社の番号（→P.30）＋010＋359（ブルガリアの国番号）＋677（0を取った市外局番）＋番号

町の規模に比べてホテルの数は多く、旧市街周辺に民族復興様式で建てられたホテルもあり、観光客の人気が高い。レストランも同様に旧市街に集中しており、郷土料理から一般的な西洋料理まで、幅広いジャンルで提供する店も少なくない。

ヒレズ Hilez
Хотел Хилез

Map P.109-B1
★★★　中級　室数:24

アフトガーラの近くにあり夜遅い到着や早朝の出発でも安心。客室はモダンなファブリックで統一されている。1階はロビーとバーがあり、地下はメハナになっている。

✉ул. Стара Планина 17
（Stara Planina Str.）
☎(0677)66920　FAX(0677)66921
URL hilez.tryavna.biz
⊞S🅰🄿🈯🛁📶40Lv～　🅦🄰📶🈯🛁📶50Lv～
€　Lv　CC不可
🅿全館　EVなし

アート・エム Art-M
Арт-М

Map P.109-B2
中級　室数:5

ディヤド・ニコラ広場に面した古民家風のホテル。建物は新しく、設備も最新。1階と地下1階がアートギャラリーとなっており、ブルガリアのアートを鑑賞できる。オーナーのあたたかい心配りが感じられる宿。

✉ул. Ангел Кънчев 20
（Angel Kanchev Str.）
☎0887 097373（携帯）
URL www.artmgallery.com
⊞S🅦🄰🈯🛁📶€40～50
CC🅜Ⓥ
🅿全館
EVなし

トレヴネンスキ・カト Trevnenski Kat
Тревненски Кът

Map P.109-B2
★★　経済的　室数:10

ディヤド・ニコラ広場に面している。伝統的な建物を改修して利用しており、部屋によっては、見事な天井細工を見ることができる。1階にあるメハナのカウンターがレセプションを兼ねている。

✉ул. Ангел Кънчев 8 （Angel Kanchev Str.）
☎(0677)62066
URL www.trevnenski-kat.tryavna.biz
⊞S🄰🈯🛁📶45Lv
🅦🄰🈯🛁📶50Lv
CCLv
CC不可
🅿全館
EVなし

カリンチェヴァ・ハウス Kalincheva House
Калинчева Къща

Map P.109-A2
ブルガリア料理

1830年に建てられた民族復興期の建物で、以前はハウスミュージアムとして、一般公開されていた。料理は肉料理が6.50～30Lv、魚料理が9～16Lv。

✉ул. П. Р. Славейков 45 （P. R. Slaveykov Str.）
☎0887 171008（携帯）
🕐11:00～24:00
🈺月
CCLv
CC🅜Ⓥ　🈁あり

ビア・ハウス・トリャヴナ Beer House Tryavna
Бирария Тряавна

Map P.109-B2
ブルガリア料理

ベルギー出身のオーナーが経営するビアレストラン。併設の醸造所で造ったビールはベルギー式で、保存料を使っていない。ビールは4種類あり、ボトルでの販売も行っている。トレヴネンスカ川沿いのテラス席が気持ちよい。

✉ул. Ангел Кънчев 7
（Angel Kanchev Str.）
☎0899 131130（携帯）
URL lucs.tryavna.biz
🕐9:00～24:00
🈺無休
€　Lv
CC不可
🈁あり

ソフィア ★ シューメン

シューメンへの行き方

●ソフィアから
🚄1日4便
所要:6時間〜6時間10分
運賃:23.90〜32.60Lv
🚌中央バスステーションから6:30〜22:30の1時間に1〜2便
所要:5時間15分〜6時間20分
運賃:28Lv

●ルセから
🚌アフトガーラ・ユクから1日3便、ラズグラドРазградで乗り換えたほうが便は多い。
所要:約1時間30分
運賃:11Lv

●ヴェリコ・タルノヴォから
🚄直行1日2便(ゴルナ・オリャホヴィッツァからは1日4便)
所要:約2時間25分〜3時間25分
運賃:7.90〜15.40Lv
🚌アフトガーラ・ユクから1日11便
所要:2時間20分〜2時間45分
運賃:13〜15Lv

●ヴァルナから
🚄6:00〜21:35に12便
所要:1時間30分〜2時間35分
運賃:5.90〜12Lv
🚌アフトガーラ・ザパッドから8:00〜17:30の1時間に1〜3便程度、22:30発
所要:1〜2時間
運賃:9Lv

■シューメンの❶
➡Map P.113-A
市役所の1階にある。近郊の見どころも含めて、情報はかなり豊富に揃っている。
✉бул. Славянски 17
(Slavyanski Blvd.)
☎(054)857773
🌐www.tourism-shumen.com
🕐8:30〜17:00 🈺土・日

ブルガリアの歴代王などを題材にしたブルガリア建国記念碑

シューメン
Шумен
Shumen

　国の北東部に位置する、ソフィア〜ヴァルナ間の交通の要衝。第一次ブルガリア帝国の最初の首都プリスカと2番目の首都プレスラフに地理的に近いため、首都防衛のための要塞都市として町は興った。ブルガリア帝国の建国は西暦681年。1981年には当時の要塞跡にブルガリア建国1300年記念碑が建設された。

　現在のシューメンは、トルコ系住民が多く住み、町のなかでもトルコ語がよく聞こえてくる。たばこや家具、皮革製品の製造が盛んなほか、人気のシューメンスコ・ビールの生産地としても有名だ。周辺のプリスカ、プレスラフ、世界遺産があるマダラやスヴェシュタリなどを巡る拠点として訪れる人も多い。

歩き方

　鉄道駅とアフトガーラは町の東側にある。町の中心は、ホテル・マダラのある**オスヴォボジュデニエ広場пл. Освобождение**から駅まで続く大通り、**スラヴャンスキ大通りбул. Славянски**にかけて。広い並木道の両側にはカフェや店が続く。だが、駅からオスヴォボジュデニエ広場までは緩やかな上り坂。1、4番のバスがアフトガーラ西側の**マダラ大通りбул. Мадара**から**シメオン・ヴェリキ通りул. Симеон Велики**経由でホテル・シューメン付近まで行く。

華やかな雰囲気漂うスラヴャンスキ大通り

見どころ

ブルガリア建国記念碑 The Memorial "Founders" of the Bulgarian State

Паметник "Създатели на Българската Държава"
パメトニク・サズダテリ・ナ・バルガリスカタ・ダルジャヴァ

記念碑から見下ろすシューメンの町並み

1981年に建設された、ブルガリア建国1300年記念碑。記念碑はシューメンの町からも見えるので、スラヴャンスキ大通りから丘を上ればいい。碑のある丘の上は見晴らしがよく町を一望できる。

シューメン要塞 Shumen Fortress

Шуменска Крепост シューメンスカ・クレポスト

保存状態のよい要塞

建国記念碑から南西に約5km。シューメン高台公園の丘の上には第一次ブルガリア帝国時代に築かれた要塞がある。敷地内にはトラキア時代の陶器や装飾品を展示した博物館もある。スタリヤ・グラッド Стария Градと呼ばれる城塞の保存状態がよい。

トンブル・ジャーミヤ Tombul Mosque

Томбул Джамия トンブル・ジャーミヤ

1744年にオスマン朝総督ハリ・パシャにより建てられた。ブルガリアのイスラム礼拝堂としては最大の大きさを誇る。18世紀中頃に建てられただけあって、外観、内装ともに西ヨーロッパのバロック様式の影響を感じさせる造りになっている。敷地内には礼拝堂のほかに、3つの神学校や蔵書約5000冊の図書館が併設され、信仰と教育を担っていた。

■ブルガリア建国記念碑
⇨Map P.113-A

歴史博物館の西側にある公園から記念碑へと続く1300段の階段を上る。約30分。タクシー利用だと約5Lv。
TEL(054)872107
TEL0896 104139（携帯）
🕐10～4月10:00～17:00
　5～9月　9:00～18:00
🈡無休
💴3Lv
　学生1Lv　英語ガイド5Lv

■シューメン要塞
⇨Map P.113-A外

ブルガリア建国記念碑とシューメン要塞を合わせてタクシーで回ってもらうとよい。両方30分ずつ見て30Lv～。
TEL(054)200351
🕐夏期9:00～19:00
　冬期9:00～17:00
🈡無休
💴3Lv　学生1Lv

■トンブル・ジャーミヤ
⇨Map P.113-A
✉ул. Г. С. Раковски 21
(G. S. Rakovski Str.)
TEL(054)802875
🕐9:00～18:00
🈡無休
💴4Lv　学生2Lv
📷2Lv　ビデオ5Lv

オスマン・バロック様式の建築

■歴史博物館⇨Map P.113-B

■歴史博物館⇨Map P.113-B
⊠бул. Славянски 17
（Slavyanski Blvd.）
☎(054)875487
⏰夏期 10:00〜18:00
　冬期　9:00〜17:00
休冬期の日・月
料3Lv　学生1Lv
　宝物館2Lv
📷10Lv　💳不可

■パンチョ・
ヴラディギュエロフの家
　　　　⇨Map P.113-A
⊠ул. Цар Освободител 136
（Tsar Osvoboditel Str.）
☎(054)872123
⏰夏期　9:00〜12:00
　　　　13:00〜18:00
　冬期　9:00〜17:00
休夏期の日・月
料3Lv　学生1Lv
📷10Lv

歴史博物館 Historical Museum

Исторически Музей　イストリチェスキ・ムゼイ

博物館1階にある石柱やレリーフ

　地方都市の博物館としてはコレクションは非常に充実したものがある。展示品はトラキア時代から第一次ブルガリア帝国までのものが主流で、紀元前4世紀頃のトラキア人の墓、プレスカやプレスラフからの発掘物を収蔵している。そのほか2階にある19世紀のイコンのコレクションも見応えがある。

パンチョ・ヴラディギュエロフの家 House of Pancyo Vladiguerov

Къща-Музей Панчо Владигеров　カシュタ・ムゼイ・パンチョ・ヴラディゲロフ

旧市街の一角に位置する

　シューメンを愛した作曲家パンチョ・ヴラディギュエロフが住んでいた2階建ての小さな家。ブルガリアに初めて西欧クラシック音楽を紹介した彼の名を冠したピアノ音楽フェスティバルが、毎年5月に開かれる。

エクスカーション

スヴェシュタリ Sveshtari

Свещари

　スヴェシュタリはシューメンから北に約50km行ったイスペリフИсперих郊外にある村。近くに世界遺産にも登録されているトラキア人の墳墓があることで知られている。

　最も有名な墓はトラキア王の墓Тракийска Царска Гробницаと呼ばれるもので、2000年から一般公開が行われるようになった。ビジターセンターに行き、専門のガイドと一緒に見学する。

　入口が頑丈なドアに覆われ、見学は内部の気温を変化させないように、同時に10人以上は入れないようになっているなど、セキュリティと状態の保全に万全の注意を払っている。

　王の墓が造られたのは紀元前3世紀頃、内部は3室からなっており、最奥部の壁に施された10体の女神像は、同時代に造られた多くのトラキア人の墓にも類例がない非常に珍しいもの。その上にある壁画は、女神が馬に乗る王に黄金の冠を授けている姿が描かれており、王が神として死者の国に迎えられたことを表している。埋葬

スヴェシュタリ
への行き方

　スヴェシュタリへの起点になる町はイスペリフ。イスペリフからスヴェシュタリへはタクシーで片道約10Lv。イスペリフからスヴェシュタリへはライニノРайнино行きのバス（7:30〜15:15に6便、1.30Lv）が停車するが、バス停のあるスヴェシュタリ村からトラキア王の墓へは2kmほど歩かなくてはいけない。
🚌シューメンからの直通はなく、日帰りで行くにはまず、ラズグラドへ行き、そこでイスペリフ行きに乗り換える。
所要約1時間40分　運賃7Lv

世界遺産
スヴェシュタリのトラキア人の墳墓
Свещарска Гробница
1985年登録

■トラキア人の墓
☎(084)735279
⏰9:30〜16:30
休3月下旬〜11月の月・火、12月〜3月下旬
料10Lv　学生5Lv　💳不可

トラキア王の墓

されている王の年齢は35歳、王女は25歳で、王女は王と一緒に埋葬されるために殺されたと考えられている。

イスペリフから発掘された副葬品

この墓から発見された黄金のイヤリングなどの副葬品は、イスペリフから20kmほど南西にあるラズグラドの**アブリトゥス博物館Абритус Музей**に収蔵されている。

■**アプリトゥス博物館**
✉Бул. Априлско въстание 70（Aprilsko Vastanie Blvd.）
☎(084)662460
🕐4〜10月9:00〜17:30
11〜3月9:00〜17:00
🚫11〜3月の土・日
💰2.50Lv　学生1Lv
📷2Lv

シューメンの**ホテル&レストラン**　*Hotel & Restaurant*

日本からの電話のかけ方　電話会社の番号（→P.30）＋010＋359（ブルガリアの国番号）＋54（0を取った市外局番）＋番号

　ホテルの数はあまり多くはないが、中心部に位置するホテル・シューメンやホテル・マダラは客室数も多くて便利。トンブル・ジャーミヤから高台公園へ行く途中にもいくつか宿泊施設がある。
　レストランはスラヴャンスキ大通りに集中しており、雰囲気のいいメハナも点在している。人気の地ビール「シューメンスコ**Шуменско**」もぜひ試してみよう。

アート・ホテル・ニルヴァーナ　Art Hotel Nirvana　　Map P.113-B
Арт Хотел Нирвана　　★★★　高級 室数:9

　シューメン駅からタクシーで約3分。高台の住宅地に突如と現れるスタイリッシュなホテル。客室の内装は赤やグリーンなどテーマカラーの異なる内装。レストランやプール、スパもあり、リゾート気分を存分に味わえる。

✉ул.Независимост 25（Nezavisimost Str.）
☎&FAX(054)800127
☎0896 791088（携帯）
🌐www.hotelnirvana.bg
🛏S🚿🛁📺📶89〜99Lv
🛏📺📶99〜109Lv
💵US$　€　Lv
💳MⓋ　📶全館　🛗なし

コンテッサ　Contessa　　Map P.113-B
Контеса　　★★★　中級 室数:15

　アフトガーラから徒歩5分。客室はミニバーやテレビなどを備える。一般客室に加えアパートメントタイプ115Lv〜もある。1階には洗練された雰囲気のレストランもある。

✉ул. Черноризец Храбър 4（Chernorizets Hrabar Str.）
☎(054)892170　☎0896 16869（携帯）
FAX(054)892171
🌐www.contessa-bg.com
🛏S🚿🛁📺📶55Lv〜　W🚿🛁📺📶70Lv〜
💳€　Lv　💳AⓂⓋ
📶全館　🛗あり

ポプシェイタノヴァ・カシュタ　Popsheytanova Kashta　　Map P.113-A
Попшейтанова Къща　　ブルガリア料理

　伝統家屋を改築した郷土料理店。メインは8.90〜15Lv。カシカヴァル・ピレシコメソ（イエローチーズとポークのグリル）もおすすめ。英語メニューあり。

✉ул. Цар Освободител 156（Tsar Osvoboditel Str.）
☎(054)802222
☎0876 80211（携帯）
🕐12:00〜24:00　🚫日
💳€　Lv　💳不可　📶あり

ミナリアット・ヴェック　Minaliat Vek　　Map P.113-A
Миналият Век　　ブルガリア料理

　100年以上前の歴史ある建物を利用したホテルに併設するレストラン。ショプスカ・サラダ4.70Lv、肉料理4.90〜13.50Lv、魚料理8.90〜22.50Lv。

✉бул. Симеон Велики 81（Simeon Veliki Blvd.）
☎(054)801615
🌐minaliatvek.com
🕐7:30〜24:00　🚫無休
💳Lv
💳不可　📶あり

シューメン近郊に残る

第一次ブルガリア帝国の遺跡を訪ねて

アジア系遊牧民ブルガール人が681年に建国した第一次ブルガリア帝国は、現在のブルガリアのルーツ。シューメンの周辺には、帝国の首都であったプリスカとプレスラフ、世界遺産のマダラの騎士など、当時の繁栄を今に伝える遺跡が残っている。

第一次ブルガリア帝国

第一次ブルガリア帝国(681〜1018年)は、東方から移動してきたアジア系遊牧民ブルガール人が、先住のスラヴ人を率いてビザンツ帝国を破り、族長アスパルーフ汗のもとに建てた国。ブルガール人とスラヴ人は徐々に同化してゆき、現在のブルガリア人へとつながっていく。

帝国は9世紀半ばにはキリスト教を受容し、キリル文字が発明されるなど、当時のスラヴ世界の文化的中心として栄えた。シメオン1世(在位893〜927年)の時代に全盛期を迎え、その領土はバルカン半島のほぼ全域にわたり、さらにハンガリー平原にまで及ぶ。コンスタンティノープル(現イスタンブール)を包囲するなどビザンツ帝国をも圧倒し、この地域最大の国家となるまでに成長した。

しかし、シメオン1世の死後に帝国は急速に衰退し、1014年にはブルガリア人殺しと呼ばれたバシレイオス2世率いるビザンツ帝国軍に破れ、1018年に滅亡した。

プリスカ Pliska
Плиска

遺跡内に残る9世紀の浴場跡

681年の第一次ブルガリア帝国建国時に首都と定められ、その後200年にわたって栄えた。

当時のプリスカは23km²もの面積をもっており、中心部は厚さ2.6mの城壁で囲まれていた。プリスカ遺跡Руините на Плискаとは、この城壁で囲まれた地域を指し、現在のプリスカ村から北へ3kmの所にある。城内にある、玉座の間をもつふたつの宮殿と聖堂はオムルタグ汗Хан Омуртаг(在位814〜831年)の時代に建設されたもの。キリスト教の国教化やキリル文字の考案などは後にここで行われたと考えられている。

遺跡内は英語とブルガリア語の案内板が設置されている。遺跡は修復作業も進行中だが、遺跡の上に建物を新たに復元して

第一次ブルガリア帝国最大版図

プリスカ遺跡に併設された博物館

プリスカ遺跡の北にあるゴリャマ・バジリカ跡

ブダペスト
ハンガリー
クルージ・ナポカ
モルドヴァ
ヤシ
ウクライナ
キシニョウ
オデッサ
ルーマニア
クロアチア
ベオグラード
ボスニア・ヘルツェゴヴィナ
サラエヴォ
セルビア
ブカレスト
シリストラ
コンスタンツァ
ブリスカ
シューメン
ヴァルナ
モンテネグロ
ポドゴリツァ
プリシュティナ
ソフィア
プレスラフ
マダラ
コソヴォ
スコピエ
ブルガリア
ティラナ
マケドニア
オフリド
イスタンブール
アルバニア
テッサロニキ
ギリシア

いるため、どこからが遺跡でどこからが復元されたものか判別しづらいのが難点だ。

城壁内には、出土品を展示したプリスカ博物館Музей Плискаもある。また、プリスカ遺跡からさらに1kmほど先には、ゴリャマ・バジリカГоляма Базиликаという9世紀の教会跡があり、城と教会の間は、中世に造られた石畳の道で結ばれている。

プレスラフ Preslav
Преслав

ティサ川のほとりにあるプレスラフは、オムルタグ汗が821年に建設し、893年にシメオン1世の命によりプリスカから遷都された。都では文芸活動が盛んで、王立翻訳学校や多くの教会が建設された。教会の装飾は非常に美しく、王宮は外側を大理石、内側は金銀で装飾された豪華なものだった。都はやぐらのある2重の城壁に囲まれ、都市計画も進んでいた。

プレスラフの遺跡（ヴェリキ・プレスラフ遺跡Старините във Велики Преслав）には建物の基礎部分や柱などが残るのみだが、10〜11世紀建設の黄金教会Златната Църкваのみ基礎部分の上から建物を復元する形で修復が進められている。近くにあるプレスラフ博物館Музей Преславには、当時の町の模型や黄金の装飾品、セラ

遺跡の南側に位置する黄金教会

ミック製のイコンなどが展示されている。

マダラ Madara　世界遺産
Мадара

シューメンから東へ18kmの山中には、切り立った断崖に騎馬姿の騎士が巨大なレリーフとして刻まれている、通称「マダラの騎士」Мадарски Конник（マダルスキ・コンニク）がある。中世ギリシア語で彫られた碑文に第一次ブルガリア帝国歴代皇帝の名前が彫られていることから8世紀頃に制作されたものとされており、猟犬をしたがえ、ライオンに槍を突き刺している騎士の姿は、軍事的な勝利を象徴していると思われる。近年崩落が激しく、その修復作業のため1995年から足場が組まれている。そのため、残念なことに下からは見えづらくなってしまっている。この地域は中世以前から聖地と考えられており、ヘラクレスやアフロディーテなどの神像が発掘されている。レリーフへいたる入口近くには歴史博物館があり、周辺での発掘物の展示やDVDの上映が行われている。レリーフの下方には中世の住居跡や教会跡が残されている。

断崖に刻まれたマダラの騎士

DATA

■プリスカ（折り込みMap表C1）への行き方
●シューメンから
🚌6:45、14:45、18:45発
所要:約50分　運賃:3.50Lv
■プリスカ遺跡
　バス停から遺跡入口までは約2km離れている。
☎(0532)32012
🕐4〜10月8:30〜19:00　11〜3月8:30〜17:00
🚫無休　🎫5Lv　学生2Lv
■プレスラフ（折り込みMap表C2）への行き方
プレスラフには新旧の町があり、遺跡があるのは旧ノレスラフ（ヴェリキ・プレスラフВелики Преслав）。運転手や周りの人にヴェリキ・プレスラフとはっきり告げておこう。
●シューメンから
🚌6:30〜18:30の1〜2時間に1便
所要:30分〜1時間　運賃:2Lv
■プレスラフ遺跡　遺跡入場は自由。
■遺跡内の博物館
　旧プレスラフのアフトガーラから約2km歩く。

✉Велики Преслав（Veliki Preslav）
☎＆FAX(0538)42630
🌐www.museum-preslav.com
🕐4〜10月
　月〜金9:00〜18:00、土・日10:00〜18:00
　11〜3月　9:00〜17:00
🚫11〜3月の土・日　🎫5Lv　学生2Lv　📷2Lv
■マダラ（折り込みMap表C2）への行き方
●シューメンから
🚆5:30〜18:25に7便
所要:約20分　運賃:1.50Lv
🚌7:00〜17:40に5便（15:30の便はマダラの騎士前で下ろしてくれる）
所要:約20分　運賃:2.50Lv
■マダラの騎士
　鉄道駅やバス停からは2kmほど離れている。
☎(05313)2095
🕐4〜10月8:30〜20:00　11〜3月8:30〜17:00
🚫無休　🎫5Lv　学生2Lv

Bulgaria
折込Map表 B2

ソフィア★
★カザンラク

カザンラクへの行き方

●ソフィアから
🚂直通は1日3便
所要:約3時間45分
運賃:11.40〜19.40Lv
🚌中央バスステーションから
10:30、15:30、17:30発
所要:約3時間30分
運賃:17Lv
●コプリフシティツァから
🚂直行は1日2便。ほかはカ
ルロヴォで乗り換え。
所要:約2時間
運賃:5.70〜8.10Lv
🚌なし
●ヴェリコ・タルノヴォから
🚂直通はなし
🚌アフトガーラ・ザパッドか
ら直通が1日3〜4便
所要:1時間40分〜2時間
運賃:12Lv

■カザンラクのバラ
　バラには大まかに分けて観賞用と香油用の2種類があり、香油が採れるバラをギュル・トレンダフィル**Гюл Трендафил**と呼ぶ。収穫祭の主役はこちらで、通常よりひと回り小ぶりだ。色は薄いピンク色で強い香りがする。バラの香油には治療作用もあり、けいれんや肌荒れなどのアレルギー症状まで幅広く効果があることが実証され、治療に利用されている。

カザンラクの❶

バラ祭りは毎年6月に行われる

カザンラク
Казанлък
Kazanlak

　ソフィア〜ヴァルナ間の幹線上に位置する、バラの谷で一番大きな町。カザンラクとはバラを加工する際に使う「銅の釜」を意味し、バラ産業の中心地だ。ここで催されるバラ祭り(プラズニク・ナ・ロザタ**Празник на Розата**)の日にはヨーロッパ、そして日本からもたくさんの観光客が訪れる。

　6月上旬に行われる祭りの主役はバラだが、音楽祭としても十分楽しめる。セルビア、マケドニア、トルコ、ギリシアなど隣国をはじめ世界中からの舞踊団が集い、きらびやかな衣装と民族舞踊を競って演じるさまは圧巻だ。

　祭り以外の時期は静かな町だが、世界遺産に登録されているトラキア人の墓があるほか、質の高い博物館も多い。特に民族学と考古学に関する展示はブルガリアでも有数の充実度を誇っている。近郊には1878年の露土戦争でロシア・ブルガリア連合軍が歴史的勝利を飾ったシプカ峠などの見どころもある。

歩き方

　鉄道駅、アフトガーラともに町の南側に位置している。駅前は小さなロータリーになっていてタクシーが数台客待ちをしているが、中心街までは歩いても10分ほど。ロータリーから左へ行くと広い**ロゾヴァ・ドリナ大通りбул. Розова Долина**に出る。そのまま真っすぐ右側に緩やかな坂を上れば町の中心、**セヴトポリス広場пл. Севтополис**だ。バラ祭りの開、閉会式

が行われる場所で、❶もこのそばにある。

　セヴトポリス広場から**イスクラ通りул. Искра**を北へ行くと、
聖キリル・メトディー通りул. Св. Св. Кирил и Методийとの
交差点にイスクラ歴史博物館がある。そこから北へ、スタラタ
川を越えたテュルベト公園では、トラキア人の墳墓の保存小屋
とレプリカが見られる。町の北西にはバラ公園があり、祭りの
ときはフォークダンスが行われる。さらに北上すると**バラ博物
館**、シプカへと続く。

■**カザンラクの❶**
⇨Map P.119-A2

✉ул. Искра 4
(Iskra Str.)
℡(0431)99553
URLwww.kazanlak.bg
(ブルガリア語)
開月〜金　9:00〜13:00
　　　　　14:00〜18:00
　土・日　10:00〜16:00
休無休

ブルガリア

カザンラク

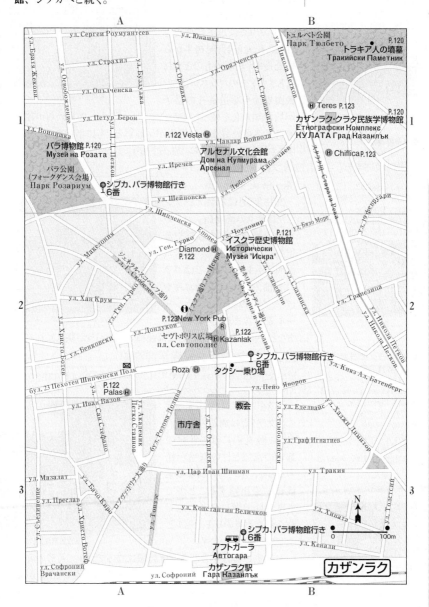

カザンラク

世界遺産

カザンラクのトラキア人の墳墓
Казанлъшката
Тракийска Гробница
1979年登録

■トラキア人の墳墓
⇨Map P.119-B1
⊠Парк Тюлбе
(Park Tyulbe)
TEL(0431)64750
夏期8:00〜17:30
冬期8:00〜17:00
休無休 6Lv 学生2Lv

オリジナルの墳墓は見学不可

■バラ博物館
⇨Map P.119-A1
⊠Парк Розариум
(Rose Park)
TEL(0431)64057
9:00〜17:30 休無休
6Lv 学生2Lv
※毎月最終月曜は入場無料
5Lv ビデオ20Lv

中庭には数多くのバラが咲き誇る

■カザンラク・クラタ
　民族学博物館
⇨Map P.119-B1
⊠ул. Никола Петков 18
(Nikola Petkov Str.)
TEL(0431)65733
9:00〜17:30
休10月下旬〜3月
6Lv 学生2Lv
※毎月最終月曜は入場無料

見学者に振る舞われるバラのリキュールとジャム

見どころ

トラキア人の墳墓 Thracian Tomb

Тракийски Паметник トラキイスキ・パメトニク

　町の北東、トュルベト公園内にある世界遺産の遺跡。1944年、防空壕建設中に偶然発見された。保存小屋のそばには精巧なレプリカがある。レプリカは忠実に再現された、紀元前4世紀後半から紀元前3世紀頃のものとされるトラキア人のフレスコ画で、戦闘場面や葬送儀礼の様子が数種類の色を使って描かれている。また、発見から1979年の世界遺産登録までの過程が、写真とともに年代を追って説明されている。英語パンフレットあり。

墓内部に描かれた壁画は必見

バラ博物館 Museum of Roses

Музей на Розата ムゼイ・ナ・ロザタ

　2016年6月に新装オープンしたばかりの博物館。バラの香油の製造過程の写真や蒸留釜などを見られる。英語の説明文もある。受付ではバラの香油、コスメなどのおみやげや、祭りのときにはスケジュール表が含まれたパンフレ

蒸留の工程を説明したバラ博物館の展示

ットなどが売られている。庭には幾種類ものバラが咲き乱れる。

カザンラク・クラタ民族学博物館 Kulata Ethnological Complex

Етнографски Комплекс КУЛАТА Град Казанлък
エトノグラフスキ・コムプレクス・クラタ・グラッド・カザンラク

　トラキア人の墳墓のすぐ近く。クラタとは周辺の地区の名前。敷地内には19世紀の都市の家屋と村の家屋が建っており、ふたつの異なる生活様式を比較することができる。見学者にはこの地で作られたバラのリキュールとジャムも振る舞われる。

民族復興様式の建物

　村の家の奥は小さなみやげ物屋になっており、人形の入れ物に入った香水、石けん、ジャム、酒など豊富なアイテムが揃っている。

イスクラ歴史博物館 Iskra Museum & Art Gallery

Исторически Музей "Искра" イストリチェスキ・ムゼイ・イスクラ

トラキア人関連のコレクションが充実している

白い建物の入口には馬車に乗って走る兵士の姿が浮き彫りにされている。1階は考古学関連の展示になっており、カザンラク周辺から出土した土器や装身具などが見られる。特にトラキア人の金細工コレクションは必見で、この博物館最大の見どころになっている。2階は現代アートギャラリー。

■イスクラ歴史博物館
⇨Map P.119-B2
✉ул. Св. Св. Кирил и Методии 9
(St. St. Kiril & Metodii Str)
☎(0431)62755
URLwww.muzei-kazanlak.org
開夏期9:00～18:30
　冬期9:00～17:30
無休
料8Lv　学生1Lv
■5Lv
　ビデオ15Lv
現代アートギャラリー
2Lv　学生1Lv
■不可

エクスカーション

シプカ Shipka

Шипка

周囲を圧する巨大なシプカ僧院

カザンラクから北へ10kmほどの所にある小さな村。1877～78年にかけて露土戦争の激戦の舞台となった場所でもある。村から12kmほど、ガブロヴォ方面にあるシプカ峠の頂上には、高さ約32mの巨大な**自由の碑Паметник на Свободата**がそびえ立つ。モニュメント前のライオンはブルガリアの象徴だ。内部は兵士の遺品などが展示された博物館になっている。

カザンラク方面から来ると見える、玉ネギ型で金色の屋根の**シプカ僧院Храм Паметник Шипка**は、この戦争で戦死したロシア兵を悼んで建てられた。地下の大理石に墓標が刻まれている。この戦いでのロシア・ブルガリア連合軍の勝利により、ブルガリアはついにオスマン朝支配から脱することができた。

カルロヴォ Karlovo

Карлово

バラの祭典のもうひとつの会場ともなるこの町の中心は、7月20日広場。駅から北へ2kmほどの所にあり、真っすぐ歩いて15分ぐらいかかる。ホテル・シュテレヴもここにある。広場から西へ向かったカルツォフ通りに、民族の英雄**ヴァシル・レフスキの生家Къща Васил Левски**がある。

レフスキは1837年にこの家で生まれ、青年時代を神学生と

シプカへの行き方
●カザンラクから
近郊バス6番が6:30～20:40にほぼ30分おき。
所要:約20分。
運賃:1.80Lv

バスが停車する広場周辺にはカフェや売店もある。シプカ峠はさらに12kmほどガブロヴォ方面に行った所にあるため、シプカの町とシプカ峠を合わせて回ろうと思うならタクシーを使おう。

■自由の碑
☎0877 201284（携帯）
カザンラクのアフトガーラから出発するガブロヴォ行きのバスに乗り、シプカ峠で下車。所要約40分。峠には売店やカフェがある。ここから自由の碑へは長い階段を上る。冬期は雪が深いので閉鎖されることも多い。

■シプカ僧院
✉гр. Шипка(Shipka)
☎(0432)42047
開夏期7:00～19:00
　冬期7:00～18:00
無料
■3Lv

シプカの町並み

カルロヴォへの行き方
●カザンラクから
1日8便
所要:50分～1時間40分
運賃:3.60～5.60Lv

して過ごした。私利私欲のない人柄は民族復興運動に参加してからも人々を惹きつけ、やがて運動の中心人物となっていく。革命委員会を結成してオスマン朝に反旗を翻したレフスキは、ブルガリア人と同じようにトルコ民衆もオスマン朝に搾取されている犠牲者と考えるなど、たいへん進歩的な人物だった。しかし、1872年にオスマン朝に逮捕され、翌年にソフィアで公開銃殺されてしまう。生家の敷地内には彼の資料館や、遺言に従って髪の毛を納めている小さな教会などもある。

レフスキの生家の敷地内にある資料館

カザンラクの**ホテル** *Hotel*

日本からの電話のかけ方　電話会社の番号（→P.30）＋010＋359（ブルガリアの国番号）＋431（0を取った市外局番）＋番号

　小さな町なので宿の数は少ないうえ、毎年6月に行われるバラ祭りの開催期間中にはホテルの料金も通常の数倍に跳ね上がり、予約なしでの宿泊はできないと考えていいだろう。トラキア人の墳墓周辺には民族復興様式のホテルもある。

ホテル・カザンラク Hotel Kazanlak
Хотел Казанлък

Map P.119-A2〜B2
★★★　　中級　室数:130

町の中心セヴトポリス広場に面して建つ、カザンラクを代表する大型ホテル。建物や設備が老朽化している分、標準的な客室設備でありながら手軽な値段で滞在することができる。

⊠пл. Севтополис 1 （Sevtopolis Sq.）
TEL(0431)63210　FAX(0431)64828
URL www.hotelkazanlak-bg.com
S 60Lv
W 80Lv
€　Lv　M V
全館　EVあり

パラス Palas
Хотел Палас

Map P.119-A2
★★★　　中級　室数:45

旧館と新館があるが、どちらも最新の設備を誇る。トルコ式のお風呂やスパセンターなどもある。パーティーがあると夜遅くまでレストランから音が響くことも。

⊠ул. П. Стайнов 9 （P. Staynov Str.）
TEL(0431)62311　FAX(0431)62161
URL www.hotel-palas.com
S 82Lv〜
W 99Lv〜
€　Lv　A M V
全館　EVあり

ダイアモンド Hotel Diamond
Хотел Диамант

Map P.119-A2
★★★　　経済的　室数:12

イスクラ歴史博物館の向いにある。部屋によってクラシックな雰囲気からスタイリッシュなデザインなどさまざま。朝食は別途7Lv。ダブルベッド2つのアパートタイプは110Lv。

⊠ул. Шипченска Епопея 3
（Shipchenska Epopeia Str.）
TEL(0431)63192
URL www.hoteldiamant.bg
S 70Lv　　W 80Lv
€　Lv　M V
全館　EVあり

ヴェスタ Hotel Vesta
Хотел Веста

Map P.119-A1
★★　　経済的　室数:12

町の中心からやや北にある。規模は小さいが、館内にはメハナを併設。客室は木材を多用しあたたかみがあり、エアコン、ケーブルテレビ、ミニバーを完備。

⊠ул. Чавдар Войвода 3
（Chavdar Voyvoda Str.）
TEL(0431)80350　FAX(0431)63705
URL www.hotel-vesta.com（ブルガリア語）
S 50Lv　　W 60Lv
€　Lv　M V
全館　EVなし

テレス Teres

Хотел Ресторант Терес

経済的　室数:11

カザンラク・クラタ民族学博物館の北側にある小さなホテル。民族復興様式風の建物だが、建物自体は新しく、客室はテレビ、エアコン、ミニバーを完備。1階はメハナになっている。

✉ул. Л. Кабакчиев 16 (L. Kabakchiev Str.)
☎&FAX(0431)64272
🛏S🚿📶📺🍴□45Lv
🛏W🚿📶📺🍴□55Lv
💳Lv
不可
全館
EV なし

チフリカ Chiflica

Map P.119-B1

Комплекс Чифликъ

経済的　室数:20

カザンラク・クラタ民族学博物館のすぐそばにある。2012年には新館ができ、最新の設備を誇る。客室数は少ないが、部屋は広めで、設備も新しく快適。併設のメハナは地元の人でにぎわう。

✉ул. Княз Мирски 28 (Knyaz Mirski Str.)
☎(0431)81411
URL www.hotelchiflikakazanlak.bg
🛏S📶📺🍴□35Lv～
🛏W📶📺🍴□46Lv～
💳€　Lv
不可
一部客室　EV なし

カザンラクのレストラン　*Restaurant*

　小さな町なので飲食店の数も少なく、町の中心部に散在する程度だ。セヴトポリス広場から北西に延びるジェネラル・スコベレフ通りにはおしゃれなカフェやバーが数軒あり、若者たちでにぎわっている。ホテル併設のメハナやレストランもいくつかある。

ニューヨーク・パブ New York Pub

Map P.119-B2

Ню Йорк Пьб

ダイニングバー

グランド・ホテル・カザンラク内にある。ブルガリア料理3.99〜13.99Lvをはじめ、魚料理2.99〜14.99Lv、ピザ、中華料理など幅広いメニュー。英語の写真付きメニューもある。

✉пл. Севтополис 1 (Sevtopolis Sq.)
☎(0431)62464
☎0899 962464 (携帯)
newyorkpub-bg.com
🕙10:00〜24:00
休無休
💳Lv　M V　あり

Information　バラ祭り(プラズニク・ナ・ロザタ)

　カザンラクからシプカにかけての地区で、初めてのバラ祭りが開かれたのは1903年のこと。1906年にはカルロヴォでもバラ祭りが始まり、以来バラの収穫を祝うイベントとして定着した。現在はブルガリア最大のイベントとして国内外から多くの人々が集まる。

　カザンラクやカルロヴォで栽培されているバラは、香水用のバラで「ギュル・トレンダフィル」と呼ばれる。観賞用のバラよりかなり小ぶり。町一面咲き誇るバラをイメージするとあてがはずれるかもしれないが、楽しいイベントも行われる。

　マケドニア、トルコ、グルジア、ルーマニアなどの近隣諸国の舞踊団を招き、ブルガリアのチームとともにすばらしいダン

スを披露し合う国際フォークロア・フェスティバルと、町の外れにある畑で行われるバラ摘みなど、イベントが目白押し。

　カザンラク、カルロヴォともに、バラ祭りは6月の第1週の週末に行われる。

(上)国際フォークロア・フェスティバル (右)バラ摘みは朝早くから行われる。伝統衣装を来た人々と一緒に写真を撮るチャンスでもある

ブルガリア

カザンラク

プロヴディフへの行き方

🚈鉄道利用のポイント
ソフィア〜イスタンブール（トルコ）間を結ぶ国際列車が1日1便停車する
●ソフィアから
🚈1日9便
所要：2時間40分〜3時間20分
運賃：7.90〜11.30Lv
🚌中央バスステーションから、7:00〜20:00の1時間に1〜2便
所要：約2時間
運賃：13〜14Lv
●ブルガスから
🚈直通が1日3便
所要：4時間15〜30分
運賃：14.60〜18.30Lv
🚌アフトガーラ・ユクから1日6便
所要：約4時間
運賃：18Lv
●ヴェリコ・タルノヴォから
🚈直通が1日1便
所要：約4時間30分
運賃：12.20〜15.30Lv
🚌アフトガーラ・ザパッドから直通が1日3〜4便
所要：3時間20分〜4時間30分
運賃：18〜20Lv

■イスタンブール（トルコ）へ
🚈1日1便
所要：9時間50分
運賃：€15.54〜23.38
🚌アフトガーラ・ユクからメトロ社Metroなど民営バスが運行。1日5便程度
所要：6〜7時間
運賃：40Lv

2019年の欧州文化首都

ぶらぶら歩きが楽しいプロヴディフの町

プロヴディフ
Пловдив
Plovdiv

　バルカン山脈とロドピ山脈に挟まれたトラキア平原は、比較的温暖で農業に適した所。そのほぼ真ん中にある町がプロヴディフ。ソフィアから南東へ125km。人口は約34万人でソフィアに次ぐ国内第2の都市だ。

　プロヴディフの歴史は古く、紀元前19世紀にはすでに、トラキア人の集落が造られていたという。交通の要衝に位置していたので当時から商業が栄え、紀元前4世紀にはマケドニアの主要都市のひとつとなった。この町を愛したマケドニア王フィリッポスの名を取って、町はフィリッポポリスと呼ばれ、その後ローマ帝国がこの地を征服すると、地形からトリモンティウム（3つの丘）と改称される。ローマの支配下でトリモンティウムは大発展し、議事堂や競技場が建設され、それらは町のあちこちに姿を残している。

　第一次、第二次ブルガリア帝国の時代を経て、14世紀になると町はオスマン朝の統治下に入り、フィリベFilibeと呼ばれるようになった。人口が増えるごとに新しく区画が拡張され、そのたびに新しい建築様式や装飾が町を彩った。

　一方、古い時代の建物も保存され、ローマ劇場から民族復興期の屋敷まで、新旧が見事に同居する美しい町並みができあがった。

　プロヴディフは2019年の欧州文化首都に指定され、多くのイベントが開かれる予定だ。それに伴い、新たな観光スポットもオープンし、観光業も盛り上がっている。

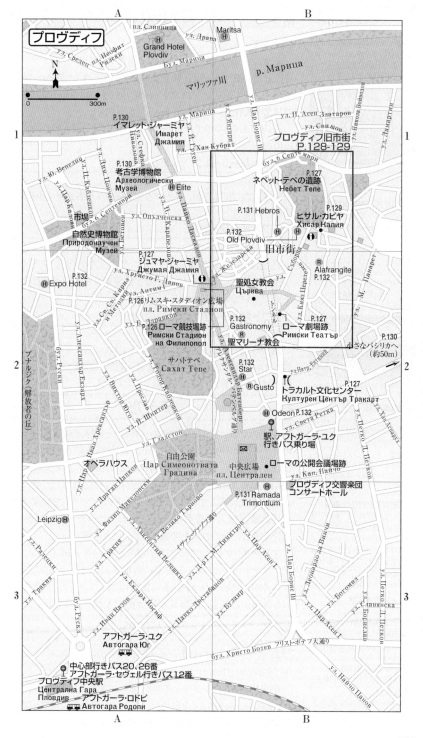

プロヴディフ

пл. Сливница
ул. Драва
Maritsa

Grand Hotel
Plovdiv
ул. Средец　пл. Неофит Рилски
бул. Марица

р. Марица
マリッツァ川

0　　　300m

ул. Марица
ул. Н. Асен Златаров
ул. Стефан Николов
ул. П. Янгуев

P.130
イマレット・ジャーミヤ
Имарет
Джамия
ул. Хан Кубрат
ул. Цар Борис II

プロヴディフ旧市街
P.128-129

P.130
考古学博物館
Археологически
Музей
Elite
бул. 6 Септември

P.127
ネベット・テペの遺跡
Небет Тепе

市場
ул. Опълченска
P.131 Hebros
P.129
ヒサル・カピヤ
Хисар Капия

自然史博物館
Природонаучен
Музей
ул. Найко Паскал
P.132
Old Plovdiv

旧市街

P.127
ジュマヤ・ジャーミヤ
Джумая Джамия
ул. Христо Г. Данов
ул. Железарска

R Alafrangite
P.132

Expo Hotel
聖処女教会
Църква

P.126 リムスキ・スタディオン広場
пл. Римски Стадион
ул. Св. Кирил
и Методий
ул. Б. Здравков

P.132
Gastronomy
ローマ劇場跡
Римски Театър
P.127

P.126 ローマ競技場跡
Римски Стадион
на Филипопол
聖マリーナ教会
Римски Театър

P.130
小さなバシリカへ
(約50m)

ブナルジク（解放者の丘）

サハトテペ
Сахат Тепе

P.132
Star

トラカルト文化センター
Културен Център Тракарт
P.127

Gusto

R Odeon P.132
ул. Света Ретка

駅, アフトガーラ・ユク
行きバス乗り場

オペラハウス

自由公園
Цар Симеоновата
Градина
中央広場
пл. Централен
ローマの公開会議場跡
Римски Ипподром

プロヴディフ交響楽団
コンサートホール

Leipzig
P.131 Ramada
Trimontium

ул. Иван Вазов

アフトガーラ・ユク
Автогара Юг

中心部行きバス20、26番
アフトガーラ・セヴェル行きバス12番
プロヴディフ中央駅
Централна Гара
Пловдив
Автогара Родопи

бул. Христо Ботев　クリスト・ボテフ大通り

■プロヴディフの❶(新市街)
⇨Map P.125-A2
⊠ул. Райко Даскалов 1
(Raiko Daskalov Str.)
TEL(032)602229
URLwww.visitplovdiv.com
圖9:00〜17:30　困無休

リムスキ・スタディオン広場の❶

■プロヴディフの❶(旧市街)
⇨Map P.125-B1
⊠ул. Съборна 22
(Saborna Str.)
TEL(032)620453
圖月〜金　9:00〜12:30
　　　　13:00〜18:00
　土・日　10:00〜13:30
　　　　14:00〜18:00
困無休

民族復興様式の建物を模した旧市街の❶

■中央郵便局
⇨Map P.125-B2
⊠пл. Централен 1
(Tsentralen Sq.)
●郵便
圖月〜土　7:00〜19:00
　日　　　8:00〜14:00
困無休

■お得な見どころ共通券
ローマ劇場跡と、本書で紹介している5つのハウス・ミュージアムをカバーするお得な共通券がある。4館以上見学する場合は断然お得！　購入は対象となる各見どころで。
圉15Lv　学生5Lv

■ローマ競技場跡
⇨Map P.125-A2
TEL0876 662881(携帯)
圖9:30〜18:00
URLwww.ancient-stadium-plovdiv.eu
圖夏期9:30〜18:00
　冬期9:30〜17:00　困無料
3D映像
圖10:00〜17:00の40分おき
圉7.20Lv　学生3.60Lv

ターミナルから市内へ

鉄道で着いたら
駅から中央広場пл. Централенまではイヴァン・ヴァゾフ通りул. Иван Вазовを歩けば10分くらい。バスなら20、26番を利用。タクシーならフリスト・ボテフ通り経由で2Lvの距離。

バスで着いたら
市内にある3つのアフトガーラのうち、ユクとロドピのふたつは町の南側にある。

アフトガーラ・ユク　South Bus Station
Автогара Юг
ソフィア、黒海方面、トルコなどヨーロッパ各地への国際バスなどが発着。

アフトガーラ・ロドピ　Rodopi Bus Station
Автогара Родопи
鉄道駅の南側にある。バチコヴォ、スヴィレングラッドСвиленград、シューメン行きなどが発着する。鉄道駅から地下道で歩いていける。

アフトガーラ・セヴェル　North Bus Station
Автогара Север
駅から北へ約2kmの所にある。ヴェリコ・タルノヴォや、ソフィアとブルガスへの一部の便が発着。駅へは12番のバス、中心部へは21、99番のバスか4番のミクロブスで。

歩き方

現在のプロヴディフは「6つの丘の町」とも呼ばれる。旧市街のトリモンティウム「3つの丘」と、新市街を囲むサハトテペСахат Тепе、ブナルジクБунарджик、ジェンデムテペДжендем Тепеの3つの大きな丘を合わせた総称だ。特に旧市街は起伏に富んでいる。昔から「トリモンティウムで画家は夢を見、地図職人は悪夢を見る」といわれてきたぐらいだから、自分がどこにいるのかを把握するのはとても難しい。

アレクサンダル・バテンベルグ通りは歩行者天国になっていて、ブティックやカフェが並ぶ。新市街にはオペラハウスなどがあるが、高層アパートが多い住宅街だ。マリッツァ川の北側にも新市街は続き、国際見本市会場や大型ホテルもある。

見どころ

リムスキ・スタディオン広場　Rimski Stadion Square
пл. Римски Стадион　プロシュタット・リムスキ・スタディオン
中央広場からアレクサンダル・バテンベルグ通りを歩いていくと、リムスキ・スタディオン広場に出る。ここの地下には**ローマ競技場跡Антички Стадион на Филипопол**が残り、広場

ジュマヤ・ジャーミヤとローマ競技場跡

からもその様子が見える。2世紀前半、ローマ帝国ハドリアヌス帝の時代に建てられたもので、現在は観客席の一部しか残っていないが、当時は長さ240m、幅50m、3万人の観衆を収容し、短距離走、円盤投げ、二輪戦車レースなどが行われた。ちなみに競技場をスタジアムというのは当時の短距離走の1スタディオン（約180m）が競える場所という意味から。見学は無料だが、当時の競技場と競技の様子を再現した3D映像を上映しており、そちらは有料。

　かたわらには、14世紀にオスマン朝ムラト2世の時代に建てられた**ジュマヤ・ジャーミヤДжумая Джамия**がある。ダイヤモンド模様が美しいミナレット（尖塔）をもつイスラム寺院で、コンスタンチノープルを征服する前のオスマン朝建築にのみ見られる、珍しいスタイルで建てられている。

ローマ劇場跡 Roman Theatre

Римски Театър リムスキ・テアタル

2世紀に建てられたローマ劇場

　旧市街（トリモンティウム）の断崖にある、ローマ時代の半円形の劇場跡。遠くにロドピ山脈も見える抜群のロケーション。3000人が収容できる劇場で、保存状態はとてもいい。現在も夏は野外劇が催されている。座席からは中央広場もよく見える。

トラカルト文化センター Cultural Center Trakart

Културен Център Тракарт クルトゥレン・ツェンタル・トラカルト

　ボリス3世通りを横断する地下道内にある文化センター。名称のトラカルトとは、トラキアとアートとを組み合わせた造語だが、ここで最大の見どころは、トラキア人時代ではなく、ローマ時代の遺跡。この地下道は3世紀に整備されたローマ街道であり、文化センターは4世紀のローマ人の邸宅跡の上にできている。館内には、ローマの邸宅跡がよい状態で保存されており、特に、床に施されたモザイクは必見。紀元前5世紀から4世紀にわたるガラスの製品のコレクションも見応えがある。

ネベット・テペの遺跡 Nebet Tepe

Небет Тепе ネベット・テペ

　紀元前4世紀にトラキア人の要塞を築いた場所で、マケドニアのフィリッポス2世にもそのまま引き継がれた。しかし、息子のアレクサンドロス大王の代には放棄されてしまったという。

■ジュマヤ・ジャーミヤ
⇨Map P.125-A～B2
✉ул. Железарска 2
(Zhelezarska Str.)
圏8:00～20:00頃
困無休　圏寄付歓迎

オスマン朝初期建築の代表的な存在

■ローマ劇場跡
⇨Map P.125-B2
✉ул. Ивайло 4
(Ivailo Str.)
　チケットは正面入口で。人がいないときは周囲の人に尋ねてみよう。
TEL(032)634008
URLwww.oldplovdiv.com
圏夏期9:00～18:00
　冬期9:00～17:30
困無休
圏5Lv　学生2Lv

■トラカルト文化センター
⇨Map P.125-B2
✉подлез Археологически
(podlez Arheologicheski)
URLwww.trakart.org
TEL(032)631303
TEL0882 877080（携帯）
圏9:00～19:00　困無休
圏5Lv　学生3Lv
■一部不可

すばらしいモザイクが残る

■ネベット・テペの遺跡
⇨Map P.125-B1
圏常時開放

ネベット・テペから中心街を望む

プロヴディフの旧市街

旧市街さんぽ（プロウディフ）
色とりどりの趣がある

古いお屋敷巡り

ブルガリア第2の都市、
プロヴディフの魅力は、旧市街歩き。
にょきっと窓が張り出している、
かわいい古民家をのぞいてみたり、
気になる店に入ってみたり、丘から町を眺めてみたり。
気ままにのんびり歩いてみたい。

地域民族学博物館
Регионален Етнографски Музей

イスタンブール出身のハジ・ゲオルギが1847年に建てた屋敷を利用した博物館。バロック様式と民族復興様式がミックスされた建築様式で、黒を基調とした外壁に描かれた花模様が目を引く。建築当時の家具調度、民族衣装、ブルガリアのバグパイプなどが集められている。

✉ул. Чомаков 2 (Chomakov Str.)　☎(032)625654　URL www.ethnograph.info
🕐夏期9:00～17:30　冬期9:00～17:00　金9:00～14:00
🚫月　💴5Lv　学生2Lv　📷5Lv　ビデオ10Lv

プロヴディフ旧市街
おさんぽマップ

イコン・ギャラリー

P.128 聖コンスタンティン・エレナ教会
Църква Св. Св. Константин и Елена
P.132 Hostel Old Plovdiv
P.129 ヒンドリヤンの家
Къща-Музей Хиндлиян Златю
P.129 パラパノフの家
Балабановата къща
Hebros
P.131
Aropa
P.129
P.128 ボヤジエフの家
Къща на Златю Бояджиев

猫にも優しい町

聖処女教会
Църква Св. Богородица

ローマ劇場跡 P.127
Римски театър

聖コンスタンティン・エレナ教会
Църква Св. Св. Константин и Елена

1832年に古代キリスト教会跡地に建設されたもの。中に入ると、壁いっぱいに花や鳥が描かれている。奥には民族復興期の巨匠ザハリ・ゾグラフらの手によるイコンもある。隣に併設されているギャラリーにも、15世紀末～20世紀のイコンがある。

✉ул. Съборна 24 (Saborna Str.)　☎なし
🕐8:00～18:00　🚫無休　💴無料　📷不可
●イコン・ギャラリー
✉ул. Съборна 22 (Saborna Str.)　☎(032)024573
🕐月～金9:30～18:00、土・日10:00～18:00　🚫無休
💴4Lv　学生2Lv　※月の第一木曜は学生の入場無料

ボヤジエフの家
Къща-Музей Златю Бояджиев

19世紀に建てられた医者の屋敷。ブルガリア現代美術界で最も評価されている画家ズラトュ・ボヤジエフの、学生時代から現在までの作品が公開されている。

✉ул. Съборна 18 (Saborna Str.)　☎(032)635308
🕐夏期9:00～18:00　冬期9:00～17:30　🚫無休
💴5Lv　学生2Lv　📷不可

アゴラ
Агора

地元のハンドメイド製品にこだわったセレクトショップ。絨毯や織物といったテキスタイルを中心に、かわいい雑貨がいろいろと揃っている。店内には機織り機が展示されてあり、タイミングがよければ実演もしてくれる。小物もたくさんあるので、見飽きない。

⊠ул. Съборна 61 (Saborna Str.) ℡0878 341263 (携帯)
囲夏期10:00～19:00 冬期9:00～18:00 困無休
🈯€ Lv 🆃🅒不可 🅒🅒不可

バラバノフの家
Къща на Балабанов

かつては民族復興期の富豪、ルカ・バラバノフの屋敷だった建物で、現在はブルガリアの現代美術作品を集めたギャラリーになっている。中庭や屋敷自体も美しいので、時間があったらぜひ寄ってみよう。

⊠ул. К. Стоилов 57 (K. Stoilov Str.)
℡(032)627082
囲夏期9:00～18:00 冬期9:00～17:30
困無休 🈯5Lv 学生2Lv 📷不可

ネベット・テベでゆったり

昔ながらの機織り

ヒサル・カピヤ
Хисар Капия

地域民族学博物館と聖コンスタンティン・エレナ教会の間の坂を下り、ゲオルギアディの家へと続く道にヒサル・カピヤ（要塞門）と呼ばれる門がある。紀元前4世紀にマケドニアのフィリッポス2世によって建てられた。旧市街防衛の要となる門で、支配者が変わるごとに、破壊と修復が繰り返された。

⊠ул. Стръмна(Stramna Str.) 囲見学自由

ヒンドリヤンの家
Къща-Музей Хиндлиян

西欧の様式と民族復興様式がミックスされた、独特な建築様式のこの家は、アルメニア商人ヒンドリヤンの屋敷。壁のへこみにも絵が描いてある。ヒンドリヤンが各地で入手した調度品などを展示。

⊠ул. А. Гидиков 4 (A. Gidikov Str.) ℡(032)628998
囲夏期9:00～18:00 冬期9:00～17:30
困無休（土・日はバラバノフの家の門から入場）
🈯5Lv 学生2Lv 📷5Lv

ブルガリア民族復興博物館（ゲオルギアディの家）
Българско Възраждане Музей (Къща на Георгиади)

1848年に富豪のトルコ人によって建てられた屋敷で、歴史博物館として利用されている。2階には民族復興期の資料館もある。

⊠ул. Лавренов 1A(Lavrenov Str.)
℡(032)623378 囲水～月9:00～18:00
火12:30～17:00 夏期の土9:00～17:00
困夏期の日曜、冬期の土・日 🈯3Lv 学生1Lv
※毎月第1木曜無料 📷1Lv ビデオ2Lv

イマレット・ジャーミヤ

■**イマレット・ジャーミヤ**
⇨Map P.125-A1
⊠ул. Хан Кубрат
(Han Kubrat Str.)
圏8:00〜22:00まで
礼拝時は入場不可
■**考古学博物館**
⇨Map P.125-A1
⊠пл. Съединение 1
(Saedinenie Sq.)
TEL(032)633106
URLwww.archaeologicalmus
eumplovdiv.org
圏9:00〜17:00　困土・日
圉5Lv　学生2Lv
❖不可
■**小さなバシリカ**
⇨Map P.125-B2外
⊠бул. Княгиня Марня
Луиза 31А
(Knyaginya Maria Luiza Blvd.)
TEL0876 662882（携帯）
URLwww.oldplovdiv.com
圏9:00〜17:30
困月、冬期の日曜
圉5Lv　❖5Lv

発掘されたシカのモザイク

バチコヴォ僧院
への行き方

●**プロヴディフから**
🚌🚐アフトガーラ・ロドピから
6:30〜13:00の1〜2時間に1
便程度
所要：約40分　運賃：4Lv
バチコヴォのバス停から僧
院へは徒歩約5分。
■**バチコヴォ僧院**
⇨Map 折込Map表 B3
⊠гр. Бачково
(Bachikovo)
TEL(03327)2277
圏7:00〜19:00
困無休　圉無料
❖教会内不可

また、ローマ帝国が侵攻してきたときには市民がここからトンネルを掘って逃げ出したともいわれている。ロドピ山脈に沈む夕日がよく見えるロマンティックな場所で、現在はデートスポットとして若者に人気が高い。アレクサンダル・バテンベルグ通りを中心とした旧市街の繁華街や、新市街を囲む3つの丘がよく見える。

イマレット・ジャーミヤ Imaret Mosque

Имарет Джамия　イマレット・ジャーミヤ

オスマン朝のベイレルベイ（総督）の息子シハベティン・パシャによって1444年に建てられたイスラム寺院。イマレットはトルコ語で貧救院を意味する。ジュマヤ・ジャーミヤに比べて大ざっぱな造りの外観で、積み重ねられたれんがは素朴なもの。このあたりはトルコ人居住区だった所で、敷地内にある陵墓にはシハベティン・パシャも眠っている。南には浴場跡もある。

考古学博物館 Archaeological Museum

Археологически Музей　アルヘオロギチェスキ・ムゼイ

プロヴディフ周辺で発掘された、トラキア時代からローマ、ビザンツ、オスマン朝など各時代の品々が展示されている。第二次ブルガリア帝国の時代の宝石もある。

小さなバシリカ Early Christian Basilica

Малка Базилика　マルカ・バジリカ

1988年にアパート建設の際に発見された。5世紀後半〜6世紀に使用されていた初期キリスト教の跡地で、保存状態のよいモザイクが多く残っている。

エクスカーション

バチコヴォ僧院 Bachikovski Monastery

Бачковски Манастир　バチコヴスキ・マナスティル

プロヴディフから南へ
29km、アセノフグラッドから
南へ11km、アセニッツァ川の
ほとりに建つ修道院。

ロドピ山脈山中の緑に囲まれた僧院

規模、建築の美しさ、壁画の芸術性など、どれをとっても、国内ではリラの僧院に次いで2番目に優れているとされ、ユネスコの保護下におかれている。

僧院の歴史は、1083年にビザンツ帝国から派遣されたふたりのグルジア人の僧によって始まり、第二次ブルガリア帝国の時代には皇帝イヴァン・アレクサンダルの庇護のもと大きく拡張された。11世紀からある小さな棟では皇帝の等身大の肖像が見られる。

聖ニコラス教会の外壁に描かれたフレスコ画

3つある教会堂にはどれもたくさんのイコンが飾られ美しい。中庭の壁画はバチコヴォ僧院の歴史をつづったもの。中庭ではワインを造るためのブドウのツルが伸び、羊たちが草を食む。のんびりとしたものだが、リラの僧院と同じようにこのバチコヴォ僧院も、政府に弾圧された芸術家や革命家らが多く逃げ込んできた。

ハスコヴォ Haskovo

Хасково ハスコヴォ

プロヴディフから南西へ約80km。この地域には先史時代から人が住んでいるが、現在のハスコヴォに要塞が作られたのは9世紀。ハスコヴォは中世から続く都市で19世紀にはタバコ産業で大いに栄え、現在の人口は約7万5000人。

聖母子像の隣の鐘楼から街を眺める

旧市街には歴史的な建築物は少なく、古いイスラム寺院が残る程度。町の南にある世界最大級の聖母子像や郊外の**東ロドビ・トラキア美術博物館センター Музей на Тракийското Изкуство** などがおもな見どころとなっている。

ハスコヴォへの行き方

●プロヴディフから
🚌アフトガーラ・ロドピから1時間に1便程度。
所要:約1時間30分
運賃:7～10Lv
■東ロドピ・トラキア美術博物館センター
⇨Map 折込Map表 C3
🚌公共交通機関はなく、タクシーで往復50Lvほど。
圏4～9月9:00～18:00
　10～3月9:00～17:00
困月　圉4Lv　学生2Lv
不可
　日本の支援によって建設された博物館。トラキア人によって建設されたアレクサンドロヴァ墳墓のレプリカが置かれている。

墳墓の壁画を忠実に再現している

プロヴディフの**ホテル** *Hotel*

日本からの電話のかけ方　電話会社の番号（→P.30）＋010＋359（ブルガリアの国番号）＋32（0を取った市外局番）＋番号

ブルガリア第2の規模を誇る都市だけあって、宿泊施設の数も多い。大型の高級ホテルからゲストハウスまで選択肢は幅広いので、予算と希望に合った宿が見つかるだろう。ただし5月と9月の国際見本市International Fairの時期はどこも満室になり、料金も上がるので注意。

ヘブロス Hotel Hebros　　　　　　　　　　　　　　Map P.125-B1

Нотел Хеброс　　　　　　　★★★★　　高級 室数:9

約200年前に建てられた民族復興様式の館を利用したホテル。旧市街の中心に建ち、館内を彩るアンティーク家具も当時のものを利用するなど、民族復興期に戻ったような気分に浸れる。

⊠ул. А. К. Стоилов (A. K. Stoilov Str.)
TEL(032)260180　FAX(032)260252
URLwww.hebros-hotel.com
|S|€89
|W|€99
圉　Lv
CC M V
全館　EVなし

ラマダ・トリモンティウム Ramada Trimontium　　Map P.125-B3

Рамада Тримонциум　　　★★★★　　高級 室数:158

中央広場に面する大型ホテル。旧市街からも鉄道駅やアフトガーラからも近い、便利な立地。ジャクージ付きの豪華な部屋もある。フィットネス、サウナ、プールなど館内の設備は充実。

⊠ул. Капитан Райчо 2
(Kapitan Raycho Str.)
TEL(032)605000　FAX(032)605009
URLwww.wyndhamhotels.com
|S|€75～
|W|€95～
US$　€　Lv
CC A D M V　全館　EVあり

エクスポ・ホテル Expo Hotel

Map P.125-A2

Експо Хотел

★★★　　中級　室数:24

ブナルジクの近くにある高層ホテル。客室はスタンダードとスタジオの2種類あり、スタジオにはロビーも併設。シンプルだが広々としている。

✉бул. Руски 38（Ruski Blvd.）
☎(032)631133　FAX(032)620070
URLwww.expo-hotel.com
⬛🛁📶➡🚻💰58～68Lv
⬛W🛁📶➡🚻💰78～88Lv
💳€　Lv　CC M V
📶全館　EVあり

スター Star

Map P.125-B2

Хотел Стар

★★★　　中級　室数:55

もともと国営の3つ星ホテルだったホテル。アレクサンダル・バテンベルグ通りに面していて、観光に便利。全室ミニバー、ドライヤー、エアコンを完備している。

✉ул. Патриарх Евтимий 13（Patriarh Evtimiy Str.）
☎(032)633599　URLwww.starhotel.bg
⬛🛁📶➡🚻💰40～50Lv
⬛W🛁📶➡🚻💰50～70Lv
💳€　Lv　CC M V
📶全館　EVあり

ホステル・オールド・プロヴディフ

Map P.125-B1

Hostel Old Plovdiv

経済的　室数:10

1848年に建てられた裕福なタバコ商人の館がホステルとして利用されている。そのため、比較的安価に本物の民族復興様式の館に宿泊できる。

✉ул. Четварти Януари 3（Chetvarti Yanuari Str.）
☎(032)260925
URLhosteloldplovdiv.com
⬛D🛁📶➡🚻💰€13～
⬛S🛁📶➡🚻💰€29～　⬛W🛁📶➡🚻💰€45～
💳€　Lv　CC M V　📶全館　EVなし

オデオン Odeon

Map P.125-B2

Хотел Одеон

経済的　室数:8

市内中心部に位置する。木製家具にアンティークなファブリックで色調が統一され、落ち着いた心地よい高級感がある。郷土料理レストランを併設している。

✉ул. Отец Паисий 40（Otetz Paisii Str.）
☎(032)622065　URLhotelodeon.net
⬛S🛁📶➡🚻💰€49～
⬛W🛁📶➡🚻💰€52～
💳€　Lv　CC M V
📶全館　EVなし

プロヴディフのレストラン　　　　*Restaurant*

伝統的な家屋を利用したレストランは旧市街に多く、のどかな雰囲気を楽しみながら食事ができる。カフェやバー、ファストフードはアレクサンダル・バテンベルグ通り沿いにある。

アラフランギテ Alafrangite

Map P.125-B2

Алафрангите

ブルガリア料理

旧市街の古民家を改装した人気店。特に夏のシーズン中は予約しておきたい。夏は中庭にテーブルが並び、開放的な雰囲気。メインの料理は7.50～16.80Lv。ホテルも併設している。

✉ул. Кирил Нектариев 17（Kiril Nektariev Str.）
☎(032)269595
URLwww.alafrangite.eu（ブルガリア語）
🕐12:00～23:00（冬期は時間短縮）　🚫冬期の月曜
💳€　Lv　CC A M V　📶なし

ガストロノミー Gastronomy Eatery House

Map P.125-B2

ГастрономЪ

ブルガリア料理

若者に人気のビアレストラン。南イタリアで修行したシェフが作る、見た目にもカラフルで新しいスタイルのブルガリア料理が味わえる。メインは7.90～24.80LV。

✉ул. Отец Паисий 15（Otets Paisiy Str.）
☎0883 752233（携帯）
URLgastronoma.business.site
🕐10:30～23:30
🚫無休
💳Lv　CC M V　📶なし

町の中心スヴォボダ広場

ルセ
Pyce
Ruse

Bulgaria

折込Map表C1

ソフィア ★ルセ

ルセへの行き方

●ブカレスト
（ルーマニア）から
🚄ブカレスト・ノルド駅から
12:40発
所要:2時間45分
運賃:59.05Lei
🚌アウトガラ・フィラレトから
16:00発
所要:約2時間
運賃:43Lei
●ソフィアから
🚄1日3便
所要:6時間～6時間15分
運賃:18.90～23.60Lv
🚌中央バスステーションから
7:00～18:30の1～2時間に1便
所要:4時間30分～5時間
運賃:24Lv
●シューメンから
🚌7:30、10:15、13:00、
15:00発
所要:約1時間30分
運賃:11Lv

ドナウ川を挟んでルーマニアと国境を接するルセは、人口約15万を抱えるブルガリア第5の都市。ドナウ平原の行政、商工業の中心地でもある。

ルセの町は、1世紀のローマ皇帝ヴェスパシアヌスVespasianusの時代に、セクサギンタ・プリスタSexaginta Prista（60隻の船）という要塞が建設された頃から始まる。14世紀から始まるオスマン朝の支配時代には商工業都市として繁栄。19世紀後半にはヴァルナとの間にブルガリア初の鉄道が開通し、町並みも近代的になっていく。現在はソフィア、ヴァルナをはじめ、ルーマニア、ロシア、ハンガリー方面への国際列車の発着駅にもなっている。

旅行者は国境の町として通過してしまうことが多いが、「バルカンではなくヨーロッパに属する町」と呼ばれる雰囲気に、途中下車して浸ってみるのもいいだろう。

歩き方

鉄道駅とアフトガーラ・ユクは町の南端に位置する。カフェやレストランが多く、❶もある町の中心部スヴォボダ（自由）広場пл. Свободаへは、徒歩だと15分以上かかるので、荷物が重い人はバスやトロリーバスを利用すると便利だ。12、25番などが駅前から出ており、1Lv。

■ブカレスト（ルーマニア）へ
ドナウ川にかかるフレンドシップ・ブリッジ（ドナウ橋）がルーマニア側のジュルジュGiurgiuとを結んでいる。ルセからはバスでの越境が一般的だが、鉄道、タクシー、自転車、バイク、徒歩などでの通行も可能。　　　　（2019年2月現在）

■ルセの❶
　　　　⇨Map P.134-B1
✉ул. Александровска 61
（Alexandrovska Str.）
☎(082)824704
⏰月～金　9:00～12:00
　　　　　13:00～18:00
　土　　　9:30～12:00
　　　　　13:00～18:00
㊡日、冬期の土曜

ヨーロッパ風の町並みが広がるルセ

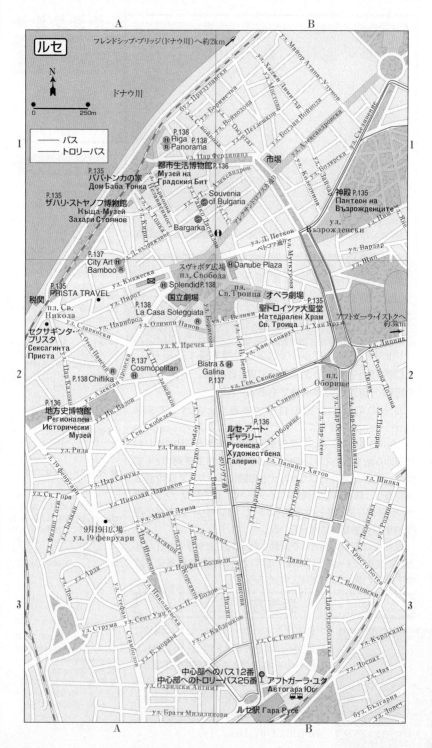

ルセ

N

0 ━━━ 250m

ドナウ川

A | B

バス
トロリーバス

フレンドシップ・ブリッジ(ドナウ川)へ 約2km

ул. Майор Атанас Узунов

бул. Придунайски
ул. Сул. Борименска
ул. Омуртаг
ул. Петлешков
ул. Сул. Войнолов

ул. Хаджи Димитар
ул. Мостова

ул. Цар Фердинанд
P.138
Riga Ⓗ P.138
Ⓡ Panorama

市場

ул. Александровска
ул. Богдан Войвода
ул. Борисова

ул. Александров
Souvenia Ⓢ of Bulgaria

神殿 P.135
パンテオン・
パンテオン на
Възрожденците

ул. Възрожденски
ул. Вардар

P.135
パパ・トンカの家
ドム・ベェバ・トンカ
Дом Баба Тонка

P.135
ザハリ・ストヤノフ博物館
Къща-Музей
Захари Стоянов

都市生活博物館 P.136
Музей на
Градския Бит

Ⓢ
Bargarka

P.137
City Art Ⓗ
Bamboo Ⓡ

P.135
PRISTA TRAVEL

税関
税関
пл. Св.
Никола

セクサギンタ・
プリスタ
Сексагинта
Приста

スヴォボダ広場
пл. Свобода
Ⓗ Danube Plaza

✉
Ⓗ Splendid P.138
国立劇場
P.138
La Casa Soleggiata

пл.
Св. Троица

オペラ劇場

P.135

聖トロイツァ大聖堂
Катедрален Храм
Св. Троица

アフトガーラ・イストクへ
約3km

ул. Лозенец

P.137
Cosmopolitan
Ⓗ
P.138 Chiflika Ⓡ

Bistra &
Galina
P.137

пл.
Оборище

P.136
地方史博物館
Регионален
Исторически
Музей

P.136
ルセ・アート・
ギャラリー
Русенска
Художествена
Галерия

9月19日広場
ул. 19 февруари

中心部へのバス12番
中心部へのトロリーバス25番

アフトガーラ・ユグ
Автогара Юг

ルセ駅 Гара Русе

タクシーで行くなら2.50〜3.50Lv程度。スヴォボダ広場から延びる**アレクサンドロフスカ通りул. Александровска**は市場へ、**ペトコフ通りул. Д. Петков**は神殿へと続いている。どちらもにぎやかな商店街だ。❶はスヴォボダ広場からアレクサンドロフスカ通りに入ったすぐ左側にある。町の西側に流れるドナウ川沿いには広々とした遊歩道が延び、川面を眺めながら散策を楽しめる。

見どころ

神殿 Pantheon

Пантеон на Възрожденици パンテオン・ナ・ヴァズロジュデンツィテ

黄金の球を白亜の柱で支えた巨大な建築物で、19世紀、オスマン朝の圧政に対して反旗を翻して戦ったブルガリアの英雄ステファン・カラジャСтефан Караджаらを祀った廟である。町の中心、スヴォボダ広場からペトコフ通りを東方向に進んでいくとたどり着く。

黄金の球は周囲からよく見え、目印になる

聖トロイツァ大聖堂 St. Troitsa Cathedral

Катедрала Храм Св. Троица カテドララ・フラム・スヴェタ・トロイツァ

17世紀頃に建てられた教会で、ルセでも最も古い建築物のひとつ。バロック様式の門に高い尖塔が印象的な白い建物。半地下の教会の中には見事なイコンが飾られている。

ババ・トンカの家 Baba Tonka Museum

Дом Баба Тонка ドム・ババ・トンカ

ババ・トンカの像と後ろに建つのが彼女の家

自らの子供たちをオスマン朝政府に反抗する革命家として育てあげるかたわら、自分でも武器を手に取り、ルセの女性たちを指導した女性、ババ・トンカが住んでいた家。地下室は、革命家たちの避難場所や武器庫として使われていたという。内部は博物館になっており、彼女が生きていた時代に関する展示を見ることができる。

ザハリ・ストヤノフ博物館 Zahari Stoyanov Museum

Къща-Музей Захари Стоянов カシュタ・ムゼイ・ザハリ・ストヤノフ

ザハリ・ストヤノフは19世紀後半に活躍したブルガリアの作家であり革命家。1876年の四月革命にも参加し、後年には革命時に関する著作を残している。ここは、その

ザハリ・ストヤノフの書斎を再現

■**PRISTA TRAVEL**
（Приста Травъл）
⇨Map P.134-A2
⌧ул. Княжеска 20
（Knyazheska Str.）
☎(082)839360
☎087 7133499（携帯）
URL www.pristatravel.com
email pristatravel@yahoo.co.jp
🕐夏期9:00〜18:00
　冬期9:00〜17:00
🚫土・日・祝
　ルセ在住の日本人、北猛夫さんが主催する旅行会社。現地ツアー、交通機関やホテル・送迎などの手配をしてくれる。

■**神殿** ⇨Map P.134-B1
⌧Парк на Възрожденците
（Park na Vazrozhdentzite）
☎(082)820998
URL www.museumruse.com
🕐9:00〜12:00
　12:30〜17:30
🚫12月中旬〜2月中旬
💴2Lv 学生1Lv

■**ステファン・カラジャ**
（1840〜68年）
　ブルガリア独立運動を指揮した。ブルガリア北東部出身の彼は、各地を転々としながらハイドゥク（盗賊）を率いて奔走したが、1868年にオスマン朝との戦いに敗れ、この地ルセで死刑に処された。

■**聖トロイツァ大聖堂**
⇨Map P.134-B2
⌧Троица 9 (Troitsa)
🕐7:00〜22:00頃
🚫無休 💴無料

ルセを代表する教会

■**ババ・トンカの家**
⇨Map P.134-A1
⌧бул. Придунавски 6
（Pridunavska Blvd.）
🕐9:30〜12:30
　13:00〜18:00
🚫12〜4月の月・日
💴5Lv 学生2Lv

■**ザハリ・ストヤノフ博物館**
⇨Map P.134-A1
⌧бул. Придунавски 14
（Pridunavski Blvd.）
☎(082)820996
🕐9:00〜12:00
　13:00〜17:30
🚫日・月 💴2Lv 学生1Lv

■地方史博物館
⇨Map P.134-A2
✉пл. Княз Александър
Батенберг 3
(Knyaz Aleksandar
Batenberg Sq.)
☎(082)825002
URL www.museumruse.com
🕘9:00～18:00
🚫冬期の日・月
💰5Lv　学生2Lv

■都市生活博物館
⇨Map P.134-A1
✉ул. Фердинанд 39
(Ferdinand Str.)
☎(082)820997
URL www.museumruse.com
🕘9:00～12:00
　12:30～17:00
🚫冬期の日・月
💰5Lv　学生2Lv

■ルセ・アート・ギャラリー
⇨Map P.134-B2
✉ул. Борисова 39
(Borisova Str.)
☎(082)821735
🕘9:00～13:00
　14:00～18:00
🚫月
💰5Lv　学生4Lv
📷不可

企画展も行われる

バサルボボへの行き方
●ルセから
🚗公共交通機関はないので
タクシーで行く。中心部から
往復で20Lv程度。
■バサルボボの岩窟修道院群
🕘夏期9:00～19:00
　冬期9:00～17:00
🚫冬期は天候により閉鎖され
ることもある
💰4Lv　学生1Lv

岩山を削って造った修道院

ザハリ・ストヤノフおよび独立のために戦った英雄たちをたたえる博物館で、ザハリ・ストヤノフの生涯や身の回りの物、独立闘争にちなんだ品物などを展示している。

地方史博物館 Regional Museum of History

Регионален Исторически Музей レギオナレン・イストリチェスキ・ムゼイ

　1892年に建てられたバテンベルグ宮殿を利用している博物館。収蔵品の中心は考古学に関するもの。特にトラキア、ローマ時代のコレクションが秀逸で、ボロヴォの財宝**Боровското съкровище**と呼ばれる紀元前4世紀のトラキア人の宝はこの博物館最大の見どころ。

ボロヴォの財宝

都市生活博物館 Urban Lifestyle Museum

Музей на Градския Бит ムゼイ・ナ・グラドスキヤ・ビト

　ザハリ・ストヤノフ博物館の近くにある、地方史博物館の別館。マリア・カリシュ**Мария Калиш**というプロイセン領事の妻の邸宅を利用している。洗練された装飾がなされた部屋は19世紀のルセの上流階級の暮らしを今に伝えている。

豪華な調度品が配されている

ルセ・アート・ギャラリー Ruse Art Gallery

Русенска Художествена Галерия ルセンスカ・フドジェストヴェナ・ガレリヤ

　ブルガリア人アーティストの作品だけを集めたギャラリーで、ボリソヴァ通り沿いにある。日常の生活をモチーフにした作品など、身近なテーマのものが多く、それらのほとんどは現代の画家によるもの。ブルガリア人の生活や精神文化を垣間見ることができるだろう。

エクスカーション

バサルボボ Basarbovo

Басарбово

　ルセから南へ約10kmの位置にある小さな村バサルボボ。村からルセンスキー・ロム川沿いへ西に抜けると、バサルボボの岩窟修道院**Басарбовски Манастир**が見えてくる。15世紀にはすでにオスマン朝の税務記録にこの修道院のことが触れられている。世界遺産には登録されていないが、色鮮やかなフレスコ画がきれいに残っていることで知られる。敷地内にある井戸は治癒効果があると信じられている。

洞窟の中にはイコノスタスもある

イヴァノヴォ Ivanovo
Иваново

イヴァノヴォの岩窟教会群ではフレスコ画を現在でも見ることができる

ルセから約20km南にある緑豊かな自然の町。野生動物が豊富に生息していて、ルセの人々もハイキングにやってくるという。この町の一番の見どころは1979年に世界遺産に登録された**イヴァノヴォの岩窟教会群**Ивановски Скални Църквиの壁画だろう。13〜14世紀に描かれたとされる色鮮やかなフレスコ画は、現在でもはっきりと目にすることができる。

また、岩窟から徒歩数分の所には、イヴァノヴォを見渡せる展望台もある。

イヴァノヴォへの行き方
●ルセから
🚌1日8便
所要:20〜30分
運賃:2.10〜3.10Lv
■イヴァノヴォの岩窟教会群
村から岩窟までは4kmあるが、公共交通機関はない。
TEL(082)825002
URLwww.museumruse.com
開9:00〜18:00　休12〜3月
※天候により閉鎖されることもある
料4Lv　学生1Lv

世 界 遺 産
イヴァノヴォの岩窟教会群
Ивановски Скални Църкви
1979年登録

ルセの**ホテル** *Hotel*

日本からの電話のかけ方　電話会社の番号 (→P.30) +010+359 (ブルガリアの国番号) +82 (0を取った市外局番) +番号

ルセの宿泊施設は町の中心部に多く集まっている。中・高級ホテルが多く、どのホテルもフロントで英語が通じる。経済的な宿を探す場合はプライベートルームがおすすめ。

コスモポリタン Cosmopolitan
Космополитан
Map P.134-A2
★★★★　　高級　室数:58

スヴォボダ広場から徒歩7分。エレガントでスタイリッシュなホテル。客室はデザイン性の高いインテリアでまとめられている。屋外プールやウェルネスセンターを完備しており、スパ・トリートメントメニューも充実。

✉ул. Добри Немиров 1-3
（Dobri Nemirov Str.）
TEL(082)805050　FAX(082)805057
URLwww.cosmopolitanhotelbg.com
🅢🅢🕭🛁📺🛜📶80Lv
　🅦🛁📺🛜📶150Lv
📱€　Lv　CCAMV
📶全館　EVあり

ビストラ&ガリーナ Bistra & Galina
Бистра и Галина
Map P.134-B2
★★★★　　高級　室数:36

白とオレンジを基調とした客室には液晶テレビやミニバーなどが置かれている。一部の部屋はバスタブ付き。建物の正面にはフィットネスセンターやプールが備わる新館がある。

✉ул. Хан Аспарух 8 （Han Asparuh Str.）
TEL(082)823344　FAX(082)823345
URLwww.bghotel.bg
🅢🅢🕭🛁📺🛜📶88Lv
　🅦🛁📺🛜📶180Lv
📱US$　€　Lv
CCADMV
📶全館　EVあり

シティ・アート City Art Hotel
Сити Арт Хотел
Map P.134-A2
★★★　　中級　室数:19

建物は19世紀末に建てられ、文化財としても登録されているブティックホテル。客室は一つひとつが異なる装飾がされている。中華料理レストランも併設。

✉ул. Белико Търново 5
（Veliko Tarnovo Str.）
TEL(082)519848　FAX(082)519849
URLwww.cityarthotel.com
🅢🅢🕭🛁📺🛜📶52〜68Lv
　🅦🛁📺🛜📶70〜80Lv
📱US$　€　Lv　CCMV　📶全館　EVあり

リガ Riga

Хотел Рига

Map P.134-A1

★★★ 中級 室数:166

川沿いに建つ17階建てのホテル。高層階の部屋からは、ドナウの絶景が満喫できる。サウナ、フィットネスセンターなど、館内施設も充実。朝食は別途10Lv。

✉️бул. Придунавски 22 (Pridunavski Blvd.)
TEL(082)822042　FAX(082)824870
URLwww.hotel-riga.com
Ⓢ🛏🔄70～109Lv
Ⓦ🛏🔄89～133Lv
💳US$　€　Lv　CC Ⓜ Ⓥ
📶全館　EVあり

スプレンディド Splendid

Хотел Сплендид

Map P.134-A2

★★★ 中級 室数:30

スヴォボダ広場西側の少し奥まった所にある。ホテル自体は少々古びているが、料金のわりに客室設備は充実しており、エアコンやミニバーも完備。朝食は別途6Lv。

✉️ул. Александровска 51
　(Alexandrovska Str.)
TEL(082)825972　FAX(082)825973
URLwww.splendid.rousse.bg
Ⓢ🔄40Lv～　Ⓦ🛏🔄70Lv～
€　Lv　CC Ⓜ Ⓥ
📶全館　EVあり

ルセのレストラン　　　　　　　　　　*Restaurant*

　レストランはスヴォボダ広場周辺を中心に、ブルガリア料理はもちろん、ピザ屋から中華料理、テイクアウトにちょうどいいベーカリーなどたくさんある。ドナウ川で取れた魚の料理を出すレストランも多いので、ぜひ試してほしい。雰囲気のいいカフェもスヴォボダ広場近くに点在している。

チフリカ Chiflika

Механа Чифлика

Map P.134-A2

ブルガリア料理

地元の人おすすめのメハナ。内装はカントリー調で、壁には農具や毛皮、食器などが飾られ、雰囲気がいい。地元の人もパーティなどで利用している。すべての肉は契約牧場からの直送。メインは6.99～24Lv。

✉️ул. Отец Паисий 2
　(Otets Paisiy Str.)
TEL(082)828222
TEL0887 448348（携帯）
URLchiflika.eu
🕐月～土11:00～翌2:00
　日　12:00～翌1:00
🛏無休　💳US$　€　Lv
CC Ⓐ Ⓜ Ⓥ　📶あり

パノラマ Panorama

Панорама

Map P.134-A1

ヨーロッパ料理

ホテル・リガの最上階にある。ここのよさは何といってもドナウ川の眺望。特に夕日は絶景で、このためだけにルセに立ち寄る価値があるほど。料理はステーキなど欧州料理が中心で盛りつけも美しい。

✉️бул. Придунавски 22
　(Pridunavski Blvd.)
TEL0889 955095（携帯）
🕐18:00～翌1:00
🛏日
€　Lv
CC Ⓜ Ⓥ
📶あり

ラ・カーサ・ソレッジアータ La Casa Soleggiata

Слънчевата Къща

Map P.134-A2

イタリア料理

地元の人々に大人気のイタリア料理店で、週末のディナーは予約が必要なほど。種類豊富なパスタ7～10Lvはどれもおいしいと評判。英語メニューは用意してないが、親切なスタッフが翻訳してくれるので安心。

✉️ул. Олимпи Панов 23
　(Olimpi Panov Str.)
TEL0893 562660（携帯）
URLlacasasoleggiata.com
🕐10:00～23:00
🛏日
💳Lv
CC Ⓜ Ⓥ
📶あり

黒海沿岸地方

Черно Море Black Sea Coast

黒海沿岸を代表するリゾート、サニー・ビーチ (P.153)

黒海沿岸地方 Black Sea Coast Черно Море

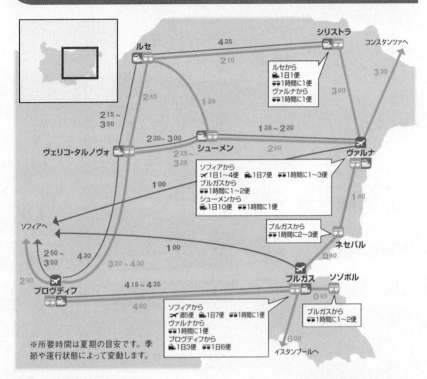

ルセから
🚌 1日1便
🚃 1時間に1便
ヴァルナから
🚃 1時間に1便

ソフィアから
✈ 1日1〜4便　🚌 1日7便　🚃 1時間に1〜3便
ブルガスから
🚃 1時間に1〜2便
シューメンから
🚌 1日10便　🚃 1時間に1便

ブルガスから
🚃 1時間に2〜3便

ソフィアから
✈ 週5便　🚌 1日7便　🚃 1時間に1便
ヴァルナから
🚃 1時間に1便
プロヴディフから
🚌 1日3便　🚃 1日6便

ブルガスから
🚃 1時間に1〜2便

※所要時間は夏期の目安です。季節や運行状態によって変動します。

地理

　黒海沿岸地方Черно Море（Black Sea Coast）は、サニー・ビーチСлънчев БрягやゴールデンサンズЗлатни Пясъциなどが連なるブルガリア自慢のビーチリゾート。旧ソ連の16番目の共和国といわれるほどに親ソ的だったこともあり、これらのリゾート地も旧ソ連のテコ入れによって開発された。ビーチにはホテルが林立し、近年

ソゾポルのビーチ

ではヴァルナВарнаやブルガスБургасを中心として、ヨーロッパ各地から観光客が集まる国際的なリゾート地として発展する町も登場している。

　その一方で、ネセバルНесебърのように、旧市街そのものが世界遺産に登録されるほど、経てきた歴史をそのまま残している町もある。ギリシア、オスマン朝など支配者が変わるたびに町の名前が変わるなど、このあたりの地域は東西交易にとって非常に重要で、争奪戦が繰り広げられてきたのだ。

気候

　きれいな海とまぶしい太陽が楽しめるシーズンは6〜10月。白い砂浜と、遺跡の赤いれんがは青い空によく映える。

ルート作り

1日目:ブルガスにはギリシア料理やトルコ料理のレストランがたくさんあるので、グルメを満喫しよう。また、ソゾポルへのバスも多いので、日帰り旅行もできる。

2日目:ネセバルへ。世界遺産に登録されている町並みを散策したり、郊外のサニー・ビーチで海水浴を楽しもう。

3日目:ヴァルナへ。ここでは郊外にあるスヴェティ・コンスタンティン・イ・エレナやゴールデン・サンズに足を延ばし、マッドバスや温泉、マリンスポーツを体験しよう。

ヴァルナ市内の海水浴場

ヴァルナ
Варна
Varna

ソフィア　★ヴァルナ

ヴァルナへの行き方

●ソフィアから
✈1日1〜4便
所要:約1時間
🚄1日7便
所要:7時間35分〜9時間
運賃:24.40〜39.60Lv
🚌中央バスステーションから
5:30〜22:30の1時間に1便
所要:約6時間30分
運賃:32〜33Lv
●ブルガスから
🚌アフトガーラ・ユクから
7:00〜19:00の1時間に1〜
2便程度
所要:約2時間
運賃:14Lv
●シューメンから
🚄1日10便
所要:1時間35分〜2時間10分
運賃:5.70〜12Lv
🚌7:30〜19:30の2時間に
1便程度
所要:約2時間
運賃:7Lv

■コンスタンツァ(ルーマニア)へ
🚌アフトガーラ・ザパッドから
オデッサ行きのバスに乗る。
週3便程度。
所要:約3時間30分
運賃:40Lv

■イスタンブール(トルコ)へ
🚌アフトガーラ・ザパッドから
10:30、21:30発
所要:約8時間
運賃:60Lv

■ヴァルナ空港
　⇨Map P.142-A1外
町の中心から西へ約8km。
大聖堂前から409番のバスで
20〜30分。1.60Lv。タクシ
ーで10Lv程度。
☎(052)573323
URL www.varna-airport.bg

ブルガリア第3の都市で、夏の首都ともいわれている。黒海沿岸の人口約34万人を擁する中核都市だ。また、世界に開かれたブルガリアの海の窓口で、小説『ドラキュラ』でドラキュラ伯爵がイングランドへ向けて出港した地でもある。

黒海を運航する貨物船は世界中から集まってくる。外国の船乗りが町を行き交い、国内外のバカンス客も集まり、夏の人口は一気にふくれあがる。

ブルガリアで一番西欧風の町といわれ、比較的英語を話す人が多い。ドイツ人観光客も多いので、ドイツ語もよく通じる。さらに、建物の壁などに表示されている通り名にはキリル文字にラテン文字が併記されている。

ヴァルナが湾岸都市として栄えるようになったのはオスマン朝治世下のこと。それ以前も港町ではあったが、それほど大きな町ではなかった。最初にこの地に住んだのはトラキア人で、紀元前585年には停滞時代を脱したギリシア人が入植。都市国家を築きオデッソスと呼んだ。ローマ時代にはユークセイノスと改称され、要塞や浴場が建設される。ヴァルナと呼ばれるようになったのは、アジア系ブルガール人が第一次ブルガリア帝国を打ち立ててからのことである。

歩き方

町の中心は、ヴァルナのシンボルである大聖堂や❶があり、近郊へのバスも発着する**聖キリル・メトディー広場**пл. Св. Св.

■市内のアフトガーラはふたつ

●アフトガーラ・ザパッド

Автогара Запад

ソフィア、シューメン、プロヴディフなど、国内およびヨーロッパ各地への長距離バスが発着。町の北西にある。バスは大聖堂付近から22、41、409番などで。

●アフトガーラ・ムラドスト

Автогара Младост

ブルガス行きミニバスが発着する民営ミニバス乗り場。アフトガーラ・ザパッドを出て左折し、最初の十字路を右折して3分ほど。

■ヴァルナの❶

⇨Map P.142-A1

✉пл. Св. Св. Кирил и Методий 2

(Sv. Sv. Kiril i Metodiy Sq.)

☎(052)820690

URLvisit.varna.bg

5～9月　9:00～19:00

10～4月　8:30～17:30

10～4月の土・日・祝

Кирил и Методийから、旧市街の中心地ネザヴィシモスト広場пл. Независимостにかけて。四方からの道が集まるネザヴィシモスト広場には、しゃれたカフェやレストランが並んでいてにぎやか。さらに南へ7～8分ほど歩くと鉄道駅だ。このあたりからは海が見えるが、ビーチへはまだ遠い。

駅から聖キリル・メトディー広場へはバス8、9、109番などで大聖堂前下車。そのまま乗っていれば長距離バスが発着するアフトガーラ・ザパッドАвтогара Запад。駅からネザヴィシモスト広場へはシメオン1世通りул. Цар Симеон Iを直進すれば簡単に出られる。ヴァルナの旧市街は曲がりくねった道が交差しているうえ坂道が多いので、道路名表示に注意しながら歩こう。

旧市街を囲むように広がる新市街は、整然と区画整理されているので大変わかりやすいが、道路が広くて車の往来が激しい。なお、ヴァルナのビーチは市営ビーチ。ゴミもなくてきれいだが、港町なので規模は小さい。着替えはビーチでできる。しかし、黒海で本格的にリゾートを楽しみに来た人は市内バスでゴールデン・サンズ (⇨P.145)へ直行しよう。

見どころ

大聖堂 Cathedral of the Assumption

Катедрален Храм "Св. Успение Богородично"
カテドラレン・フラム・スヴェト・ウスペニエ・ボゴロディチノ

黄金のドームが印象的

露土戦争の勝利によってブルガリアが独立したあとの1886年に、友邦ロシアのサンクト・ペテルブルクにある聖堂を模して建設された。黄金のドームを持つ、町のシンボルともいうべき大聖堂。礼拝堂にあるイコンと木彫りの司教の座の彫刻は、マケドニアの工芸家の手によるもの。

考古学博物館 Archaeological Museum

Археологически Музей アルヘオロギチェスキ・ムゼイ

ヴァルナとその近郊から出土した物を集めて展示しており、ソフィアの国立考古学研究所付属博物館に次いで充実したコレクションを誇る。特に6000年以上前のものとされる世界最古の黄金の財宝は博物館最大の見どころだ。ただし他の博物館に貸し出すことが多く、展示されていないこともしばしば。ザカリア・ツァリノフなど、ブルガリアを代表するイコン作家の作品も多数観賞できる。

ローマの浴場跡 Roman Thermal Baths

Римски Терми リムスキ・テルミ

旧市街のサン・ステファノ通りул. Сан Стефаноには赤いれんがを積み上げたローマ時代の浴場が遺跡として残っている。紀元前3〜2世紀のもので、当時は7000㎡もの広さがあったという。温水・冷水風呂、サウナ、娯楽室が併設され、人々の集いの場、また井戸端会議の場として機能していた。

プリモルスキ公園 Primorski Gardens

Приморски Парк プリモルスキ・パルク

黒海に面したプリモルスキ公園

町の東に広がる、海岸に面した広大な公園。日本語では「臨海公園」の意味。ウィーンのシェーンブルンやフランスのヴェルサイユを意識して、チェコ人の園芸家によって建設された。公園内には博物館やコンベンションセンターがいくつもあり、カフェもあって、家族連れの憩いの場となっている。海岸は市営ビーチになっていて、更衣室もある。

公園の南端には、**海軍博物館Военноморски Музей**があ

■大聖堂　⇨Map P.142-A1
✉️пл. Св. Св. Кирил и Методий 1
(Sv. Sv.Kiril i Metodiy Sq.)
TEL(052)613005
🕐7:00〜18:00
🎫無料(寄付歓迎)
🚇6Lv

■考古学博物館
　　　　⇨Map P.142-A1
🚋8、9番など。大聖堂から東へ徒歩5分ほど。
✉️ул. М. Луиза 41
(Maria Luiza Blvd.)
TEL(052)681030
URLwww.archaeo.museumvarna.com
🕐10:00〜17:00
🎫冬期の日・月
🎫10Lv　学生5Lv
🚇20Lv　🚫不可

充実のイコン・コレクション

■ローマの浴場跡
　　　　⇨Map P.142-B2
✉️ул. Сан Стефано 13
(San Stefano Str.)
TEL(052)600059
🕐10:00〜17:00
🎫月、11〜4月の日
🎫5Lv　学生2Lv

■プリモルスキ公園
　　　　⇨Map P.142-B1〜2
●海軍博物館
🚋バス20、39番
✉️бул. Приморски 2
(Primorski Blvd.)
TEL(052)731523
🕐4〜10月 10:00〜18:00
　11〜3月　9:30〜17:00
※最終入場は閉館の30分前
🎫月、冬期の日曜
🎫5Lv　学生2Lv
🚫不可

ブルガリア

ヴァルナ

●水族館
🚌バス20、39番
✉бул. Приморски 4
（Primorski Blvd.）
☎0879 473275（携帯）
🕐夏期9:00〜19:00
　　冬期9:00〜17:00
🚫冬期の月曜
💰4Lv　学生2Lv
●イルカ水族館
🚌バス8、9、109、409番
✉Приморски Парк
（Primorski Park）
☎(052)302199
🌐www.dolphinarium.festa.bg
🕐イルカショーは原則として
10:30、12:00、15:30。
17:00にも行われる。ただ変
更の可能性もあるので、でき
れば事前に確認したい。
🚫月　💰15〜25Lv

イルカショーが人気

ストーン・フォレストへの行き方

●ヴァルナから
🚗公共交通機関はなく、タ
クシーをチャーターする。料金
の目安は往復30Lv〜。
■ディキリタシュの奇岩群
🕐8:00〜20:00
🚫10〜4月　💰3Lv

入口のチケット売り場は展示室も
兼ねている

スヴェティ・コンスタンティン・イ・エレナへの行き方

●ヴァルナから
🚌大聖堂前のバス停から8、
9、109、409番。15〜20分
に1便。
所要:15分　運賃:1Lv
🚗タクシーで15Lv程度

って、過去にブルガリア海軍が使用してきた地図や軍服などが展示されている。国旗識別表には日本の国旗や海軍旗が欧米列強旗とともに記されている。また、庭にはヘリコプターや軍用投光器や高射砲が、雨ざらしになっている。入口の魚雷艇は第一次バルカン戦争でオスマン朝海軍の軍艦を沈めたもので、子供たちに大人気だ。

海軍博物館の野外展示

　小さな**水族館**Варниски Аквариумでは、アマゾンに生息するピラニアをはじめ、日本人にとっては珍しい黒海に生息する魚介類を見ることができる。園内随一の人気を誇る**イルカ水族館**Феста Делфинапиумでは、イルカのアクロバットショーが観賞できる。

エクスカーション

ストーン・フォレスト Stone Forest

Побити Камъни ポビティー・カマニー

　ヴァルナから西へ約18kmに行くと、砂場の上に石柱が多く並ぶエリアがある。いくつか点在しているが、最大のものは**ディキリタシュ Дикилиташ**の奇岩群。国道から南へ約800mに渡って大小の石柱が50ほど並んでいるが、これは人工で造られたものではなく、自然に形成されたものだというから驚きだ。これをストーン・フォレストと現地の人々は呼んでいる。石柱が形成された過程は諸説

いくつもの石柱が続く不思議な風景

あり、いまだに詳しくはわかっていない。ユネスコ世界遺産の暫定リストに掲載されており、世界遺産入りが期待されている。

スヴェティ・コンスタンティン・イ・エレナ Sveti Constantine i Elana

Свети Константин и Елена

　ヴァルナから約10kmの所にあるビーチ。ゴールデン・サンズほど大きな観光地ではなく、ヴァルナから日帰りも十分可能なので、地元の人たちがよく出かけるという。海岸には温泉もある。

ヴァルナから近くて広大なビーチ

ゴールデン・サンズ Golden Sands

Златни Пясъци ズラートニ・ピヤーサツィ

サニー・ビーチ（⇨P.153）と並んでバカンス客の人気を集めているリゾート。5〜10月のシーズン中には、4kmにわたって続く砂浜は海を楽しむバカンス客で大にぎわい。黒海の水は想像するよりもきれいで、夏の平均水温は24度、気温は27度。マリンスポーツなら何でも楽しめる。

6月から8月にかけてはバカンス客を相手にしたイベントも催される。民族舞踊から、ミス・ゴールデン・サンズ・コンテストまであるので、ホテルか🅸などで確認しよう。マリンスポーツなどのアレンジもホテルで気軽にできる。

ゴールデン・サンズではのんびりと海水浴を楽しみたい

バルチク Balchik

Балчик

海沿いに広がる植物園を散策しよう

ヴァルナから北へ約45km。バルチクはリゾート地としても有名だが、ルーマニア統治時代の1913〜40年に、同国のマリア・ア・ロムニエイ王妃が避暑地として使っていた夏の離宮が残っている。黒海沿いに建つ宮殿とその一帯は**大学植物園Университетска Ботаническа Градина**になっており、色とりどりに咲く花々を観賞することができる。

ゴールデン・サンズへの行き方

●ヴァルナから
🚌大聖堂前のバス停から9、109、409番。約15分に1便。町の南端に到着する。
所要:45分
運賃：3Lv（同じバス停からアルベナАлбена行きミニバスで途中下車することも可能。こちらは町の北側に到着）
🚕タクシーで25Lv程度

ビーチの入口

バルチクへの行き方

●ヴァルナから
🚌ヴァルナのアフトガーラ・ムラドストから6:30〜18:00の1時間に1便。
所要:45分　運賃:5Lv
■大学植物園
TEL(0579)72338
夏期8:00〜20:00
冬期8:00〜17:00
無休　8Lv　離宮6Lv

こぢんまりとした離宮。内部も見学できる

ヴァルナのホテル　　　　　　*Hotel*

日本からの電話のかけ方　電話会社の番号（→P.30）＋010＋359（ブルガリアの国番号）＋52（0を取った市外局番）＋番号

リゾート地だけあり、設備の調った高級ホテルからリーズナブルなところまで数多く点在する。スヴェティ・コンスタンティン・イ・エレナやゴールデン・サンズでは海沿いの高級シービューホテルが主流で1泊€50以上。なかには€20前後の部屋もあるので、旅行会社などに相談してみよう。

グランド・ホテル・ロンドン Grand Hotel London　　　Map P.142-A1

Гранд Хотел Лондон
★★★★★　最高級　室数:24

ムサラ通りに建つ、20世紀初頭に建てられた老舗ホテル。歴史を裏づけるかのように内装は格調高くまとめられている。サウナやフィットネスルームなども備えており、こちらは最新鋭の設備を誇っている。

✉ул. Мусала 3 (Musala Str.)
TEL(052)664100
URL www.londonhotel.bg
🅢170Lv〜
🅦210Lv〜
Lv
🆅
全館
EVあり

グラフィト・ギャラリー Graffit Gallery Hotel
Графит Галерия Хотел

Map P.142-B1

★★★★★　　高級　室数:55

美術館のような外観を持つホテル。客室のデザインはフロアごとに異なり、雰囲気ががらりと変わる。レストランとカフェにはアーティストの作品が多く並ぶ。

✉бул. Княз Борис I 165
（Knyaz Boris I Blvd.）
TEL(052)989900　FAX(052)989902
URLwww.graffithotel.com
S🛁€95〜
W🛁€104〜
€　Lv　AMV　全館　EVあり

スプレンディッド Hotel Boutique Splendid
Хотел Бутик Сплендид

Map P.142-A1

★★★★　　高級　室数:27

大聖堂のある聖キリル・メトディー広場に面している。レセプションは階段を上がった2階にある。館内は豪華な雰囲気で設備も新しい。エアコン、ミニバーやケーブルテレビも完備している。駐車場も無料。

✉ул. Братя Шкорпил 30
（Bratya Shkorpil Str.）
TEL(052)681414
FAX(052)681415
URLwww.boutiquesplendid.net
S🛁94Lv
W🛁103Lv
€　Lv　AMV
全館　EVあり

ホテル・ディヴェスタ Hotel Divesta
Хотел Дивеста

Map P.142-A1

★★★★　　高級　室数:25

聖キリル・メトディー広場近くにある。屋上にはヴァルナ市内を見渡せるスカイ・バー SKY BARがあり夏期は多くの人々でにぎわう。客室の約半数はバスタブ付き。

✉ул. Христо Самсаров 1
（Hristo Samsarov Str.）
TEL(052)684747　FAX(052)653302
URLwww.hoteldivesta.com
S🛁96〜108Lv
W🛁120Lv
€　Lv　ADJMV　全館　EVあり

モドゥス mOdus hotel
мОдус Хотел

Map P.142-B1

高級　室数:37

プリモルスキ公園の近くにあるスタイリッシュなブティックホテル。アパートメントタイプの部屋もある。館内はフィットネス、サウナも併設。冬期は価格設定も低くなる。

✉ул. Стефан Стамболов 46
（Stefan Stambolov Str.）
TEL0889 660910（携帯）　FAX(052)660920
URLwww.modushotel.com
S🛁€80〜
W🛁€99〜
€　Lv　AMV
全館　EVあり

アクア Aqua
Хотел Аква

Map P.142-A2

★★★　　中級　室数:78

鉄道駅前の便利な立地。ホテルの名にふさわしく、内装は青が基調。フィットネス、サウナあり。300Lvのプレジデント・アパートはジャクージやサウナ付き。

✉ул. Девня 12（Devnya Str.）
TEL0889 474767（携帯）　FAX(052)631390
URLwww.aquahotels.com
S🛁80〜150Lv
W🛁100〜190Lv
Lv　MV
全館　EVあり

オデソス Odessos
Хотел Одесос

Map P.142-B1

★★★　　中級　室数:95

プリモルスキ公園に面しており、地の利は抜群。近代的な設備が自慢のリゾートホテル。半分がシービューになっており、料金が高め。豪華なアパートメントタイプの部屋は138〜175Lv。

✉бул. Сливница 1（Slivnitsa Blvd.）
TEL(052)640400　FAX(052)630403
URLwww.odessos-bg.com
S🛁65Lv〜
S🛁85Lv〜（シービュー）
W🛁80Lv〜
W🛁105Lv〜（シービュー）
€　Lv　MV　全館　EVあり

スリー・ドルフィンズ Three Dolphins
Трите Делфина

Map P.142-A2

★★ 経済的 室数:10

駅から徒歩5分ほど。客室はエコノミー、デラックス、キッチン付きのステュディオがある。カフェバーを併設しており、ここのハーブティーは町の人々にも人気がある。

✉ул. Габрово 27 (Gabrovo Str.)
☎(052)600911
📧three_dolphins@abv.bg
Ⓡ🅢🛁🌐📶40～49Lv
　Ⓦ🛁🌐📶60～69Lv
💳Lv　🆑Ⓜ Ⓥ
📶全館　EVなし

ヴァルナのレストラン *Restaurant*

ヴァルナ市内のいたるところにレストランやカフェがある。特にネザヴィシモスト広場周辺にはカフェが多く、夏場はテラス席がにぎわう。港町なので魚料理を試してみてもいい。また、夏は市内の店を閉めてゴールデン・サンズで臨時営業する店もある。

ミスター・ババ Mr. Babá
Мистър Баба

Map P.142-B2

ブルガリア料理

帆船をまるごとレストランに改装したユニークな店。デッキにテーブルが置かれ、ビーチを眺めながらゆっくりと食事が楽しめる。メニューはシーフードが中心でメインが9.99～34.90Lv。

✉Бул. Приморски 27 (Primorski bul.)
☎0896 505050 (携帯)
🌐www.mrbaba.net
🕐11:00～24:00
🛏無休
💳Lv　🆑ⒶⓂ Ⓥ
📶あり

オリエント Orient
Ориент

Map P.142-A2

トルコ料理

ヴァルナにはトルコ系の人々も数多く住んでいる。ここはイスタンブール出身のオーナーが経営しており、20年以上の歴史を誇っている。メニューはすべて写真付きで、注文しやすい。メインは5.50～18.90Lv。

✉ул. Цариброд 1 (Tzaribrod Str.)
☎(052)602380
🌐www.orientbg.com
🕐8:00～24:00
🛏無休
💳Lv
🆑Ⓜ Ⓥ
📶あり

グランド・イタリア Grand Italia Pizza & Pasta
Гранд Италиа

Map P.142-B1

イタリア料理

ランチの時間になると近隣から地元の人が集う気軽なイタリア料理店。ピザは4.29Lv～、パスタは4.99Lv～と手頃だが、味はかなり本格的。オリーブオイルなどの食材の販売も行っている。

✉ул. Михаил Колони 20 (Mihail Koloni Str.)
☎(052)605061
🌐www.pastariagranditalia.com(ブルガリア語)
🕐10:00～24:00
🛏無休
💳Lv　🆑Ⓜ Ⓥ　📶あり

ハッピー・スシ
Happy Sushi

Map P.142-B1

日本料理

ブルガリア各地でチェーン展開するハッピーグリル／スシグループの本店。握りと巻き寿司の盛り合わせが14.99Lv～、サーモンづくしは27.99Lvなど。店内ではハッピーグリルのメニューも頼める。

✉бул. Сливница 22 (Slivnitsa Blvd.)
☎0700 20888
🌐happy.bg
🕐月～土 9:00～24:00
　日　　11:00～24:00
🛏無休
💳€　Lv
🆑Ⓜ Ⓥ　📶あり

遊歩道が整備されているスレバルナ自然保護地区

シリストラへの行き方

●ヴァルナから
🚌アフトガーラ・ザパッドから約2時間おき
所要:約3時間
運賃:10Lv
●シューメンから
🚌6:30、14:00、16:00発
所要:約3時間
運賃:6〜18Lv
●ルセから
🚌アフトガーラ・ユクから1〜3時間に1便
所要:1時間45分〜2時間10分
運賃:7〜8Lv

ドナウ川沿いに立つペリカンの像

シリストラ
Силистра
Silistra

　ドナウ川沿いに発展したシリストラは、川に沿って緑豊かな公園が広がる落ち着いた雰囲気の町。ローマ時代にはドゥロストルムDurostorumと呼ばれ、国境防備を担い、キリスト教を公認してからは、この地域のキリスト教文化の中心としても栄えた。現在のシリストラは遺跡のほか、いくつかの博物館のある文化都市であり、スレバルナ自然保護区への起点でもある。

シリストラ

N
0　200m

ドナウ川
Дунав

Drustar
бул. Македония
ул. Кап. Мамарчев
ул. Дръстър

考古学博物館
Археологически Музей

ドゥナフスキ公園
Дунавски Парк

ул. Добрич
ул. Васил Левски

P.149 Danube
ул. Добруджа

アフトガーラ
Автогара

民族学博物館
Етнографски Музей

Silistra P.149

シリストラ駅
Гара Силистра

スタラ・アフトガーラ
(スレバルナ行きバス停)

бул. Симеон Велики
ул. Ал. Стамболийски

бул. Чар.
бул. София
ул. 7 Септември

бул. Македония
ул. Добрич

ул. Петър Мутафчиев

ул. Н.Й. Вапцаров
бул. Петър Бояджиев

クルシュムル・ジャーミヤ
Куршумлу Джамия

бул. Велико Търново

A
B

歩き方

アフトガーラと鉄道駅は町の西に位置している。ここから町の中心部までは、徒歩で15分くらい。タクシーでは、2Lv弱だ。町の見どころは考古学博物館Археологически Музейと民族学博物館Етнографски Музейのふたつ。そのほか、ドナウ川沿いにあるドゥナフスキ公園には、ローマ時代の遺跡が残されている。スレバルナ行きのミニバスは、町の南にあるスタラ・アフトガーラСтара Автогараと呼ばれるバス停から乗ることができる。

エクスカーション

スレバルナ自然保護区 Srebarna Nature Reserve

Резерват Сребърна レゼルヴァト・スレバルナ

シリストラの西16kmほどのスレバルナ村周辺に広がる総面積901haの広大な湿地帯。219種類もの水鳥が確認されており、しかも多くの種類が絶滅の危機に瀕している。このことからラムサール条約（水鳥の生息地として国際的に重要な湿地を保護する目的で結ばれた条約）の登録湿地になっており、世界遺産にも登録されている。水鳥のなかでも特に有名なのがダルマチア・ペリカンで、3〜6月くらいに見られる。

村には、**自然科学博物館Природонаучен Музей**があり、博物館横にある坂を下りると、自然保護区を巡るウオーキングコースにいたる。博物館内では、ウオーキングコースの地図や、保護区内の動植物を解説する英語の本などが販売されているので、最初に立ち寄るといいだろう。

ドナウが生み出した大湿原

スレバルナへの行き方

●シリストラから

🚌町の南にあるスタラ・アフトガーラから22番、ヴェトレンВетрен行きのバスで途中下車。1日便。バスの車掌に「スレバルナ Сребърна、ムゼイMузей」と告げておこう。所要時間は約30分。下車後、自然科学博物館までは道標に従って徒歩5分ほど。

世界遺産

スレバルナ自然保護区
Резерватът Сребърна
1983年登録
■自然科学博物館
TEL(086)772469
🕐4〜9月　8:00〜18:00
　10〜3月　8:00〜16:00
㊡冬期の土・日曜
💴5Lv　学生1Lv　📷5Lv
■REBUS
TEL089 8671738（携帯）
🕐10〜15分270Lv（3名〜）
シリストラから南東へ約25kmの所にある小さな飛行場。セスナ機でスレバルナ自然保護区を上空から見渡すフライトを催行している。

シリストラのホテル
Hotel

日本からの電話のかけ方　電話会社の番号（→P.30）＋010＋359（ブルガリアの国番号）＋86（0を取った市外局番）＋番号

ホテルの数は少なく、町の中心には4軒ほどだが、高級ホテルからビジネス向け、経済的ホテルと揃っている。ルセやヴァルナからバスで片道1時間45分〜3時間かかるが日帰りもできる。

ダヌベ Danube
Map P.148-A1
Хотел Данубе
★★★★★　最高級　室数:79

町の中心部に建つ高級ホテルで、スパセンターには、ジャクージやスチームバス、スイミングプールなどを完備している。

✉пл. Свобода 1 (Svoboda Sq.)
TEL(086)877700　FAX(086)877701
🛏S🚿📺📶▶🍴55Lv
　W🚿📺📶▶🍴70Lv
💳Lv 🆑M🆅 📶全館 🛗あり

シリストラ Silistra
Map P.148-B2
Хотел Силистра
★★　経済的　室数:14

スタラ・アフトガーラ近くのビジネスセンターの5階。全室テレビ、エアコン付きで快適。スイート（4人部屋）は81Lv〜。

✉ул. Добруджа 41 (Dobrudzha Str.)
TEL(086)833033　✉hotel_silistra@abd.bg
🛏S🚿📺📶▶🍴42Lv〜
　W🚿📺📶▶🍴65Lv〜
💳Lv 🆑M🆅 📶全館 🛗あり

Bulgaria
折込Map表 D2

ソフィア

ネセバル

ネセバルへの行き方

●ヴァルナから
🚌アフトガーラ・ムラドスト
からミニバスが1日6便
所要:約1時間40分
運賃:12Lv
●ブルガスから
🚌アフトガーラ・ユクの2番
乗り場から1時間に2〜3便。
サニー・ビーチ行きのバスに乗
車した場合、半島の手前ハン・
クルム通りул. Хан Крумで下
車、徒歩約10分。
所要:約40分
運賃:6Lv

世 界 遺 産
古代都市ネセバル
Старинен Несебър
1983年登録

■ネセバルの🄸
　　　　　　⇨Map P.151-A2
✉ул. Месембрия 10
　(Messembriya Str.)
☎(055)442611
🕙10:00〜17:00
🈲土・日、11〜5月

■博物館、教会の共通券
　本誌の見どころ内で紹介し
ている博物館と教会は、無料
で見られるスタラタ・ミトロポ
ーリャをのぞき、すべて同じ団
体により運営されており、共
通券によって割安に見学でき
る。ただし、すべてを見られる
共通券はない。販売している
共通券は以下の通り。
●考古学博物館と民族学博
物館　8Lv　学生4Lv
●聖ステファン教会と聖スパ
ス教会　8Lv　学生4Lv
●考古学博物館と聖ステファ
ン教会に加え、そのほかひと
つを選べる　12Lv　学生6Lv
●考古学博物館と聖ステファ
ン教会に加え、そのほか3つ
を選べる　15Lv　学生8Lv
●考古学博物館とすべての教
会　20Lv　学生10Lv

海に囲まれた世界遺産都市ネセバル

ネセバル
Несебър
Nessebar

　ブルガスから35km、ヴァルナから100kmの、黒海に突き出し
た半島の港町ネセバル。長さ400mの細い道により陸地とつな
がれ、海に囲まれた天然の要塞は、交易の拠点として、また戦
略上重要な場所として、繰り返し争奪戦が行われてきた。

　ネセバルの歴史は古く、紀元前2000年頃にまでさかのぼ
る。最初の居住者はトラキア人で、その頃はメナンブリアと呼
ばれた。紀元前5世紀頃にギリシア人が入植し、名前はメセン
ブリアに変わり、前1世紀からはローマ帝国に、5世紀前後に
は初期ビザンツ帝国に支配された。ネセバルという名前にな
ったのは812年。第一次ブルガリア帝国を率いたハン・クルム
Хан Крумが名づけて以来、現在まで使われている。

　第二次ブルガリア帝国時代にネセバルは繁栄の絶頂期を
迎え、イタリアのヴェネツィアなどを相手に貿易を展開する。
ブルガリア人をはじめとしてギリシア人、ユダヤ人、イタリア人
などが共存する国際色豊かな町であった。

　その後、1453年にオスマン朝に征服され、1878年の解放
にいたるまで支配が続く。ネセバルにさまざまな様式の教会
が破壊されずに残ったのは、オスマン朝の政策がキリスト教
に対して寛容だったからだ。町の創設以来の主要産業であっ
た海洋貿易は、国内鉄道が開通してヴァルナ、ブルガスに比
重が移るにつれて下火になり、漁業と観光に変わっていく。
1983年にはその歴史的建築物と町並みが世界遺産に登録さ
れた。

歩き方

　ブルガスやサニー・ビーチからバスは地峡を越えてすぐ右側の広めの駐車スペースに停車する。サニー・ビーチへの船着場もあり、奥にはみやげ物屋や、新鮮な魚介類が食べられるスタンドがある。町は歩いて1周するなら30分ほど。入口の門から入ってすぐ右側が考古学博物館、そのまま**メセンブリア通りул. Месембрия**を中心まで歩くと、みやげ物屋、ホテル、聖パントクラトール教会、❶（夏期のみオープン）などがある。観光客が集まるのもこのあたりだが、脇道に入るとすぐにひと気がなくなり、現在も住居として使われている民族復興様式の家が建ち並ぶ。黒海を見ながらのんびりと散策が楽しめる町だ。

見どころ

聖パントクラトール教会 The Pantocrator Church

Църква Св. Христос Пантократор ツァルクヴァ・スヴェティ・フリストス・パントクラトール

　聖パントクラトール教会は、卍型の彫刻や青陶のはめ込みなどの装飾が独特、第二次ブルガリア帝国の皇帝アレクサンダル治世下の14世紀に建設された教会だ。当時の教会としては国内で最も保存状態がよいといわれている。内部にはフレスコ画などは残っておらず、古地図などの展示がされている。

スタラタ・ミトロポーリャ（聖ソフィア教会）
The Old Metropolitan-St Sofia Church

Старата Митрополия（Църква Св. София）
スタラタ・ミトロポーリャ（ツァルクヴァ・スヴェタ・ソフィヤ）

　5世紀後半〜6世紀前半のビザンツ帝国時代に建設されたネセバル最古の教会で旧市街の中心地にある。ミトロポリスカ通りул. Митрополийскаを直進すればすぐに見えてくる。

北側の船着き場からはサニー・ビーチへのボートが発着する

伝統的家屋が建ち並ぶ

■聖パントクラトール教会
⇨Map P.151-A2
⊠ул. Митрополицка 13
（Mitropolitzka Str.）
☎0888 547661（携帯）
🕐月〜金　9:00〜20:00
　土・日　9:30〜13:30
　　　　　14:00〜19:00
🚫11〜3月　💰3Lv
💳不可

メセンブリア広場に建つ聖パントクラトール教会

■スタラタ・ミトロポーリャ
⇨Map P.151-B1
⊠гр. Несебър（Nesebar）
🕐随時

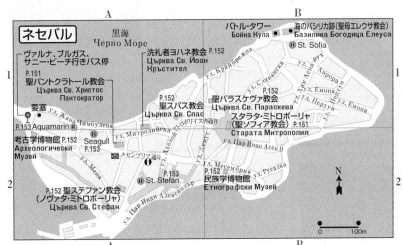

ネセバル

黒海　Черно Море

ヴァルナ、ブルガス、サニー・ビーチ行きバス停　P.151
聖パントクラトール教会　Църква Св. Христос Пантократор

洗礼者ヨハネ教会 P.152　Църква Св. Йоан Кръстител

バトル・タワー　Бойна Кула
海のバシリカ跡（聖母エレウサ教会）　Базилика Богодица Елеуса
🔵 St. Sofia

要塞　ул. Жана Чимбулева
P.153 Aquamarin ®

考古学博物館 P.152　Археологически Музей

ул. Мена

P.152　聖スパス教会　Църква Св. Спас

ул. Митрополийска　ул. Аспол (トポリスカ) 通り

✉ メセンブリア通り

H Seagull P.153

P.152　聖パラスケヴァ教会　Църква Св. Параскева
ул. Крайбрежна
ул. Славянска
ул. Хан Аспарух
ул. Аврора
ул. Емона
ул. Нептун
ул. Емона
P.152
スタラタ・ミトロポーリャ（聖ソフィア教会）P.151　Старата Митрополия
ул. Цар Иван Асен II

P.153 H St. Stefan
P.152 聖ステファン教会（ノヴァタ・ミトロポーリャ）　Църква Св. Стефан

ул. Месембрия　ул. Русалка
民族学博物館　Етнографски Музей

ул. Цар Иван Александър

N

0　100m

151

■考古学博物館
⇨Map P.151-A2

✉ул. Месембрия 2
(Messembriya Str.)
☎(0554)46018
URL www.ancient-nessebar.com
⏰月～金　9:00～20:00
　　土・日　9:30～13:30
　　　　　 14:00～19:00
休無休
料6Lv　💳不可

イコンのコレクション

■民族学博物館
⇨Map P.151-B2

✉ул. Месембрия 32
(Messembriya Str.)
⏰10:30～14:00
　　14:30～18:00
休11～3月　料3Lv　💳不可

■聖ステファン教会
⇨Map P.151-A2

✉ул. Рибарска 117
(Ribarska Str.)
⏰月～金9:00～20:00
　　土・日　9:30～13:30
　　　　　 14:00～19:00
休11～3月
料6Lv　学生3Lv　💳不可

■聖スパス教会
⇨Map P.151-A1

✉ул. Ахелой 7
(Aheloj Str.)
⏰10:30～14:00
　　14:30～19:00
休11～3月　料3Lv　💳不可

■洗礼者ヨハネ教会
⇨Map P.151-A1

✉ул. Месембрия
(Messembriya Str.)
⏰10:30～14:00
　　14:30～19:00
休11～3月　料3Lv　💳不可

■聖パラスケヴァ教会
⇨Map P.151-B1

✉ул. Хемус(Hemus Str.)
⏰10:30～14:00
　　14:30～19:00
休11～4月　料3Lv　💳不可

フレスコ画は現存していない

　今は屋根もなく外壁だけの廃墟となっているが、今でも野外コンサート会場などに使われている。

考古学博物館 Archeological Museum

Археологически Музей　アルヘオロギチェスキ・ムゼイ

　ネセバルの歴史にまつわるさまざまな品を展示している博物館。特に地下1階に展示されている17世紀のイコンの数々は必見。保存状態が極めてよく、描かれた当時の色彩が鮮やかに残っている。

民族学博物館 Ethnographic Museum

Етнографски Музей　エトノグラフスキ・ムゼイ

　1840年に建てられた民族復興様式期の館を利用した博物館。18世紀末から20世紀初頭にかけての生活用具や、当時のネセバルの写真、絵画などを展示している。

聖ステファン教会 (ノヴァタ・ミトロポーリャ)
St. Stephen Church-New Metropolitan Church

Църква Св. Стефан (Новата Митрополия)
ツァルクヴァ・スヴェティ・ステファン (ノヴァタ・ミトロポーリャ)

　11～12世紀に建てられた教会で、その後何度か修復を繰り返して今日にいたっている。最も古い部分は、南東から見た丸い天井部分。堂内の司教の座は、19世紀の傑作で、だいぶ傷んでいるがフレスコ画が見事。

美しいフレスコ画が残る聖ステファン教会

聖スパス教会 St. Spas Church

Църква Св. Спас　ツァルクヴァ・スヴェティ・スパス

　1609年に創建された小さな教会。比較的新しいこともあり、建築的価値は高くないが、内壁に描かれたフレスコ画は保存状態もよく、見応えがある。

壁面には聖母マリアやイエスの生涯を描いたフレスコ画が描かれている

洗礼者ヨハネ教会 St. John The Baptist Church

Църква Св. Йоан Кръстител　ツァルクヴァ・スヴェティ・イオアン・クラスティテル

　10世紀末に建てられた教会で、保存状態は非常によい。紀元前にギリシア神殿があった場所に建てられている。教会内にはフレスコ画はほとんど残っていないが、柱には聖母マリアなどが描かれている。教会内にはイコンが並ぶ。

聖パラスケヴァ教会 St. Paraskeva Church

Църква Св. Параскева　ツァルクヴァ・スヴェタ・パラスケヴァ

　13世紀に建てられ、19世紀末まで利用された教会。フレスコ画は残っておらず、内部では別の教会のフレスコ画の展示を行っている。

エクスカーション

サニー・ビーチ Sunny Beach
Слънчев Бряг スランチェフ・ブリャク

どこまでも続くサニー・ビーチの海岸線

サニー・ビーチは、ゴールデン・サンズ（⇨P.145）と並ぶ黒海の代表的なリゾート。8kmにわたる長い海岸線はネセバルまで続いている。ホテル、レストラン、バーなどが海岸沿いにたくさんあり、各種マリンスポーツが楽しめる。ウインドサーフィンは1時間単位、ジェットスキーは10分単位。

サニー・ビーチへの行き方

🚍🚍 バス利用のポイント
　サニー・ビーチのバス停は大通り沿いにいくつかあるので、目的地か町の中心（Центърツェンタル）を確認して下車すること。
●ブルガスから
🚍🚍 アフトガーラ・ユクの3番乗り場からネセバル経由で1時間に2便程度。
所要：約1時間　運賃：6Lv
●ネセバルから
🚍🚍 9:00～23:00の20分に1便、冬期減便。
所要：約10分　運賃：1.30Lv
🚢 バス停正面の船着場から10:00～21:00に20分おき。冬期運休。
所要：約20分　運賃：10Lv

ネセバルのホテル&レストラン　*Hotel & Restaurant*

日本からの電話のかけ方　電話会社の番号（→P.30）＋010＋359（ブルガリアの国番号）＋554（0を取った市外局番）＋番号

　ネセバルの旧市街の宿は数が多くないので早めに予約したほうがいい。橋を渡った新市街にもホテルはある。サニー・ビーチの海岸沿いには大型リゾートホテルが建ち並んでいる。レストランやカフェはメセンブリア通りやミトロポリスカ通りに多い。

セント・ステファン St. Stefan　　　　　　　　　　　　Map P.151-A2
Св. Стефан Хотел
★★★　　　　中級 室数:18

シーズン中は長期滞在客で満室になることもある町で人気のホテル。レストランを併設しており、小規模ながらサウナなどの設備も完備している。海が見えるバルコニー付きの部屋もある。アパートメントタイプは€53～82。

✉ул. Рибарска 11
（Ribarska Str.）
☎(0554)43603
FAX(0554)43604
URL www.hotelsaintstefan.com
🛏S🚿🛗📺🍴🏧€32～45
🛏W🚿🛗📺🍴🏧€37～50
💱US$　€　Lv
CC AMV 📶全館 EVなし

シーガル Hotel Seagull　　　　　　　　　　　　　　　Map P.151-A2
Хотел Сийгъл
★★★　　　　中級 室数:8

旧市街の入口近く、冬期もやっている家族経営のホテル。部屋はテレビやミニバーを備えており、十分快適。海が見える部屋もある。レストランも併設している。

✉ул. Жана Чимбулева 4
（Zhana Chimbuleva Str.）
☎0898 622112（携帯）
URL www.seagull-nessebar.com
🛏S🚿🛗📺🍴70Lv
🛏W🚿🛗📺🍴90Lv
💱　Lv　CC MV
📶全館 EVなし

ビストロ・アクアマリン　　　　　　　　　　　　　　Map P.151-A1
Bistro Aquamarin
ブルガリア料理

通年営業する数少ない店。伝統的ブルガリア料理と魚介がメインで、シーフードは12～110Lv。アルコール類も豊富に揃っている。

✉ул. Крайбрежна 3
（Kraybrezhna Str.）
☎0898 580909（携帯）
🕗8:00～24:00　休無休
💱Lv
CC MV 📶あり

ソフィア
ブルガス

●ソフィアから
✈週5便
所要:約1時間
🚄1日7便
所要:6時間10分～7時間45分
運賃:18.90～31.10Lv
🚌中央バスステーションから各社が運行。7:00～17:30の1時間に1便、20:30、翌0:30発
所要:約7時間
運賃:27～33Lv
●ヴァルナから
🚄直行なし。バスが便利。
🚌アフトガーラ・ザパッドからミニバスが7:00～19:00の1時間に1便程度
所要:約2時間15分
運賃:14Lv
●ネセバルから
🚌6:20～21:00の1時間に1便程度
所要:約40分
運賃:6Lv

■イスタンブール(トルコ)へ
🚌アフトガーラ・ユクから、1日6便
所要:約6時間
運賃:45Lv

■ブルガスのアフトガーラ
アフトガーラは2ヵ所あり、バス会社によってはアフトガーラ・ユクから北へ約2.6kmの所にあるアフトガーラ・ザパッドに到着する。中心部まで徒歩約20分、タクシーだと所要5分、8Lv程度。

アフトガーラ・ユク

ブルガスの中心は歩行者天国

ブルガス
Бургас
Burgas

　黒海沿岸の諸都市はほとんど紀元前のギリシア人の植民によって歴史が始まった。しかし、ブルガスの町は新しい。周辺の漁師が集落をつくったのが始まりで、17世紀までには町に成長、さらにブルガリアがオスマン朝から独立した19世紀後半にソフィアから鉄道が敷かれ、飛躍的に発展していく。

　ヴァルナに比べると全体的に小さいブルガスだが、港湾都市としての機能は果たしており、世界中から貨物船がやってくるほか、石油コンビナートが林立し、工業都市として活気づいている。海岸近くの町並みは区画整理されているものの、近代ヨーロッパ調の美しい家屋も目を引く。ギリシアやトルコ料理店も多く、黒海沿岸ならではの多文化の混在が感じられる。

　ブルガスからは近郊へのバスのアクセスがよく、世界遺産の町ネセバルへや歴史ある町ソゾポルへも日帰りできる。海水浴が目的の人は、サニー・ビーチ(→P.153)へ直行しよう。

歩き方

　鉄道駅、アフトガーラ・ユク(南バスターミナル)、船着場は、いずれも町の南側にあり、町の中心まで徒歩10分程度。見どころもこの周辺に集中しており、西から東まで歩いても1時間あれば足りる。南北はもっと長く、北へ行くと高層アパートが並んでいる。

　駅前から真っすぐ北に延びる**アレクサンドロフスカ通りул. Александровска**には、ホテルやレストランが並んでいる。300mほど進んだ先にあり、東西に延びる**アレコ・ボゴリディ通**

り**ул. Алеко Богориди**も同じくカフェやレストラン、考古学博物館などが並ぶにぎやかな歩行者天国だ。❶は**フリスト・ボテフ通りул. Христо Ботев**沿い、オペラ・ハウスがある広場と通りを挟んだ所にあり、鉄道駅からは徒歩8分程度。情報量はそれほど多くないが、地図入りの英語情報誌などが手に入る。

　また、ブルガスの空港は町の中心から約15kmほど離れた所にあり、市内中心部へは15番のバスがアフトガーラ・ユクとを結んでいる。所要約20分、1Lv。

見どころ

考古学博物館 Archaeological Museum

Археологически Музей アルヘオロギチェスキ・ムゼイ

　ブルガスには古代の遺跡はないが、周辺にはギリシア・ローマ時代の植民地跡がいくつもある。ここではおもにトラキア時代にメナンブリアと呼ばれていた、ブルガス近郊のネセバルでの出土品が展示されている。ほかにトラキア時代の碑文や、ローマ時代の装飾品や生活用品などもある。

貴金属の展示も充実している

■ブルガスの ❶
　⇨ Map P.155-A1
✉ул. Александровска 37
（Aleksandrovska Str.）
☎(056)825772
🕐10:00〜19:00
🈺無休

■考古学博物館
　⇨ Map P.155-A1
✉ул. Алеко Богориди 21
（Aleko Bogoridi Str.）
☎(056)843541
URL www.burgasmuseums.bg
🕐夏期 10:00〜19:00
　冬期　9:00〜17:00
🈺冬期の日曜
💴5Lv　学生2Lv
📷3Lv　🚫不可

民族学博物館 Ethnographic Museum

■民族学博物館
⇨Map P.155-A1

⊠ул. Славянска 69
(Slavyanska Str.)
TEL(056)842587
URLwww.burgasmuseums.bg
時夏期
　月～金 9:00～19:00
　土　 10:00～19:00
　冬期 9:00～17:00
休日、冬期の土
料5Lv　学生2Lv
■3Lv　✗不可

Етнографски Музей エトノグラフスキ・ムゼイ

聖キリル・メトディー教会の裏にある。1階は企画展、2階は常設展で、普段の生活や祭りのときに着る民族衣装が展示されている。仮面やささげ物といった祭りの用具や、日常の生活用品などもある。

黒海沿岸の伝統がよくわかる

聖キリル・メトディー教会 St. Ciril and Methudius Church

■聖キリル・メトディー教会
⇨Map P.155-A1

⊠пл. Св. Св. Кирил и Методий
(Sv. Kiril i Metodiy Sq.)
TEL(056)843175

■ラヴァディノヴォ城
⇨折込Map表 D2

🚌公共交通機関はないのでソゾポルまで行き、中心部からタクシーをチャーターする。往復30Lv程度。
⊠Равадиново(Ravadinovo)
TEL0700 80058
URLzamaka.bg
時8:00～22:00　休無休
料20Lv

Катедрална Църква Св. Св. Кирил и Методий
カテドラルナ・ツァルクヴァ・スヴェティ・スヴェティ・キリル・イ・メトディー

19世紀末期から20世紀初頭にかけて建てられた教会堂。堂内は壁や天井のフレスコ画が美しく、厳かな雰囲気が漂っている。日曜の聖体礼儀以外はひっそりとしている。

ドームはフレスコ画が美しい

エクスカーション

ラヴァディノヴォ城 The Castle of Ravadinovo

Замъкът Равадиново ザマカト・ラヴァディノヴォ

ソゾポル(P.158)郊外のラヴァディノヴォ村にある城。といっても歴史ある城というわけではなく、2013年にオープンした観光客向けのエンターテインメント施設。城内のアートギャラリーや庭園など見どころが多い。

ラヴァディノヴォ城の庭園

ブルガスのホテル　　　　　　　　　　*Hotel*

日本からの電話のかけ方　電話会社の番号(→P.30)＋010＋359(ブルガリアの国番号)＋56(0を取った市外局番)＋番号

　ブルガスは近郊のリゾート地に比べてホテルの数は少ない。中級ホテルはアレコ・ボゴリディ通り周辺にいくつかある。

■ブルガス Burgas
Хотел Бургас

Map P.155-A2

★★★★　高級　室数:25

鉄道駅から近い。客室はスタンダードとデラックスの2種があり、後者はバスタブ付き。カジノも併設されている。

⊠ул. Хан Крум 5 (Han Krum Str.)
TEL(056)816666　FAX(056)836666
URLwww.hotelburgas.com
S🛏🖥📶🚿▥100Lv
W🛏🖥📶🚿▥140Lv
💳Lv　CC🇩MV　WiFi全館　EVあり

■ブルガリア Bulgaria
Хотел България

Map P.155-A2

★★★★　高級　室数:160

2018年に全面改装し、2019年3月にグランドオープン。プールやジャクージ、フィットネスなど設備も充実。併設の旅行会社はバスのチケットも扱う。

⊠ул. Александровска 21
(Aleksandrovska Str.)
TEL(056)842610　FAX(056)841291
URLwww.bulgaria-hotel.com
S🛏🖥📶🚿▥€58　W🛏🖥📶🚿▥€66
💳US$　€　Lv
CCAMV　WiFi全館　EVあり

ルクソール Luxor

Map P.155-B2

Хотел Луксор

★★★　　中級　室数:36

鉄道駅とビーチの間にある好立地。装飾は古代エジプトをテーマにしている。1階はイタリアン・レストラン、地下にはサウナやフィットネスセンターを完備。

✉ул. Булаир 27
(Bulair Str.)
TEL(056)847670　FAX(056)847671
URLwww.luxor-bs.com
■■S🛏▶▶65〜70Lv
■■W🛏▶▶75〜80Lv
💳Lv 💳MⓋ 📶全館 EVあり

フォティノフ Fotinov

Map P.155-A1

Хотел Фотинов

★★　　中級　室数:11

町の中心にあるゲストハウス。テレビ、エアコン、冷蔵庫など基本的な設備は調い快適。冬期は状況に応じてかなり安くなることもある。朝食7Lv。

✉ул. Константин Фотинов 22
(Konstantin Fotinov Str.)
TEL0898 579018 (携帯)
FAX(056)910403　URLhotelfotinov.com
■■S🛏▶▶65〜75Lv
■■W🛏▶▶75〜85Lv
💳€ Lv 💳MⓋ 📶全館 EVなし

ブルガスのレストラン　　　　　*Restaurant*

アレクサンドロフスカ通りとアレコ・ボゴリディ通りにレストランやカフェが数多く並んでいる。夏場はどこの店もテラス席を設け、にぎやかな雰囲気になる。

ナショナル National

Map P.155-A2

Ресторант Национал

ブルガリア料理

アフトガーラ・ユクからしばらく東へ。高級感ある内装のわりに料理は良心的な値段。肉料理3.50〜34Lv、シーフード6.80〜29Lv。英語のメニューあり。火〜日は生演奏が楽しめる。

✉ул. Филип Кутев 6
(Filip Kutev Str.)
TEL(056)841335
TEL0897 853777 (携帯)
URLwww.restorantnacional.com
🕐9:00〜24:00　無休
💳Lv 💳MⓋ 📶あり

インカント Incanto & Zon Bar

Map P.155-A1

Инканто

イタリア料理＆日本料理

地元の人々に人気のイタリア料理店。店内は木製のテーブルが並び、落ち着いた雰囲気。こだわりのピザは6.60〜13.50Lv。寿司メニューも豊富。

✉пл. Баба Ганка 4
(Baba Ganka Sq.)
TEL0893 641833 (携帯)　URLincanto.bg
🕐火〜金・日　9:00〜24:00
　　月　　10:00〜23:00
　　土　　9:30〜24:00
無休 💳Lv 💳MⓋ 📶あり

ズラトナ・リブカ Zlatna Ribka

Map P.155-B2

Златна Рибка

ブルガリア料理

海浜庭園に隣接した閑静なエリアにあるブルガリア家庭料理のレストラン。雰囲気がよく、価格も手頃なので週末の夜は要予約。魚料理は6.90〜30Lv。

✉ул. Цар Симеон I-ви 3
(Tsar Simeon I Str.)
TEL(056)987777
🕐9:00〜23:30
無休　💳Lv
💳MⓋ
📶あり

ロゼ Rosé

Map P.155-A1

Росе Ресторант

イタリア料理、ブルガリア料理

自慢の自家製手打ちパスタとフォトジェニックなイタリアン＆ブルガリア料理に定評がある。併設するピザスタンドではカットピザを販売しており、持ち帰り可能。

✉бул. Алеко Богориди 19
(Aleko Bogoridi Blvd.)
TEL0887 879101 (携帯)
🕐11:00〜24:00
無休　💳Lv
💳MⓋ
📶あり

ソフィア
ソゾボル ★

ソゾポルへの行き方

●ブルガスから
アフトガーラ・ユク5番乗り場から6:00〜21:30の1時間に1〜2便。冬期減便
所要:45分
運賃:4.50Lv

ソゾポルの旧市街

■考古学博物館
⇨Map P.159
⊠пл. Хан Крум 3
（Han Krum Sq.）
☎(0550)22226
⏰6/1〜10/15
　　　9:00〜18:00
　10/16〜5/31
　　　8:30〜12:30
　　　13:30〜17:00
⏰冬期の土・日
⏰4Lv　学生1Lv
■不可

旧市街に残る伝統的な木造家屋

海水浴客でにぎわうソゾポルのビーチ

ソゾポル
Созопол
Sozopol

　ブルガスから南東へ35km、ソゾポルは、石畳の坂道が多く、道沿いに古い民家が並ぶ小さなのんびりとした町。町の歴史は、紀元前12世紀にギリシア人がこの地を開き、植民地として移り住んだことに始まる。ギリシア人は高さ12mにもなる太陽神アポロンの像を立て、植民地をアポロニアと呼んだ。

　当時から貿易港として栄えていたアポロニアには、この地方の蜂蜜や穀物とギリシアのワインや織物などを積んだ船舶が頻繁に往来していた。しかし、紀元前72年にはローマの将軍ルクッルスが町を占領し、ギリシアの時代は終わりを遂げた。ローマはアポロン像を戦利品として持ち帰り、それ以降、町はソゾポル（魂の救い）と呼ばれるようになった。町の名前は変わっても、貿易の拠点としての地位はゆるがず、ローマ、ビザンツ時代も黒海沿岸の主要港としてソゾポルは繁栄を続ける。だが、ブルガリアがオスマン朝から独立して、ソフィアやプロヴディフからの鉄道がブルガスまで敷設されると、この地方の貿易の中心地はブルガスに移ってしまった。夏のソゾポルは観光客でにぎわうが、一歩路地裏に入れば静かな時間が流れており、落ち着いて散策が楽しめる。

歩き方

　バスが着くのは、新市街と旧市街の間の**ハン・クルム広場пл. Хан Крум**。公園の向かい側だ。新市街の南の海岸は海水浴場になっている。

おもな見どころは、公園の中にある**考古学博物館** **Археологически Музей**。海底に沈んでいた難破船から発見されたギリシア時代の宝物などが展示品で、特にギリシアの神々を主題とした壺のコレクションは国内第一といわれている。

考古学博物館の北は旧市街が広がる。伝統的な木造家屋が建ち並び、そぞろ歩きが楽しい。旧市街の南東側は、中世の城壁が残っており、城壁と海に挟まれた遊歩道が整備されている。

旧市街

ул. Краюбрежна

ул. Киприа и Методий

ул. Аполония

ул. Морски Скали

R Vyatarna Melnitsa P.159

H Casa del Mare P.159

✉

P.158考古学博物館 Археологически Музей

民族学資料館 Етнографска Експосиция

пл. Хан Крум ハンクルム広場

黒海 Черно Море

新市街

←ブルガスへ

ул. Републиканска

Parnas H

VIP Zona H

H Vila List Selena ул. Яни Попов

Fjord H

H Golden Place ул. Пирогамо

Aquamarine H

0 ── 200m N

ソゾポル

旧市街には中世の教会跡も残っている

ソゾポルのホテル&レストラン　*Hotel & Restaurant*

日本からの電話のかけ方　電話会社の番号（→P.30）＋010＋359（ブルガリアの国番号）＋550（0を取った市外局番）＋番号

ブルガスからの日帰りも可能だが、ホテルの数は多く、逆にこちらをベースにする手もある。旧市街はゲストハウス、新市街には大型のリゾートホテルが多い。ただし、シーズンオフの冬は閉まってしまうところが多い。

カーサ・デル・マーレ Casa del Mare

Хотел Каса дел маре

Map P.159

★★★　中級　室数:23

旧市街の城壁沿いに建っており、眺めのよさが自慢。部屋は明るく広々としており感じがいい。半分の部屋がシービューで、バルコニーも付いている。雰囲気のいいレストランも併設している。

✉ул. Кирил и Методий 36
(Kiril i Metodii Str.)
TEL(0550)22300　FAX(0550)22216
URLwww.hotelcasadelmare.com
S49〜119Lv
W59〜149Lv
Lv　JMV
全館　EVなし

ヴャタルナ・メルニツア Vyatarna Melnitsa

Вятърна Мелница

Map P.159

ブルガリア料理

旧市街の北端にあり、風車が目印。シーフードが特に充実したブルガリア料理店で、黒海を眺めながら食事が楽しめる。音楽の生演奏が行われることもある。予算は20Lv〜。

✉ул. Морски Скали 27
(Mosrki Skali Str.)
TEL(0550)22844
10:00〜24:00
11〜5月
Lv
MV
あり

旅の言葉
ブルガリア語会話

　ブルガリアの公用語はブルガリア語で文字はキリル文字。キリル文字はラテン・アルファベットと字形、音ともに同じものや、字形が同じだが音が違うものとさまざま。たいてい

地方都市の駅や看板には英語の併記がないので、自分の目的地名などはキリル文字で覚えておこう。正書体のほか、メニューや看板などでよく使われる独自の書体もある。

キリル文字＝ラテン・アルファベット対応表

正書体	独自書体	ラテン文字	正書体	独自書体	ラテン文字	正書体	独自書体	ラテン文字
А а	А а	A	Л л	Л л	L	Ц ц	Ц ц	TS
Б б	Б б	B	М м	М м	M	Ч ч	Ч ч	CH
В в	В в	V	Н н	Н н	N	Ш ш	Ш ш	SH
Г г	Г г	G	О о	О о	O	Щ щ	Щ щ	SHT
Д д	Д g	D	П п	П п	P	Ъ ъ	Ъ ъ	A
Е е	Е е	E	Р р	Р р	R	Ь ь	Ь ь	Y (軟音)
Ж ж	Ж ж	ZH	С с	С с	S	Ю ю	Ю ю	YU
З з	З з	Z	Т т	Т m	T	Я я	Я я	YA
И и	И и	I	У у	У у	U			
Й й	Й ŭ	Y	Ф ф	Ф ф	F			
К к	К k	K	Х х	Х х	H			

あいさつ、呼びかけ

おはよう
ドブロ　ウートロ
Добро утро.

こんにちは
ドーバル　デン
Добър ден.

こんばんは
ドーバル　ヴェチェル
Добър вечер.

おやすみなさい
レカ　ノーシト
Лека нощ.

ありがとう
ブラゴダリャ　／　メルスィ
Благодаря. ／ Мерси.

どういたしまして
ニャーマ　ザシト
Няма защо.

ごめんなさい
イズヴィネーテ
Извинете.

はい／いいえ
ダー　／　ネ
Да ／ Не

すみません(呼びかけ)
モーリャ
Моля.

お願いします、どうぞ
モーリャ　ザポヴャーダィ(テ)
Моля Заповядай(те).

乾杯！
ナズドラーヴェ
Наздраве!

基本会話

これは何ですか
カクヴォ　エ　トヴァ
Какво е това?

(あなたは)誰ですか
コイ　ステ　(ヴィエ)
Кой сте (Вие)?

(ここは)どこですか
カ　デ　エ　(トゥック)
Къде е (Тук)?

何時ですか
コールコ　エ　チャサット
Колко е часът?

いくらですか
コールコ　ストゥルーヴァ
Колко струва?

わかりません
ネ　ラズビラム
Не разбирам.

もう一度言ってください
ポヴトレーテ　モーリャ
Повторете, моля.

はじめまして
プリヤートノ　ミ　エ
Приятно ми е.

わたしの名前は…です
カズヴァム　セ
Казвам се….

あなたの名前は何ですか
カク　セ　カーズヴァテ
Как се казвате?

わたしは日本人です
アス　サム　ヤポーネッツ　(男)　／　ヤポーンカ
Аз съм японец (男) ／ японка (女).

ちょっと待ってください
ポチャーカイテ マルコ モーリャ
Почакайте малко моля.

〜が欲しいのですが
イースカム
Искам 〜.

これはブルガリア語で何というのですか
カク セ カズヴァ ナ ブルガルスキ
Как се казва на български?

移動

〜はどこですか
カデ エ
Къде е 〜?

〜へ行きたいのですが
イスカム ダ オティーダ ド
Искам да отида до 〜.

〜行きを1枚ください
ダイテ ミ エディン ビレト ザ
Дайте ми един билет за 〜.

2等車をください
ダイテ ミ ヴァゴーン フトーラ クラーサ
Дайте ми вагон втора класа.

タバコは吸えますか
モージェ リ ダ プーシャ
Може ли да пуша?

〜までいくらですか
コールコ ストゥルーヴァ ド
Колко струва до 〜?

〜までどのくらいかかりますか
コールコ チャサ セ パトゥーヴァ ド
Колко часа се пътува до 〜?

何番線ですか
ナ コイ コロヴォス
На кой коловоз?

何時（分）に発車しますか
フ コールコ チャサ シテ トラーグネ ヴラーカット
В колко часа ще тръгне влакът?

何時に到着しますか
フ コールコ チャサ シテ プリスティーグネ ヴラーカット
В колко часа ще пристигне влакът?

〜駅には停車しますか
スピーラ リ ナ ガーラ
Спира ли на гара 〜（駅名）?

宿泊

このあたりに安い（安全な）ホテルはありますか
イーマ リ ナブリーソ エーフティン（ベゾパッセン）ホテル
Има ли наблизо евтин（безопасен）хотел?

駅に近いホテルはありますか
イーマ リ ホテル ブリーソ ド ガーラタ
Има ли хотел, близо до гарата?

空室はありますか
イーマ リ スヴォボードニ スタイ
Има ли свободни отаи?

何泊する予定ですか
コールコ ドニー イスカーテ ダ ノシトゥーヴァテ
Колко дни искате да нощувате?

1泊いくらですか
コールコ ストゥルーヴァ ナ ヴェーチェル
Колко струва на вечер?

シングル（ダブル）の部屋はありますか
イーマテ リ エディニチナ（ドヴォイナ）スタヤ
Имате ли единична（двойна）стая?

バス・トイレ付きの部屋はありますか
イーマテ リ スターヤス バーニャ イ トアレートナ
Имате ли стая с баня и тоалетна?

部屋を見せてください
ポカジェーテ ミ スターヤタ
Покажете ми стаята.

ここに決めます
イズビーラム トゥック
Избирам тук.

チェックアウトは何時ですか
フ コールコ チャサー トリャブヴァ ダ オスヴォボデャ スタヤタ
В колко часа трябва да освободя стаята?

お湯が出ません
ニャーマ トープラ ヴォダ
Няма топла вода.

荷物を預かってもらえますか
モージェ リ ダ オスターヴャ バガージャ スィ プリ ヴァス
Може ли да оставя багажа си при вас?

食事

このあたりにいいレストランはありますか
ナ ブリーソ イーマ リ フーバヴ レストラント
На близо има ли хубав ресторант?

このテーブルは空いていますか
スヴォボードナ リ エ タズィ マーサ
Свободна ли е тази маса?

ここに座ってもいいですか
モージェ リ ダ セードナ トゥック ／ スヴォボードノ リ エ トゥック
Може ли да седна тук? ／ Свободно ли е тук?

メニューを見せてください
ポカジェーテ ミ メニュート
Покажете ми менюто.

〜をください
ダイテ ミ
Дайте ми 〜.

どうですか（おいしいですか）
ハレスヴァ リ ヴィ（ヴクースノ リ ヴィ エ）
Харесва ли Ви（Вкусно ли Ви е）?

おいしいです
ヴクースノ エ
Вкусно е.

お勘定をお願いします
ダイテ ミ スメットカタ ／ スメットカタ モーリャ
Дайте ми сметката ／ Сметката моля.

買い物

何かお探しですか
タルスィテ リ ネシト
Търсите ли нещо?

いいえ、けっこうです。見ているだけです
ネ ブラゴダリャ サーモ グレダム
Не, благодаря. Само гледам.

いくらですか
コールコ ストゥルーヴァ
Колко струва?

それは安い／高いです
トヴァ エ エフティノ ／ スカーポ
Това е евтино ／ скъпо.

ほかの値段のものはありますか
イーマテ リ ネシト ス ドゥルガ ツェナー
Имате ли нещо с друга цена?

郵便、電話、両替

郵便局はどこですか
カ デ エ ポーシタタ
Къде е пощата?

日本までの切手をください
ダイ テ ミ ポシュテンスキ マルキ
Дайте ми пощенски марки
ド ヤボーニャ
до Япония.

紙に書いてもらえますか
モージェ リ ダ ミ ナピシェテ テ ナ リスト
Може ли да ми напишете на лист?

日本へ電話をかけたいのですが
イースカム ダ セ オバーデャ ド ヤボーニャ
Искам да се обадя до Япония.

テレホンカードはありますか
イーマテ リ フォノカルタ
Имате ли фонокарта?

ここで両替できますか
トゥック モガ リ ダ オブメニャー
Тук мога ли да обменя?

計算が間違っています
グレシーテ スメットカタ
Грешите сметката.

観光

開館時間は何時からですか
オット コールコ チャサー ザポチヴァ ダ ラボーティ
От колко часа започва да работи?

入場料はいくらですか
コールコ ストルーヴァ フホードナタ タークサ
Колко струва входната такса?

休日はありますか
イーマ リ ポチヴェン デン
Има ли почивен ден?

写真を撮ってもいいですか
モージェ リ ダ スニマム
Може ли да снимам?

ここへ入ってもいいですか
モージェ リ ダ フリャーザ トゥック
Може ли да вляза тук?

中心街はどこですか
カ デー エ ツェーンタラ ナ グラダー
Къде е центъра на града?

英語は話せますか
ゴヴォーリテ リ アングリースキ
Говорите ли английски?

楽しかったです
プリャートノ ミ ベーシェ
Приятно ми беше.

緊急、医療

気分が悪いです
ローショ ミ エ
Лошо ми е.

病院／日本大使館はどこですか
カデー エ ボールニッツァタ / ヤボーンスコト ポソールストヴォ
Къде е болницата／японското посолство?

〜が痛い
ボリー メ 〜
Боли ме〜.

薬をください
ダイ テ ミ レカールストヴォ
Дайте ми лекарство.

〜を盗まれました
オットクラードナリ サ ミ 〜
Откраднали са ми 〜.

助けて！
ポモシト
Помощ!

どろぼう！
クラデッツ
Крадец!

警察！
ポリッツァイ
Полицай!

■数字

1	エディン（エドナ エドノ） **един（една,едно）**	20	ドヴァデセット（ドヴァイセット） **двадесет（двайсет）**	900	デーヴェットストティン **деветстотин**
2	ドヴァ（ドヴェ） **два（две）**	21	ドヴァデセット（ドヴァイセット）イ エディン（エドナ エドノ） **двадесет（двайсет）и един（една,едно）**	1000	ヒリャーダ **хиляда**
3	トゥリ **три**	22	ドヴァデセット（ドヴァイセット）イ ドヴァ（ドヴェ） **двадесет（двайсет）и два（две）**	1万	デーセット ヒーリャディ **десет хиляди**
4	チェティリ **четири**	23	ドヴァデセット（ドヴァイセット）イ トゥリ **двадесет（двайсет）и три**	10万	スト ヒーリャディ **сто хиляди**
5	ペット **пет**	30	トゥリデセット（トゥリイセット） **тридесет（трийсет）**		
6	シェースト **шест**	40	チェティリデセット（チェティリイセット） **четиридесет（четирийсет）**		**■曜日**
7	セーデム **седем**	50	ペッデセット **петдесет**	月曜日	ポネデールニック **понеделник**
8	オーセム **осем**	60	シェステセット（シェイセット） **шестдесет（шейсет）**	火曜日	フトールニック **вторник**
9	デーヴェット **девет**	70	セデムデセット **седемдесет**	水曜日	スリャーダ **сряда**
10	デーセット **десет**	80	オセムデセット **осемдесет**	木曜日	チェットヴァルタック **четвъртък**
11	エディナーデセット（エディナイセット） **единадесет（единайсет）**	90	デヴェデセット **деведесет**	金曜日	ペータック **петък**
12	ドヴァナーデセット（ドヴァナイセット） **дванадесет（дванайсет）**	100	スト **сто**	土曜日	スーボタ **събота**
13	トゥリナーデセット（トゥリナイセット） **тринадесет（тринайсет）**	110	スト イ デーセット **сто и десет**	日曜日	ネデーリャ **неделя**
14	チェティリナーデセット（チェティリナイセット） **четиринадесет（четиринайсет）**	200	ドヴェスタ **двеста**		
15	ペットナーデセット（ペットナイセット） **петнадесет（петнайсет）**	300	トゥリスタ **триста**		**■月**
16	シェストナーデセット（シェストナイセット） **шестнадесет（шестнайсет）**	400	チェティリストティン **четиристотин**	1月	ヤヌアーリ **януари**
17	セデムナーデセット（セデムナイセット） **седемнадесет（седемнайсет）**	500	ペットストティン **петстотин**	2月	フェヴルアーリ **февруари**
18	オセムナーデセット（オセムナイセット） **осемнадесет（осемнайсет）**	600	シェストストティン **шестстотин**	3月	マールト **март**
19	デヴェットナーデセット（デヴェットナイセット） **деветнадесет（деветнайсет）**	700	セデムストティン **седемстотин**	4月	アプリール **април**
		800	オセムストティン **осемстотин**	5月	マイ **май**

6月	ユーニ юни
7月	ユーリ юли
8月	アヴグスト август
9月	セプテムヴリ септември
10月	オクトムヴリ октомври
11月	ノエムヴリ ноември
12月	デケムヴリ декември

■基本単語

- 誰／いつ／どこ　コイ／コガ／カデ　кой／кога／къде
- 何／なぜ　カクヴォ／ザシュト　каквo／защо
- どのように　カク　как
- 昨日　フチェーラ　вчера
- 今日　ドゥネス　днес
- 明日　ウートレ　утре
- 午前　プレディ オビャット　преди обяд
- 午後　スレドビャット　следобяд
- 朝／昼／夜　スートリン／オビャット／ノシュト　сутрин／обяд／нощ
- 毎日　フセキ デン　всеки ден
- 暑い／寒い　ゴレーシト／ストゥデーノ　горещо／студено
- 暖かい／涼しい　トプロ／フラドノ　топло／хладно
- よい／悪い　ドブロ／ロショ　добро／лошо
- 右／左　デャースノ／リャーヴォ　дясно／ляво
- 上／下　ゴーレ／ドール　горе／долу
- 前／後　プレット／ザット　пред／зад

■移動に役立つ単語

- 飛行機　サモレット　самолет
- 列車　ヴラック　влак
- 地下鉄　メトロ　метро
- バス　アフトブース　автобус
- タクシー　タクスィ　такси
- トラム　トラムヴァイ　трамвай
- トロリーバス　トロレイブス　тролейбус
- 自動車　コラ　кола
- 自転車　コレロ　колело
- 空港　アエロガーラ／レティシテ　аерогара／летище
- 駅　ガーラ　гара
- バス停(バスターミナル)　スピールカ（アフトガーラ）　спирка（автогара）
- 特急　エクスプレス　експрес
- 急行　バルス　бърз
- 各停(鈍行)　プットニーチェスキ　пътнически
- 1等　パルヴァ クラーサ　първа класа
- 2等　フトーラ クラーサ　втора класа
- 寝台車　スパーレン ヴァゴーン　спален вагон
- 切符　ビレット　билет
- 指定席券　ビレット ザ ザパゼーノ ミャースト　билет за запазено място
- 時刻表　ラスピサーニエ　разписание
- 到着　プリスティガーネ　пристигане
- 出発　トラグヴァネ（ザミナヴァネ）　тръгване（заминаване）

- 車掌　コンドゥクトル　кондуктор
- 運転手　ショフョール　шофьор

■宿泊に役立つ単語

- 部屋　スターヤ　стая
- シャワー／バスタブ　ドゥーシュ／ヴァナ　душ／вана
- トイレ　トアレトナ　тоалетна
- 朝食　ザクースカ　закуска
- 鍵　クリュッチ　ключ
- 税金　タクサ　такса
- ホテル　ホテール　хотел
- プライベートルーム　チャーストナ クヴァルティーラ　частна квартира
- レセプション　レツェープツィヤ　рецепция
- エレベーター　アサンショール　асансьор
- 階段　スタルビシュテ　стълбище
- 水／お湯　ヴォダ／トープラ ヴォダ　вода／топла вода
- 冷たい／熱い　ストゥデーノ／ゴレーシト　студено／горещо
- テレビ　テレヴィゾル　телевизор
- ベッド　レグロ　легло
- 毛布　オデャーロ　одеяло
- 電球　クルーシカ　крушка
- 窓／ドア　プロゾーレッツ／ヴラター　прозорец／врата
- うるさい／静か　シューモノ／ティーホ　шумно／тихо
- 狭い／広い　テャースノ／シローコ　тясно／широко
- 汚い／きれい　ムラースノ／チースト　мръсно／чисто
- 暗い／明るい　タームノ／スヴェートロ　тъмно／светло

■食事に役立つ単語

- メニュー　メニュー　меню
- 朝食　ザクースカ　закуска
- 昼食　オビャット　обяд
- 夕食　ヴェチェーリャ　вечеря
- テーブル　マーサ　маса
- ナイフ　ノージュ　нож
- フォーク　ヴィーリッツァ　вилица
- スプーン　ラジッツァ　лъжица
- ウエーター　セルヴィチョール　сервитьор
- ウエートレス　セルヴィチョールカ　сервитьорка
- 肉／魚　メソー／リーバ　месо／риба
- 野菜　ゼレンチュッツィ　зеленчуци
- 鶏肉　ピレシコ メソー　пилешко месо
- 豚肉　スヴィンスコ メソー　свинско месо
- 牛肉　テレーシコ メソー　телешко месо
- 羊肉　アーグネシコ メソ　агнешко месо
- パン　フリャップ／ピタ　хляб／Пита
- ライス　オリース　ориз
- スープ　スーパ　супа
- 飲み物　ナピートカ　напитка
- 水（炭酸なし）　ネガジラナ ヴォダ　негазирана вода
- 炭酸水　ガジラナ ヴォダ　газирана вода

- 酒　アルコホールニ ナピットキ　алкохолни напитки
- ジュース　ソック　сок
- コーヒー　カフェー　кафе
- 紅茶　チャイ　чай
- ビール／ワイン　ビラ／ヴィーノ　бира／вино
- ウイスキー　ウイスキ　уиски
- デザート　デセルト　десерт
- 勘定書　スメットカ　сметка

■買い物に役立つ単語

- 大きい／小さい　ゴリャモ／マルコ　голямо／малко
- 赤色／青色　チェルヴェノ／スィーニョ　червено／синьо
- 黄色／緑色　ジョールト／ゼレーノ　жълто／зелено
- 黒色／白色　チェルノ／ビャーロ　черно／бяло
- 茶色　カフャーヴォ　кафяво
- あれ／これ　オノヴァ／トヴァ　онова／това

■郵便、電話、両替に役立つ単語

- 切手　ポシュタ マルカ　поща марка
- ハガキ　カルディチカ　картичка
- エアメール　ヴァズドゥーシナ ポシタ　въздушна поща
- 国際電話　メジドゥナロードナ テレフォンナ ヴラースカ　международна телефонна връзка
- 携帯電話　モビレン テレフォン　мобилен телефон
- 両替所　オブメンノ ビューロ　обменно бюро
- 領収書(両替証明書)　クヴィタンツィヤ　квитанция
- 小包　コレット　колет

■観光に役立つ単語

- 地図　プラン／カルタ　план／карта
- 博物館／美術館　ムゼイ／ガレーリヤ　музей／галерия
- 城／教会　ザマック／ツルクヴァ　замък／църква
- 修道院　マナスティール　манастир
- 川／山脈　レカー／プラニニ　река／планини
- 公園／市場　パルク／バザール　парк／пазар
- カフェテリア　カフェネ／カフェスラドカルニッツァ　кафене／кафе-сладкарница
- 観光案内所　トゥリスティーチェスカ インフルマッツィオ　туристическа информация
- 旅行代理店　プットニーチェスコ ビューロ／プットニーチェスカ アゲンツィヤ　пътническо бюро／пътническа агенция

■緊急、医療に役立つ単語

- 頭／顔　グウァヴァ／リッツェ　глава／лице
- 手／足　ラカ／クラク　ръка／крак
- 目／鼻　オコ／ノス　око／нос
- 口／歯　ウスタ／ズッブ　уста／зъб
- のど／耳　ガルロ／ウホ　гърло／ухо
- 腹／胃　コレム／ストマフ　корем／стомах
- 背中／腸　グラップ／チェルヴォ　гръб／черво
- 救急車　リネイカ　линейка
- 薬局　アプテカ　аптека
- 医者　レカル（男）／レカルカ（女）　лекар（男）／лекарка（女）

【ブルガリアの歴史】

現在のブルガリアの地に、最初に定住したのはインド＝ヨーロッパ語族のトラキア人。彼らは農耕、牧畜、金銀細工などを行い、すでに国家を形成していた。その後、ローマ帝国が台頭する。

6世紀にはスラヴ人がドナウ川を下ってブルガリアに定住。7世紀後半になると、アジア系のブルガール人（原ブルガリア人）が侵入、ビザンツ帝国を破り、681年、第一次ブルガリア帝国（→P.116）を建設した。バルカン半島で最も強大な国家となったが、1018年にビザンツ帝国に滅ぼされてしまう。1187年、アッセン・ペタル兄弟が率いる反ビザンツ勢力が蜂起。ビザンツ帝国から独立を勝ち取り、第二次ブルガリア帝国が樹立された。しかし、1396年には当時強大な国家になっていたオスマン朝に征服されてしまう。

15〜19世紀は民族復興時代と呼ばれ、オスマン朝からの解放を求めさまざまな反乱が起こるが、ことごとく失敗に終わる。1877年、ロシアはブルガリアをオスマン朝から解放するために立ち上がり、1878年、ロシアが勝利を収め、ついにブルガリアはオスマン朝から解放された。

1912年の第一次バルカン戦争では領土を大きく増やすが、1913年の第二次バルカン戦争では第一次で得たもの以上を失ってしまう。両世界大戦ではドイツ側につき敗戦。1946年に王制を廃して人民共和国を宣言し、ソ連から戻ったゲオルギ・ディミトロフによる共産党内閣ができて、ソ連の16番目の共和国といわれるほど親密な関係を築いていく。

1989年、35年間政権を握ったトドル・ジフコフが辞任、これにより共産党の一党独裁体制も崩壊し、民主化が進んでいった。ブルガリアは2007年1月、EUに加盟した。

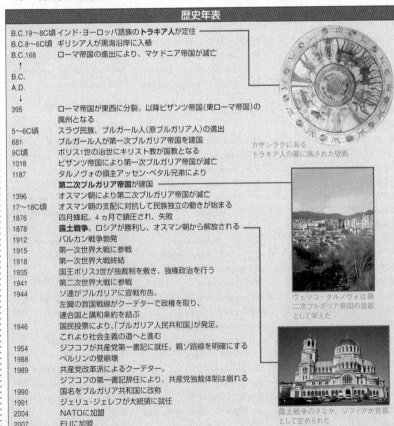

歴史年表

B.C.19〜8C頃	インド・ヨーロッパ語族の**トラキア人**が定住
B.C.8〜6C頃	ギリシア人が黒海沿岸に入植
B.C.168	ローマ帝国の進出により、マケドニア帝国が滅亡
↑	
B.C.	
A.D.	
↓	
395	ローマ帝国が東西に分裂。以降ビザンツ帝国（東ローマ帝国）の属州となる
5〜6C頃	スラヴ民族、ブルガール人（原ブルガリア人）の進出
681	ブルガール人が第一次ブルガリア帝国を建国
9C頃	ボリス1世の治世にキリスト教が国教となる
1018	ビザンツ帝国により第一次ブルガリア帝国が滅亡
1187	タルノヴォの領主アッセン・ペタル兄弟により**第二次ブルガリア帝国**が建国
1396	オスマン朝により第二次ブルガリア帝国が滅亡
17〜18C頃	オスマン朝の支配に対抗して民族独立の動きが始まる
1876	四月蜂起。4ヵ月で鎮圧され、失敗
1878	**露土戦争**。ロシアが勝利し、オスマン朝から解放される
1912	バルカン戦争勃発
1915	第一次世界大戦に参戦
1918	第一次世界大戦終結
1935	国王ボリス3世が独裁制を敷き、強権政治を行う
1941	第二次世界大戦に参戦
1944	ソ連がブルガリアに宣戦布告。左翼の救国戦線がクーデターで政権を取り、連合国と講和条約を結ぶ
1946	国民投票により、「ブルガリア人民共和国」が発足。これより社会主義の道へと進む
1954	ジフコフが共産党第一書記に就任。親ソ路線を明確にする
1988	ベルリンの壁崩壊
1989	共産党改革派によるクーデター。ジフコフの第一書記辞任により、共産党独裁体制は崩れる
1990	国名をブルガリア共和国に改称
1991	ジェリュ・ジェレフが大統領に就任
2004	NATOに加盟
2007	EUに加盟

カザンラクにあるトラキア人の墓に施された壁画

ヴェリコ・タルノヴォは第二次ブルガリア帝国の首都として栄えた

露土戦争のさなか、ソフィアが首都として定められた

ルーマニア
Romania

フニャディ・ヤーノシェの居城、コルヴィン城 (P.241)

ルーマニアの基本情報

▶旅の言葉
→P.302

国 旗
左から青、黄色、赤の3色旗。

正式国名
ルーマニア România (ロムニア)

国 歌
Deșteaptă-te Române！
(ルーマニア人目覚めよ！)

面 積
約23万8000km²
(日本の本州とほぼ同じ)

人 口 1958万6539人 (2017年)

首 都
ブカレスト București

元 首
クラウス・ヨハニス大統領
Klaus Iohannis

政 体
共和制

民族構成
ルーマニア人が約83.5%。ハンガリー人6.1%、そのほかドイツ人、ロマなど。

宗 教
ルーマニア正教81%、プロテスタント6%、ローマ・カトリック4.3%。

言 語
公用語はルーマニア語 (ロマンス語派)。トランシルヴァニア地方の一部ではマジャル語 (ハンガリー語)、ドイツ語も話されている。外国語では英語、イタリア語、フランス語が比較的通じる。数ヵ国語を操る人も多い。

通貨と為替レート

Lei

　ルーマニアの通貨はレウLeu (複数はレイLei)。表記はLeiのほか、RONも使われているが、これは日本円でいえばYenかJPYかの違い。補助通貨はバンBan (複数はバニBani)。1Leu=100Bani。2019年2月現在、1Leu＝約26円、€1＝約4.74Lei。

　紙幣は500Lei、200Lei、100Lei、50Lei、10Lei、5Lei、1Lei。硬貨が50Bani、10Bani、5Bani、1Ban。

クレジットカード レストランや中級以上のホテル、デパートなどでは、クレジットカードが普及している。また、都市部にはATMも多い。

両替 レートは両替所によってまちまち。銀行を基準にしたほうがいいが、表示レートだけでなく、両替手数料の額も確認すること。鉄道駅や両替所前などで「チェンジ、マネー?」と声をかけられるが、絶対に相手にしないこと。

500レイ　　200レイ　　100レイ

50レイ　　10レイ　　5レイ

1レウ　　50バニ　　10バニ　　5バニ　　1バン

電話のかけ方

📞

日本からルーマニアへかける場合　　🖊 ブカレストの (021) 1234567へかける場合

国際電話会社の番号	＋	国際電話識別番号	＋	ルーマニアの国番号	＋	市外局番 (頭の0は取る)	＋	相手先の電話番号
001 (KDDI) ※1 0033 (NTTコミュニケーションズ) ※1 0061 (ソフトバンクテレコム) ※1 005345 (au携帯) ※1 009130 (NTTドコモ携帯) ※3 0046 (ソフトバンク携帯) ※4		010 ※2		40		21		1234567

※1 「マイライン」の国際区分に登録している場合は、不要。詳細は、http://www.myline.org/
※2 auは、010は不要。
※3 NTTドコモは事前登録が必要。009130をダイヤルしなくてもかけられる。
※4 ソフトバンクは0046をダイヤルしなくてもかけられる。

年によって異なる移動祝祭日（※印）に注意。		
1/1 ～ 2		新年
4/28 ('19) 4/19 ('20)	※	復活祭
4/29 ('19) 4/20 ('20)	※	復活祭の翌月曜
5/1		メーデー
5/2		青年の日
6/16 ('19) 6/7 ('20)	※	聖霊降臨祭
8/15		生神女就寝祭
11/30		聖アンドレイ祭
12/1		建国記念日
12/25 ～ 26		クリスマス

祝祭日
（おもな祝祭日）

ビジネスアワー

以下は一般的な営業時間の目安。

銀　行
　月～金曜は9:00～15:00。土・日曜は休業だが、ショッピングセンター内では土・日曜も営業している店舗もある。

デパートやショップ
　一般の商店は9:00～10:00に開店、18:00～20:00に閉店、土曜は午前のみ営業、日曜・祝日は休業というのが一般的。都市部では24時間営業の店もある。

レストラン
　10:00～深夜というところが多い。土・日曜も営業する店が多い。

電気&ビデオ

電圧とプラグ
　電圧は230ボルト（V）で周波数50ヘルツ（Hz）、プラグはCまたはSE型だが、C型であるところがほとんど。日本の電化製品を使う場合、変圧器とプラグアダプターを持参のこと。

DVD方式
　ルーマニアのテレビ・ビデオ方式（SECAM）は日本やアメリカの方式（NTSC）と異なるので、現地のビデオテープは一般的な日本国内用ビデオデッキでは再生できない。また、DVDのリージョンコードは2で日本と同じだが、ビデオ同様に映像の出力方式が異なるため、一般的な家庭用DVDデッキでは再生できない。

チップ

タクシー
　短距離を利用する場合はおつりの小銭をチップとする程度。長時間チャーターした場合は5～10%が目安。

レストラン
　高級レストランでサービスに満足したときには、料金の10%程度が一般的。最近はチップの習慣も普及してきた。

ホテル
　ルームサービスの利用時や、ポーターに荷物を運んでもらったら1～10Lei程度。

トイレ
　公衆トイレは有料の場合が多く、料金は1～1.50Lei。入口ではトイレットペーパーもくれる。ただし、大都市や観光地などでは、2Leiのトイレもある。

ルーマニアから日本へかける場合　　📞 (03) 1234-5678 または (090) 1234-5678へかける場合

国際電話 識別番号 **00** ※1	+	日本の 国番号 **81**	+	市外局番と携帯電話の 最初の0を除いた番号※2 **3** または **90**	+	相手先の 電話番号 **1234-5678**

※1 ホテルの部屋からは、外線につながる番号を頭につける
※2 携帯電話などへかける場合も、「090」「080」などの最初の0を除く

▶**公衆電話のかけ方**　　オレンジ色のカード式公衆電話が町のいたるところにある。
①受話器を持ち上げる
②テレフォンカードを、カードに示された矢印の方向に入れる
③相手先の電話番号を押す
④テレフォンカードの残りが画面に表示される。通話が終わったら、受話器を置き、カードを取る

水道水は飲用可能だが飲まないほうがいい。ミネラルウオーター（Apa Minerală アパ・ミネララ）が簡単に買える。スーパーやキオスクで500㎖、2Lei程度。炭酸なしのミネラルウオーターはアパ・プラタApa Plată、炭酸入りがアパ・カルボガゾアサ Apa Carbogazoasăという。

北海道とほぼ同じ緯度にあるルーマニアの気候は、大陸性気候に分類され、日本同様に四季がある。ただ、国土の中央を"つ"の字型に走るカルパチア山脈を境に、山岳部と平原部では気候が大きく異なり、山岳部では積雪量も多い。

旅行シーズン

観光シーズンは5〜10月。日も長く、観光するには適している。

6〜8月の夏は、ブカレストでは気温が35度以上になる日もあるが、湿度は低く過ごしやすい。ドナウデルタや黒海沿岸のリゾートへはこの時期がベスト。ホテルは混み合うので、事前に予約しておこう。9〜11月の秋は1年で最も過ごしやすく、

モルドヴァ地方やマラムレシュ地方では紅葉が美しい。12〜3月の冬は寒さが厳しく、ブカレストなど各地で雪が降る。シナイア、ブラショフなどではスキーも可能。黒海沿岸地方では、冬期休業するホテルも多い。

旅の服装

服装は日本とほぼ同じでいいが、平均気温は日本より低いので、春や秋には防寒用の上着を、また夏でも夜は冷えるので薄手の上着があると安心だ。冬は厚手のセーターやジャケット、手袋のほか、毛糸の靴下や帽子、滑りにくい靴底の防水靴も用意したい。乾燥防止のスキンクリームなども持参しよう。

ブカレストと東京の気温と降水量

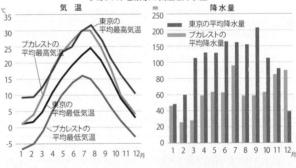

▶日本からのアクセス
→P.20

現在、日本とルーマニアを結ぶ直行便はなく、最低一度は乗り換える必要がある。フライト時間の目安は、乗り継ぎ時間も含め15時間25分〜。日本を午前中に出発し、フランクフルトなどの都市で乗り継げばその日のうちにブカレストに到着できる。イスタンブールやモスクワからも便が出ている。

日本との時差は7時間で、日本時間から7時間引けばよい。つまり、日本のAM6:00がルーマニアでは前日のPM11:00となる。これがサマータイム実施中は6時間の時差になる。

サマータイム実施期間は、3月最終日曜のAM3:00（＝AM4:00）〜10月最終日曜のAM4:00（＝AM3:00）。

郵便局はポシュタ・ロムナPoșta Românăと呼ばれており、どんな小さな町にもたいていある。郵便の事故はほとんどないようだ。各都市の中央郵便局は月〜金曜は7:00〜20:00（支局は〜17:00）、土曜は午前のみ。日曜は休業。

郵便料金
　日本までの航空郵便の料金は、はがき（カルテ・ポシュターラCarte Poștala）、封書（スクリソアレScrisoare）ともに7Lei。2019年1月現在ブカレストで国際郵便を送れる郵便局は2局だけに制限されているなど、郵便事情はやや混乱気味。

ビザ
　90日までの観光目的の滞在ならビザは不要。将来的にはシェンゲン協定に加入予定。

パスポート
　パスポートの残存有効期間は、入国時に6ヵ月以上必要。

▶旅の必需品→ P.308

　ルーマニアでは、ほとんどの物品に付加価値税（TVA）19%がかけられている。旅行者に対する払い戻し制度はあるものの、店舗での申請は難しい。€10000以上の外貨を持ち込む場合、入国時に申告が必要。このとき作成された税関申告証明書は出国時に必要なので注意。

　ルーマニアの犯罪発生件数は減少傾向だが、ブカレストでは、スリや置き引きが多発しており、注意が必要。
　地方都市は比較的治安はいいが、コンスタンツァをはじめとした黒海沿岸のリゾート地などは要注意区域だ。

タクシー
　密室となるタクシーは犯罪の温床となりやすい。不当に高い料金を請求されたり、降車時に貴重品をすられたりといったことがあるほか、2012年には日本人女性がブカレストのアンリ・コアンダ空港から親切を装ったルーマニア人男性とタクシーに乗り、その後殺害される事件が発生している。事件を受けて当局も対応を強化しているが、空港のほか、ブカレスト・ノルド駅やブカレスト旧市街など観光客が多い地点からのタクシーには注意したい。

警察
　警察官はポリツィストPolițistといい、青と灰色を基調とした制服を着ている。パトカーは町なかをよく巡回している。

スリ
　スリが多発する危険地帯は、混んだ列車内や鉄道駅周辺、バスターミナルなど。注意を怠らないようにしよう。

偽警官
　最も多い手口は、ヤミ両替屋が近づいて声をかける。両替を拒否したとしても、話している間に偽警官が登場して「違法行為」を指摘し、持ち物チェックを行い、財布から金を抜くというものだ。もちろん彼らはグルだ。
　本物の警察官が一般旅行者に対して路上で「所持金を見せろ」と言ってくることはない。このようなことに遭遇したら、相手は偽警官だと思って間違いない。

睡眠薬強盗
　列車内や町なかで声をかけられ、すすめられたコーヒーやお菓子などを飲食したあと意識を失い、身ぐるみはがされる、というもの。数日かけて最後にだます悪質なものもある。

野良犬
　都市部で問題となっているのは野良犬。数は減ってはきているが、それでも駅の周辺や小道でウロウロしている犬は多い。昼間は比較的おとなしいが、夜に遭遇するとたいへん危険。日が暮れてからはなるべく小道を歩かず、明るい大通りを歩くようにしよう。

警察・消防・救急 112

▶治安とトラブル→ P.311

　ルーマニアでは18歳未満の酒類とたばこの購入は不可。

　日本の度量衡と同じで距離はメートル、重さはグラム、キロ、液体はリットル。

ルーマニアってどんな国？

　中欧で唯一ラテン民族の血筋を引いている
ルーマニアの人々。そのためか人々は陽気で明
るく、困っている旅行者を見たら放っておけな
いようなところがある。開放的であたたかな国民
性には、旅行中に何度も触れることだろう。

　昔ながらの生活を残しつつ現代を生きるルー
マニアには、旅行者をひきつける計り知れない
魅力がある。

モルドヴァ、ブコヴィナ地方 P.272
Moldova, Bucovina

ウクライナ、モルドヴァ
共和国と国境を接する
地域。冬期はかなり冷
えるが、世界遺産に登
録されたモルドヴァの
修道院群もあり、ルー
マニア旅行のハイライ
トともいえる。文教都
市ヤシも興味深い。

フモル修道院（→P.280）

マラムレシュ地方 P.260
Maramureş

ウクライナ、ハンガリーに国境を接する北
西部。かわいらしい小さな村が点在し、
伝統的な生活を営む人々が暮らしている。

ペンシウネ・ブドゥ（→P.267）

ドブロジャ地方 P.288
Dobrogea

黒海沿岸はリゾート地としてにぎわっている。
最近では黒海の泥が美容によいとされ女性客
にも人気。北部のドナウデルタはヨーロッパ最
大の湿原地帯。夏期はクルーズ船も運航する。

ドナウデルタ・エコ・ツーリズム博物館センター（→P.290）

トゥンパ山から眺めたブラショフ旧市街（→P.220）

ブカレスト■

ブカレスト旧市街（→P.181）

トランシルヴァニア地方 P.214
Transilvania

ドラキュラ城のモデルになったブラン城や、
かつてルーマニア王の夏の離宮だったペレシ
ュ城などの見どころをはじめとし、各都市に
は今なお中世の古い町並みが息づいている。

ブカレストとワラキア地方 P.180
Țara Românească

ドナウ川の北に広がる大平原がワラキア地
方。ルーマニアの首都ブカレストや世界遺
産ホレズ修道院などが見どころ。

世界遺産❶
ドナウデルタ

Delta Dunării　　　　　　　➡P.291、293

　8ヵ国にわたって中欧諸国を流れた後、3つの支流に分かれて黒海に注ぐドナウ川。その河口にできた大湿原地帯がドナウデルタだ。約4300㎢の湿地帯でヨーロッパ最大の面積を誇る。野生生物の宝庫で、300種を超える渡り鳥や110種以上の魚類が確認されているほか、アシに覆われた一帯にはオオカミやイノシシ、カワウソ、ペリカンなども生息する。

世界遺産❷
モルドヴァの修道院群 (五つの修道院)

Biserici din Moldova　　　　➡P.277

　モルドヴァ公国が黄金期を迎えた16世紀初頭に、北モルドヴァ、ブコヴィナ地方に建てられた修道院群。鮮やかなフレスコ画で覆われた修道院が深い緑の森の中から現れる様子は、息をのむほど美しい。

世界遺産❸
ホレズ修道院

Mănăstirea Horezu　　　　　➡P.211

　ワラキア公、ブルンコヴェアヌの指揮により1697年に完成した修道院。ビザンツ建築にルネッサンスの要素が融合したブルンコヴェネスク様式が用いられている。主聖堂であるカトリコン聖堂を中心に、いくつかの聖堂が配されている。内部に図書館や絵画学校も造られ、文化の中心として栄えた。教会内のフレスコ画もすばらしい。

世界遺産❹
トランシルヴァニアの要塞教会群

Situri sătești cu Biserici fortificate din Transilvania　　　　　　　➡P.230

　トランシルヴァニア地方の村々にある要塞教会。異民族の侵入に備え、ザクセン人によって13世紀から16世紀に造られた。最も有名なのがシギショアラ近郊にあるビエルタンの要塞教会。三重の防壁に守られた教会の敷地内には食料倉庫もあり、長期の防城戦にも耐えられるようになっている。

世界遺産❺
オラシュティエ山脈のダキア人要塞

Cetatile Dacice din Muntii Orastiei　　掲載なし

　紀元前1世紀にローマ帝国に対抗して造られた要塞。ダキア人に、非常に高い社会制度と建造技術があったことがわかる。現在6ヵ所残っており、最も有名なのがサルミセゲトゥサSarmizegetusa。

【アクセス】オラシュティエへは、クルージ・ナポカ (→P.251) から列車で約3時間。

世界遺産❻
シギショアラの歴史地区

Centrul Istoric Sighişoara　　　➡P.232

　ブカレストから北西に約300km、トランシルヴァニア地方の中央に位置するシギショアラ。町は14世紀に造られた時計塔を中心とした城塞都市で、13世紀にこの地に入植してきたザクセン人によって建設された。中世の雰囲気を残す町並みが魅力だ。吸血鬼ドラキュラのモデルとなったワラキア公ヴラド・ツェペシュの生家もある。

世界遺産❼
マラムレシュの木造教会

Ansamblul Bisericilor de lemn din Maramureş　　　　　　　➡P.264、268

　マラムレシュ地方の小さな村々では、人々は民族衣装をまとい、牧畜生活を営んでいる。木造教会はいくつかの村にあり、世界遺産に登録されているのは8ヵ所。この地方独特の木造建築文化の特徴が顕著に見られ、その高い技術と成熟した芸術性には目を見張るものがある。

ルーマニア　旅のキーワード

✈ 国内交通 🚄

アエロポルト　Aeroport

空港のこと。国土の広いルーマニアは、国内16ヵ所に空港がある。運賃はそれほど高くないので、飛行機で移動するのもひとつの手段。例えば夜行列車でひと晩かかるブカレスト〜ティミショアラ間が、わずか1時間程度で移動できるメリットは大きい。特にマラムレシュ地方やブコヴィナ地方などへの移動は便利。国内線はブカレストが起点となり、地方都市間を結ぶ便はない。

国内線はタロム航空 (Transporturile Aeriene ROMâne、略称TAROM)が、おもにブカレスト・アンリ・コアンダ国際空港を拠点にしている。また、ブルー・エアBlue Airはヨーロッパ各都市に就航している国際線の格安航空会社で、ブカレストが拠点。

チケットは空港や航空会社のオフィス、ウェブサイト上で購入できる。なお、国内線の運賃は、定額運賃を定めず変動制をとっているため、同じ路線でも時間帯や曜日などで料金は変わる。本書では原則として前日に予約したときの運賃の目安を掲載している。

タロム航空
URL www.tarom.ro
ブルー・エア
URL www.blueairweb.com

タロム航空の機体

乗車券の読み方

❶出発地一目的地　❷出発、到着時刻　❸運賃　❹出発日　❺列車種別　❻列車番号　❼車両番号 (○号車)　❽席の等級　❾席番号　❿購入場所、日時

チェフェレ　C.F.R.

ルーマニア旅客鉄道。国内各都市を網の目のように結んでおり、主要観光地もほぼ網羅している。たびたび遅れも出ているが、普通列車の2等であれば、バスより割安な場合が多く、庶民の重要な足となっている。
C.F.R.
URL www.cfrcalatori.ro

インテルレジオ　InterRegio
レジオ　Regio

列車の種類で、上からIR、Rと略される。インテルレジオは都市間特急列車、レジオは普通列車の意味。国際列車もルーマニアではIRと同じ扱いになる。一般的にIR、Rの順に停車駅が少なく、所要時間も短い。もちろん種類によって料金も異なり、インテルレジオは原則として指定席のため、予約料が別途必要となる。寝台 (ヴァゴン・デ・ドルミトVagon de dormit)には、さらに寝台料金もかかる。

車両は、1等 (クラサ・ウンタイClasa 1)と2等 (クラサ・ア・ドウアClasa 2)に分かれている。座席は

オープンサロンタイプの客車もある

コンパートメント形式が主流で、1等は6人がけ、2等は8人がけのものが多い。車内は運賃の差ほど大きな違いはなく、2等であっても意外に快適。

オラル　Orar

時刻表のこと。列車の到着、出発の時刻は各駅に掲示されているが、時刻表をあらかじめ入手しておけば、旅行の計画を立てるのに便利だ。時刻表は毎年12月にダイヤ改正され、駅やC.F.R.の各支店、またはC.F.R.のウェブサイトでも閲覧できる。

C.F.Rの支店はルーマニア各地にある

ビレトゥ　Bilet

乗車券のこと。C.F.R.の各支店で予約発券が可能。出発が近づくとC.F.R.の支店では買えないので、駅の窓口で購入する。大都市以外のC.F.R.支店では英語が通じないこともあるが、紙に行き先を書くか、「ウン・ビレトゥ・ペントル・〜目的地、ヴァ・ログ」（〜行きの切符を1枚ください）と言えば通じる。出発間際は混み合うことも多いので、駅へは早めに。

アウトガラ　Autogara

バスターミナルのこと。長距離バスは、ブカレストを起点にブラショフ、シビウ、コンスタンツァ、ヤシなど各地を結んでいる。

なお、大型バスはほぼ最新の車両を使用している。便数も鉄道より多く旅程に合わせやすい。席種は全席自由席の路線もあれば、指定席のみの路線もある。

マクシータクシー　Maxi-Taxi

20人程度を乗せられるワゴン車やミニバスを使った**小型バス**。ミクロブズMicro Buzとも呼ばれる。長距離の路線にも大型バスではなく、こちらを使う会社も多い。チケットは各町のアウトガラにある窓口、または運転手から直接購入する。運賃は普通列車の2等と同程度の場合が多い。基本的には全席自由席だが、一部の路線で全席指定のものもある。

ウンキリエレ・マシナ
Închiriere Maşina

レンタカーのこと。モルドヴァ地方の五つの修道院や、トランシルヴァニア地方のブラショフ、ブラン城周辺など、公共交通機関でアクセスが難しい場所へは、レンタカーが便利。車の手配は、旅行会社か中級以上のホテル内に併設されたレンタカーオフィスで。エイビスやハーツなど国際展開している会社もある。

しかし、旅行会社では運転手付き、ガイド付きの車も手配できるので、レンタカーより割安なこともある。例えば、運転手とガイド付きで五つの修道院を回ると、1日€100〜。

大都市にはアウトガラが点在している

都市間の移動にもよく使われる

アンリ・コアンダ空港にはオフィスが並ぶ

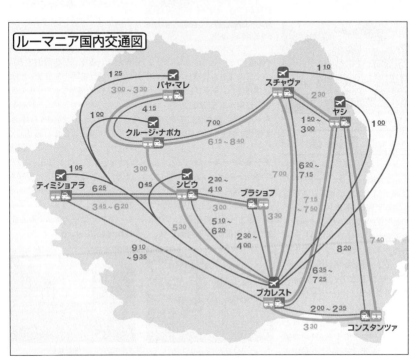

ルーマニア国内交通図

✈ 市内交通 🚃

ルーマニアの各都市には、バス、トロリーバス（トロレイブス Troleibuz）、トラム（トラムヴァイ Tramvai）などが走っており、安くて手軽な市民の足となっている。ブカレストではICカード乗車券のみだが、それ以外の都市では紙のチケットが主流。チケットは1枚2〜5Leiで、乗り場付近にある販売ブースやキオスクなどで購入する。車両に乗り込んだら、乗車口に設置されている改札機にチケットを差し込み、自分で刻印しよう。

また、タクシーも便利な交通手段。運賃はメーター制で、基本料金1.69Leiからスタートし、小刻みに運賃は上昇。1kmあたりの運賃は約1.69Lei（2019年1月現在ブカレスト市内）。

また、ブカレストでは地下鉄（メトロウMetrou）も走っている。市内から郊外まで幅広い路線をもっているので便利。

トラムを導入している都市は多い

🛏 宿泊 🏨

ルーマニアの宿泊施設は、ホテル（Hotel）とプライベートルーム（Cameră Particulară）のふたつに大別できる。ホテルは1つ星〜5つ星と星の数によりランク分けされており、1泊€20〜400と大きな差がある。概してブカレストのホテルは地方より高めだ。支払いは、2〜5つ星ならVISA、Masterなどのクレジットカードが使えるが、経済的なホテルやペンシウネは現金で精算という宿がほとんど。ユーロでの支払いも2つ星以上なら可能であることが多い。

ホテル　Hotel

4〜5つ星の高級ホテルは外国資本のものが多い。日本並みのサービスが期待できる半面、料金は1泊€100〜300以上と高いが、英語が通じるというメリットは大きく、情報源としても貴重な存在だ。

2〜3つ星の中級ホテルになると、ブカレストと地方では設備やサービスに幅がある。料金も€30〜100と大きく異なるが、バス、トイレ付きでお湯が出るくらいの快適さは確保でき、英語が通じる確率も高い。

星なし〜1つ星は、バス、トイレ付きが基本だが、地方のホテルでは共同だったりする。料金は€20〜30ほど。英語はあまり通じないが、チェックインをするには困らない程度の基本単語は通じる。

5つ星ホテルの客室

ペンシウネ　Pensiune

ホテルよりも規模は小さいが、民宿と違い、シャワーやトイレ付きの部屋がある宿のことをペンシウネという。観光地に多く、手頃な価格で泊まれるのがうれしい。

プライベートルーム
Cameră Particulară

一般家庭の部屋を間借りし、風呂やトイレなどをその家族と共同で使う、いわゆる民宿。おもに地方都市周辺の農村部に多い。

ペンシウネは看板で表示している

高級ホテルにはバスタブ付きの部屋もある

家の門と部屋の鍵をもらえるので、基本的に門限はない。

予約はBooking.comやエクスペディアなど、事前にウェブサイトで申し込むのが一般的。料金が安いのが魅力で部屋は1つ星ホテルよりきれいだったりする。町なかでオーナーに声をかけられることもあるが、安全面からもおすすめできない。どんな宿でも事前にウェブサイトで予約してから訪れたほうがトラブルも少ないだろう。ただし、英語が通じない宿もある。

ホステル　Hostel

1泊€8〜13ほどのバックパッカー向けの宿。客室はドミトリーといわれる相部屋で、男女混合のものが多い。都市部ではクレジットカードが使用できるホステルも増えてきている。

最近は個人経営のホステルも増えつつあり、ただ宿泊する以上に、旅行者同士で交流したり、情報交換の場となったりもする。ユースホステルは国内に5軒ある。ユースホステルに宿泊する場合、会員証は事前に日本で取得しておこう。しかし、ルーマニア国内のホステル数はほかのヨーロッパ諸国に比べると少ない。夏期などは予約でいっぱいのときもあるので要注意。

ルーマニア・ユースホステル協会
🌐 **hostelling.ro**

設備は簡素な分、値段は安い

🍴 食事 🍷

ルーマニア料理は比較的日本人の口に合うものが多く、値段も日本よりは安めだ。レストランでフルコースを食べると、ひとり€10〜30ほど。近年はファストフード店や多国籍料理店も多い。

レスタウラント　Restaurant

ルーマニアでは本格的な料理を出す店のほとんどが「レスタウラント」(レストラン)と呼ばれている。その範囲は伝統的なルーマニア料理を出す店から中華料理店まで幅広い。一般的なレストランでは、チョルバやサルマレなどの定番のルーマニア料理から、ピザやパスタも提供している。

地方都市では伝統的なルーマニア料理を出す店は少ないが、ホテルに併設されたレストランなどで食べられることもある。

ピッツェリア　Pizzerie

ピザ専門店のことを指すが、多くの店はメニューにパスタやハ

ピッツェリアはピザの他にもハンバーガーやサンドイッチなども出している

カフェバーはどの町にもひとつはある

ンバーガーなどのファストフードも用意している。レストランに比べて価格は安く、店内は庶民的な雰囲気。ビールくらいなら置いてあるが、ワインを用意している店はあまり見かけない。

カフェバー　Cafe bar

ルーマニアではカフェとバーが一緒になっている店が多い。コーヒーからアルコール類まで品揃えは豊富。サンドイッチやピザなどの軽食を出す店もあるのでランチにも使える。

チョルバ　Ciorbă

旅行中必ず一度は口にするであろう具だくさんのスープ。チョルバ・デ・ブルタ (酢が入った牛の胃袋スープ)のようなクセの強いもの、チョルバ・デ・ペリショアレ (肉団子と野菜が入ったスープ)など種類豊富。パンをつければこの一品で十分満腹になる。

ママリガ　Mămăligă

ルーマニアの伝統的副菜。ト

ママリガは付け合わせの定番

ウモロコシの粉に牛乳などを加え、よく練ってから蒸す。見かけはマッシュポテトに似ているが、ムース状のフワフワした食感。

シャオルマ　Shaorma

ドネルケバブは人気のファストフードでルーマニアではシャオルマと呼ばれている。ひき肉の炭火焼きであるミティテイの屋台もよく見かける。

お酒　Alcohol

ルーマニアを代表するお酒といえばプラムの蒸留酒ツイカŢuică。アルコール度約50%の強い酒で、マラムレシュ地方では各家庭で手作りしている。ワインではムルファトラルMurfatlarが有名。口当たりがよく飲みやすい。ルーマニアではワインにコーラを混ぜて飲む人もいる。

ビールはラガーが人気があり、国産ビールの種類も豊富。ウルススUrsusやティミショレアナTimiş oreanaなどが代表的な銘柄だ。

ルーマニア料理図鑑

　ルーマニア料理は牛、豚、羊肉をアレンジした肉料理をはじめ、チョルバ（スープ）、ブルンザ（チーズ）など、その種類は豊富。バルカン半島に共通する料理も多く、なかでもミティテイ、サルマレといったひき肉料理はその典型。料理の付け合わせとして出されるのが、伝統的な副菜ママリガ。トウモロコシの粉を蒸したもので、どんな料理ともよく合う。

Ciorbă de Pui
チョルバ・デ・プイ
チキンでだしをとったスープ

Ciorbă de Burtă
チョルバ・デ・ブルタ
牛の胃袋主体の臓物のスープ

Ciorbă de Perişoare
チョルバ・デ・ペリショアレ
肉団子のスープ

Ciorbă de Peşte
チョルバ・デ・ペシュテ
魚でだしをとったスープ

Brânză cu Smântână
ブルンザ・ク・スムントゥナ
チーズにサワークリームをかけた料理

Salată de Vinete
サラタ・デ・ヴィネテ
ナスのペーストのサラダ

Platoul Ciobanului
プラトウル・チョバヌルイ
羊飼い風前菜盛り合わせ

Salam de Sibiu
サラム・デ・シビウ
シビウのサラミは高級品

Mititei
ミティテイ
牛ひき肉の炭火焼き

Tochitură
トキトゥラ
地域ごとに調理法が違う豚肉料理

Şniţel
シュニツェル
ルーマニア風カツレツ

Ceafă de Porc
チャファ・デ・ポルク
豚首肉のステーキ。屋台の定番

定番

Sarmale
サルマレ
ルーマニア風ロールキャベツ

Ciolan Românesc de Porc cu fasole Boabe
チョラン・ロムネスク・デ・ポルク・ク・ファソレ・ボアベ
骨付き肉のローストと豆の煮込み

Ciolan de Porc Afumat cu Varză
チョラン・テ・ボルク・アフマトゥ・ク・ヴァルザ
スモークした豚肉とキャベツの酢漬け

Tochitură Maramureşeană
トキトゥラ・マラムレシャーナ
マラムレシュ風豚肉のトマト煮込み

おすすめ

Pastramă de Berbecuţ
パストラマ・デ・ベルベクツ
香辛料や塩で漬け込んだ肉の炭火焼き

Gulaş de Vită
グラシ・デ・ヴィタ
ハンガリー風パプリカのスープ

定番

Pui la Grătar
プイ・ラ・グラタル
チキンのグリル。ソースをかける

Saramură de Crap pe Grătar
サラムラ・デ・クラブ・ペ・グラタル
鯉のグリルのトマトソースかけ

定番
屋台

Kürtős Kalács
クルトゥーシ・カラーチ
バウムクーヘンのルーツともいわれる

定番

Papanaşi
パパナシ
ドーナツ風のデザート

定番

Covrig
コヴリグ
ゴマ付きの円形パン

Ceai de Fructe
チャイ・デ・フルクテ
この国でチャイといえばフルーツティー

Ţuică
ツイカ
プラムを原料としたブランデー

Bere
ベレ
ビール。ラガータイプが主流で種類豊富

Vin
ヴィン
ワインはルーマニア全土で造られている

177

ルーマニアのおみやげ

　ルーマニアには、手織りの絨毯や陶器など、素朴であたたかみのある手作りのみやげ物がいっぱい。シーズン中になると、観光客が集まる見どころ周辺には、自慢の品を売り歩く露店商人や屋台なども登場し、眺めているだけでも楽しい。

キリスト教グッズ

卵の殻に美しい模様を描いたイースターエッグ

イコンに五つの修道院のミニチュアがついたお得なセット

おみやげ用のイコンはルーマニア中の教会で売られている

民芸品

鮮やかな模様が描かれたホレズ焼きは定番のおみやげ

精緻な木彫り細工が施された木製スプーン、リングラLingura

手織りの羊毛絨毯コヴォルCovorは幾何学模様が美しい

マラムレシュの帽子職人。この地方の男性は小さな麦藁帽子をかぶるのが風習

伝統的なマラムレシュの模様が入った秘密箱。開けるには頭を使う

ハンドメイドの
レース編みコースター

食料品

ルーマニアのはちみつはおいしいと評判。国道沿いによく屋台が立っている

チョルバ・デ・ブルタはスープの素も売られている

ROMチョコはルーマニア独自のチョコブランド。シロップ入りですごく甘い

その他

スターバックスカフェのルーマニア限定タンブラーとマグカップ

シギショアラで売られていた古地図のレプリカ。冒険心を駆り立てられる

ジェロビタール化粧品。アンチエイジングの効果があることで評判

ブカレストとワラキア地方

ȚARA ROMÂNEASCĂ Wallachia

ブカレスト **Bucureşti** Bucharest ➡**P.181**

ホレズ修道院
Mănăstirea Horezu Horezu Monastery ➡**P.211**

ブカレストにおける音楽の殿堂、アテネ音楽堂（P.192）

ブカレストとワラキア地方 Ţara Românească

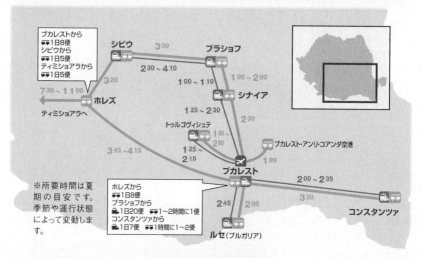

ブカレストから
🚌1日8便
シビウから
🚌1日5便
ティミショアラから
🚌1日5便

シビウ　3⁰⁰　ブラショフ

2³⁰～4¹⁰

3²⁰　1⁰⁰～1¹⁰

7³⁰～11⁰⁰　ホレズ　1⁰⁰～2⁰⁰　シナイア

ティミショアラへ　1²⁵～2³⁰

2³⁰

トゥルゴヴィシュテ

1³⁰

3⁴⁵～4¹⁵　2⁰⁰　ブカレスト・アンリ・コアンダ空港

1²⁵～

2¹⁵　1⁰⁰

ブカレスト

2⁰⁰～2³⁵

※所要時間は夏期の目安です。季節や運行状態によって変動します。

ホレズから
🚌1日8便
ブラショフから
🚆1日20便　🚌1～2時間に1便
コンスタンツァから
🚆1日7便　🚌1時間に1～2便

2⁴⁵　2⁰⁰　3³⁰　コンスタンツァ

ルセ（ブルガリア）

地理

　ドナウ川の北に広がる大平原がワラキア地方。ルーマニア語で「ルーマニア人の土地」を意味する「ツァラ・ロムネアスカ」と呼ばれ、ルーマニアにとっていかに大切な場所だと考えられているかがわかる。

　ワラキア地方の元となったのは、中世に生まれたワラキア公国だ。ワラキア公国は南のオスマン朝、北のハンガリー王国、後にはハプスブルク帝国やロシア帝国など、数々の強大な国家に翻弄されながらも、独自の文化を守り続け、今のルーマニアの礎となった。その厳しい歴史のなかにはドラキュラのモデルともな

カルパチア山脈の麓に広がるひまわり畑。7月上旬が開花時期

首都ブカレストは188万人ほどの人口を抱える大都会

った串刺し公ヴラド・ツェペシュ（ヴラド3世）もいた。

　観光客が少ない分、飾らないルーマニアの人々が見られるのが魅力でもある。少し足を止めて、素顔のルーマニアをのぞきこんでみたい。

気候

　内陸部に位置しているため、典型的な大陸性気候。日本とよく似た気候で、四季がある。6～8月は日本に比べて湿度は低いが、気温が35度を超える日も多い。それと対照的に12～3月は寒さが厳しく、氷点下になることもあり、雪もよく積もる。旅のベストシーズンは春と秋だが、夜は冷えるので防寒対策はしっかりと。

ルート作り

1日目:ブカレスト市内へ到着したら、まずは国民の館を見学。館内の見学は1～2時間のツアーのみ。見学後は旧市街を散策しよう。

2日目:旅行会社などで車をチャーターしてドラキュラのモデルとなったヴラド・ツェペシュが眠るスナゴヴ修道院へ。市内に戻ったら国立農村博物館など北部を中心に回る。

3日目:鉄道でシナイアへ。ペレシュ城やシナイア僧院を巡った後は麓へ降りてランチを食べよう。時間がなければ日帰りでも十分だが、そのまま鉄道やバスに乗ってブラショフへ向かうのもいい。

スナゴヴなど近郊の見どころもおすすめ

国民の館は世界で2番目の大きさを誇る

ブカレスト
Bucureşti ブクレシティ
Bucharest

　ルーマニアの首都ブカレストは、カルパチア山脈の南に広がるワラキア地方の南東部に位置する。人口は約188万人。

　20世紀初頭には、「バルカンの小パリ」と称されるほど美しい町並みを誇っていた。しかし、第二次世界大戦では枢軸国側についたことで連合国側の攻撃を受けた。その後の社会主義政権時代に計画的な町づくりが行われた結果、無機質な町並みができあがることになる。1989年12月にはルーマニア革命の舞台となり、大統領だったチャウシェスクが、当時の共産党本部で行っていた最後の演説で聴衆の反発の声に絶句するシーンは、世界各地で繰り返し放映された。巨大な国民の館は、チャウシェスクが遺した夢の跡のようにも見える。

　あの革命から30年近くが経ち、旧市街の復旧も進む。夜遅くまでにぎわう町並みを眺めていると、ここで革命があったことすら忘れてしまいそうだ。今後もブカレストはルーマニアのいまを映す鏡であり続けるのだろう。

ブカレストに到着したら

飛行機で着いたら
アンリ・コアンダ国際空港
Bucharest Henri Coanda International Airport

Aeroportul Internaţional Henri Coandă
アエロポルトゥル・インテルナツィオナル・アンリ・コアンダ

　国際線、国内線ともにブカレスト・アンリ・コアンダ国際空港（通称オトペニ空港Otopeni Airport）に到着する。到着階はほとんど

ブカレストへの行き方

✈ **飛行機利用のポイント**
　国際線はヨーロッパ各国の主要都市からの便が多い（⇨P.20、21）。国際・国内線ともにアンリ・コアンダ国際空港に発着し、国内線はスチャヴァ、ティミショアラなどから便がある。アウレル・ヴライク空港は、チャーター便などにしか利用されない。

🚄 **鉄道利用のポイント**
　ブカレスト・ノルド駅に多数発着。ソフィア、モスクワ、ブダペスト、ウィーン、キシニョウなどからの便がある（⇨P.22、23）。ルーマニア国内の列車はブカレストを起点にしているので、各方面へのアクセスはよく、直通列車も多い。

🚌 **バス利用のポイント**
　国際線はヨーロッパ各地からの便がある（⇨P.22、23）。国内線は出発地によって到着するバスターミナルが異なる。

●ブラショフから
🚄1日20便
所要:2時間30分〜4時間
運賃:18〜53.65Lei
🚌1〜2時間に1便程度
所要:約3時間30分
運賃:48Lei

●コンスタンツァから
🚄1日7便
所要:2時間〜2時間35分
運賃:60〜89.10Lei
🚌1時間に1〜2便程度
所要:約3時間30分
運賃:50Lei

●スチャヴァから
✈1日1〜2便
所要:約1時間10分
🚄1日6便
所要:6時間20分〜7時間15分
運賃:69.10〜179.25Lei
🚌1日6便
所要:約7時間
運賃:90Lei

■**アンリ・コアンダ国際空港**
URL www.bucharestairports.ro

⊠**空港のスーパーマーケット**
空港はなにかと値が張りますが、到着棟1F奥（空港の建物に向かって一番右側）にミニスーパー「カルフール・エクスプレス」があり、市中と同じ価格で買い物ができます。出発棟から少し遠いですが、使い残しのレイを使うのに便利です。
（千葉県　MY　'18）

⊠**市内から空港へ**
ブカレスト市内から783番のバスでアンリ・コアンダ空港へ行く場合、到着と出発でバス停が異なる。先に出発に止まり終点が到着。
（神奈川県　Daddy27　'18）

市内行きの783番のバス

の国際線が2階で、国内線と一部国際線が1階。また、空港からブカレスト中心部に向かう途中には、アウレル・ヴライク空港 Aurel Vlaic Airport（通称バネアサ空港 Băneasa Airport）という別の空港がある。市内から空港にタクシーで行くときは、空港の名前をハッキリ言うこと。タチの悪いタクシードライバーだと、アウレル・ヴライク空港まで行き、アンリ・コアンダ空港までは別料金を請求することもある。

■**アンリ・コアンダ国際空港から市内への行き方**

空港から市内へは、バスや鉄道（最寄りの駅から発着）、タクシーで移動することができる。ただし、深夜に到着する場合は安全面を考慮して、ホテルや旅行会社の送迎サービスを利用したほうがいい。

◆**バス Autobuz**

市内まで行くバスは空港の1階のバス乗り場から発着している（国際線の到着階は2階）。783番のバスは約60分で統一広場に到着。780番のバスはノルド駅へ行く。30～50分おきの運行で料金8.60Lei（交通カード1.60Lei＋2回券7Lei）。チケット売り場は出口を出て右側にある。市内から空港へは、783番のバスが統一広場を30～40分おきに出発（24時間運行）。大学広場、ロマナ広場、勝利広場、アウレル・ヴライク空港を経由し、アンリ・コアンダ国際空港が終点。ノルド駅近くのバス乗り場からは780番のバスも出ている。

◆**鉄道 Tren**

アンリ・コアンダ・エクスプレス Henri Coanda Expres と呼ばれる列車は空港の最寄駅からノルド駅を結んでおり、チケットは最寄り駅まで行く送迎バスとセットで販売されている。ノルド駅までは約60分で片道8Lei。

◆**タクシー Taxi**

到着口にタクシーの呼び出し機が設置されている。使い方は画面に表示されたタクシー会社一覧から希望する会社を選択し、出力された用紙を持って、出口のタクシー乗り場から乗車する。運賃は

空港にあるタクシー呼び出し機。ノルド駅にも同じような呼び出し機が出口前に設置されている

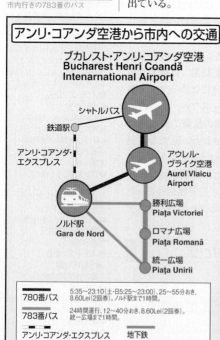

アンリ・コアンダ空港から市内への交通

ブカレスト・アンリ・コアンダ空港
Bucharest Henri Coandă Intenarnational Airport

シャトルバス
鉄道駅
アンリ・コアンダ・エクスプレス
アウレル・ヴライク空港 Aurel Vlaic Airport
ノルド駅 Gara de Nord
勝利広場 Piaţa Victoriei
ロマナ広場 Piaţa Romană
統一広場 Piaţa Unirii

780番バス	5:35〜23:10（土・日5:25〜23:00）、25〜55分おき、8.60Lei（2回券）。ノルド駅まで1時間。
783番バス	24時間運行、12〜40分おき、8.60Lei（2回券）。統一広場まで1時間。
アンリ・コアンダ・エクスプレス	8:19〜19:26、1〜2時間に1便程度、8Lei。ノルド駅まで1時間。
地下鉄	5:00〜23:00頃、5Lei（2回券）。

182

旧市街の中心まで60〜70Lei（1kmあたり1.69〜3.50Lei）。認可を受けたタクシーでも法外な料金を請求することがあるので、乗車前にはドアに記された運賃を確認し、メーターをきちんと稼働してもらおう。

鉄道で着いたら

ブカレスト・ノルド駅 Bucharest North Railway Station

Gara de Nord ガラ・デ・ノルド

ノルド駅。夜は危険なので要注意

国際・国内列車ともほとんどがブカレスト・ノルド駅に到着する。駅から中心街へは地下鉄の利用が便利。駅にもアンリ・コアンダ国際空港と同様、タクシー呼び出し機が設置され、公認のタクシーが待機している。操作方法は空港の呼び出し機と同じ。なお、乗車券販売所側の出入口に待機しているタクシーは、ノルド駅公認のタクシーではないので、利用するのは控えよう。

バスで着いたら

　ブカレストのアウトガラAutogara(バスターミナル)は、行き先や会社によって別れ、市内各地に点在している。アウトガラの場所や路線は頻繁に変更するので注意が必要。荷物を持って移動する前にアウトガラの位置を確認しよう。ブカレスト発のバスは、国内線、国際線とも充実しているので、アウトガラの場所さえ押さえれば、ルーマニア中をスムーズに行き来できるだろう。

■タクシーの安全性

　かつて白タクが多いことで知られていたアンリ・コアンダ空港のタクシーだったが、現在は待機できるタクシー会社は制限されている。利用する場合は、到着階前のタクシー乗り場で停車している車に乗ること。乗車前にナンバーがあるかどうかは必ず確認しよう。空港内で声をかけられ、一般の乗用車に連れられた場合は絶対に断ること。

　深夜に到着する場合は780、783番バスで市内まで行けるが、事前に旅行会社やホテルなどで送迎を依頼しておいたほうが無難。

■autogari.ro

URL www.autogari.ro

　ルーマニアの長距離バスの時刻表サイト。便数や時刻はほぼ正確だが、アウトガラの場所が間違っているところもあるので、事前に確認しよう。

✉ ブカレストの野良犬

野良犬は沢山いましたが、襲ってくることはなかったです。犬はやせ細っていて、元気がない子ばかりでショックでした。人間が悪いことをしなければ大丈夫だと思います。
(大阪府　ながり　'17)['19]

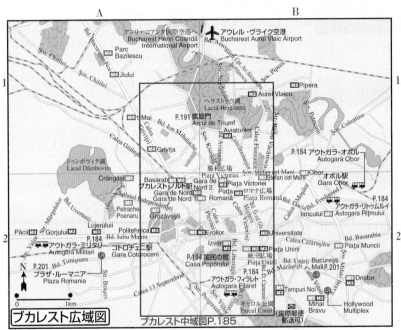

ブカレスト広域図

ブカレスト中域図P.185

ブカレストのアウトガラ（バスターミナル）

名称	解説	おもな行き先
アウトガラ・リトゥムルイ Autogara Riţmului Map P.183-B2 TEL(021)9456	ブラショフ方面の便が多い。リトゥムルイ通りStr. Ritmului沿いにある。地下鉄ヤンクル駅Ianculuiから徒歩10分ほど。	シナイア ブラショフ シギショアラなど
アウトガラ・ミリタリ Autogara Militari Map P.183-A2 TEL072 5939939（携帯）	ブカレスト郊外にある大きなターミナル。トランシルヴァニア方面の路線や、フリックスバス社FlixBusの国際便が発着する。地下鉄パチー駅Păciiを降りてすぐ。	ホレズ シビウ クルージ・ナポカ ウィーン ブダペストなど
アウトガラ・オボル Autogara Obor Map P.183-B2 TEL(021)2527646	おもに北東部や東部の路線が出ている。地下鉄オボル駅Oborを出て東側にある。駅から徒歩で15分ほど。	スチャヴァ ラダウツィなど
アウトガラ・マタケ Autogara Matache Map P.186-B1 TEL074 3333360（携帯）	中央市場の裏側にある小さなアウトガラ。コンスタンツァへの便がある。ノルド駅からは徒歩10分ほど。	コンスタンツァ マンガリア ガラツィなど
アウトガラ・アウグスティナ Autogara Augstina Map P.186-A1 TEL074 3334840（携帯）	トゥルチャ行きのミニバス乗り場。ノルド駅から少し離れているが徒歩でも行ける。駅から徒歩約15分。	トゥルチャなど
アウトガラ IDM Autogara IDM Map P.186-A1 TEL072 9989948（携帯）	ヤシやブカレスト近郊のトゥルゴヴィシュテなどへのバスが発着。地下鉄バサラブBasarab駅を降りてすぐ。	ヤシ トゥルゴヴィシュテ など
アウトガラ・フィラレト Autogara Filaret Map P.185-B3 TEL(021)3356230（アテネ） TEL(021)3360692（ソフィア、ルセ）	イスタンブール、アテネ、ソフィア、ルセ、キシニョウ行きのバスが発着する。国際線が中心のアウトガラ。統一広場からはタクシーで約10分。	イスタンブール アテネ ソフィア ルセ キシニョウ
アウトガラ・ペルラ Map P.185-B3 Autogara Perla TEL(021)3360013（イスタンブール） TEL(021)3364003（アテネ） **イスタンブール行きその他のバス会社** TEL(021)3366215（ムラト） TEL(021)3355462（スター） TEL(021)3364046（マリナ）	イスタンブールとアテネ行きのバスが発着する。イスタンブール行きのバスは、周辺のアウトガラ（ムラト、スター、マリナ）からも同じ時間帯で出発している。統一広場からはタクシーで約10分。	イスタンブール アテネ

ブカレスト中域図

A   B

Ⓡ Taverna Sârbului P.209

P.204
Crowne Plaza Bucharest Ⓗ
Ramada Ⓗ
Bd. Poligrafiei

新聞社
Casa Presei Libere
Piața
Preselibere

P.191
ヘラストラウ公園
Parcul Herăstrău

アンリ・コアンダ空港へ

World Trade Plaza
Shopping Gallery Ⓢ
P.204 Pullman Ⓗ

14 Ⓡ Berăria H P.210
Ⓡ Hard Rock Cafe P.209

M2
Aurel
Vlaicu

No.5

N

No.42 Bd. Expoziției

ヘラストラウ湖
Lacul Herăstrău

0   500m

No.41 Bd. Mărăști

Șos. Kiseleff

国立農村博物館 P.196
Muzeul Național Satului

春の宮殿 P.192
Palatul Primăverii

Str. Nicolae Caramfil

M4 1
1 Mai

Bd. Ion Mihalache

No.24.42.45

P.191 凱旋門
Arcul de Triumf

アンリ・コアンダ空港へ

Piața Arcul
de Triumf

Piața Charles
de Gaulle

M2 Aviatorilor

Bd. M. Averescu

Bd. Mircea

Eliade

Calea Floreasca

1

M4 Grivița

Șos. Kiseleff

Bd. Aviatorilor

ルーマニア国営テレビ局 P.192
Stația de Televiziune Română

Calea Giulești

Calea Griviței

Șos. Kiseleff

No.24.42.45

12

農民博物館 P.196
Muzeul Țăranului Român

Ⓢ Muzeul Țăranului Român P.201

国立地質学博物館
Muzeul Național de Geologie

Str. Barbu Văcărescu

No.41

No.41.44

P.197
国立自然史博物館
Muzeul Național de
Istorie Naturală

No.24.42.45

Calea Crângași

Calea Giulești

日本大使館(8階)
P.175

勝利広場
Piața Victoriei

M4 Basarab
M1

No.1
Șos. Nicolae Titulescu

Victoriei
M1 M2

アンリ・コアンダ空港へ

Bd. Iancu de Hunedoara

11 Ⓡ Ștefan cel Mare M1
Zen Sushi P.210

No.5

M2
2

Splaiul Independenței

Orhideelor

ブカレスト・ノルド駅
Gara de Nord

M4 Gara de Nord 2
M1 Gara de Nord 1

Calea Plevnei

Calea Griviței

Str. Mircea Vulcănescu

ロマナ広場
Piața Romană

10

Calea Victoriei

M2 Piața
Romană

Bd. Dacia

Bd. N. Bălcescu

2

Grozăvești M1

Splaiul Independenței

Str. Buzești

P.203 Athénée
Palace Hilton Ⓗ

Bd. Vasile Milea

No.11.35

Calea Plevnei

Str. S. Vodă

Str.

Str. S. Vodă

チシュミジウ公園
Parcul Cișmigiu

Ⓢ Calea

Universitate
M2

M3 Politehnica

Str. Cotroceni

Eroilor M1
M3

Bd. E. Sanitari

Bd. Regina Elisabeta

大学広場
Piața Universității

Bd. Carol I

Str. I.C. Brătianu

9

Bd. Iuliu Maniu

P.210
Ⓡ Wasabi AFI
Palace Cotroceni

Izvor M1
M3

Splaiul Independenței

Calea Victoriei

Ⓢ AFI Palace Cotroceni

Bd. Națiunile Unite

No.8.25.35

No.1.8.11.25

Str. Izvor

7

Piața Unirii M1 M2 統一広場
M3 Piața Unirii

JW Marriott
Bucharest Grand Ⓗ

Str. Progresului

国民の館 P.194
Casa Poporului
(Palatul Parlamentului)

Bd. Libertății

8 Bd. Unirii

No.17.27.23.47

Calea 13 Septembrie

Bd. Unirii

ブカレスト中心図 P.186-187

3

(国際郵便郵送可) ✉

Bd. Regina Maria

Bd. Dimitrie Cantemir

3

ゲンチェア墓地
P.195
Cimitirul Ghencea

No.47

No.1.8.11.31

Calea 13 Septembrie

Bd. Ghencea

P.184
アウトガラ・マリナ
Autogara Marina

No.23.32

Ⓡ
Thang
Long
P.184

P.210

P.184 アウトガラ・ムラト
Autogara Murat

アウトガラ・フィラレト
Autogara Filaret
Parcul Carol

Str. Ferentarilor

P.184 アウトガラ・スター
Autogara Star

Șos. Giurgiului

Tineretului M2

No.1

Str. Petre Ispirescu

No.32

No.23

P.184
アウトガラ・ベルラ
Autogara Perla

M1 M1   M2 M2
M3 M3   M4 M4
◉ No.1 → トラム
⑩ オープントップバス

A   B

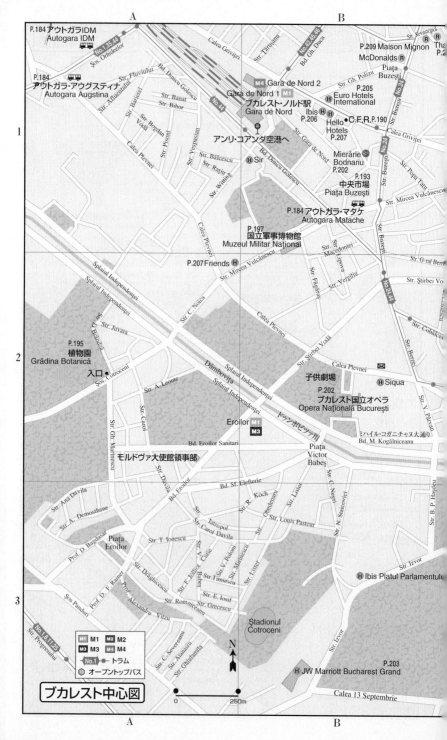

P.184 アウトガラIDM
Autogara IDM

Str. Sevastopol

Calea Griviței

Str. Tărușmu

Str. Gh. Duca

P.209 Maison Mignon
McDonalds

Piața
Buzești

P.184
アウトガラ・アウグスティナ
Autogara Augstina

Str. Afluentului

Str. Fluviului

Str. Banat

Str. Bihor

Bd. Dinicu Golescu

M4 Gara de Nord 2
Gara de Nord 1 M1
ブクレスト・ノルド駅
Gara de Nord
Ibis H
P.206

Str. Gh. Polizu

P.205
Euro Hotels
International

Hello
Hotels
P.207

C.F.R. P.190

Calea Griviței

Str. Barței

Str. Bogdan
Vodă

Str. Plosni

Str. Vespasian

Str. Bălcescu

Str. Rațiu

Str. Witing

アンリ・コアンダ空港へ

H Sir

Bd. Dinicu Golescu

Mierărie S
Bodnariu
P.202

P.193
中央市場
Piața Buzești

Str. Popa Tatu

Calea Plevnei

Bd. Gara de Nord

Str. Mircea Vulcănescu

P.184 アウトガラ・マタケ
Autogara Matache

Str. Buzești

Str. Mircea Vulcănescu

Calea Plevnei

P.197
国立軍事博物館
Muzeul Militar Național

Str.
Macedonei

Str. Lipova

Str. Vergiliu

Str. G-ral Bert

P.207 Friends H

Str. Mircea Vulcănescu

Str. Făgăraș

Str. Știrbei Vo

Splaiul Independenței

Str. C. Noica

Calea Plevnei

No.24,44

Str. Cobălces

Splaiul Independenței

Str. Juvara

Str. C. Brândza

P.195
植物園
Grădina Botanică

入口

Sos. Cotroceni

Str. A. Leonte

Dâmbovița

Splaiul Independenței

Splaiul Independenței

Calea Plevnei

Str. Știrbei Vodă

Str. Berzi

子供劇場

H Siqua

P.202
ブカレスト国立オペラ
Opera Națională București

Str. Carol

Str. Gh. Marinescu

Eroilor M1
M3

Piața
Victor
Babeș

Str. C. Negri

Str. V. Pârvan

ミハイル・コガニチャヌ大通り
Bd. M. Kogălniceanu

モルドヴァ大使館領事部

Bd. Eroilor Sanitari

Bd. Sf. Elefterie

Str. Eroilor

Str. R. Koch

Str. Louis Pasteur

Str. N. Staicovici

Str. B. P. Hașdeu

Str. Ana Davila

Str. A. Demosthene

Prof. D. Bagdasar

Piața
Eroilor

Str. Drăghicescu

Str. T. Ionescu

Str. Iatropol

Str. Carol Davila

Str. V. Curie

Str. F. Jolliot Babeș

Str. Timișescu

Str. Marinescu

Str. Lister

Str. Obedenaru

Str. Izvor

H Ibis Platul Parlamentului

Sos. Panduri

Prof. D. F. Rainer

Prof. Alexandru Vitzu

Str. E. Iosif

Str. Romniceanu

Str. Grecescu

Stadionul
Cotroceni

Str. Progresului

No.1,8,11,25

| M1 M1 | M2 M2 |
| M3 M3 | M4 M4 |

No.1 ● トラム
● オープントップバス

Str. C. Severeanu

Str. C. Atanasiu

Str. Ghiulamila

N

Str. Izvor

P.203
H JW Marriott Bucharest Grand

Calea 13 Septembrie

ブカレスト中心図

0   250m

A   B

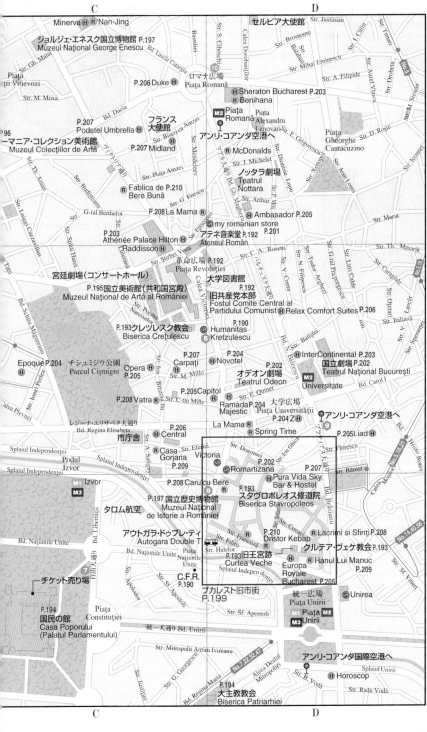

地下鉄の入口

■ブカレスト地下鉄
Metrorex
URL www.metrorex.ro
■ブカレスト公共交通
STB
URL stbsa.ro

改札で乗車券を挿入する

■地下鉄車内の警備員
車内では、スリ等の防止のため、1～2車両につき1名の警備員が連結部周辺で監視しているが、荷物にはちゃんと気を配ること。

ブカレストの市内交通

◆公共交通機関

地下鉄Metrou、トロリーバスTroleibuz、バスAutobuz、トラムTramvaiがある。地下鉄はMetrorex、それ以外の交通機関はSTB(Societatea de Transport Bucureşti)による管轄で、地下鉄以外の切符は共通。地下

真新しい地下鉄の車両

鉄以外は路線図が入手しにくく、土地勘のない旅行者が使いこなすのは難しいが、グーグルマップの路線検索に対応しているので、ネット環境とスマホがあれば、市内移動がかなり楽になる。

◆地下鉄 Metrou

Mマークが地下鉄の出入口。2019年2月現在はM1～M4の4路線が5:00～23:00の間に運行し、M5とM6は建設中。

乗り方の手順は、改札口で乗車券を購入し、自動改札機に通す。刻印されたカードが改札機上部から出てくるので、カードを引き抜き、改札機を通過し、プラットホームに向かう。VISA payWave、MasterCard Contactlessの対応カード(SMBCデビットなど) なら、切符を買うことなく、改札口にあるコンタクトレスマーク上にカードをタッチして通過する。

地下鉄の運賃は2回券が5Lei。路線を乗り次いでも1回乗車とみなされるので、追加料金は必要ない。10回券20Lei、1日券8Leiもあり割安。

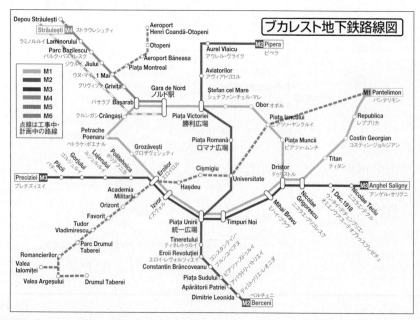
ブカレスト地下鉄路線図

◆トロリーバス Troleibuz(トロレイブズ)
◆バス Autobuz(アウトブズ)
◆トラム Tramvai(トラムヴァイ)

　地上の交通機関は乗りこなすまでがひと苦労。複雑に町中をぬって走っており、路線図の入手も難しいが、乗り方はそれほど難しくない。

　まずは、停留所の柱についている表示板を見てみよう。上の段に書かれているのが停留所名で、下の段が停車する交通機関の番号だ。乗り物のフロントガラスには行き先と番号が書かれているので、これと照合すればいい。運行は5:00〜23:00頃。

　乗車券はICカードのみとなり、運賃は1.30〜3.50Lei。カードは青色のムルティプルMultiplu(再チャージ不可)と緑色のアクティヴActiv(再チャージ可能)の2種類。カードの購入やチャージは停留所付近にある売り場Casa de biletで行う。料金はムルティプルが1.60Leiで、アクティヴが3.70Lei。カード購入時に使う回数ぶんの運賃(1回1.30〜3.50Lei)を上乗せして支払う。アクティヴの場合、チャージの最低額は2回以上の運賃(2.60Lei〜)からとなっている。

　乗車したら、柱についているカードリーダーにタッチをして改札をする。一枚のカードを複数の人で利用することもでき、その場合は、普通に改札してから、カードリーダー右の2番のボタンを押し、もう一度改札をする。抜き打ち検札がしばしば行われ、未改札だと罰金50Leiを取られる。

◆タクシー Taxi

　以前は白タクやぼったくりのタクシーが多かったブカレストだが、政府の努力のおかげで、不法なタクシーの数は減少した。認可を受けたタクシーは、サイドウインドーの下に白黒のチェッカーマークのラインが入っており、初乗り料金、1kmあたりの料金、1分待機にかかる料金がちゃんと明記され、メーターはレシートの出るタイプのものが備えつけられている。これらの条件にあてはまらないタクシーには乗らないのが賢明。特に、メーターのないタクシーは要注意。たいがい料金を聞くと、金額の提示を避け、「ノープロブレム」などと答えてくるが、ノープロブレムで済むことはまずない。

　2019年2月現在では、ブカレスト市内なら初乗り1.69Lei〜が相場だが、この倍程度の料金を提示してくるタクシーもある。特に、ドライバーのほうから声をかけてきて、乗車をすすめてくる場合は、このケースが多い。メーターがついていても、動かさずに走行するドライバーもいるので、その場合には、注意をして、メーターを稼働させるようにしよう。ノルド駅周辺には悪質なドライバーが多い。

ブカレストの町を走るタクシー

✉荷物に注意
バックパック歴30年の私も、油断していたわけではないのに、知らぬ内に背負っていたリュックのファスナーを開けられて財布がなくなっていました。最後の買い物をしてから2分の間で、場所は大学広場の近くです。普通に歩いていましたが、全く気付きませんでした。「リュックを普通に背負う」。これ、ブカレストではNGです。
　　　　　　　(柏木吉基　'18)

短期間の滞在ならばムルティプルがおすすめ

改札すると、右上のランプが緑に点灯する

■おもなタクシー会社
Meridian
TEL(021)9888 (英語)
TEL(021)9444 (ルーマニア語)
URLmeridiantaxi.ro
Cobălcescu
TEL(021)9451
URLwww.autocobalcescu.ro
Leone
TEL(021)9425
URLwww.taxileone.ro
2000
TEL(021)9494
URLwww.taxi2000.ro
上記の会社はいずれもスマートフォンの専用アプリを使っても呼び出し可能。また、ルーマニアでは配車アプリのウーバーが利用できる。

■Taximetre.ro
URLwww.taximetre.ro(ルーマニア語)
　ルーマニア各都市のタクシー会社と、その料金が一覧表として掲載してあるウェブサイト。こまめに情報を更新してあるので、各都市での相場を知ることができる。

■C.F.R.（国鉄旅行センター）
●グリヴィツェイ通り
　　　　　⇨Map P.186-B1
⊠Calea Griviţei 139
☎(021)3132642
🕐8:00～18:00
㉙土・日
●旧市街付近
　　　　　⇨Map P.187-C3
⊠Piaţa Naţiunile Unite 3-5
☎072 5504262（携帯）
🕐8:30～18:30
㉙土・日

■ルーマニア・
　トータル・サービス
⊠Str. Fǎinari 2-4
☎074 1326946（携帯）
🔗www.rts99.com ▣
✉info@rts99.com
　ブカレスト在住の日本人による日本人向けのサービス会社。送迎から、観光案内、通訳、翻訳までルーマニアでのことなら何でも相談にのってくれる。特に深夜到着が多いアンリ・コアンダ国際空港からの送迎は、安心でき心強い。ルーマニア各地や、ルセへの日帰りツアーも人気。

■VISIT S.A. ROMANIA
☎(021)2231818
🔗www.visit-romania.ro ▣
✉yuko.kurihara@visit-romania.ro(日本語可)
　日本語スタッフがいる旅行会社。ホテルの予約やガイドツアーなどを行っている。

大学広場近くに立つモニュメント

■ブカレストの書店
●フマニタス・クレツレスク
Humanitas Kretzulescu
　　　　　⇨MapP.187-C2
⊠Calea Victoriei 45
🕐月～金　10:00～21:00
　土　　　11:00～19:00
㉙日

英語の本も多く揃う

歩き方

ノルド駅周辺

　ブカレストには4つの鉄道駅があるが、旅行者が利用する国際列車と国内の主要列車が発着するのがノルド（北）駅だ。駅周辺には旅行者向けの安宿がある。ノルド駅は町の中心からやや離れているが、地下鉄を乗りこなせればそれほど不便ではない。ただし、ノルド駅周辺は、ブカレストで最も治安の悪い場所で、減少しているとはいえ、スリやホームレス、ギャング化したストリートチルドレンが出没している。地元の警官が襲撃されることすらあるので、ひとり歩きや夜の外出時には十分注意したい。

マゲル大通り～革命広場周辺

　航空会社のオフィス、高級ホテルなどが建ち並ぶマゲル大通りBd. Gh. Magheruは、ブカレストのメインストリート。ほかにもレストランやカフェ、露店などが並び、いつでもにぎやかだ。

革命当時は周囲を群衆が埋め尽くした

　マゲル大通りの西側からヴィクトリア通りCalea Victorieiにいたる一帯は、高級ブティックや画廊、ディスコなどが点在するおしゃれな地域になっている。

　ヴィクトリア通りを南へ行くと、間もなく石造りの立派な建物に囲まれた広場に出る。1989年12月の民主革命の舞台となった革命広場Piaţa Revoluţieiだ。共和国宮殿、アテネ音楽堂Ateneul Român、旧共産党本部、ブカレストを代表する高級ホテルのアテネー・パレス・ヒルトンAthénée Palace Hiltonが、広場をぐるりと取り囲むように建っている。

大学広場周辺

　マゲル大通りを南下していくと、左側にひときわ高いホテル、インターコンチネンタルInterContinentalが見えてくる。ホテルを過ぎた所にあるのが大学広場Piaţa Universitǎţii。名前のとおり、ブカレスト大学に面している。このあたりは、劇場や若者向けのレストラン、ファストフード店などが集中する繁華街。学生街ならではの活気にあふれ、古本を売る露店も並ぶ。この周辺にかけてが、ブカレストの文化、ファッションの中心となっている。

革命の舞台となった大学広場周辺

統一広場周辺

　地下鉄の統一広場駅から地上に上がると、巨大な噴水がある広場に出る。広場から南北に走っているのがマゲル大通りの延長で、この辺では名称がブラティアヌ大通りBd. I. C. Brătianuに変わる。東

石畳の路の続く旧市街はカフェやバーが多い

西に延びているのは統一大通りBd. Unirii。西方向正面には、故チャウシェスク大統領が贅の限りを尽くした未完の宮殿、国民の館が堂々とそびえ建つ。

　広場から国民の館までの道路の両脇は、巨大な建物群がびっしりと並んでいる。車の交通量は多いが人通りが少なく、無機的な建物とあいまって寒々しい雰囲気がある。しかし、大通りから一歩裏道に入ってみると、古い町並みや時の重さを感じさせる小さな教会などが残る旧市街だ。レストランや気持ちのいいカフェも多いので、散策の合間に立ち寄ってみよう。

見どころ

凱旋門 Triumphal Arch

Arcul de Triumf アルクル・デ・トリウンフ

　第一次世界大戦の勝利を記念して、1919年に建てられたもの。当初は、木造の漆喰塗りのものだったが、1930年にルーマニアの彫刻家たちによって造り替えられ、現在のような姿になった。アンリ・コアンダ国際空港から中心街へ向かうバスの車窓からも見ることができる。

　凱旋門の建つロータリーからは、菩提樹やマロニエの並木道

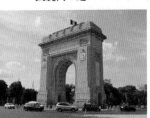
建設当時のブカレストは「バルカンの小パリ」と呼ばれていた

が続いている。パリ凱旋門のシャンゼリゼを思い浮かべそうだが、残念ながらこちらは繁華街からかなり離れているせいか、華やかなにぎわいは期待できない。

　凱旋門の近くにはヘラストラウ公園もあるので、散歩コースとしてはおすすめ。

ヘラストラウ公園 Herastrau Park

Parcul Herăstrău パルクル・ヘラストラウ

　ブカレスト市内にはたくさんの公園があるが、そのなかで最大規模を誇るのがヘラストラウ公園。緑豊かな187haの敷地は、森の中を散策しているような気分になる。休日には、日光浴や散歩を楽しむ市民の姿も多く、夏には園内の湖で泳ぐこともできる。敷地内には、ルーマニア各地の民家を集めた国立農村博物館(⇨P.196)がある。

■ブカレストの
　オープントップバス
　STBでは市内の主要な見どころを1周するオープンバスを運行している。バスは10:00～21:50に20～25分間隔で運行し、50分かけて1周する。乗車券は24時間有効で、期間内は何度でも乗り降り自由。乗車券は車内、またはSTBのブースで購入する。
URL bucharestcitytour.stbsa.ro
開 10:00～21:50
休 11～5月、荒天時
料 25Lei

オープントップバス

■凱旋門
　⇨Map P.185-B1
ロマナ広場から131番バスでArcul de Triumf下車。地下鉄Aviatorilor駅からヘラストラウ公園沿いの道を西へ歩いて約5分。

凱旋門近くの散歩コース

■ヘラストラウ公園
　⇨Map P.185-A～B1
地下鉄Aviatorilor駅から凱旋門へ向かい、そのまま北上。

遊覧船も航行する

■春の宮殿
⇨Map P.185-B1
✉Bul. Primăverii 50
☎(021)3180989
URL palatulprimaverii.ro
⏰10:00～17:00(ラストツアー)
休月
料50Lei　学生40Lei
　(英語ツアー)

見学は45分のツアーのみ。言語はルーマニア語や英語があり、1時間おきに催行される。前日までに予約しておくことが望ましい。

■アテネ音楽堂
⇨Map P.187-C1
✉Str. Benjamin Franklin 1-3
☎(021)3152567
URL www.fge.org.ro
⏰ボックス・オフィス
　火～金　12:00～19:00
　土・日　16:00～19:00
休月

春の宮殿 Primăverii Palace

Palatul Primăverii パラトゥル・プリマヴェリー

故チャウチェスク大統領の書斎

かつて独裁者として君臨したニコラエ・チャウチェスクの私邸だった場所。現在は博物館として一般開放されている。各部屋ごとに装飾のテーマが異なり、ルネッサンスやバロック、ロココ様式など、どの部屋も豪華絢爛な造りで、当時の暮らしぶりを今に伝えている。

アテネ音楽堂 Romanian Athenaeum

Ateneul Român アテネウル・ロムン

ルーマニアを代表するコンサートホール

1888年建造の新古典様式のコンサートホール。ジョルジェ・エネスク交響楽団の拠点で、奇数年の8月に開かれるジョルジェ・エネスク音楽祭・コンクールのメイン会場でもある。

Information ルーマニア民主革命の舞台を訪ねる

1989年、東欧革命の波がこの国にも波及し、チャウシェスク大統領が処刑され、ルーマニアは民主化への道を進むこととなった。ブカレスト市内では革命当時、大統領派と革命派との戦いの場となった建物や広場が今でも見られる。

民主革命の重要な舞台となったのが、町の北部にあるルーマニア国営テレビ局Stația de Televiziune Română。革命の中心となった救国戦線は、まずテレビ局を占拠し、ブカレストの現状を電波に乗せて全国の人々に伝えた。革命派が放送局を押さえたことによって、一般市民は現実に何が起こっているのかを知り、内戦の最中でも、ひるむことなく行動できたという。放送局入口の横には、犠牲者を悼む慰霊碑が建てられている。

慰霊碑とテレビ局。ひっそりとしている

テレビ映像を通じて全世界に報じられた、1989年民主革命の銃撃戦の舞台は革命広場Piața Revoluției。大統領府として使用されていた共和国宮殿の地下には、秘密の地下道が掘られていた。この地下道から次々と姿を現したチャウシェスク側近の治安部隊の銃弾を受けながら、市民のデモ隊は必死で戦ったのだ。激しい銃撃戦が行われた場所だけに、周囲の建物は著しく破壊されてしまった。

そして、革命広場にそびえる立派な建物が旧共産党本部Fostul Comitet Central al Partidului Comunistだ。1989年12月22日に、チャウシェスク大統領は、この建物のテラスで大群衆を前に最後の演説を行ったがブーイングに遮られ、その直後、屋上からヘリコプターで逃亡した。建物の前には革命犠牲者のために建てられた慰霊碑がある。

■ルーマニア国営テレビ局　⇨Map P.185-B1
地下鉄Aviatorilor駅から南東に延びるドロバンツィ通りCalea Dorobanțilorを歩くこと約5分。右側に見えてくる。
■革命広場、旧共産党本部⇨Map P.187-C～D2
ヴィクトリア通りを南へ行った所。マゲル大通りの西側。

中央市場 Central Market

Piaţa Buzeşti (Piaţa Matache) ピアツァ・ブゼシティ(ピアツァ・マタケ)

活気あふれるブカレスト庶民の生活の場である中央市場。あらゆる種類の食材と雑貨が売られている。ここをひととおり回ってそれぞれの値段を眺めてみれば、ルーマニアのおおよその物価水準がわかるはずだ。立食スタンドもあり、ミティテイとビールを片手に市場の喧騒を眺められる。

クレツレスク教会 Cretulescu Churche

Biserica Creţulescu ビセリカ・クレツレスク

ルーマニア独自の建築様式

革命広場に建つ18世紀建造の教会。典型的なルーマニア正教の教会で、都会の真ん中にいることを忘れさせてしまうほど、教会内の静けさは別世界。その静けさのなかで祈りをささげる信者たちがあとを絶たない。入口ポーチの天井には、善と悪を裁く神の姿が描かれた、18世紀当時のフレスコ画を見ることができる。

スタヴロポレオス修道院 Stavropoleos Monastery

Mănăstirea Stavropoleos マナスティレア・スタヴロポレオス

1724年に建てられた、ルーマニア独特のブルンコヴェネスク様式(ワラキアで発展したビザンツ建築との混合様式)の教会。ブカレストの最も古い教会のひとつである。教会の内部を彩るイコンがとても美しい。

ビルに囲まれた中心部にひっそりと建つ

旧王宮跡 Old Princely Court

Curtea Veche クルテア・ヴェケ

旧王宮跡の横にあるクルテア・ヴェケ教会

「串刺し公」の異名をとり、小説のドラキュラ伯爵のモデルだともいわれるヴラド・ツェペシュ(⇨P.13)が、15世紀に築いた宮殿の跡。この一帯はブカレストで最も古いエリアで、大部分は地震や火事で焼失してしまったが、この旧王宮跡がかろうじて当時の面影を残している。旧王宮は見学できるが、カビ臭い地下部屋はがらんとしており、見るべきものはほとんどない。隣には、ブカレスト最古(1559年)の**クルテア・ヴェケ教会Biserica Curtea Veche**がある。

■中央市場
⇨Map P.186-B1
Str. M. VulcănescuとStr. Berzeiの交差点西側。ノルド駅からはBd. Dinicu Golescuを南東へ行きStr. M. Vucănescuで左折し、Str. Berzeiで左折してすぐ。

中央市場の入口

■クレツレスク教会
⇨Map P.187-C2
✉Calea Victoriei 47
旧共産党本部の向かい。
🕒9:00〜18:00
無休 無料
不可

■スタヴロポレオス修道院
⇨Map P.187-D3
✉Str. Stavropoleos 4
🕒8:00〜19:30頃
無休
無料

■旧王宮跡
⇨Map P.187-D3
地下鉄Piaţa Unirii駅から徒歩2分。
✉Str. Franceza 25-31
※2019年8月現在閉鎖中
■クルテア・ヴェケ教会
⇨Map P.187-D3
🕒夏期7:00〜20:00
冬期7:00〜17:00
無休　無料

旧王宮跡にはヴラド・ツェペシュ像が置かれている

　　　　⇨ Map P.187-D3
⊠Aleea Dealul Mitropoliei 21
圖月〜木　11:00〜16:00
　金〜日　13:00〜16:00
俄無休　料無料
■不可

周囲には厳粛な空気が漂う

■国民の館
　　　　⇨ Map P.187-C3
⊠Calea 13 Septembrie
（観光客用の入口は正面に向
かって右側面にある）
TEL073 3558102（携帯）
TEL073 3558103（携帯）
URLcic.cdep.ro
圖3〜10月　9:00〜17:00
　11〜4月　9:00〜16:00
俄無休
料スタンダードツアー
　（所要1時間）
　40Lei　学生20Lei
　スタンダードツアー＋
　地下室ツアー　（所要2時間）
　45Lei　学生23Lei
　見学はツアーのみ。言語は
ルーマニア語や英語、フラン
ス語があり、スケジュールは日
によって変わる。見学するに
はパスポートが必要（コピー不
可）。訪問者1〜9人の予約
は見学の24時間前に電話で
行う。
■可

大主教教会 Patriarchal Church

Biserica Patriarhiei ビセリカ・パトリアリヒエイ

　統一広場南西の、高い丘にある、3つのドームが目印のルーマニア正教の教会。1650年代にワラキア公の館内に建てられたもので、20世紀になってから大主教教会として認められた。教会内には、聖人ディミトリエ・バサラボフのミイラが聖体として祀られている。

国民の館 Palace of The Parliament

Casa Poporului(Palatul Parlamentului)
カサ・ポポルルイ（パラトゥル・パルラメントゥルイ）

　故チャウシェスク大統領が、日本円にして約1500億円を投じて造らせたという巨大な宮殿。部屋数は3107にのぼる。世界中の官庁、宮殿などの建物のなかで、ワシントンD.C.にある、アメリカの国防総省ペンタゴンに次ぐ規模だという。「国民の……」というのは名ばかりで、その実、私欲を満たすためのものだったのがよくわかる。宮殿内部は、天井、壁、窓枠にいたるまで純金の装飾が施されている。幅18m、長さ150mにも及ぶ回廊Honour Gallery、高さ18m、総面積2200㎡の大ホールUnion Hallなど圧巻。宮殿を支える大柱は、白、赤、黒、ピンク、ベージュの色をした大理石で、ルーマニア中から集められたという。まさに贅の限りが尽くされていた陰で、国民は飢餓を強いられていた。現在は各政党のオフィスが入居するほか、国際会議やコンサートにも使われている。

シャンデリアが印象的なロセティホール

国民の館で最大の部屋、ユニオンホール

圧倒的な存在感を放つ国民の館

植物園 Botanical Garden

Grădina Botanică グラディナ・ボタニカ

　町の西にある規模の大きな植物園で1891年にオープン。17万m²に及ぶ面積で1万種以上の植物を見ることができる。日本や中国などの外国種もある。

ゲンチェア墓地 Ghencea Cemetery

Cimitirul Ghencea チミティルル・ゲンチェア

新しくなったチャウシェスク夫妻の墓

　1989年のクリスマスに、処刑という衝撃的な結末をもって独裁に終止符を打ったニコラエ・チャウシェスクとその夫人エレナは、市内南西部のこの墓地で永眠している。一時期、遺体はすり替えられたという疑惑があり、夫婦ともに掘り起こされ、DNA鑑定が行われた。調査の結果、本人であるということが判明し、現在は同じ墓に埋葬されている。

　チャウシェスク夫妻の墓は園内中央の参道を真っすぐ進み、突き当たった教会の左側で、ワインレッドの墓石が目印。墓碑にはNicolae Ceaușescu(1918-1989)とElena Ceaușescu(1919-1989)と記されている。

国立美術館 The National Museum of Art of Romania

Muzeul Național de Artă al României
ムゼウル・ナツィオナル・デ・アルタ・アル・ロムニエイ

ルーマニア国立展には国内の芸術家の作品が並ぶ

　革命広場に面した共和国宮殿の一部が美術館として使用されている。1989年、革命広場での銃撃戦の戦火を受け、多くの絵画が焼失してしまったものの、量・質ともにルーマニア最大級の規模を誇る。

　館内は、ルーマニアの宝物と美術を展示するルーマニア国立展と、ヨーロッパの美術を展示するヨーロッパ美術展に分かれている。

　ルーマニアの宝物は、金製、銀製の聖遺物入れや十字架、食器などのコレクション。ルーマニア美術では、中世から現代にかけての宗教美術、絵画、彫刻などを収蔵している。イコンのコレクションや、ルーマニア近代絵画の三大巨匠アンドレスク、グリゴレスク、ルキアンのそれぞれの代表作も集められている。ヨーロッパ美術の部門では、レンブラントやエル・グレコ、ルーベンスといった巨匠たちの作品などがある。もともと宮殿だった建物を利用しているので、内部の装飾も非常に美しい。

■植物園
⇨Map P.186-A2
⊠Șos. Cotroceni 32
圏夏期8:00～20:00
　冬期9:00～17:00
休無休
料5～7Lei

植物園の入口

■ゲンチェア墓地
⇨Map P.185-A3
⊠Bd. Ghencea 18
圏24時間
　統一広場から47番のトラムまたは385番のバスでCimit. Ghencea下車。敷地内は一般の墓地なので、写真を撮影する場合は墓参者の迷惑にならないよう心がけよう。

ゲンチェア墓地の入口

■国立美術館
⇨Map P.187-C2
⊠Calea Victoriei 49-53
TEL(021)3133030
URLwww.mnar.arts.ro
圏10:00～18:00
休月・火
料15Lei　学生4Lei
　毎月第1水曜は無料
　各展示
　10Lei　学生2.50Lei
　両展示共通券
　25Lei
■可　不可

北側がルーマニア国立展、南側がヨーロッパ美術展になっている

■国立農村博物館
⇨Map P.185-B1
✉ Şos. Kiseleff 28-30
（ヘラストラウ公園内）
☎(021)3179106
🕐夏期　9:00～19:00
　冬期　9:00～17:00
🚫月
💴15Lei　学生4Lei
📷建物内不可

マラムレシュのドラゴミネシュティ村から移設された木造教会

敷地内ではヤギなどを飼育している。動物との触れ合いも楽しい

国立農村博物館 National Village Museum

Muzeul Naţional al Satului ムゼウル・ナツィオナル・アル・サトゥルイ

おみやげの実演販売もある

　ルーマニア各地の農村から農家、教会、水車など計297棟が集められた野外博物館。欧州各地にある農村博物館のなかでも、規模の大きさ、保存状態のよさで高い評価を受けており、フォークロアの宝庫であるルーマニアの魅力がたっぷりと詰まっている。

18世紀のブザウの邸宅。1階はおもにブランデーや農具などを置く倉庫として使用されたそうだ

　建物の造りや生活、文化は地方によってだいぶ異なるが、ここでは各地方の18～19世紀の代表的なスタイルのものを再現している。敷地内を歩けば、トランシルヴァニア、マラムレシュ、ブコヴィナ、モルドヴァ、ドブロジャの個性的な家々を巡ることができるので、数時間でルーマニアの地方をぐるりと歩き回ってきたような気分になれるはず。

　敷地内には隊商宿を改装したレストラン＆カフェもあり、のんびりと過ごすことができる。ミュージアムショップでは、各地方の民芸品や織物、伝統音楽が聞けるCDなどが並んでおり、品揃えも豊富。

ブカレストにあるそのほかの博物館と美術館

ルーマニア・コレクション美術館
Muzeul Colecţiilor de Artă ムゼウル・コレクツィロル・デ・アルタ

Map P.187-C1

　国内はもとより、世界各国の美術工芸品を一堂に集めた美術館。家具、調度品など、西洋・東洋のアンティークが充実している。日本からの品では墨絵や壺、ガラス製品、歌舞伎絵などコレクションも豊富。ショップの品揃えには定評があり、英語の書籍も用意している。

✉Calea Victoriei 111
☎(021)3148119
🕐10:00～18:00
🚫木・金
💴15Lei　学生4Lei
📷可　📹不可

規模の大きな美術館

農民博物館
Muzeul Ţăranului Român ムゼウル・ツァラヌルイ・ロムン

Map P.185-B2

　18～19世紀にかけてルーマニアの農村各地で見られた生活文化を、豊富なコレクションで紹介している。民族衣装や陶器、イコンなど各展示品の質もさることながら、そのディスプレイのセンスも秀逸。1996年、97年には欧州を代表する博物館として賞を受けたのも納得できる。地下は共産党の遺物を集めた展示室。

✉Şos. Kiseleff 3
☎(021)3179660
※2019年2月現在閉鎖中
（ショップは営業している
→P.201）

内部は改装中

国立自然史博物館
Muzeul Naţional de Istorie Naturală ムゼウル・ナツィオナル・デ・イストリエ・ナトゥララ

Map P.185-B2

　1908年に設立された歴史ある博物館で、館内には多様な生物の剥製や骨格標本、ホルマリン漬けなどがところ狭しと展示されている。展示範囲は、現在ルーマニアに生息するものはもとより、世界中の陸上生物、海洋生物、恐竜やマンモスといった古生物など、非常に多岐にわたっており、興味深い。各種鉱物の展示もある。

⊠Şos. Kiseleff 1　TEL(021)3128826
🕐夏期10:00〜20:00
　冬期10:00〜17:00
🚫月
💴20Lei　学生5Lei
📷10Lei　英語オーディオ
ガイド10Lei

大人から子供まで楽しめる展示

国立歴史博物館
Muzeul Naţional de Istorie a României
ムゼウル・ナツィオナル・デ・イストリエ・ア・ロムニエイ

Map P.187-D3

　故チャウシェスク大統領夫人がしばしばダンスパーティを催していたという建物。1階は企画展になっている。圧巻されるのは半地下にあるローマにある「トラヤヌスの記念柱」のレプリカで、ローマ帝国のダキア（ルーマニア）征服を描いたレリーフが見られる。地下1階は宝物庫になっており、古代ダキア人の宝飾品からルーマニア王室のコレクションまで幅広い。

⊠Calea Victoriei 12
TEL(021)3158207
URLmnir.ro(ルーマニア語)
🕐夏期10:00〜18:00
　冬期9:00〜17:00
　最終入場は閉館45分前まで
🚫月・火　💴10Lei
📷不可　ビデオ不可

旧市街の一角にある広大な建物

トラヤヌスの記念柱のレリーフを分解して展示

宝物庫にはルーマニア王室の宝飾コレクションが並ぶ

ジョルジェ・エネスク国立博物館
Muzeul Naţional George Enescu ムゼウル・ナツィオナル・ジョルジェ・エネスク

Map P.187-C1

　ルーマニアが誇る偉大な作曲家ジョルジェ・エネスク（1881〜1955年）に関する博物館。代表作は20歳で作曲したふたつの『ルーマニア狂詩曲』。また、彼はバイオリニストとしても世界的に有名であり、おもにフランスで演奏活動を行った。社会主義政権樹立以降はフランスにとどまり、終生ルーマニアに戻ることはなかった。博物館ではエネスクのバイオリンやピアノ、写真などが展示されている。

⊠Calea Victoriei 141
TEL(021)3181450
🕐10:00〜17:00
🚫月
💴5Lei　学生2.50Lei
📷30Lei
ビデオ不可

アールヌーヴォー調の建物

国立軍事博物館
Muzeul Militar Naţional ムゼウル・ミリタル・ナツィオナル

Map P.186-D1

　ビジュアル資料が充実した博物館。オスマン朝との交戦など歴史的戦闘シーンを人形モデルで再現している。また、戦時の発掘品や武器類を展示するなど、解説に工夫が凝らされており、かなりの力作といえる。中には各時代の戦車や砲台が多く並び、別館には爆撃機が置かれていたりと、迫力満点の展示となっている。

⊠Str. Mircea Vulcănescu
125-127
TEL(021)3195904
🕐9:00〜17:00
🚫月・火
💴16Lei　学生4Lei
📷50Lei　📹不可
ビデオ50Lei

前庭には歴代の大公や英雄の彫像が並んでいる

お気に入りの店を見つけよう

ぶらぶらカフェバー巡り

再開発が進む旧市街は、昔ながらの風情を残しつつ
町歩きが楽しいおしゃれエリアに大変貌！
人通りの絶えないエリアを、のんびり気ままに歩いてみよう！

ベモレ・カフェ
Bemolle Cafe

アーケードで覆われたカフェが並ぶおしゃれな一角にある。店の外のテラスでは水パイプを楽しむ人が多い。各種コーヒーのほか、コーヒーカクテルやレモネードの種類も多くて人気がある。

✉Pasaj Villacrosse
☎(021)3118382
🕐9:00〜翌2:00　休無休
💰Lei　💳ⓂⓋ　🚻あり

ヴァン・ゴッホ
Van Gogh Grand Cafe

1925年に建てられ、かつて銀行だった建物を利用したカフェ。早朝から営業しており、朝食メニュー8.50〜25Leiを出している。ゴーダチーズたっぷりのダーティーバーガー77Leiが人気。グラス・ワインの数も豊富だ。

✉Str. Smârdan 9　☎077 0117279（携帯）
🌐www.vangogh.ro　🕐月〜木8:30〜24:00、
金8:30〜翌1:00、土10:00〜翌1:00、日10:00〜24:00
休無休　💰Lei　💳ⒶⓂⓋ　🚻あり

アルカデ
Arcade

通りから少し奥に入った所にあるカフェで、開閉式の天井が特徴的。レモネードの種類が豊富で、ツイカ、パーリンカ、ワイン、ビールなど、アルコール類も揃っている。料理はパスタやハンバーガーなど。

✉Smardan 30
☎072 2777674（携帯）
🌐arcadecafe.ro
🕐11:00〜翌3:00
休無休　💰Lei　💳ⓂⓋ　🚻なし

ルーマニア国立銀行前の遺跡
Banca Naţională a României

国立銀行は新古典主義の影響も感じさせる19世紀末の建築で、ブカレスト旧市街のシンボル的存在。このあたりは旧市街でも最も古いエリアで、中世のものとみられる市場の跡が銀行前の敷地から発見されており、ガラスの上から見ることができる（見学自由）。路上パフォーマーも多く、夜遅くまでにぎやかな雰囲気だ。

バザール
Bazaar

1889年に造られた建物を利用しているカフェ。メニューはタパス13〜29Leiやケサディージャ3Leiなど国際色豊か。アルコール類は充実しているが、ビールは輸入品のほか、自社製のバザールビールがある。

✉ Str. Covaci 10
☎072 1999999（携帯）
🕐日〜木10:00〜翌2:00、金・土10:00〜翌4:00
休無休　🅿Lei　💳MⓋ　🍴あり

カルトゥレシュティ・カルセル
Cărturești Carusel

19世紀の建物を利用した書店で、ヨーロッパで最も美しい書店とも言われる。書籍のほか、食器やワイン、文具なども販売している。最上階はビストロだが、2019年2月現在営業していない。

✉ Str. Lipscani 55　☎072 8828922（携帯）
🕐月〜水10:00〜23:00、木・日10:00〜22:30、金・土10:00〜24:00　休無休
🅿Lei　💳MⓋ　🍴あり

ブカレスト旧市街おさんぽマップ

国立図書館
Biblioteca Națională

M2 Universitate駅へ

1841年にできた歴史ある小路
マッサ・ヴィラクロス・パサージュ P.198
Pasajul Macca-Villacrosse
Bemolle Cafe
Romartizana P.202

Hilton Garden Inn

屋上から旧市街が眺められる
Pura Vida Sky Bar & Hostel P.207

聖イリエ教会
Biserica Sf. Ilie

レバノン料理 Sindbad
トルコ軽食 Saray
P.198
ルーマニア国立銀行
Banca Națională a României
（中世市場の小路）

Van Gogh P.198
1925年の歴史の建造物を利用
Rembrand Hotel
ラプソディア劇場
Rapsodia Română

聖ニコラエ教会
Biserica Sf. Nicolae

「菩提樹の隊商宿」1833年創建
ハヌル・ク・テイ
Hanul cu Tei P.208
La Mama

ズラタリ教会
Biserica Zlatari
Caru'cu Bere P.208

スタヴロポレオス通り
Str. Stavropoleos

Cărturești Carusel P.199
Str. Lipscani

P.193 スタヴロポレオス修道院
Mănăstirea Stavropoleos

St. Patrick

Gyros

Elbow Room
Fire Club
Halftime

国立歴史博物館 P.197
Muzeul Național de Istorie a României

コメディ劇場
Teatrul de Comedie

Zamon
夜遊び派の味方
Tania Hotel

Bruno

Les Bourgeois

モニュメント
聖ディミトル教会
Biserica Sf. Dimitru

Brown

Trinity Collage

警察署

オーガニック食材を多用
Lacrimi și Sfinti P.208

P.198
Arcade

Octoberfest

オーストリア・ドイツ方面のバスが発着
Autogara Double T

Str. Franceză
Str. Ion C. Fleti

ギリシア料理 Meze

Bound Club
Concorde

ドネルケバブの名店
Dristor Kebap P.210

Vintage

183種類のビール
100 de Beri

Crama Dominesca

Bazaar P.199

P.193
旧王宮跡
Curtea Veche

P.193
クルテア・ヴェケ教会
Biserica Curtea Veche

P.205
Europa Royale Bucharest

P.209
Hanul Lui Manuc
古い隊商宿を利用
Starbucks

M1 M2 M3
Piața Unirii駅へ

美しいパッサージュ

路上パフォーマンス

隊商宿、ハヌル・ルイ・マヌク

トゥルゴヴィシュテへの行き方

●ブカレストから

🚃普通とIRが1日6便
所要:1時間25分～2時間15分
運賃:普通2等7.95Lei
　　　IR2等19.45Lei

🚌アウトガラIDMから6:30
～21:30の1時間に2便
所要:1時間30分～2時間
運賃:15Lei

■歴史博物館
⇨Map P.200
⊠Calea Domnească 181-
189, Târgoviște
☎(0245)613946
🕐夏期9:00～18:30
　冬期9:00～17:00
🈲月
🎫12Lei　学生6Lei
📷15Lei

高さ約27mのキンディア塔

スナゴヴへの行き方

●ブカレストから

🚗スナゴヴ村までは公共交通はなく、タクシーをチャーターするしかない。だが、ブカレストのタクシーには悪質なドライバーが多く、スナゴヴ方面の地理に詳しくない。日帰りで行きたい場合はルーマニア・トータルサービス(→P.190)など、旅行会社に相談してみるのもいいだろう。

■スナゴヴ修道院
⇨Map P.200
⊠Snagov
🕐夏期8:00～20:00
　冬期8:00～17:00
🈲無休　🎫15Lei
📷9Lei

修道院内のイコノスタス

トゥルゴヴィシュテ Targoviste

Târgoviște

ルーマニアの前身のひとつであるワラキア公国の首都だった所。1689年にブカレストに遷都されるまで約200年の間、都として栄えた古い町。また、1989年12月にトゥルゴヴィシュテ近郊の兵営内でチャウシェスク夫

塔の上から眺めた街並み

妻が処刑されたことによって、一躍世界に知られるようになった。

　見どころは、ミルチャ公(在位1386～1418年)が1396年に建て、歴代の大公が住んだ宮殿。15世紀に見張り塔として建立されたキンディア塔Turnul Chindieiは、現在は歴史博物館になっており、ヴラド・ツェペシュに関する資料が展示されている。

スナゴヴ修道院 Snagov Monastery

Mănăstirea Snagov　マナスティレア・スナゴヴ

ブカレストから北へ約30kmほど行くと、スナゴヴSnagovという小さな村にたどり着く。村の中心部にスナゴヴ湖があり、湖畔には別荘が多く建てられている。湖の中央部には小さな島が浮かんでおり、そこにはルーマニア正教会の修道院が建っている。

湖の島にたたずむスナゴヴ修道院

　実はあまり知られてはいないが、この修道院はドラキュラのモデルであるヴラド・ツェペシュの永眠の地だとされている。彼は1476年ブカレスト近郊でオスマン朝との戦いで戦死し、遺体は首だけイスタンブールに送られた。しかし、首以外はここに埋められたと伝えられている。奥の祭壇の下がヴラド・ツェペシュの墓で、側には小さな肖像画が置かれている。1930年代に発掘調査をしてみたところ、本当に首のない遺体が発見されたが、それがヴラドのものかどうかは定かではないようだ。

ブカレスト周辺

コマナ修道院 Comana Monastery

Mănăstirea Comana　マナスティレア・コマナ

現在の修道院は16世紀に建てなおされたものが基礎になっているという

ドラキュラのモデルであるヴラド・ツェペシュが葬られたのはスナゴヴではなく、ブカレストから南へ40kmほど離れたコマナComanaだという説もある。根拠となるのは1461年にヴラド・ツェペシュがこの地に要塞教会を建設したという記録から。現在は修道院となっており、聖堂内にはヴラド・ツェペシュの絵が描かれているものの、彼の墓があったとされる場所は明らかではない。

コマナ周辺は湿地帯となっており、アスレチックや遊歩道がある自然公園となっている。ブカレストから近いこともあり、週末は家族連れで賑わう行楽地だ。

コマナへの行き方

●ブカレストから
🚗コマナ村までは公共交通はなく、タクシーをチャーターするしかない。日帰りで行きたい場合はルーマニア・トータル・サービス（→P.190）など、旅行会社に相談してみるのもいいだろう。

■コマナ修道院　⇨Map P.200

✉Comana
🕐随時
🈺無休　💴寄付歓迎

聖堂内には聖人とともにヴラド・ツェペシュも描かれている

ブカレストのショッピング　*Shopping*

ブカレストのショッピングストリートは、統一広場からインターコンチネンタル・ホテルにかけてのブラティアヌ大通りBd. Brătianu（→Map P.187-D2〜3）。また、大通りから西側の裏道に入ると、露店がひしめいていたりして熱気が漂っている。衣類のほか、ケバプチェやミティテイの屋台や駄菓子、日用雑貨など何でもありといった感じだ。旧王宮跡裏側のコバチ通りStr. Covaci（→Map P.187-D3）沿いには骨董品や中古品を扱う小さな店が軒を連ねている。大学広場（→Map P.187-D2）近くになると露店の古本屋が増え始め雰囲気が変わる。英語の書籍（地図、新聞、雑誌、ガイドなど）はフマニタス・クレツレスク（P.190）で手に入る。郊外にあるショッピングモールのプラザ・ルーマニアPlaza Romania（→Map P.183-A2）やブクレシュティ・モールBucureşti Mall（→Map P.183-B2）は休日になると多くの人でにぎわう。

骨董品が並ぶコバチ通り

マイ・ルーマニアン・ストア

Map P.187-D1

民芸品

my romanian store

革命広場の近くにあるみやげ物店。オーナーがルーマニア各地の職人や新進気鋭のデザイナーと契約し、ブラウスや木工製品、キリムなど各地の伝統品を販売。各商品には、それにまつわる逸話が紹介されている。

✉Str. Episcopiei 6
☎031 4220259
🕐夏期　月〜金　11:30〜20:30
　　　　土・日　12:00〜20:00
　　冬期　月〜金　11:30〜19:30
　　　　土・日　12:00〜18:00
🈺無休
💴Lei
💳ⓂⓋ

ムゼウル・ツァラヌルイ・ロムン

Map P.185-B2

民芸品

Muzeul Ţăranului Român

農民博物館に併設されているみやげ物店。博物館の入口右側の1階部分にある。ルーマニア各地より、ハンドメイドの伝統衣装やイコン、キリムなどの民芸品を集めている。幅広い品揃えが自慢。

✉Şos. Kiseleff 3
☎(021)3179661
🕐10:00〜18:00
🈺月
💴Lei
💳ⓂⓋ

ロマルティザナ
Romartizana

民芸品

Map P.187-D2

ヴィクトリア通り沿いにあるみやげ物店。ルーマニア各地より仕入れたハンドメイドのテーブルクロスやブラウス、イコンのレプリカなど、ルーマニアの代表的なみやげ品がひととおり揃う。

✉Calea Victoriei 16-20
☎(021)3140770
営月～金10:30～18:30、土12:00～16:00
休日
💰Lei
💳 Ⓜ Ⓥ

ミエラリエ・ボドゥナリウ
Mierărie Bodnariu

ハチミツ

Map P.186-B1

中央市場内にあるハチミツ専門店。巣箱から直接採取したハチミツを取り扱っている。ハチミツは1kgあたり25～50Lei。オーナーのイオン・ボドゥナリウ氏はハチミツに関する調合の専門家でもあり、喉の痛みや肝臓の不調などを和らげる作用のあるハチミツなどもブレンドして販売している。

✉Str. Atelierului 10, Piaţa Matache
☎(021)3101488　☎074-1198732
📧ion.bodnariu@yahoo.com
営月～金9:00～18:00
　　土　　9:00～13:00
　　日　10:00～13:00
休無休
💰€　Lei
💳不可

ブカレストのエンターテインメント　　*Entertainment*

ブカレストでは、芝居やコンサートなどのエンターテインメントが盛りだくさん。特に、「ブカレストのブロードウェイ」ともいわれるヴィクトリア通りには、若者に人気の小劇場が集まっている。演劇はほとんどがルーマニア語だが、雰囲気だけ味わってみるのもいいだろう。詳しい情報は🔗www.diseara.roで。映画、演劇、オペラのプログラムのほか、レストランなどの情報も充実。『Şapte Seri』誌は毎週金曜発行で、ホテルのレセプションなどで無料でもらえる。

ブカレスト国立オペラ
Opera Naţională Bucureşti

劇場

Map P.186-B2

1953年創建の劇場で、オペラ、バレエを上演する。18:30頃から開演のものが多い。日本での公演実績もある。シーズンは9～6月。

✉Bd. M. Kogălniceanu 70-72
☎(021)3146980
🔗www.operanb.ro(ルーマニア語)
営9:00～13:00 14:00～17:00
休無休

国立劇場
Teatrul Naţional Bucureşti

劇場

Map P.187-D2

1852年に建てられた国立劇場は、1973年に現在の場所に移転した。オペラ、コンサートなど、質の高さに定評がある。

✉Bd. N. Bălcescu 2
☎(021)3147171
🔗www.tnb.ro
営火～日10:00～19:00、月10:00～16:00
休7・8月

オデオン劇場
Teatrul Odeon

劇場

Map P.187-D2

地元のおしゃれな若者たちに人気の劇場。ホテル・マジェスティックの隣の白い建物。日本の伝統芸能、狂言も行われたことがある。

✉Calea Victoriei 40-42
☎073 8823583 (携帯)
🔗www.teatrul-odeon.ro
営11:30～14:30 15:00～19:00
休月

ブカレストのホテル *Hotel*

　ブカレスト市内には星なしから5つ星まで100軒以上のホテルがある。革命広場から南にかけてのヴィクトリア通り周辺に中〜高級ホテルが集中し、食事や観光にも便利だ。安宿が集まるのはノルド駅周辺だが、このあたりは治安が悪く、旅行者をターゲットにした犯罪者も出没する要注意地域だ。アンリ・コアンダ国際空港周辺にも中〜高級ホテルが点在しており、深夜到着や早朝出発に便利。観光客よりビジネス客のほうが多いため、一般的に金・土曜の料金が日〜木曜の料金よりも低く設定されているところが多い。

> 日本からの電話のかけ方　電話会社の番号（→P.166）＋010＋40（ルーマニアの国番号）＋21（0を取った市外局番）＋番号

アテネー・パレス・ヒルトン
Athénée Palace Hilton　Map P.187-C1

★★★★★　最高級　室数:272

　1914年創業の老舗。革命時の紛争で傷を受けながらも、ブカレスト最高級ホテルとして君臨する。市内観光には最高の立地条件だ。併設のカフェ・アテネーCafé Athénéeの評判が高い。空港送迎はシャトルバスで€15、専用車で€60。

✉Str. Episcopiei 1-3
TEL(021)3033777　FAX(021)3152121
URLwww.hilton.com
ⓈⓌ870Lei
US$ € Lei
ADMV
全館
EVあり
日本での予約先
TEL(03)6864-1633

インターコンチネンタル
InterContinental　Map P.187-D2

★★★★★　最高級　室数:228

　大学広場近くにある22階建ての高層ホテル。高くそびえるその姿は町のシンボルともいえる存在で、ルーマニアを舞台にした小説にもしばしば登場している。上階には市街を見下ろす眺めのいいレストランがある。屋内プールやフィットネスセンターも併設している。

✉Bd. N. Bălcescu 4
TEL(021)3102020
FAX(021)3125162
URLwww.ihg.com
Ⓢ€110〜
Ⓦ€120〜
US$ € Lei
ADMV
全館
EVあり
日本での予約先
無料0120-677651

シェラトン・ブカレスト
Sheraton Bucharest　Map P.187-D1

★★★★★　最高級　室数:270

　ロマナ広場から徒歩2分。最新の設備を誇る部屋は、ビジネスでの利用者にも評判だ。館内はスパやフィットネス、鉄板焼き&寿司レストランも併設。右記は公式料金で、時期によってはずっと安い。空港送迎は€25。

✉Calea Dorobanților 5-7
TEL(021)2015000　FAX(021)2011888
URLwww.starwoodhotels.com
ⓈⓌ€300
US$ € Lei
ADMV
全館 EVあり
日本での予約先
無料0120-003535

JWマリオット・ブカレスト・グランド
JW Marriott Bucharest Grand　Map P.186-B3

★★★★★　最高級　室数:402

　国民の館の近くに位置するブカレスト最高級のホテル。館内には6つのレストランやカジノ、ブランド・ショップなどが並び、設備も豪華。右記は2018年9月現在の実勢料金。空港送迎はシャトルバスで45Lei。

✉Calea 13 Septembrie 90
TEL(021)4030000
FAX(021)4030001
URLwww.marriott.com
ⓈⓌ€420
US$ € Lei
ADMV
全館（高速通信は有料）
EVあり

ホテル・エポック
Hotel Epoque

Map P.187-C2

★★★★★　最高級　室数:45

チシュミジウ公園の西、静かな環境にあるホテル。客室は広々としており、デザイン性も高く、ベル・エポックの時代を彷彿させる。レストラン、スパも併設。空港送迎は3人まで€38。

✉Intrarea Aurora 17C
☎(021)3123232　FAX(021)3005723
URL www.hotelepoque.ro
S W €120〜200
US$　€　Lei
AMV
全館　EVあり

クラウン・プラザ・ブカレスト
Crowne Plaza Bucharest

Map P.185-A1

★★★★　高級　室数:165

ブカレストの静かな地区にあるエレガントなホテル。広めの客室だけでなく、屋内のプールやドライサウナなど併設の設備も充実している。右記は2018年8月現在の実勢料金（10%税別）。空港送迎はシャトルバスで€19、専用車で€38。

✉Bd. Poligrafiei 1
☎(021)2240034　FAX(021)2021026
URL www.ihg.com
S €79〜
€99〜
US$　€　Lei
ADMV
全館　EVあり
日本での予約先
☎無料0120-677651

プルマン
Pullman

Map P.185-A1

★★★★　高級　室数:204

中心から約3kmとやや離れているが、アンリ・コアンダ国際空港へは近く、バス路線上にある。室内は広々していて、高層階からの眺めがよい。料金は9%税別。空港送迎は€16。

✉Piața Montreal 10
☎(021)3162500　FAX(021)3162550
URL www.pullmanhotels.com
S W €205
US$　€　Lei
AMV
全館　EVあり

ゼット
Z

Map P.187-D2

★★★★　高級　室数:23

旧市街にあるブティックホテル。11階にはイタリア料理店もあり、窓からの眺めもバツグン。右記は2018年8月現在の実勢料金。空港送迎は€25。

✉Str. Ion Nistor 4
☎031 4250075　URL www.zhotels.ro
S €75
W €85
€　Lei
AMV
全館　EVあり

ノヴォテル・シティ・センター
Novotel City Center

Map P.187-D2

★★★★　高級　室数:257

ヴィクトリア通りに面している高級ホテル。部屋は明るく機能的にまとめられている。建物の正面部分は、100Lei札に描かれている旧国立劇場を模したもの。

✉Calea Victoriei 37B
☎(021)3088500　FAX(021)3088501
URL novotel.accorhotels.com
S W €218
US$　€　Lei
ADMV
全館　EVあり

ラマダ・マジェスティック
Ramada Majestic

Map P.187-D2

★★★★　高級　室数:111

革命広場から南へ下ったヴィクトリア通り沿いに建つ。周辺部はおしゃれな店が並びにぎやか。部屋は窓が大きくて明るく、落ち着いている。空港送迎はなし。

✉Calea Victoriei 38-40
☎(021)3102772　FAX(021)3102799
URL www.ramadamajestic.ro
S €240Lei
W €290Lei
US$　€　Lei　AMV
全館　EVあり

ヨーロッパ・ロイヤル・ブカレスト
Europa Royale Bucharest

Map P.187-D3

★★★★　　高級　室数:92

旧市街の一角にある大型ホテル。客室はスタイリッシュで機能的な造り。統一広場や旧市街が眺められる部屋もある。スイス・ステーキの専門店も併設。右記は取材時の実勢料金。

✉Str. Franceză 60
TEL(021)3191798　FAX0372 376500
URLwww.europaroyalebucharest.com
🛏️S🛁W🅿️€80～
💱US$　€　Lei
💳AMV
📶全館　EVあり

アンバサドル
Ambasador

Map P.187-D1

★★★★　　高級　室数:99

マゲル大通り沿いにある老舗のホテルで、宮本輝著『ドナウの旅人』にも登場する。客室は全面改装されているので、設備面での心配はない。1階には展示スペースもある。空港送迎は€29。

✉Bd. Gh. Magheru 8-10
TEL(021)3159080　FAX(021)3123595
URLwww.ambasador.ro
🛏️S🛁W🅿️€97～105
W🅿️€115
💱US$　€　Lei
💳AMV
📶全館　EVあり

ユーロ・ホテルズ・インターナショナル
Euro Hotels International

Map P.186-B1

★★★★／★★★　　中級　室数:120

ノルド駅から約500mと近い立地にある。新館と旧館があり、新館は比較的新しく、設備も非常にきれい。長期滞在者用のアパートメントもある。空港送迎は€30。

✉Str. Gheorghe Polizu 4
TEL(021)3179971
FAX(021)3168360
URLwww.euro-hotels.ro(ルーマニア語)
🛏️S🛁W🅿️€60～95
💱Lei
💳MV
📶全館　EVあり

カピトル
Capitol

Map P.187-D2

★★★★　　中級　室数:80

治安のいいヴィクトリア通り南部のにぎやかな場所にある。部屋からの眺めもよい。客室は改装済でシングルルームでもベッドはダブルサイズ。室内もゆったりとした造り。空港送迎は€25。

✉Calea Victoriei 29
TEL(021)3158030　FAX(021)3124169
URLhotelcapitol.ro
🛏️S🛁🅿️€79
W🅿️€109
💱US$　€　Lei
💳MV
📶全館　EVあり

オペラ
Opera

Map P.187-C2

★★★　　中級　室数:41

チシュミジウ公園の東にある。内装や外観が一新され、清潔でおしゃれ。ヴィクトリア通りや大学広場に近く、便利な立地。金～日は料金が低く設定されている。

✉Str. Brezoianu 37
TEL(021)3124857　FAX(021)3124858
URLwww.hotelopera.ro
🛏️S🛁W🅿️€95～
💱€　Lei　💳MV
📶全館　EVあり

リアド
Liad Hotel

Map P.187-D2

★★★　　中級　室数:30

外観はやや古いが中は新しく、客室はモダンで清潔。部屋は2タイプあるが、いずれも電子レンジ、エアコン、冷蔵庫付き。朝食€5。

✉Str. Coltei 44
TEL & FAX(021)4240030/50
TEL073 6859297(携帯)
URLwww.liadhotel.com
🛏️S🛁🅿️€45　W🅿️€50
💱€　Lei　💳MV　📶全館　EVあり

✉とても良かったです！都会的で機能性抜群の部屋でした。電子レンジ、食器、冷え冷え冷蔵庫、収納家具、何より空間の空け方が最高で過ごしやすいです。スタッフも親切でした。　　　　　　　　　　　(東京都　スガエル　'17)['19]

チェントラル
Central

Map P.187-C2

★★★　　中級　室数:62

旧市街の近くにある、モダンアートがコンセプトのホテル。ホテル全体の内装は白と黒、赤を基調としており、設備も真新しい。週末割引料金もある。空港送迎は€25～。

⊠Str. Brezoianu 13
TEL(021)3155636　FAX(021)3155637
URLwww.centralhotel.ro
■S■W🅱🅰🅿🅱€40～
💰US$　€　Lei
💳MⓋ
🏨全館
EVあり

リラックス・コンフォート・スイーツ
Relax Comfort Suites

Map P.187-D2

★★★　　中級　室数:21

町のメインストリート、バルチェスク大通りに面する好立地にある。エアコン、ミニバー、テレビなど、ひととおりの設備は調っている。空港送迎は€25。

⊠Bd. Nicolae Bălcescu 22
TEL(021)311021　FAX(021)3110213
URLwww.relaxcomfort-suites.ro
■S■W🅱🅰🅿🅱€45～60
　■W🅱🅰🅿🅱€50～65
💰€　Lei　💳MⓋ
🏨全館　EVあり

デューク
Duke

Map P.187-C1

★★★　　中級　室数:40

ロマナ広場に面しており、旧市街まで徒歩5～10分という好立地。室内装飾は洗練され、設備も調っているので、居心地よく滞在できる。空港送迎は€25。

⊠Bd. Dacia 33
TEL(021)3174186　FAX(021)3174189
URLwww.hotelduke.ro
■S■W🅰🅿🅱€50～90
　■W🅰🅿🅱€60～100
💰€　Lei　💳MⓋ
🏨全館　EVあり

アイビス
Ibis

Map P.186-B1

★★★　　中級　室数:250

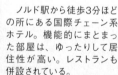

ノルド駅から徒歩3分ほどの所にある国際チェーン系ホテル。機能的にまとまった部屋は、ゆったりして居住性が高い。レストランも併設されている。

⊠Calea Griviței 143
TEL(021)3009100
FAX(021)3009098
URLwww.accorhotels.com
■S■W🅱🅰🅿🅱€45～
💰€　Lei　💳AMⓋ
🏨全館　EVあり

Information　　家具付きのマンションに滞在

ブカレストに数日間滞在する場合は、家具付きのマンションに滞在するのもおすすめ。右記の会社はブカレスト市内中心部にあるマンションの一室を提供している。宿泊料は客室数や設備などによって異なり■S■W€30～。設備は中級ホテル以上で、キッチンや冷蔵庫、洗濯機も設置され、バスタブ付きの客室もある。

予約は各社のウェブサイトやホテル予約サイトから行い、チェックインは宿泊先のマンションまたはオフィスにて。各社ともに、別料金で空港や駅からの送迎も行っている。ブカレスト到着が深夜になる場合でも、送迎サービスを利用すれば、そのまま滞在先でチェックインすることができる。

■レインボー・アパートメントRainbow Apartment
TEL074 4892906（携帯）　FAX031-1056404
URLwww.rainbowaccommodations.com
■ラックス・アパートメントLux Apartments
✉support@luxapartments.ro
URLwww.luxapartments.ro

（上）レインボー・アパートメントの客室の一例。リビング付きの客室がほとんど（右）マンションは一般住宅やオフィスも入居しており、案内板などはない

ハロー
Hello Hotels

★★★ 　中級　室数:150

ノルド駅周辺の経済的な宿のなかでは人気がある宿のひとつ。右記は基本料金でウェブサイトから申し込むと安くなることがある。朝食は€6。

✉ Calea Griviței 143
TEL 037 2121800
FAX 037 2121801
URL www.hellohotels.ro
⊞ⓈⓂ📶🛁📺€37〜
　　Ⓦ📶🛁📺€42.30〜
💳€　Lei　CC ⒶⓂⓋ　WiFi 全館　EV あり

カルパツィ
Carpați

★　経済的　室数:36

町の中心部にある経済的なホテル。立地が素晴らしいが、良心的な価格も魅力的。部屋にはテレビもついており、値段を考えれば十分お得といえる。空港送迎は行っていない。

✉ Str. Matei Millo 16
TEL (021)3150140　FAX (021)3121857
⊞Ⓢ📶🛁📺110Lei
　Ⓦ📶🛁📺140Lei
ⒼⓌ📶🛁📺180〜240Lei
💳€　Lei
CC ⓂⓋ
WiFi 全館　EV あり

ポドステル・アンブレラ
Podstel Umbrella

経済的　ベッド数:38

ルーマニア王国の女王が友人であるオーナーの先祖に贈った建物を利用したホステル。各所にアンティーク家具を配置している。ドミトリーは男女混合。以前はアンブレラ・ホステルという名前だった。

✉ Str. G-ral Christian Tell 21
TEL (021)2125051
URL www.podstel.com
⊞Ⓓ📶🛁📺€10〜13
　Ⓢ Ⓦ📶🛁📺€35
　Ⓢ Ⓦ📶🛁📺€40
💳 Lei　CC ⓂⓋ
WiFi 全館　EV なし

フレンズ・ホステル
Friends Hostel

経済的　ベッド数:42

ノルド駅から徒歩約15分の所にあるホステル。客室は男女混合のドミトリーのみ。ドミトリーは3〜8ベッド。シャワールームは1階と2階、キッチンは地下にある。空港送迎は行っていない。

✉ Str. Mircea Vulcănescu 114
TEL 031 8053414
URL www.friendshostel.ro
⊞Ⓓ📶🛁📺30〜55Lei

💳 Lei
CC 不可
WiFi 全館
EV なし

ミッドランド・ホステル
The Midland Hostel

経済的　ベッド数:30

フランス大使館前にあるホステル。ドミトリーは男女混合で、1部屋あたり、4〜12ベッド。ランドリーサービスもあり1回あたり15Lei。空港送迎は行っていない。

✉ Str. Biserica Amzei 22
TEL (021)3145323
email office@themidlandhostel.com
⊞Ⓓ📶🛁📺€8〜15
　Ⓦ📶🛁📺€25〜
💳€　Lei　CC ⓂⓋ
WiFi 全館　EV なし

プラ・ヴィダ・スカイ・バー&ホステル
Pura Vida Sky Bar & Hostel

経済的　ベッド数:58

屋上にある旧市街を一望できるバーが自慢。ドミトリー1部屋あたりのベッド数は4〜10。館内にはキッチンも併設している。空港送迎は行っていない。

✉ Str. Smârdan 7
TEL 078 6329134（携帯）
URL sky.puravidahostels.ro
⊞Ⓓ📶🛁📺€7.20〜
💳€　Lei
CC ⓂⓋ
WiFi 全館　EV なし

ブカレストの**レストラン** *Restaurant*

　レストランやカフェはマゲル大通り沿いや大学広場周辺の繁華街に多い。ルーマニア独自のファストフード店も多く、娯楽施設が集まるヴィクトリア通り沿いに集中している。ルーマニア料理を出す老舗レストランでも、比較的リーズナブルな料金で食べられる。また、ノルド駅周辺はピザ屋などの軽食の店が何軒かあるのみなので、夜行列車を利用する人は町の中心で腹ごしらえをしたほうがいいだろう。外国人と見ると、会計時に料金やつり銭をごまかそうとするトラブルも多く報告されているので、オーダーするときや精算時には注意しよう。クレジットカードの表示があっても使えないことがあるので、入店時に確認したほうがいいだろう。

▌ラ・ママ
La Mama
Map P.187-C1 ／ ルーマニア料理

　ブカレストで大人気のレストラン。ルーマニアの伝統料理や家庭料理がひととおり味わえる。手頃な価格も魅力的。芸能人やビジネスマンから主婦や学生までと客層が広い。特に夏の週末は予約が必要。

⊠Str. Episcopiei 9
℡072 1526262（携帯）
URLwww.lamama.ro
（ルーマニア語）
🕐10:00〜24:00
休無休
💰Lei
💳Ⓜ Ⓥ
🅿あり

そのほかの支店
- Str. Delea Veche 51　℡072 3292846（携帯）
- Spl. Independenţei 210　℡072 4505605（携帯）
- Piaţa Alba Iulia 2　℡072 8853853（携帯）
- Str. Băcani 1　℡072 5526262（携帯）
- Şos. Bucureşti-Ploieşti 44A　℡072 9526262（携帯）
- Str. Barbu Văcărescu 3　℡072 3292863（携帯）

▌ヴァトラ
Vatra
Map P.187-C2 ／ ルーマニア料理

　ルーマニアの家庭料理レストランで、メインは25〜84Lei。民族衣装を着た店員、田舎の家庭のような内装、素朴な木製のテーブルや椅子など、伝統料理を味わうのにぴったり。

⊠Str. Brezoianu 19
℡(021)3158375
URLwww.vatra.ro
🕐12:00〜24:00
休無休
💰Lei
💳Ⓐ Ⓜ Ⓥ
🅿あり

▌ラクリミ・シ・スフィンツィ
Lacrimi si Sfinţi
Map P.187-D3 ／ ルーマニア料理

　旧市街にある人気レストラン。店内はカントリー調のデザインで統一されている。食材とワインはルーマニア西部のカラファトの契約農家から直送され、ほとんどの素材がオーガニック。メインは33〜65Lei。

⊠Str. Şepcari 16
℡072 5558286（携帯）
URLwww.lacrimisisfinti.com
🕐火〜日 12:00〜翌2:00
　　月　　18:00〜翌2:00
休無休
💰Lei
💳Ⓜ Ⓥ
🅿あり

▌カルク・ベレ
Caru'cu Bere
Map P.187-D3 ／ ルーマニア料理

　1879年から続く老舗。店内やテラス席では常に人々の談笑でにぎわっている。平日限定のランチは23.90〜26.90Lei。メイン料理はサルマーレなどルーマニア料理が中心で21.90Lei〜と値段も手頃。要予約。

⊠Str. Stavropoleos 5
℡072 6282373（携帯）
URLwww.carucubere.ro
（ルーマニア語）
🕐日〜木　8:00〜24:00
　金・土　8:00〜翌2:00
休無休
💰Lei 💳Ⓐ Ⓜ Ⓥ
🅿あり

ハヌル・ルイ・マヌク
Hanul Lui Manuc

ルーマニア料理&レバノン料理

ハヌルとは隊商宿のこと。19世紀初頭にアルメニア人商人によって建てられた由緒ある建物だ。ルーマニア料理のほか、レバノン料理とバー部門がある。メインは23.50〜84.50Lei。

✉Str. Franceză 62-64
☎073 0188653（携帯）
URLwww.hanulluimanuc.ro
圃日〜木　8:00〜24:00
　金・土　8:00〜翌2:00
㊡無休
💳Lei
CC Ⓐ Ⓜ Ⓥ　🅿あり

カサ・ゴルジャナ
Casa Gorjana

ルーマニア料理

旧市街の近くにあるルーマニア料理店。壁にはキリムや陶器がかけられ、民族衣装を着た店員が明るく接客をしてくれるなど、味だけでなく雰囲気もいい。メインは15〜60Lei。

✉Str. Domnița Anastasia 13
☎(021)3156429
圃月〜土10:00〜23:00、日12:00〜22:00
㊡無休
💳€　Lei
CC Ⓜ Ⓥ
🅿あり

タリア
Thalia

ルーマニア料理

ノルド駅の近くにあるレストラン。食事時になるとビジネス客を中心に多くの人でにぎわう。パスタ類16〜31Leiやシュニッツェル11〜26Leiなど、価格も手頃。

✉Str. Sevastopol 8　☎031 1000071
URLwww.restaurantthalia.ro（ルーマニア語）
圃10:00〜24:00
㊡無休
💳Lei
CC Ⓜ Ⓥ
🅿あり

メゾン・ミニョン
Maison Mignon

ルーマニア料理

ワインセラーを改装したレストランで、地下にもテーブル席が広がっている。メインはルーマニア料理はもちろん、ハンガリー料理やロシア料理など幅広く用意しており、シーフードの種類も豊富。

✉Str. Frumoasa 2
☎075 8220101（携帯）
URLwww.mmignon.ro
　（ルーマニア語）
圃月〜金　11:00〜23:00
　土・日　12:00〜22:00
㊡無休
💳Lei　CC Ⓜ Ⓥ　🅿あり

タヴェルナ・スルブルイ
Taverna Sârbului

セルビア料理

セルビア料理の高級レストラン。牛肉料理がおすすめで、メインは20Lei〜。それほど混んでいないランチが狙い目で、12:00〜17:00のビジネスランチは2品で39.80〜49.80Lei。

✉Str. Tipografilor 31
☎(021)4906050
URLwww.tavernasarbului.ro（ルーマニア語）
圃9:00〜24:00
㊡無休
💳US$　€　Lei
CC Ⓜ Ⓥ
🅿あり

ハード・ロック・カフェ
Hard Rock Cafe Bucharest

ダイニング・バー

レストランの壁にはアーティストの楽器や衣装が展示され音楽ファンは必見。人気メニューは8種類あるハンバーガーで41〜54Lei。ショップの限定グッズも人気。

✉Șos Kiseleff 32C
☎(021)2066261
URLwww.hardrock.com/
　cafes/bucharest
圃12:00〜24:00
㊡無休　💳Lei
CC Ⓐ Ⓜ Ⓥ　🅿あり

ベラリア・ハシ
Berăria H

Map P.185-A1
ビア・ホール

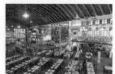

ハード・ロック・カフェの隣。大型のビア・ホールで音楽や演劇など、イベントも多く行われる。ビールに合う料理を中心に用意しており、メインは23〜41.90Lei。

✉Kiseleff 32
TEL 072 5345345（携帯）
URL www.berariah.ro
開 日〜木10:00〜翌2:00
金・土 10:00〜翌5:00
休 無休 💱Lei
C/C Ⓜ Ⓥ 📶あり

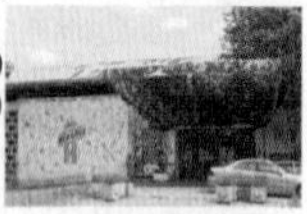

ゼン・スシ
Zen Sushi

Map P.185-B2
日本料理

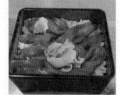

大通りから入り、その先にある白い建物が目印。シェフはルーマニア人だが、日本人の下で修業しただけあって味は本格的で在留邦人も納得の味だとか。寿司セットは49〜150Lei。ほかに天丼などのメニューも用意している。

✉Grigore Alexandrescu 56
TEL 072 1755455（携帯）
URL www.zensushibucuresti.ro
開 月〜土12:00〜23:00、日13:00〜22:30
休 無休
💱€ Lei
C/C Ⓐ Ⓜ Ⓥ
📶あり

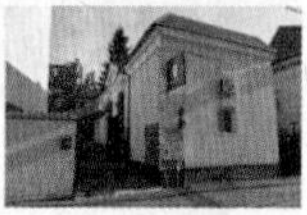

ワサビ
Wasabi AFI Palace Cotroceni

Map P.185-A3
日本料理

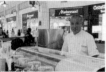

クルージ・ナポカで人気の東京（P.255）が運営する回転寿司店。AFIパレス・コトロチェニというショッピング・センター内にある。寿司はひと皿5〜16Lei。

✉Bul. Vasile Milea 4
TEL 072 6331117（携帯）
URL www.wasabi-sushi.ro
開 日〜木10:00〜22:00
金・土 10:00〜23:00
休 無休 💱€ Lei
C/C Ⓜ Ⓥ 📶あり

タン・ロン
Thang Long

Map P.185-B3
ベトナム料理

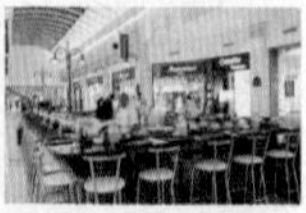

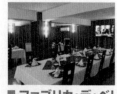

統一広場から徒歩約15分、建物の地下部分にあるレストラン。ベトナム出身のオーナーシェフによる本格的な味を楽しむことができる。メインは20Lei前後で、チャーハンは8〜14Lei。

✉Str. Bucur 11
TEL 072 2279561（携帯）
開 17:00〜23:00
休 無休
💱Lei
C/C Ⓐ Ⓜ Ⓥ
📶あり

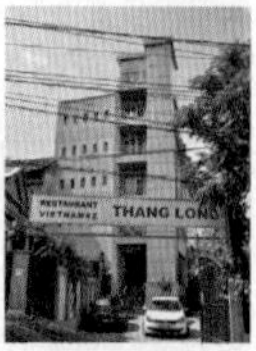

ファブリカ・デ・ベレ・ブナ
Fablica de Bere Bună

Map P.187-C1
パブ

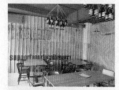

地元クラフトビール工場が経営するパブで、作りたてのビールを飲むことができる。自社製ビールは10種ほどあり、400mlが12〜19Lei。食事はスナックやサンドイッチ、ソーセージなど。

✉Calea Victoriei 91-93
TEL 077 0550234（携帯）
URL bar@bere-zaganu.ro
開 12:00〜24:00
休 無休
💱Lei
C/C Ⓜ Ⓥ
📶あり

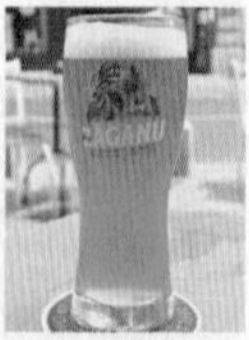

ドゥリストル・ケバブ
Dristor Kebap

Map P.187-D3
ファストフード

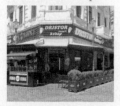

ここ数年で店舗数を大幅に増やした人気ケバブ店。ケバブはサンドイッチやシャオルマはもちろん、ヨーグルトをかけたイスケンデル・ケバブ30〜39Leiも注文できる。人気の秘密はボリュームと安さ。

✉Str. Franceză 17
TEL (021)3155540
URL dristorkebap.com(ルーマニア語)
開 24時間
休 無休
💱Lei
C/C Ⓜ Ⓥ
📶あり

ホレズ修道院
★
ブカレスト●

白を基調とした色使いは、ワラキア建築の特徴のひとつ

ホレズ修道院

Mănăstirea Horezu マナスティレア・ホレズ

Horezu Monastery

　ワラキアとトランシルヴァニアを分かつカルパチア山脈の麓に、ホレズ修道院がある。周囲のなだらかな山々とマッチした、曲線を多用した美しい建築だ。

　世界遺産となった現在も、修道女たちは昔ながらのつましい修道生活を送っている。敬意を失わず静かに見学したい。

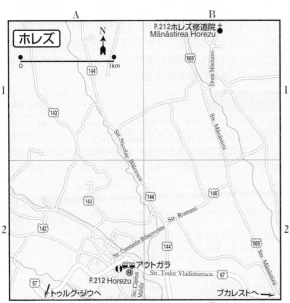

ホレズ修道院への行き方

🚂鉄道利用のポイント

　ホレズに鉄道は通っておらず、現在はブカレストからトゥルグ・ジウへ行く便も廃止になっているため、大きな都市からバスを利用するのが便利だ。

🚌バス利用のポイント

　ホレズへの直行便が出ているおもな都市は、ブカレスト、ティミショアラ、シビウ。シビウを除いて朝出発する便が多いので、事前に出発時間を確認をしておこう。

●ブカレストから

🚌アウトガラ・ミリタリから1日8便。
所要:3時間45分〜4時間15分
運賃:44Lei

●ティミショアラから

🚌町の南東部にあるアウトガラ・ノマンディアAutogara Nomandiaに発着する。1日5便。
所要:約7時間30分〜11時間
運賃:71Lei

●シビウから

🚌アウトガラ・トランスミクストから1日5便
所要:約3時間20分
運賃:30〜42Lei

アウトガラ近くにあるタクシー乗り場。しかし、タクシーが待機していないことが多い

■ホレズの🛈
　　　　　⇨Map P.211-A2
✉Str. Tudor Vladimirescu
🕐月〜金　8:00〜16:00
　　　土　　9:00〜14:00
　　　日　10:00〜14:00
🈺無休

地図

A　　　　　B

ホレズ

N

0　　　　　1km

P.212 ホレズ修道院 †
Mănăstirea Horezu

669

144

1

143

Str. Mănăstirii

Str. Nicolae Bălcescu

Drum Mănăstirii

143

144

146

Str. Romani

142

Str. Constantin Brâncoveanu

144

669

Str. Mănăstirii

2

🛈🚌 アウトガラ
H
P.212 Horezu

Str. Tudor Vladimirescu

67

Str. Cpian Maidar

67

↙トゥルグ・ジウへ　　　　　ブカレストへ→

A　　　　　B

陶器の町として有名なホレズ

世界遺産

ホレズ修道院
Mănăstirea Horezu
1993年登録

■**ホレズ修道院**
　⇨Map P.211-B1
囲夏期8:00～20:00
　冬期7:00～19:00
困無休　圏無料（寄付歓迎）
■教会内不可

改装が終了した本堂

修道院では手作りジャムやハチミ
ツを販売している。15～20Lei

歩き方

　ホレズのアウトガラから修道院へは徒歩で30分以上はかかる。アウトガラから修道院へ行く公共交通手段はなく、歩くかタクシーをチャーターするしかない。トゥルグ・ジウ方面からのバスなら、アウトガラの先、修道院との分岐点で降ろしてもらえば、歩く距離は短くて済む。分岐点から集落をひとつ越えて、川を渡ってしばらく歩くとホレズ修道院の高い壁が見えてくる。

　また、ホレズといえば、修道院と同じくらいホレズ焼きの陶器でよく知られている。陶器の窯元兼店舗は、トゥドール・ヴラディミリスク通りStr. Tudor Vladimirescuや国道143号線沿いに数多く並んでいる。

見どころ

ホレズ修道院　Horezu Monastery

Mănăstirea Horezu　マナスティレア・ホレズ

　ワラキア公のコンスタンティン・ブルンコヴェアヌの命により建てられ、17世紀末に完成した修道院。その均整のとれた独特のバランスなどから、独自の「ブルンコヴェネスク様式」を確立した建築として名高い。

木材と石材が巧みに配された建築

　ワラキア公国がオスマン朝の宗主権を認め、内外の情勢が安定したのが17世紀のこと。以降、各地に教会や修道院が建てられ、建築文化が花開く。ホレズ修道院もそのひとつで、それまでのワラキアの建築やビザンツ以来の伝統的な正教建築を基調としながらも、随所に均整のとれたルネッサンス様式を取り入れて、独特の優美な修道院ができあがった。

ホレズ修道院の**ホテル**　*Hotel*

日本からの電話のかけ方　電話会社の番号（→P.166）＋010＋40（ルーマニアの国番号）＋250（0を取った市外局番）＋番号

　ホレズには修道院のホテルは下記の1軒のみ。それ以外では修道院内にゲストハウスがあるほか、ペンシウネ、プライベートルームが幹線道路沿いなどにある。最近の観光ブームで郊外に大型ホテルが数軒あるが、修道院まで歩いて行ける距離ではない。近郊のトゥルグ・ジウにもホテルは数軒ある。

■ホレズ
Horezu

Map P.211-A2

経済的　室数:30

　ホレズのアウトガラの前にある。アウトガラに面しているのはルーマニア料理のレストランで、ホテルの入口はその裏にある。部屋はシンプルだが、テレビ付き。

⊠Str. Căpitan Maldăr 1
℡(0250)861040
emailcoophorezu@yahoo.com
⑤⑤■■■86Lei
W■■■115Lei
■Lei　CC不可
WiFiロビー周辺　EVなし

トランシルヴァニア地方

Transilvania · Transylvania

時計塔が印象的なシギショアラの旧市街 (P.232)

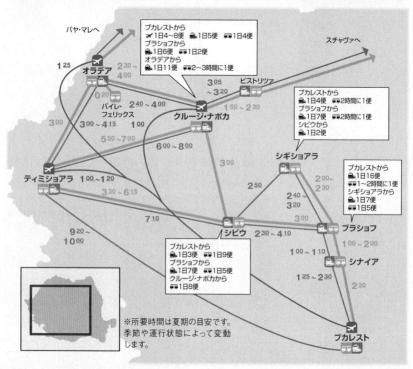

バヤ・マレへ

ブカレストから
✈1日4〜8便 🚂1日5便 🚌1日4便
ブラショフから
🚂1日6便 🚌1日2便
オラデアから
🚂1日11便 🚌2〜3時間に1便

スチャヴァへ

1 25
オラデア 2 30 ～ 4 00

3 05 ～ 3 20
ビストリツァ

ブカレストから
🚂1日4便 🚌2時間に1便
ブラショフから
🚂1日7便 🚌2時間に1便
シビウから
🚂1日2便

0 20
バイレ・
フェリックス

2 40 ～ 4 00
クルージ・ナポカ
1 50 ～ 2 30

3 00
3 00 ～ 4 15　1 00

5 50 ～ 7 00

6 00 ～ 8 00

3 00
シギショアラ

ブカレストから
🚂1日16便
🚌1〜2時間に1便
シギショアラから
🚂1日7便
🚌1日5便

ティミショアラ　1 00 ～ 1 20

3 30 ～ 6 15

2 50
2 00 ～ 2 30

2 40 ～ 3 20

7 10

3 00
ブラショフ

シビウ 2 30 ～ 4 10

1 00 ～ 2 00

9 20 ～ 10 00

ブカレストから
🚂1日3便 🚌1日9便
ブラショフから
🚂1日7便 🚌1日5便
クルージ・ナポカから
🚌1日8便

1 00 ～ 1 10
シナイア

1 25 ～ 2 30

2 30

※所要時間は夏期の目安です。
季節や運行状態によって変動
します。

ブカレスト

地理

　ルーマニア中央を南北に走るカルパチア山脈。南のワラキア平原で向きを西に変え、トランシルヴァニア・アルプスを形成している。スロヴァキアから始まるこの大山脈に北、東、南の三方を囲まれた地方がトランシルヴァニアだ。「森の彼方の国」という意味のとおり、町を離れると鬱蒼とした森が広がっている。

フネドアラのコルヴィン城など中世の面影を残す見どころが点在する

　ドラキュラ城のモデルとされるブラン城や、中世の面影を残すシギショアラなど、トランシルヴァニア地方の見どころは多いが、この地域を特異なものにしているのはマジャル（ハンガリー）、ザクセン（ドイツ）、セーケイ人との民族構成とその共存の歴史である。
　西部のティミショアラ、オラデアはハンガリーに近いということもあり、食もハンガリーと共通する点も多い。

気候

　大陸性気候で夏は暑い日が続く。冬は雪が積もり、氷点下まで下がる。カルパチア山脈を境に、平原と山岳地帯では気候が大きく異なる。

ルート作り

1日目:まずブカレストから列車でブラショフへ。
2日目:ブラショフまで移動したら、ドラキュラ城のモデルとされるブラン城を訪れよう。見学後は旧市街をおさんぽ。
3日目:シギショアラでは中世の街並みを散策し、夜はヴラド・ツェペシュゆかりのレストランでディナーを楽しみたい。
4日目:翌日はシギショアラでタクシーをチャーターし、周辺の要塞教会などを巡る。
5日目、6日目:クルージ・ナポカまで移動。近郊にあるハンガリー系の人々が住む村々やトゥルダにある岩塩坑の遊園地などを訪れよう。

シナイア ★
ブカレスト

シナイアへの行き方

●ブカレストから
🚃1日16便
所要:1時間25分～2時間30分
運賃:普通2等13.75Lei
　　　普通1等22Lei
　　　IR2等30.60Lei
　　　IR1等43.50Lei
🚐アウトガラ・リトゥムルイ
発ブラショフ行きのマクシー
タクシーが、シナイア鉄道駅
で停車。6:30～22:30の2
時間に1便
所要:2時間30分
運賃:35Lei
●ブラショフから
🚃1日21便
所要:1時間～1時間10分
運賃:普通2等6.80Lei
　　　普通1等12.10Lei
　　　IR2等17.00Lei
　　　IR1等24.20Lei
🚐アウトガラ・ウヌ発ブカレ
スト行きのマクシータクシー
が、シナイア鉄道駅で停車。
6:00～23:00の1～2時間に
1便
所要:1～2時間
運賃:12Lei

ルーマニアを代表する城、ペレシュ城

シナイア
Sinaia
Sinaia

　ルーマニアの中央を"つ"の字型に走るカルパチア山脈は、標高2000m級の山々が緩やかに連なり、その麓から山肌を覆う樹海は四季折々の自然美を見せてくれる。シナイアは、この山脈の中でも奇岩怪石で知られるブチェジ山Munţii Bucegiの中腹に位置し、トレッキングルートの出発点でもある標高800mの景勝地である。「カルパチアの真珠」の愛称で知られ、ブカレストからも近いので夏は避暑地、冬はスキーリゾートとしてたくさんの観光客を引きつける。

　町の歴史は、17世紀にシナイア僧院Mănăstirea Sinaiaが建立されたときに始まり、18世紀にはブカレストの王侯貴族たちの別荘地として繁栄した。そのため、宮殿風の小さな館がところどころに建ち並び、ルーマニアのほかの都市にはない町並みが見られる。貴族が建てた館は現在、宿泊客用のヴィラとして使われている。

歩き方

　カルパチア山脈の美しい山あいに位置するシナイア駅を出ると、真正面に、木々に囲まれた石造りの急な階段がある。この階段を上がるとシナイアのメインストリート、**カロル1世大通り Bd. Carol I**に出る。おもなホテルやレストラン、カフェはこの通りに集中している。カロル1世大通りから**オクタヴィアン・ゴガ通りStr. Octavian Goga**を道なりに上がっていくと、徒歩5～6分で**シナイア僧院**に着く。僧院裏の脇道をさらに道なりに進

シナイア駅

シナイア駅前のマクシータクシー乗り場

■シナイアの❶
⇨Map P.216-B1〜2

✉Parcul Dimitrie Ghica
☎072 8918918（携帯）
🕐9:00〜13:00
　13:30〜17:00
休無休

ブチェジ山のウォーキングマップなどを配布している。

カロル1世大通り

■シナイア僧院
⇨Map P.216-B1

✉Str. Mǎnǎstirii
🕐9:00〜18:00　休無休
料5Lei　学生2Lei
📷内部不可

古い教会入口のフレスコ画

入口にある大教会

大教会内のイコノスタス

んでいけば、徒歩15分ほどで**ペレシュ城**に到着する。

小さな町なので、おもな見どころは歩いて回ることができる。カロル1世大通りに戻ってロープウエイに乗れば、ブチェジ山へも上れて、わずか数分で標高2000mの世界に着く。ここではのんびりと、"カルパチアの真珠"の澄んだ空気とすばらしい眺めを満喫できる。

見どころ

シナイア僧院 Sinaia Monastery

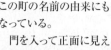

17世紀にワラキア公カンタクジノCantacuzinoがこの地を訪れたのを記念して建立された僧院で、この町の名前の由来にもなっている。

門を入って正面に見える大教会Biserica Mare

古い教会は創建当時の姿をとどめる

は、19世紀にドイツから招かれてルーマニア王国の国王になったカロル1世が建立したものだが、左側の門をくぐった所にある古い教会Biserica Vecheは17世紀末にカンタクジノの跡を継いだブルンコヴェアヌ公がポーチを増築した以外、当時のまま保存されている。教会の入口に描かれたフレスコ画は必見。

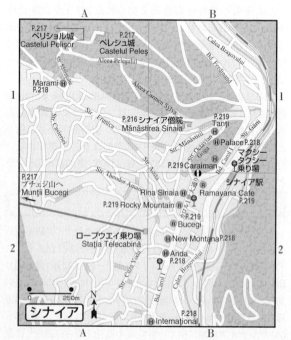
シナイア

ペレシュ城 Peles Castle

Castelul Peleş カステルル・ペレシュ

1875年にカロル1世がルーマニア王室の夏の離宮として、8年の歳月をかけて建てた宮殿。ルーマニアで最も壮麗な城とたたえられるほど美しい。

ペレシュ城はドイツ・ルネッサンス様式で建てられており、数多くの彫刻、噴水が配された庭園からは、シナイアの渓谷が一望できる。宮殿内の部屋数は160はあるといわれ、各部屋には、カロル1世の集めた絵画、彫刻などの美術品、陶磁器、金銀、宝飾品や中世の武器などが飾られている。

ペレシュ城とカロル1世の像

ペリショル城 Pelisor Castle

Castelul Pelişor カステルル・ペリショル

ペレシュ城と同じ敷地内の左奥にある、カロル1世の狩猟用の城。1902年の完成。中世ドイツ風の質素な外観だが、内部は豪華なシャンデリア、カーペット敷きで、来客用の寝室まである。

城から茂みの中の小道をさらに100mほど歩いていくと、木々の合間からフォイショール城 Castelul Foişorの屋根が見えてくる。これは、故チャウシェスク大統領が使っていた豪華な別荘。

ペリショル城。美しい外観はポスターにもよく使われる

ブチェジ山 Bucegi Mountains

Munţii Bucegi ムンツィー・ブチェジ

シナイアの中心部にあるロープウエイ乗り場から、標高2000m(COTA2000)まで上ることができる。眼下に連なるなだらかなカルパチア山脈の眺めは爽快のひとこと。

ロープウエイ乗り換え地点のCOTA1400周辺はスキーのゲレンデとしても人気の地。トレッキングルートとしても最適で、山頂駅から徒歩約2時間30分で、ブチェジ山頂のオム峰(標高2507m)に登ることができる。冬期のトレッキングは注意すること。

標高1400m地点の眺め

■ペレシュ城
⇨Map P.216-A1
✉Aleea Peleşului 2
☎(0244) 310918
URLpeles.ro(ルーマニア語)
開火・木〜日 9:15〜16:15
　水　　　11:00〜16:15
休月、9/16〜5/15の火、10月下旬〜11月(日時は毎年異なる)
料見学はツアー形式のみ
　30Lei　学生7.50Lei
　各種オプショナルツアーあり
●35Lv 🚫不可
ビデオ60Lei

■ペリショル城
⇨Map P.216-A1
開木〜日　9:15〜16:15
　水　　　11:00〜16:15
休月・火
料見学はツアー形式のみ
　20Lei　学生5Lei
●35Lei 🚫不可
ビデオ60Lei

■ブチェジ山へのロープウエイ
⇨Map P.216-A2
開火〜日 8:30〜17:00
　月　　10:30〜19:30
料COTA1400まで
　片道19Lci　往復32Lci
　COTA2000まで
　片道30Lei　往復55Lei
休無休

日本からの電話のかけ方　電話会社の番号（→P.166）＋010＋40（ルーマニアの国番号）＋244（0を取った市外局番）＋番号

　カロル1世大通りにホテルは集中しており、ペリショル城を西に行った通り沿いにもある。大きな通りから少しはずれると、かつての貴族の館を利用したヴィラ（民宿）がたくさんある。安価なホステルはないが、ブカレストやブラショフから日帰りも十分可能。

パレス
Palace

Map P.216-B1

★★★★　　高級　室数:115

　文字どおり宮殿のような、シナイアで最も豪華なホテルのひとつ。ロビーは落ち着いていてムード満点。部屋も清潔で広々としている。味がよいと評判のレストランは、ラフな服装でもOK。パパナシ（サワークリームのかかった揚げドーナッツ）が味わえる。

☒Str. Octavian Goga 4
TEL(0244)311542
URLwww.palacesinaia.ro
ⓈⓈ🛁📶🚻⏩💻310Lei
Ⓦ🛁📶🚻⏩💻450Lei
💳€　Lei
ⒸⒸⒶⓂⓋ
📶全室
EVあり

アンダ
Anda

Map P.216-B2

★★★★　　高級　室数:30

　ニュー・モンタナ・ホテルの隣にある。規模はあまり大きくない。暖色系の家具ですっきりとまとめられた室内に、機能的な居心地のよさが備わっている。併設のレストランではワインのラインアップが充実。

☒Bd. Carol I 30
TEL(0244)306020　FAX(0244)306025
URLwww.hotelanda.ro
ⓈⓈ🛁📶🚻⏩💻200Lei
Ⓦ🛁📶🚻⏩💻240Lei
💳€　Lei　ⒸⒸⒶⓂⓋ
📶全室
EVあり

ニュー・モンタナ
New Montana

Map P.216-B2

★★★★　　高級　室数:170

　町の中心にあり、郵便局は通りを挟んで向かい側。ホテルの裏側にはロープウェイ乗り場もあり、観光に便利。プール、ジャクージ、ジムなどがある。

☒Bd. Carol I 24　TEL(0244)312751
FAX(0244)312754　URLwww.newmontana.ro
ⓈⓈ🛁📶🚻⏩💻€100
Ⓦ🛁📶🚻⏩💻€110
💳US$　€　Lei
ⒸⒸⓂⓋ
📶全室　EVあり

インテルナツィオナル
Internaţional

Map P.216-B2

★★★★　　高級　室数:180

　カロル1世大通りの突き当たりにある。屋内スイミングプール、サウナ、レストランなどが併設されている。通りに面したカフェテラスも評判。

☒Str. Avram Iancu 1　TEL(0244)313851
FAX(0244)310470
URLwww.international-sinaia.ro
ⓈⓈ🛁📶🚻⏩💻€130～
Ⓦ🛁📶🚻⏩💻€150～
💳€　Lei　ⒸⒸⓂⓋ　📶全館　EVあり

マラミ
Marami

Map P.216-A1

★★★　　中級　室数:17

　ペリショル城から徒歩7～8分。設備は比較的新しく、客室は広めに設計されている。各部屋にはソファやテーブルが配置されている。レストランも併設。

☒Str. Furnica 52
TEL(0244)315560　FAX(0244)315563
URLwww.marami.ro
ⓈⓈ🛁📶🚻⏩💻190Lei
Ⓦ🛁📶🚻⏩💻210Lei
💳Lei　ⒸⒸⓂⓋ
📶全館　EVなし

カライマン
Caraiman

Map P.216-B1

★★★　中級　室数:70

駅前の階段を上がった所にある。公園のすぐ側なので周囲はとても静か。格式ある建物を利用しているが、手頃な値段で宿泊できる。1階はレストランになっており、民芸調の装飾や食器が目にも楽しい。

✉ Bd. Carol I 4
☎ (0244)311542
URL www.palacesinaia.ro
料 S 🛏🚿🍴▶ 200Lei
　 W 🛏🚿🍴▶ 240Lei
💰 Lei
💳 M V
📶 全館
EV あり

タンツィ
Tanţi

Map P.216-B1

★★　経済的　室数:24

パレス・ホテルの向かいにある。室内は改装済みでケーブルテレビ、バスタブなど設備が調っており、快適に過ごせる。ホテルの入口は2階で、1階にはレストラン、ピッツェリア、バーなどが揃っている。

✉ Str. Octavian Goga 35-37
☎ (0244)314698
FAX (0244)312306
URL www.hotel-tantzi.ro
料 S 🛏🚿🍴▶ 135Lei～
　 W 🛏🚿🍴▶ 180Lei～
💰 Lei
💳 M V
📶 全館　EV なし

シナイアのレストラン

Restaurant

　シナイアのレストランは、メインストリートのカロル1世大通り付近に集中している。伝統的なルーマニア料理の店が多いが、どこの店もパスタやピザなどは用意している。ほかにも気軽に入れるカフェやナイトスポットの類も多い。

ブチェジ
Bucegi

Map P.216-B2

ルーマニア料理

　ニュー・モンタナ・ホテルの近くにある山小屋風の郷土料理レストラン。庭はオープンカフェになっており、屋内の半分がピッツェリアになっている。ピザは23～35Lei。ワインリストも充実している。英語のメニューあり。

✉ Bd. Carol I 22
☎ (0244)312217
🕐 9:00～22:00
休 無休
💰 Lei
💳 M V
📶 あり

ロッキー・マウンテン
Rocky Mountain

Map P.216-B2

ステーキ

　入口近くの大きな鉄板でステーキを焼いてくれるので、香ばしい香りがたまらない。焼き加減はミディアムのみだが人気のステーキ店。ラムチョップ63.90Lei、ビーフステーキ39.90Lei～。

✉ Bd. Carol I 8
☎ (0244)314750
🕐 11:00～24:00
休 無休
💰 Lei
💳 M V
📶 なし

ラーマヤナ・カフェ
Ramayana Cafe

Map P.216-B2

インド料理&カフェ

　ランプとアジア雑貨に囲まれたオリエンタルな雰囲気のカフェ。メニューはインド料理が中心となっており、メインは24～36Lei。水タバコは24～29Lei。

✉ Bd. Carol I 19
☎ 0747 178323 (携帯)
URL www.ramayana.ro
🕐 日～木8:00～24:00、金・土8:00～翌4:00
休 無休
💰 Lei　💳 M V
📶 あり

ブラショフ
★
ブカレスト

ブラショフへの行き方

●ブカレストから
🚄1日16便
所要:2時間25分～3時間50分
運賃:普通2等18Lei
　　　普通1等28.15Lei
　　　IR2等37.45Lei
　　　IR1等53.65Lei
🚌アウトガラ・リトゥムルイ
から6:00～23:00の1～2時
間に1便
所要:3時間30分
運賃:48Lei
●シギショアラから
🚄1日7便
所要:2時間35分～4時間
運賃:普通2等13.75Lei
　　　IR2等30.60Lei
　　　IR1等43.50Lei
🚌1日5便
所要:2時間～2時間30分
運賃:26Lei

町の中心スファトゥルイ広場

ブラショフ
Braşov
Brasov

　ブラショフは中世の町並みを残す美しい古都。トゥンパ山
Muntele Tâmpaとポスタヴァルル山**Munţii Postăvarul**の麓に
位置し、澄んだ空気が心地よい。町は12世紀にドイツ商人が建
設し、ルーマニア人、ハンガリー人の3民族によって発展してきた。
町を歩いてみると、ドイツの香りが強く感じられ、ルーマニアのほ
かの都市とは異なった独特の雰囲気がある。ブラショフは、小説
『吸血鬼ドラキュラ』ゆかりのブラン城への起点でもある。

　さらに、ポヤナ・ブラショフ**Poiana
Braşov**などの人気リゾートも、ブラショフが
起点になる。夏は落ち着いた雰囲気の避暑
地として、冬はスキーリゾートとして、国内は
もとより近隣諸国からの観光客で1年中にぎ
わっている。

ブラショフ全体図

🚌アウトガラ・ドイ
Str. Făgăraşului
ブラン城へ P.224
Castelul Bran
Str. Lungă
Str. de Mijloc
Str. Şcolii
Str. Nicopole
Str. Bisericii Române
Str. Avram Iancu
Str. Condul Cosminului
Str. Vulcan
Bd. Aurel Vlaicu
Elegance 🏨
Express
鉄道駅
Bd. 13 Decembrie
Bd. Gării
Bd. Victoriei
🚌アウトガラ・
ヌヌ
P.229 🍴 Amici 🅡
Str. Alexandru Ioan Cuza
Str. Mihai Viteazul
P.228
🏨 Casa Samurai
🏨 Samurai
Travel P.221
P.227
Ambient
Str. Iuliu Maniu
ブラショフ旧市街 P.221
Str. Nicolae Iorga
ポヤナ・ブラショフへ
Poiana Braşov P.225
Str. Şcheilor
Str. Gh. Barițiu
Poarta Schei
Bd. 15 Noiembrie
🍴 Ceasu' Rău P.229
Str. Tâmpei
N
0　　　　800m

ブラショフ周辺

プレジュメルの要塞教会
Biserica Fortificată din Prejmer
P.231
Codlea
Stupini
N
0　　　10km
ブラショフ
Braşov
拡大図左参照
Vulcan
Cristian
Săcele
ルシュノフ要塞
Cetatea
Râşnov
ポヤナ・ブラショフ P.225
Poiana Braşov
Tohanu Nou
🏨 Vila Bran P.228
ブラン城 P.224
Castelul Bran
プレデアル
Predeal

歩き方

白い塔から眺めた旧市街

鉄道駅とアウトガラ・ウヌは町の北端にあり、中心街へは、駅前から4番のバスで10分ほど。左側に公園が見えてきたら町の中心だ。タクシーでは中心街まで所要5分で料金は5～10Lei。

中央公園沿いの**エロイロル大通りBd. Eroilor**には、ホテル・アロ・パレスのほか、老舗ホテルのカピトル、美術館などが建ち並ぶ。この通りから町の中心**スファトゥルイ広場Piaţa Sfatului**にかけて延びる**レプブリチ通りStr. Republicii**は、両側にカフェやレストランの並ぶにぎやかな歩行者天国だ。町の中心からやや離れた旧市街、**スケイ地区**へは、ゆっくり歩いても15分ほど。市内の観光なら徒歩で十分だが、時間があれば、町の南東にそびえ立つ**トゥンパ山**にもロープウエイで上ってみよう。山頂からの町並みは絶景だ。

いつもにぎやかなレプブリチ通り

■ブラショフの❶
⇨Map P.221-A2
⊠Str. Prundului 1
🕔11:00～14:00
🈚無休
　ブラショフからのツアーを催行する旅行会社の案内や市内地図などが手に入る。❶の前は提携している旅行会社のツアーの出発地になっている。

■サムライ・トラベル
Samurai Travel
⇨Map P.220左
TEL(0268)547162
TEL074 5076938（携帯、日本語可）
URLwww.samurai-travel.com
　カサ・サムライ（→P.228）が運営する旅行会社。おもにブラショフ周辺を巡るツアーが多い。ブラン城やルシュノフ要塞を含めた基本のコースほか、公共交通で行くのが難しい要塞教会や小さな村々などを巡るツアー、マラムレシュでの農村体験（→P.264）の手配なども得意としている。ルートに関しては臨機応変に対応してくれるので、まずは気軽に相談してみよう。

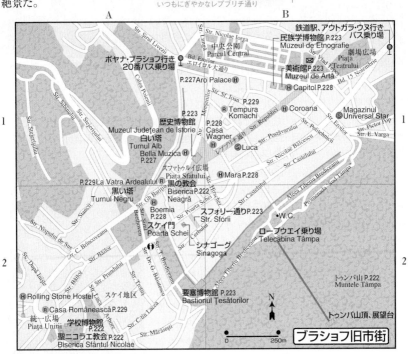

ブラショフ旧市街

見どころ

黒の教会 Black Church

Biserica Neagră ビセリカ・ネアグラ

　町の中心にそびえ建つ、高さ約65mのトランシルヴァニア最大の後期ゴシック教会。14世紀後半から15世紀初頭に、約80年をかけて建立された。1689年にハプスブルク軍の攻撃に遭い、外壁が黒こげになったことから、この名がある。

　教会の内部には、1839年に造られた、4000本のパイプと4つの鍵盤を備えたルーマニア最大級のパイプオルガンがある。また、16～18世紀のトルコ、アナトリア産の絨毯が飾られている。

聖ニコラエ教会 St. Nicholas Cathedral

Biserica Sfântul Nicolae ビセリカ・スフントゥル・ニコラエ

　町の中心から徒歩で15分ほど離れたスケイ地区に建つ、ルーマニア正教の教会。スケイ地区とは、ブラショフがドイツ移民によって建設された当時、先住ルーマニア人たちが移住を余儀なくされて移った地域で、現在も残るスケイ門によって中心街と隔てられていた。ルーマニア人は、特別な許可がない限り、この門から町へ入れなかったという。教会は14世紀の建立時には

聖ニコラエ教会。礼拝中はじゃまにならないようにしよう

小さな木造建築だったが、後に増改築され、現在の姿になった。

　教会の入口の門を入って左にある古い建物は、ルーマニア語で初めて教育が行われた国内最古の学校で、1760年に建造された。現在は学校博物館として古書籍などが展示されている。

トゥンパ山 Mt. Tâmpa

Muntele Tâmpa ムンテレ・トゥンパ

　トゥンパ山はブラショフの南東にそびえる標高865mの山。麓のロープウエイを利用すれば山頂まではわずか数分。中世の町並みが一望できる。カルパチア山脈のすそ野にこぢんまりと華開いたように見える赤茶色の屋根群が、なんとも美しい。山頂には、眺めのいいレストランがある。

トゥンパ山の頂上から旧市街を眺める

スフォリー通り Sforii Street

Str. Sforii ストラダ・スフォリー

カラフルな家屋の合間に細い道が続く

ヨーロッパで三番目に狭い通りとされているのがスケイ門近くにあるスフォリー通り。狭い通りと言えばドイツのシュプロイアーホフ通りが有名だが、こちらも道の幅が1.11mしかなく、人ひとりが通るのがやっと。写真撮影を楽しむ人々でいつもいっぱい。

歴史博物館 County History Museum

Muzeul Judeţean de Istorie ムゼウル・ジュデツェアン・デ・イストリエ

町の中心、スファトゥルイ広場には1420年建立の旧市庁舎がある。ひときわ目立つ高さ約60mの見張り塔には、何か特別なことがあった場合に住民へ知らせるための鐘がついている。内部には、旧石器時代からローマ時代、中世の発掘品をはじめとして、工芸品、歴史資料などを展示している。トランシルヴァニアの歴史がわかる貴重なコレクションだ。

時計塔の内部に博物館がある

美術館 Art Museum

Muzeul de Artă ムゼウル・デ・アルタ

ルーマニアの近代から現代にいたる、幅広い作品を展示した美術館。1階は絵画や最近の写真を集めた現代美術が中心で、2階には19世紀の彫刻や絵画のほか銀製のイコンが展示されている。

民族学博物館 Ethnographical Museum

Muzeul de Etnografie ムゼウル・デ・エトノグラフィエ

美術館に隣接する建物。館内には、ルーマニア各地の民族衣装をまとった等身大の人形が立ち並ぶ。展示は織物が主で、20世紀初頭に作られた自動織機の実演も見ることができる。

民族衣装のコレクションが豊富

要塞博物館 Weaver's Bastion Museum

Bastionul Ţesătorilor バスティオヌル・ツェサトリロル

トゥンパ山麓にある16世紀の要塞跡が、博物館になっている。中世の武器や中世ギルドの遺品、貨幣、当時のブラショフの町の模型など、歴史的資料が展示されている。

■スフォリー通り
⇨Map P.221-A2

■歴史博物館
⇨Map P.221-A1
⊠Piaţa Sfatului 30
TEL(0268)472350
⊞10:00～18:00
（入場は閉館30分前まで）
休月
料7Lei　学生1.50Lei
■25Lei　不可
ビデオ35Lei

■美術館　⇨Map P.221-B1
⊠Bd. Eroilor 21
TEL(0268)477286
⊞10:00～18:00
休月
料5Lei　学生1Lei
■17Lei　不可
ビデオ30Lei

古風な建物を使用した美術館

■民族学博物館
⇨Map P.221-B1
⊠Bd. Eroilor 21A
TEL(0268)476243
URLwww.etnobrasov.ro
（ルーマニア語）
⊞夏期10:00～18:00
冬期9:00～17:00　休月
料5Lei　学生2Lei
■15Lei　ビデオ35Lei

■要塞博物館
⇨Map P.221-A2
⊠Str. George Coşbuc 9
TEL(0268)472368
⊞夏期10:00～18:00
冬期10:00～17:30　休月
料7Lei　学生1.50Lei
■25Lei　ビデオ35Lei

要塞からの眺めもいい

ブラン城への行き方

🚌町の北に2kmほど行ったアウトガラ・ドイAutogara 2の2番乗り場からブラン城行きのバスが出ている。1時間に1〜2便の運行、所要45分、片道8Lei。

ブラショフ中心部からアウトガラ・ドイまでは、12番、22番のバスに乗る。徒歩なら20分程度。タクシーで6〜8Lei。

■ブラン城 ⇨Map P.220右
TEL(0268)237700
FAX(0268)237702
URL www.bran-castle.com
🕐夏期
　月　　12:00〜18:00
　火〜日　9:00〜18:00
　冬期
　月　　12:00〜16:00
　火〜日　9:00〜16:00
🈺無休
💴40Lei　学生25Lei
■野外村落博物館
🕐月　　12:00〜16:00
　火〜日　9:00〜16:00
🈺無休
💴4Lei　学生2Lei
📷5Lei　ビデオ6Lei
■ホラーハウス
　ブラン城横のショッピングモール内にCastelil Groaziというお化け屋敷がある。
🕐夏期9:00〜19:00
　冬期9:00〜16:00
🈺無休　💴20Lei
📷不可

ルシュノフへの行き方

🚌アウトガラ・ドイの2番乗り場からモエチュ・デ・ジョスMoeciu de jos行き（ブラン経由）のバスに乗車、所要約20分、5Lei。途中RASNOVの看板がかかった山が見えてきたら降ろしてもらう。下車後、徒歩10分ほどでケーブルカー乗り場にたどり着く。ケーブルカーは往復12Lei。横にある階段で要塞まで登ることもできる。

■ルシュノフ要塞
　　　　　　⇨Map P.220右
TEL(0268)230002
🕐夏期9:00〜19:00
　冬期9:00〜17:00
🈺無休
💴12Lei　学生6Lei

エクスカーション

ブラン城 Bran Castle
Castelul Bran カステルル・ブラン

"吸血鬼ドラキュラ"に登場する城のモデルとなったとされるブラン城。ブラショフから南西約30km。ブチェジ山麓にあるブラン村の山上にそびえ建つ、典型的な中世の城砦である。

高台の上に建つブラン城

この城は、1377年、ドイツ商人がワラキア平原からブラショフに入ってくるオスマン朝軍をいち早く発見するために築いたとされている。14世紀末には、ミルチャ老公（ミルチャ1世）がここを居城とした。ドラキュラのモデル、ヴラド・ツェペシュ（ヴラド3世）の祖父にあたる。現在はルーマニア国王フェルディナンド1世の末裔に返還されたが、博物館として開放されており、王の執務室などたくさんの部屋が見学可能。塔の最上階からは周囲の風景が見渡せる。

城の入口脇の野外村落博物館は、ブラン地方の古い民家や風車が集められている。城の前はヴラド・ツェペシュの似顔絵が

家具はレプリカだが、雰囲気は抜群

プリントされたシャツなどを売る露店が並んでおり、カフェや映画館、おばけ屋敷もあるにぎやかなエリアだ。城から100mほど南にはアンティーク家具などが置かれている税関博物館がある。

ルシュノフ要塞 Rasnov Fortress
Cetatea Râşnov チェタテア・ルシュノフ

ブラショフからブランへ向かう途中、約15kmの地点にある小高い山の山頂にある要塞。過去の震災で倒壊している部分も多く、また近年まで個人資産であったため世界遺産ではないが、トランシルヴァニアを代表する大要塞だ。

文書にルシュノフの町（当時Rosnou）が登場したのが1331年。その歴史は古く、ザクセン人によって異民族の侵略に備えて造られたルシュノ

城壁内の家々は観光客用に改装されたもの

ルシュノフの町の上に築かれた要塞

フ要塞は、15世紀には最も堅固な要塞のひとつとして知られた。

防壁内側は約5000人が住むことができるようになっており、壊れた馬車や生活用品などがセンスよく配置されている。家のいくつかは出土品の展示室やみやげ物店となっている。

ポヤナ・ブラショフ Poiana Brasov
Poiana Braşov

ブラショフから南西約13kmのポヤナ・ブラショフは、標高約1000mの高原にある国内有数のリゾート地。ポスタヴァルル山Munţii Postăvarul（標高約1799m）の麓に位置しており、夏は避暑地として、冬はスキー場としてにぎわう。周辺には高級ホテルや郷土料理レストランも何軒かある。ポスタヴァルル山頂へはロープウエイで。

ファガラシ Fagaras
Făgăraş

ブラショフの西54kmに位置するファガラシは人口4万の小さな町で巨大なファガラシ要塞があることで知られている。要塞は15世紀に建てられたもので、ヴラド3世（ヴラド・ツェペシュ）

ファガラシ要塞は町のシンボル

が建てた塔もある。17世紀にはトランシルヴァニア公により改築が行われ、以降は歴代の公妃の住居としても利用された。要塞内は現在は民族学博物館になっている。

ポヤナ・ブラショフへの行き方

■ポヤナ・ブラショフ
⇨Map P.220右
●ブラショフから
🚌🚌エロイロル大通りの北端にある市バス乗り場から20番のバスが1時間に1～2便の運行、所要約25分、5Lei。

ブラショフへ
ブラショフ行き
聖ヨアン教会　Ana Sport🚻
湖　　　ロープウエイ乗り場
Ⓡ Şura Dacilor P.229
ポスタヴァルル山へ
Munţii Postăvarul
N
0　　　　300m
ポヤナ・ブラショフ

ファガラシへの行き方

■ファガラシ
⇨Map P.231
●ブラショフから
🚂1日12便
所要：1時間10分～2時間
運賃：普通2等9.20Lei
　　　普通1等15Lei
　　　IR2等22.30Lei
　　　IR1等32Lei
■ファガラシ要塞（博物館）
☎(0260)211862
🕐6～9月
　月～金　8:00～19:00
　土・日　10:00～18:00
　10～5月
　月　　　12:00～16:00
　火～金　8:00～17:00
　土・日　9:00～17:00
🈺無休　🈴15Lei　学生7Lei

トランシルヴァニア・ザクセン人

トランシルヴァニア地方の通商都市であったブラショフ、シギショアラ、シビウなどはドイツからの移民であったザクセン人によって築かれたもの。移住は13世紀から始まり、第二次世界大戦まで彼らは住み続け、今でも各地にその名残が多く残っている。

彼らはザクセン人と呼ばれているが、現在のザクセン地方から来た人々だけではなく、

ザクセン人が使用していたベッド

神聖ローマ帝国から来た人々の総称である。ザクセン人は中世ルーマニアにおいては、ハンガリー系住民と同じく、トランシルヴァニアでは特権階級として、この地方の発展に力を尽くした。各地に点在する要塞教会は彼らが築いたもので、プロテスタント系の教会が多いのはこのためである。教会周辺には彼らが住んでいた家が今でも利用されている。

🚗トランスファガラシャンの
見どころを回るのはブラショ
フやシビウで催行されるツ
アーが便利。しかし、冬期に
なると一部の道路は閉鎖され
るので、6月後半〜10月後半
に訪れるのがベスト。

■ホテル・オブ・アイス（ブレア湖）
Hotel of Ice
URLhotelofice.ro
12月下旬〜3月下旬までオープ
ン。要予約。

エメラルドブルーのブレア湖

🚗ブラショフからはポエナリ要
塞までの公共交通はない。クル
テア・デ・アルジェシ（→P.227）
まで行き、そこからタクシーをチ
ャーターする。日帰りで行きた
い場合は、サムライ・トラベル
（→P.221）や、ブカレストのルー
マニア・トータル・サービス
（→P.190）などの旅行会社に相
談してみるのもいいだろう。

■ポエナリ要塞
⇨折込Map裏 B2
🕐夏期9:00〜17:00
　冬期9:00〜16:00
🈂無休　💴6Lei　学生2Lei
📷60Lei
2018年8月現在、ポエナリ要
塞周辺はクマが出没する恐れ
があるため、麓からスタートす
る10:00と15:00のグループ
ツアーでのみ見学可能。

トランスファガラシャン Transfagarasan
Transfăgărăşan

ルーマニア最高峰であるモ
ルドヴェヤヌ山（2544m）周辺
を抜ける全長151km道路。
元々は軍用道路として建設さ
れたのが始まりだが、現在
はルーマニアで最も美しい道
路としてテレビや雑誌で多く
紹介されている。ドライブや
ツーリングでも大人気。

上から眺めるとまるでサーキットのよう

標高2034mに位置するブレ
ア湖は氷河によって形成され
た氷河湖。周辺からはうねうねと曲がった道路が眺められ、ト
ランスファガラシャン随一の展望スポットとなっている。強い風を
受けながら大迫力の谷底を眺めるのがハイライト。冬期になる
と道路は閉鎖されるが、麓からブレア湖まではロープウエイが
運行される。湖では冬期限定で氷で作られたホテルがオープ
ンすることで知られており、敷地内には氷で造ったベッドやレ
ストラン、さらには教会まで併設され、幻想的な世界が広がる。

ポエナリ要塞 Poenari Castle
Cetatea Poenari チェタテア・ポエナリ

クルテア・デ・アルジェシの町から
アルジェシ渓谷沿いに北へ上り、約
30km。人里離れた山の中に突如現
れる要塞がポエナリ要塞だ。標高
2033mに築かれた要塞は、"吸血鬼
ドラキュラ"に登場するドラキュラ伯
爵が住む城のイメージとぴったりと
のことで「ここが本物のドラキュラ城
ではないか?」と噂され、オカルト愛
好家の間で人気が出た。

ヴラド・ツェペシュ（串刺し公）の名の由
来は串刺し刑を多く行ったことによる

山頂にそびえるポエナリ要塞。15世紀には見張り台として使用されていた

ブラン城（→P.224）はドラキュラのモ
デルといわれるヴラド3世と直接関係は
ないが、この要塞はヴラド3世が建設し
た要塞なので、実際にこちらのほうが
彼にゆかりのある建物といえるだろう。
麓から頂上の要塞まで行くには1480段
の階段を上らなくてはならないのでかな
り大変。頂上にチケット売り場がある。
要塞の前には串刺しにされた男性の人
形が2体置かれており、雰囲気を盛り上
げてくれる。

クルテア・デ・アルジェシ Curtea de Arges
Curtea de Argeş

　ブラショフからは140km離れたアルジェシ県の都市。ここは13世紀から14世紀にかけてワラキア公国の首都として栄えた古都であり、今でも多くの聖堂が残っている。14世紀にトゥルゴヴィシュテ（→P.200）に都は移された

修道院内に建つ大聖堂

が、その後もこの町には正教会の主教座が置かれていた。

　町の中心にあるクルテア・デ・アルジェシ修道院Mănăstirea Curtea de Argeşはルーマニアを代表する建築物。院内には歴代ルーマニア国王が埋葬されており、ルーマニア最後の国王ミハイ1世も2017年12月にここに埋葬された。

クルテア・デ・アルジェシ への行き方

🚌ブラショフからの直通バスはアウトガラ・ドイから出る1日1便のみなので日帰りは厳しい。アルジェシ県の県都ピテシュティPiteştiまで行けばバスの便も多い。ブカレストからは直通のバスや鉄道もあるので、こちらを利用するのも手。しかし、旅行会社で車をチャーターして訪れるほうが現実的。

■クルテア・デ・アルジェシ修道院　⇨折込Map裏 B2
TEL(0268)721735
🕐夏期8:00～20:00
　冬期8:00～17:00
🚫無休
💴5Lei
📷10Lei

ブラショフの**ホテル** *Hotel*

日本からの電話のかけ方　電話会社の番号（→P.166）＋010＋40（ルーマニアの国番号）＋268（0を取った市外局番）＋番号

　ブラショフ市内のホテルはほかの都市に比べるとやや高め。夕方以降に到着する場合は、予約を入れておいたほうが無難。夏期はプライベートルームも利用可能で、町なかで交渉してもいいが、場所や料金はよく確認しよう。

■ アロ・バレス
Aro Palace
Map P.221-B1　★★★★★　高級　室数:195

町で一番の高級ホテル。外観こそ殺風景だが、客室、館内施設とも充実。ルーマニア料理レストランも併設。トゥンパ山側の部屋なら、部屋いっぱいの窓からの景色がすばらしい。

✉Bd. Eroilor 27-29
TEL(0268)478800　FAX(0268)478889
URLcomplexaropalace.ro
🛁S🚿🛜🖪📶€102
🛜🖪📶€122
💴Lei
💳AMV
📶全館　EVあり

■ アンビエント
Ambient
Map P.220左　★★★★／★★★　高級　室数:71

旧市街周辺にある立地のよいホテル。モダンな外観が特徴的。客室は3つ星と4つ星があり、バスタブの有無など設備が異なる。ホテルのほかにもゲストハウスも経営している。

✉Bd. Iuliu Maniu 27
TEL&FAX(0268)471747
URLwww.hotelambient.ro
🛁S🚿🛜🖪📶€69（3つ星）
🛁🚿🖪📶€75（4つ星）
🛜🖪📶€99（4つ星）
💴US$　€　Lei　💳AMV
📶全館　EVあり

■ ベラ・ムジカ
Bella Muzica
Map P.221-A1　★★★　中級　室数:34

スファトゥルイ広場に面したホテル。400年以上前の建物を改装し、クラシックな雰囲気を見事に演出している。洞窟風のレストランもおすすめで、宿泊者は10％割引になる。

✉Piaţa Sfatului 19
TEL(0268)477956
URLwww.bellamuzica.ro
🛁S🚿🛜🖪📶240Lei
🛜🖪📶295Lei
💴Lei
💳AMV
📶全館　EVあり

カサ・ワグナー
Casa Wagner

Map P.221-B1

★★★　中級　室数:38

スファトゥルイ広場に面したホテル。15世紀に建てられた建物を改装しており、往時の雰囲気を残しつつ、快適な空間を演出している。広場を眺められる客室もある。

✉Piaţa Sfatului 5
TEL(0268)411253
FAX(0268)410871
URLwww.casa-wagner.com
S🚿📺📶€65
W🚿📺📶€75〜89
Lei CCAMV
全館 EVあり

カピトル
Capitol

Map P.221-B1

★★★　中級　室数:130

レプブリチ通りからすぐで、観光、食事、買い物などにも便利。建物自体は年季が入っているが、部屋は清潔に保たれている。上階からの眺めもいい。

✉Bd. Eroilor 19
TEL(0268)418920　FAX(0268)472999
URLcomplexaropalace.ro
S🚿📺📶€46
W🚿📺📶€59
US$　€　Lei
CCMV　全館　EVあり

カサ・サムライ
Casa Samurai

Map P.220左

経済的　室数:14

ブラショフ在住の日本人が経営しており、親切なオーナーが観光の相談にものってくれる。そのほか、駅や空港間の送迎、ブラショフ周辺やマラムレシュ地方へのツアー（→P.221、264）も催行している。

✉Str. Petru Maior 12A
TEL(0268)547162
TEL074 5076938 (携帯、日本語可)
FAX(0268)547163
URLcasasamurai.com 📧
S🚿📺📶180Lei
W🚿📺📶250Lei
US$　€　JPY　Lei
CCMV　全館　EVなし

ボエミア
Boemia

Map P.221-A2

経済的　ベッド数:18

旧市街中心部にあるので観光に便利。設備は新しく、ドミトリー1部屋当たりのベッド数は4、6、8。どの部屋も男女混合。洗濯・乾燥は20Lei。

✉Str. George Bariţiu 13
TEL073 7795805 (携帯)
URLwww.hostel-boemia.com
D🚿📺📶63〜69Lei
Lei
CCMV
全館　EVなし

マラ
Mara

Map P.221-B1

経済的　ベッド数:16

古民家を改装したホステル。ドミトリーは男女混合で、1部屋当たりのベッド数は4〜6。5泊以上の長期滞在者には割引料金が適用される。

✉Str. Johan Gott 5A
TEL076 9626206 (携帯)
D🚿📺📶€13〜16
€　Lei
CCMV
全館　EVなし

ヴィラ・ブラン
Vila Bran

Map P.220右

★★★　中級　室数:125

ブラン城の近くにあり、広大な敷地内にホテル棟がいくつも点在する。設備は料金によって変化する。敷地内にはプールやスパ、テニス・コートまである。

✉Str. Aluniş 13, Bran
TEL(0268)236886
FAX(0268)238013
URLwww.vilabran.ro
S W🚿📺📶90〜550Lei
Lei
CCMV　全館　EVなし

スファトゥルイ広場周辺と、広場から北に延びる歩行者天国のレプブリチ通り沿いに、レストランやカフェが集中している。ブラショフ名物のデザート"パパナシ"もお忘れなく。

チャス・ラウ
Ceasu' Rău
Map P.220左
ルーマニア料理

駅と旧市街のちょうど中間にある人気店。精肉会社の直営なので良質の肉を使用しており、メインの料理は17.50〜44Lei。ディナー時はかなり混み合う。

✉Str. Iuliu Maniu 56
☎(0268)476670
🕐10:00〜24:00
休無休
💳Lei
CC Ⓜ Ⓥ
🅿あり

パトゥル・アミチ
4 Amici
Map P.220左
ルーマニア料理

地元の人に好評のレストラン。メニューには創作系ルーマニア料理がある。インゲン豆スープのパン包みCiorbă de cu a fumătură în pită（写真右、13.50Lei）が人気。

✉Str. 13 Decembrie 17
☎(0268) 470906
🕐月〜土　10:00〜21:00
　日　　　12:00〜22:00
休無休
💳Lei CC Ⓜ Ⓥ
🅿あり

カサ・ロムネアスカ
Casa Românească
Map P.221-A2
ルーマニア料理

統一広場に面した、ルーマニアの田舎をイメージしたログハウス風のレストランで、おもに伝統料理を出している。メインは18〜47Lei。

✉Piaţa Unirii 15
☎(0268)513877
🕐12:00〜24:00
休無休
💳Lei CC Ⓜ Ⓥ
🅿あり

シュラ・ダチロル
Şura Dacilor
Map P.225
ルーマニア料理

ポヤナ・ブラショフにある郷土料理を出すレストラン。民芸品にあふれた内装で、ニンニクがつり下がっているのを見ると、さすがドラキュラの故郷という感じだ。

✉Poiana Braşov
☎(0268)262327
🕐11:00〜22:30
休無休
💳Lei CC Ⓜ Ⓥ
🅿あり

テンプラ・コマチ
Tempura Komachi
Map P.221-B1
日本料理

日本人シェフのいる日本料理店。てんぷらをはじめ、寿司やラーメンなど、さまざまな日本料理が楽しめ、メインは26〜75Lei。2階にはテラス席もある。

✉Str. Michael Weiss 11
☎079 9955922 (携帯)
URLwww.tempura-komachi.com
🕐13:00〜22:00
休無休
💳Lei CC Ⓜ Ⓥ　🅿あり

ラ・ヴァトラ・アルデアルルイ
La Vatra Ardealului
Map P.221-A1
カフェ

旧市街の近くにあるカフェ。店内のインテリアはアール・ヌーヴォー調で統一されている。写真のクレムシュニテは10Lei。タルトやティラミスは100gあたり10Lei。

✉Str. George Bariţiu 14
☎(0268)477751
🕐月〜土 10:30〜21:00
　日　　 10:30〜19:30
休無休
💳Lei CC不可
🅿なし

ブラショフ、シギショアラから
足を延ばして
近郊の旅

のどかな村々に残る教会群

「要塞教会の道」を行く

13世紀から始まったドイツ系やハンガリー系の移住により、南トランシルヴァニア地方には彼らの文化・建築様式を色濃く残した小さな村が点在している。村の中心部にある教会の聖堂は見張り台の役割を果たし、その周囲には防壁が築かれた。それらは「要塞教会」と呼ばれ、この地方独特の建築物として一部は世界遺産に登録されている。

✝ ❶ クルニク 世界遺産
Câlnic

13世紀に建設が始まり、15世紀に要塞教会として使用された。館内には宗教画や地域の民芸品が展示されており、ワイン蔵も残されている。

■クルニクの要塞教会
🕐随時（管理人に鍵を開けてもらう）　🈺無休
💴5Lei　学生2.50Lei
●シビウから
🚌ティミショアラ行きのバスに乗り、セベシュSebeşで乗り換え。便数はかなり少ない（土・日運休）ので、日帰りで行くなら、なるべくタクシーで。

✝ ❷ ビエルタン 世界遺産
Biertan

シギショアラから南西へ27km行ったビエルタンにある要塞教会。三重の壁に囲まれており、この地域の要塞教会のなかで最も堅固に造られている。周囲は分厚く高い壁に囲まれ、町全体を望められる見張り台もある。

■ビエルタンの要塞教会
🕐日～金 10:00～13:00 14:00～19:00
　　土　　10:00～13:00 14:00～17:00
🈺10～3月　💴10Lei
●シギショアラから
🚗シギショアラでタクシーをチャーターするか、宿で車の手配をしてもらおう。ビエルタンまでの料金は見学も含めて150Leiほど。

230

✝ ③ ヴィスクリ 世界遺産
Viscri

ブラショフから北西約60kmにあるヴィスクリ村の要塞教会。小さな村だが教会の保存状態は良好。英国王室のチャールズ皇太子はこの村がお気に入りで、村外れに別荘を所有していることでも知られている。

■ヴィスクリの要塞教会
🕐6/15～9/15
　10:00～13:00　14:00～18:00
　4/1～6/14、9/16～10/1
　10:00～13:00　14:00～16:30
🚫10/2～3/31　💴8Lei　学生4Lei
●ブラショフから
🚗公共交通機関はない。タクシーをチャーターするか、宿で車の手配をしてもらう。

その他の要塞教会

✝ ⑤ サスキズ 世界遺産
Saschiz

サスキズ村の要塞教会は大きな時計塔がシンボル。他とは違い、城壁は残っていない。時計塔はシギショアラの時計塔（→P.233）と設計者が同じことで知られている。

✝ ⑥ ドゥルジウ 世界遺産
Dârjiu

ハンガリー系住民が住む村にあり、プロテスタントのユニテリアン派に属する要塞教会。祭壇などが設置されていない、ユニークな造り。15世紀に描かれた写実的なフレスコ画が見どころ。

✝ ⑦ ヴァレア・ヴィイロル 世界遺産
Valea Viilor

13世紀に建てられたゴシック様式の教会で、15、16世紀に要塞化された。要塞教会のなかでは比較的新しいほうだがふたつの鐘楼をもち、他にはない優雅さが漂う。

■上記の要塞教会の巡り方
🚗交通の便は悪いのでブラショフやシギショアラなどでタクシーをチャーターするか、宿で車の手配をしてもらおう。冬期は閉鎖するところが多いが、管理人が教会にいれば開けてもらえる。

✝ ④ プレジュメル 世界遺産
Prejmer

ブラショフから約15km東に位置する。この要塞教会は、防壁の高さが12m、厚さが9mとなっており、防壁内部が3階建て250室の集合住居になっているのが特徴的で、いくつかの部屋は展示室となっている。

■プレジュメルの要塞教会
📞(0268)362052
🕐夏期　月～土9:00～18:00、日10:00・18:00
　冬期　月～土9:00～16:00、日11:00～16:00
🚫無休　💴10Lei　学生5Lei
●ブラショフから
🚌アウトガラ・ドイAutogara 2の西側約500mの所にあるバルトロメオ駅Gara Bartolomeu前の教会横から、プレジュメル行きのバスが1時間に1～2便の運行。所要40分、運賃は6Lei。土・日は1時間に1便程度。

シギショアラ
★
ブカレスト ●

シギショアラへの行き方

●ブカレストから
🚄IRが1日4便
所要5時間10分～5時間40分
運賃IR2等50.70Lei
　　IR1等75.55Lei
🚌アウトガラ・リトゥムルイ
から5:30～19:30の2時間に
1便程度
所要5時間30分
運賃:66Lei
●ブラショフから
🚄1日7便
所要2時間40分～3時間20分
運賃普通2等13.75Lei
　　IR2等30.60Lei
　　IR1等43.50Lei
🚌9:00～23:00の2時間に
1便程度
所要2時間～2時間30分
運賃:25Lei
●シビウから
🚄直通は毎日12:05、17:12
発。コプシャ・ミカCopsa
Micaやメディアシュ Mediaşで
乗り換えるのが一般的。
所要2時間50分
運賃普通2等9.75Lei
　　普通1等15.90Lei
🚌直通はない

世 界 遺 産

シギショアラ歴史地区
Centrul Istoric Sighişoara
1999年登録
■シギショアラの🅘
　　　　　⇨Map P.233-A2
✉Str. Turnului 1
☎(0365)882937
🌐www.infosighisoara.ro
🕐9:00～17:00
🈳無休

ヘルマン・オベルト広場から眺めたシギショアラ旧市街

シギショアラ
Sighişoara
Sighisoara

　ルーマニアの人々が観光客に必ずすすめる町、シギショアラは、ブカレストから北西約300km、ブラショフから北西約120kmに位置し、トランシルヴァニアの中心にある。現在も中世の面影を色濃く残した町並みには、周辺の町とは違う素朴な魅力が残る。

　シギショアラの歴史は、12世紀にハンガリー王ゲーザ2世がザクセン人をこの地に入植させたことに始まる。ドイツ名をシェースブルク**Schäßburg**といい、15～16世紀の繁栄の絶頂期には15のギルド（職人組合）をもつ城塞都市であった。町のシンボルでもある時計台は14世紀のものだ。

　町の創成期における多数のドイツ系移民の影響が、山上教会や隣接するドイツ語学校、そして町中の建築物に残るルーマニア、ドイツ語のふたつの名前にうかがえる。

歩き方

　駅の正面には三角屋根のホテル・チックHotel Chicがあり、左側には近郊への小さなアウトガラがある。駅から町の中心までは少し離れていて、どの道でも行けるが、駅前広場から**ニコラエ・ティトゥレスク通りStr. Nicolae Titulescu**を直進すると白壁にドーム状の天井の**正教会Biserica Ortodoxă Română**が見られる。川の南側のメインストリートは**12月1日通りStr. 1 Decembrie**で、周辺に旅行会社、郵便局などが揃う。見どころは時計塔の門をくぐった旧市街内部に集中している。

見どころ

時計塔 Clock Tower

Turnul cu Ceas トゥルヌル・ク・チェアス

14世紀に、シギショアラが商工ギルドによる自治都市となったのを記念して建てられた町のシンボル。ドイツ語ではシュトゥントゥルムStundturm。その後1670年に大火で焼失したものの再建され、現在も機械仕掛けで時を刻んでいる。からくり時計になっており、毎正時に人形が動く。

時計塔の内部は歴史博物館Muzeul de Istorieになっていて、ローマ時代以前の生活用品に始まり18世紀の外科手術用具などを展示する。なぜかロケットに関する展示もあるが、これはシギショアラの出身者でアメリカのアポロ計画に携わった人がいるからだとか。

石畳の道の上が時計塔

■時計塔
⇨Map P.233-A2

圖夏期
火～金 9:00～18:30
土・日 10:00～17:30
冬期
9:00～15:30
圏月
圍15Lei 学生4Lei

■シギショアラの
　ザクセン人
かつてはドイツ系のザクセン人が多く住んだトランシルヴァニアだが、第二次世界大戦後、その多くが追放、移住を余儀なくされ、シギショアラでもそれまで半数程度いたドイツ系住民は少数派に転落した。かつてザクセン人が利用していたシギショアラの山上教会には、ザクセン人が住んでいた周辺の村々から集められた装飾品が展示されている。

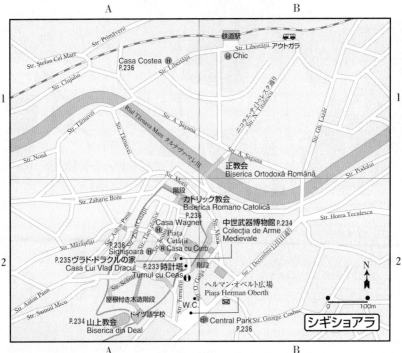

シギショアラ
旧市街さんぽ 世界遺産の町並みで
かわいいグッズ探し

石畳の道をぶらぶらと、
あっちに行ったり、こっちに行ったり。
気ままに歩くのに、シギショアラはピッタリの町。

看板だけじゃなくて窓にも注目！

外が気になるワン

中世武器博物館
Colecţia de Arme Medievale

中世の大砲や槍、ヴ
ラド公の家系図などが
集められた展示室や、
ヴラド・ツェペシュに関
する資料がある。

TEL(0265)771108
開 夏期
　火～金9:00～18:30
　土・日10:00～17:30
　冬期 9:00～15:30
休 月
料 6Lei 学生1.50Lei
カメラ可 ビデオ不可

ドラキュラのマグカップ

**シギショアラ旧市街
おさんぽマップ**

靴職人の塔
Turnul Cizmarilor

カトリック教会
Biserica din Deal

Str. Bastionului

仕立屋の塔
Turnul Croitorilor

P.236
Casa Wagner

Klaus Klein
P.235

Schneiderturm
P.235

International Cafe
P.235

Piaţa
Cetăţii

ヴラド・ツェペシュの像

P.236
Casa
Sighişoara

Casa
cu Cerb

中世武器博物館
P.234
Colecţia de Arme
Medievale

毛皮職人の塔
Turnul
Cojocarilor

P.235
Casa Lui
Vlad Dracul

肉屋の塔
Turnul Macelarilor

Pivniţa
Lui Teo
P.235

P.233 時計塔
Turnul cu Ceas

拷問室
Camera de Tortură

屋根付き階段
Scara şcolarilor

縄職人の塔
Turnul Franghierilor

P.234
山上教会
Biserica din Deal

ドイツ語学校

気になる雑貨がいっぱい

アクセサリーもあるよ

シギショアラの裏通りにて

ひなたぼっこだニャン

山上教会
Biserica din Deal

屋根のある木造の階段を上った先に建つ。14世紀の教
会。堂内には壁画が残っているほか、ザクセン人が住ん
でいた周囲の村々から集められたルーテル派の壁画など
が飾られており、博物館としてザクセンの人々の文化をい
まに伝えている。

⊠Piaţa Cetăţii 開10:00～17:00 休無休
料8Lei ビデオ不可

インターナショナル・カフェ
International Café

広場に面したカフェで、スイーツの種類も豊富。木製のお盆や人形など、地元の人々が作った民芸品もいろいろある。

✉Piaţa Cetăţii 8　TEL075 2214364（携帯）
URLwww.veritas.ro
🕐夏期9:00～19:00
　冬期10:00～18:00　休日
💴Lei　💳不可　📶あり

シュナイダートゥーム
Schneiderturm

城壁を利用したペンシウネ。1797年の建物を改装し、内装は客室によって異なる。朝食には地元の野菜やはちみつなどが並ぶ。

✉Zidul Cetăţii 4　TEL074 7279449（携帯）
URLwww.schneiderturm.ro
🛏S🚿🚽€29　W🚿🚽€39
💴€　Lei　💳MV　📶全館

ピヴニツァ・ルイ・テオ
Pivniţa Lui Teo

ツイカの蒸留やワインの醸造所。ツイカは200mlで40Lei。500年前のワインセラーも見学可能。ペンシウネは🛏S €65、W €80。

✉Str. Şcolii 14　TEL & FAX(0265)771677
URLwww.delateo.ro（ルーマニア語）
🕐10:00～21:00（無人の場合ペンシウネ受付へ）
休無休　💴Lei　💳MV

ヴラド・ドラクルの家
Casa Lui Vlad Dracul

時計塔のある広場に面して、ヴラド・ドラクルが1431～35年の4年間、住んでいた家がある。吸血鬼ドラキュラのモデルになった息子のヴラド・ツェペシュの生家でもある。ドラクルとはドラゴンを意味し、ドラゴン騎士団の団員だったため、そう呼ばれた。ドラクラ（ドラキュラ）とは、ドラゴンの息子の意味。そのため、建物の看板にはドラゴンをあしらったデザインが施されている。

現在は、カサ・ヴラド・ドラクルCasa Vlad Draculというレストランとなっており、内部には中世の武具やヴラド・ツェペシュの像などが展示されている。ドラキュラにちなんだ料理も楽しむことができる。

最上階はヴラド・ツェペシュの部屋と呼ばれる小さなお化け屋敷となっている。部屋の中央には棺桶が置かれているのだが、その中にいるのはもちろん……。これから先は入ってからのお楽しみ！

✉Str. Cositorarilor 5
TEL(0265)771596
🕐夏期10:00～2200
　冬期12:00～21:00
休2月
💴€　Lei
💳MV　📶あり
●ヴラド・ツェペシュの部屋
🕐上記と同じ
休2月
💴5Lei

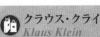

クラウス・クライン
Klaus Klein

トランシルヴァニア各地のハンドメイド商品が並ぶ。陶器やテキスタイルが人気。手作りチョコレートの種類も豊富でどれも可愛らしい。

✉Str. Tâmplarilor 24
TEL074 6676615（携帯）
🕐9:00～21:00　休無休
💴Lei　💳不可

日本からの電話のかけ方　電話会社の番号 (→P.166) ＋010＋40 (ルーマニアの国番号) ＋265 (0を取った市外局番) ＋番号

　プライベートルームの数は多いが、当たり外れがある。ホテルは古い建物を生かしながらも清潔な中級クラスのものが旧市街周辺に点在する。レストランの数は多くはなく、旧市街に数軒ある程度。ヘルマン・オベルト広場にも地元の人が集う気軽な店がある。

セントラル・パーク
Central Park Hotel

Map P.233-B2

★★★★　　高級　室数:33

元々は1897年に地元出身の商人が建設したものだが、現在はエレガントな家具を備えたホテルとして生まれ変わった。ヘルマン・オベルト広場に面しており、立地も申し分なく、併設するレストランも評価が高い。

✉Piaţa Hermann Oberth 25
TEL(0365)730006
FAX(0365)730008
URL www.hotelcentralpark.ro
S €77
W €90
€　Lei　M V
全館　EVあり

シギショアラ
Sighişoara

Map P.233-A2

★★★　　中級　室数:29

旧市街の中心にあり観光には便利な立地で設備も充実している。歴史的な建物を改築したもので、趣がある。会議室の壁には500年前のフレスコ画が残っている。

✉Str. Şcolii 4-6
TEL(0265)771000　FAX(0265)777788
URL www.sighisoarahotels.ro
S €55
W €60
€　Lei
M V
全館　EVなし

カサ・ワグナー
Casa Wagner

Map P.233-A2

★★★　　中級　室数:34

旧市街中心にある広場に面したホテル。19世紀に建てられた家を改装しており、客室はアンティーク調の家具を使って当時の雰囲気を再現している。

✉Piaţa Cetăţii 7　TEL(0265)506014
URL www.casa-wagner.com
€49
W €59
€　Lei
M V
全館　EVなし

カサ・コステア
Casa Costea

Map P.233-A1

経済的　室数:5

駅を出て西に向かう通り沿いにある。古くからある農家を改築した。内部には、当時の農耕機具などが残されており、アンティークな雰囲気を醸し出している。ドミトリーのベッド数は4。共同キッチンもある。

✉Str. Libertăţii 27
TEL 072 9965244 (携帯)
email casacostea@teleson.ro
D €45Lei
S €90Lei
W €150Lei
€　Lei
不可
全館　EVなし

セントラル・パーク
Central Park

Map P.233-B2

ルーマニア料理

同名ホテル内にあるシギショアラを代表する高級レストラン。メニューはルーマニアの伝統料理が中心になっており、味はもちろん、盛り付けも洗練されている。テラス席もある。

✉Piaţa Hermann Oberth 25
TEL(0365)730006
URL www.hotelcentralpark.ro
12:00～24:00
無休
M V
あり

ザクセン人が築き上げた旧市街

シビウ

Sibiu

Sibiu

トランシルヴァニア高原の南端に位置する古都、シビウ。カルパチア山脈から流れるオルト渓谷に臨み、東西の交通の要衝として栄えた、中世ヨーロッパ辺境の商業都市である。シビウの発祥は、ハンガリー王の要請を受けてザクセン人（ドイツ人）が植民してきた12世紀に遡る。農業中心のこの地方にザクセン人は商工業を持ち込み、ここシビウをはじめクルージ・ナポカやブラショフなどを発展させた。なかでもシビウは中央ヨーロッパとバルカン半島を結ぶ最短ルート上にあったため、15世紀には多くの商人が集まり、商業都市として発展した。19世紀にはこの地方の中心地となったこともあり、現在も残る美しい町並みが完成する。そんな歴史をもつシビウは、ドイツ名をヘルマンシュタットHermannstadtという。

ザクセン人によって建設された旧市街は、丘の上にある大広場を中心に石畳の道と、丘からは急な石段がいくつも延びている。両脇には赤い瓦屋根の家が並び、中世の面影を残している。

歩き方

駅から旧市街の中心地である**大広場Piaţa Mare**までは、駅前から**ゲオルゲ・マゲル通りStr. Gheorge Magheru**を歩いて10分ほど。旧市街は丘の上なので、緩やかな上り坂を行くことになる。ホテル・コンチネンタル・フォーラムHotel Continental Forumのある**統一広場Piaţa Unirii**へは、大広場を抜けて**ニコラエ・バルチェスク通りStr. N. Bălcescu**をさらに5分ほど。ニ

Romania

折込Map裏 B2

シビウ
★
ブカレスト

シビウへの行き方

バス利用のポイント

　シビウには、アウトガラがふたつある。鉄道駅横に「アウトガラ・トランスミクスト」があり、トランスミクスト社のほかほとんどのバスがここに発着する。ただし、国際路線や、一部の国内路線は、町の南西にあるホテル・パルクHotel Parc横のアウトガラに発着する。事前に確認しよう。

●ブカレストから
✈週4便、
所要:約45分
🚄IRが1日3便
所要:5時間10分〜6時間20分
運賃:IR2等72.60Lei
　　　IR1等109.50Lei
🚌アウトガラ・ミリタリから1日9便
所要:約5時間30分
運賃:52Lei

●ブラショフから
🚄1日7便
所要:2時間30分〜4時間10分
運賃:普通2等20.70Lei
　　　普通1等32.70Lei
　　　IR2等34.15Lei
　　　IR1等63.40Lei
🚌アウトガラ・ウヌから1日5便
所要:約3時間
運賃:25Lei

●クルージ・ナポカから
🚄直行便はない
🚌1日8便
所要:約3時間
運賃:33〜35Lei

アウトガラ・トランスミクスト（左）と鉄道駅（右）

■シビウ国際演劇祭
Festivalul Internaţional de Teatru

5月下旬～6月に行われるヨーロッパ最大規模の演劇祭。期間中は70ヵ国からの団体がRadu Stancaや広場などで公演を行い、毎日6万人ほどの観客でにぎわっている。2019年の開催時期は6月17～22日。
URLwww.sibfest.ro

■シビウの❶
⇨Map P.238-A1
⊠Str. Samuel Brukenthal 2
TEL(0269)208913
URLturism.sibiu.ro
夏期　月～金9:00～20:00
　　　土・日10:00～18:00
冬期　月～金9:00～17:00
　　　土・日 9:00～13:00
無休

コラエ・バルチェスク通り沿いは、カフェやレストランが並び、タロム航空のオフィスもあるメインストリートだ。両脇の並木も美しい。駅から中心部までは13、17番のバスに乗れば、統一広場へ行くことが可能だが、大広場までは歩いて行ける距離だ。

見どころは大広場と小広場周辺の狭い地域に集中しているので、徒歩でゆっくり回ることができる。坂道の多い町だが、迷うことはまずないだろう。大広場には❶も隣接している。ホテル・ラマダのはす向かいにはドゥンブラヴァ百貨店Dumbravaがあり、たいていのものはここで手に入る。

多くの人が行き交うニコラエ・バルチェスク通り

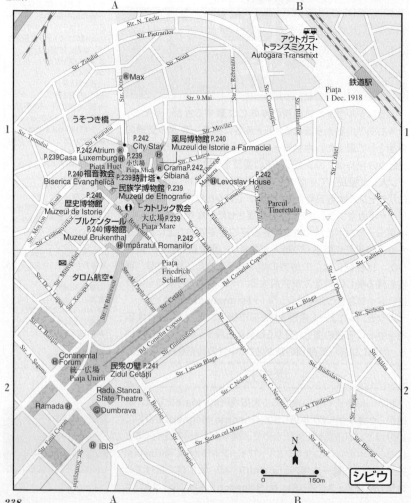

238

見どころ

大広場 Great Square

Piaţa Mare ピアツァ・マレ

時計塔から眺めた大広場

15世紀の商家に囲まれた大広場は、12世紀にザクセン人たちが町造りを始めたときからの中心地。広場の北側には1728年に完成したカトリック教会Biserica Catolicăが建っている。教会は典型的なバロック建築だ。一方、広場の南側にはゴシック建築の旧ハラル邸Casa Hallerなどがあり、西欧とのつながりをもったドイツ人によって歴史を重ねた町であったことがうかがえる。広場の北に建つ**時計塔Turnul Sfatului**は、商業都市シビウの最盛期だった1588年に建てられたもの。下に小広場との往来のためのトンネルがある。小広場側から上れるので、町の全体を把握してから旧市街を歩くのもいいだろう。広場には❶もあり、情報収集ができる。

1989年の民主革命ではここでも銃撃戦があり、多数の犠牲者が出た。広場には慰霊の十字架が立てられており、今も献花が絶えない。

小広場 Little Square

Piaţa Mică ピアツァ・ミカ

小広場には多くの露店が建ち並ぶ

大広場から時計塔を抜けて小広場に出ると、正面に橋が架かっている。橋の名前はうそつき橋Podul Minciunilor。この橋の上でうそをつくと橋が崩れてしまう、という言い伝えがある。

小広場からは、丘の下へ通じる小路や階段があちこちから出ていて、気ままに散策するのにちょうどよい。どの小路でもいいから路地裏を歩いてみよう。

民族学博物館 Ethnographic Museum

Muzeul de Etnografie ムゼウル・デ・エトノグラフィエ

ミイラの展示室

19世紀中頃〜20世紀前半に収集された世界各地の民芸品を展示している。2階に展示室があり、アフリカの民族資料やエジプトのミイラなどが並ぶ。展示は少ないが、充実した内容となっている。

■大広場 ⇨Map P.238-A1
■時計塔 ⇨Map P.238-A1
⏰10:00〜20:00
休無休
料2Lei

広場にそびえる時計塔

うそつき橋では多くの人が写真撮影を行う

■小広場
⇨Map P.238-A1

■カサ・ルクセンブルク
Casa Luxemburg
⇨Map P.238-A1
✉Piaţa Mică 16
☎(0269)216854
⏰7:00〜22:00
休無休
　旅行会社、みやげ物屋、ホテルのほか、観光案内業務も行っている。ホテルは全7室。
S300Lei〜、W330Lei〜。

■民族学博物館
⇨Map P.238-A1
✉Piaţa Mică 11
URLwww.franzbinder.sibiu.ro
⏰9:00〜17:00
休月・火
料5Lei　学生1Lei
📷5Lei　不可

■ブルケンタール博物館
⇨Map P.238-A1
✉Piaţa Mare 4-5
☎(0269)217691
URL www.brukenthalmuseum.ro
⏰9:00～17:00
休月、冬期の火
料ヨーロッパ美術館
　20Lei　学生5Lei
　ルーマニア美術館
　12Lei　学生3Lei
📷120Lei　不可

ルーマニア美術館には家具調度品が並ぶ

■歴史博物館
⇨Map P.238-A1
✉Str. Mitropoliei 2
⏰9:00～17:00
　最終入場16:30
休月、冬期の火
料10Lei　学生2.50Lei

■薬局博物館
⇨Map P.238-A1
✉Piaţa Mică 26
⏰9:00～17:00
　最終入場16:30
休月・火
料10Lei　学生2.50Lei
📷120Lei

薬局博物館の入口

■福音教会
⇨Map P.238-A1
✉Piaţa Albert Huet 1
⏰夏期9:00～20:00
　冬期9:00～17:00
休無休
料展示3Lei　学生2Lei
　塔5Lei　学生2Lei
　共通券8Lei　学生3Lei
2019年1月現在修復中のため、教会の主要部分の見学はできない。

ブルケンタール博物館 Brukenthal Museum

Muzeul Brukenthal ムゼウル・ブルケンタル

　大広場西側に建つオーストリア・バロック様式の立派な建造物で、オーストリア帝国のトランシルヴァニア総督であったサミュエル・ブルケンタール男爵の邸宅を、1817年に開放した博物館。ルーマニア最古の博物館でもある。

　収蔵品は男爵のプライベートコレクションが中心だ。ハプスブルク家の女帝マリア・テレジアの顧問でもあった男爵のコレクションは十分に見る価値がある。銀の食器や燭台など、上流階級の家具調度品が展示されており、貴族生活の一端を垣間見ることができる。民族学博物館を見学してから行くと近代ヨーロッパの階級社会を肌で感じられるだろう。

　ヨーロッパ美術館には、フランドル派やオーストリア派を中心に、ルーマニア3大画家のグリゴレスク、ルチアン、アンドレスクの作品などが展示されている。

歴史博物館 History Museum

Muzeul de Istorie ムゼウル・デ・イストリエ

　福音教会の向かいにある博物館。1470年に建てられた旧市役所の建物を利用している。2階では旧石器時代から中世、近代までのさまざまな展示がされている。1階では多くの銃器や剣を展示している。

入口は中庭を回って行く

薬局博物館 Pharmacy Museum

Muzeul de Istorie a Farmaciei ムゼウル・デ・イストリエ・ア・ファルマシエイ

　近代の医学の発展に欠かせなかった、さまざまな旧式の医療器具が展示されている。全部で3部屋の小さな博物館。説明はルーマニア語しかない。

福音教会 Evangelical Church

Biserica Evanghelică ビセリカ・エヴァンゲリカ

　屋根のパターンが独特なゴシック建築のプロテスタント教会。1300年から1520年にかけてザクセン人が建築した教会だ。教会堂にはバロック様式の祭壇や6002本の管をもつパイプオルガンがあり、ミサに立ち会えば荘厳な雰囲気に心打たれるだろう。敷地内にはドイツ語学校がある。

どこからでも目立つ福音教会

壁の保存状態は良好

『吸血鬼ドラキュラ』のモデルとして有名なヴラド・ツェペシュ(ヴラド3世)の息子であるミフネア悪行公Mihnea cel Rău(在位1508～09)は、1510年に教会のミサに出席したあと、この町で殺害された。そのため墓もここにある。

民衆の壁 Fortress Wall

Zidul Cetăţii ズィドゥル・チェタツィー

駅からのバスが通るチェタツィ通りStr. Cetăţiiを歩くと、旧市街側は石の城壁となっている。これは15世紀から16世紀にかけて、オスマン朝の侵攻を防ぐために建設されたもの。民衆を守る城壁だったことから民衆の壁＝ズィドゥル・チェタツィーZidul Cetăţiiと呼ばれている。

エクスカーション

コルヴィン城 Corvin Castle

Castelul Corvinilor カステルル・コルヴィニロル

城はシビウから西へ約130km離れたフネドアラの町にある。15世紀にトランシルヴァニア一帯を支配したハンガリーの総督フニャディ・ヤーノシュ(1409？～1456年)が手がけた城で、ゴシック様式の優美な姿を現在に残している。トランシルヴァニア屈指の名城として訪れる観光客は多い。

尖塔がそびえる壮麗な外観

城の雰囲気からドラキュラのモデル、ヴラド・ツェペシュ(ヴラド3世)が幽閉された城とされていたこともあり、ドラキュラに関連する作品の舞台としてもたびたび取り上げられている。ただし、彼がこの城に滞在したという記録は残っていない。

■民衆の壁
⇨Map P.238-A2

■コルヴィン城への行き方

🚌🚏シビウからフネドアラへは直通で行くのは難しく、デヴァDevaでバスに乗り換えて行くのが現実的。片道3～4時間ほどかかるので日帰り旅行は難しいが、フネドアラの町にはホテルがあるので1泊するのも手。

■コルヴィン城
⇨Map P.241右
✉Str. Castelului 1-3, Hunedoara
☎078 6048718 (携帯)
URLwww.castelulcorvinilor.ro
🕒夏期　火～日　9:00～20:30
　　　　月　　12:00～20:30
　　冬期　火～日　9:00～17:00
　　　　月　　12:00～17:00
🚫無休
💰30Lei　学生7Lei
　　ガイド60Lei(英語)
📷5Lei　ビデオ15Lei

当時の拷問の様子が解説付きで展示されている

シビウ～フネドアラ

フネドアラ

日本からの電話のかけ方　電話会社の番号（→P.166）＋010＋40（ルーマニアの国番号）＋269（0を取った市外局番）＋番号

　シビウのホテルはほかの都市と比較しても料金的に安く、いい部屋に宿泊できる。ランクも4つ星からプライベートルームまでさまざま。レストランやカフェはニコラエ・バルチェスク通りに点在している。2019年シビウは欧州美食地域に認定され、食のイベントを多数開催する予定。

レヴォスラフ・ハウス
Levoslav House

Map P.238-B1

★★★★　　高級　室数:11

　1840年の建物を改装したホテル。建物は作曲家のヤン・レヴォスラフ・ベラの家としても使われていた。客室はアンティーク調の家具が置かれつつもモダンな雰囲気。ロビーにはレヴォスラフ氏の胸像もある。

⊠Str. G-ral Magheru 12
TEL(0269)216185
FAX(0269)216285
URLwww.levoslav.ro
⑤€40～75
Ⓦ€48～85
€　Lei
Ⓜ Ⓥ
全館　EVなし

ウンパラトゥル・ロマニロル
Împăratul Romanilor

Map P.238-A1

★★★　　中級　室数:80

　1555年開業の由緒あるホテル。オーストリア帝国皇帝ヨーゼフ2世も宿泊したことがあるそうだ。現在の建物は1895年に再建されたもので、併設のレストランはラフな格好では入場を断られることもある。

⊠Str. N Bălcescu 4
TEL(0269)216500　FAX(0269)213278
URLsibiu.imparatulromanilor.ro（ルーマニア語）
⑤€70～
Ⓦ€90～
€　Lei
Ⓐ Ⓜ Ⓥ
全館
EVあり

シティ・ステイ
City Stay

Map P.238-A1

経済的　ベッド数:16

　小広場に面し、薬局博物館の隣にある、国際ユースホステル協会加盟ホステル。建物のワンフロアのみ。部屋数が少ないので予約して行くのが無難。キッチンの利用も可能。

⊠Piaţa Mică 26
TEL072 8184959
URLwww.hostelsibiu.ro
Ⓓ47Lei～
Ⓦ150Lei～
Lei
Ⓐ Ⓜ Ⓥ
全館　EVなし

クラマ・シビアーナ
Crama Sibiană

Map P.238-A1

ルーマニア料理

　シビウの伝統料理を食べるのならここがおすすめ。チーズやサラミがのった前菜の盛り合わせ32Leiやソーセージやスペアリブの盛り合わせ33Leiなど、お酒との相性も抜群。

⊠Piaţa Mică 31
TEL072 9614260（携帯）
12:00～24:00
無休
Lei
Ⓜ Ⓥ
あり

アトリウム
Atrium

Map P.238-A1

ルーマニア料理

　うそつき橋のすぐ横にある。ジャガイモのスープCiorba de cartofimやヘンクレシュ Henkleschといった郷土料理は、メニューにSIBIU2019のマークが付いており、わかりやすい。

⊠Piaţa Mică 16
TEL072 3287486（携帯）
URLwww.atriumcafe.ro
日～木10:00～24:00
金・土10:00～翌2:00
無休
Lei　Ⓜ Ⓥ
あり

ドラキュラゆかりのルーマニアで
Let's Halloween Party !!

"吸血鬼ドラキュラ"の居城の
モデルとなったブラン城や、
ドラキュラ伝説が息づくコルヴィン城では、
ハロウィンを祝うパーティが開かれる。
国の内外から多くの人々が、ドラキュラのコスチュームを着て
トランシルヴァニアにやってくる。
10月の終わりから11月の上旬にかけてルーマニアを旅するなら、
ドラキュラゆかりのお城で、パーティに参加してみない?

ハロウィンパーティへ　カモ〜ン♡

本物のお城を使ったコスチュームパーティは、雰囲気も最高!!

中世の雰囲気満点の場所で

　もともとハロウィンはアイルランドやスコットランドなど、ケルト文化の残るヨーロッパの西端で祝われていたお祭りで、その移民が多く暮らすアメリカなどではとてもポピュラーな祭りだが、ルーマニアではあまり知られてはいなかった。

　でも、ヨーロッパを東西に分断していた壁が崩れ、西欧やアメリカの文化がルーマニアに入ってくると、だんだん変わってきた。ハロウィンといえば仮装パーティ!　仮装パーティの定番といえばドラキュラ伯爵!　……となれば、ドラキュラの本場ルーマニアでのハロウィンパーティが注目

古典音楽の演奏

を集めるのは自然の流れ。ハロウィンをルーマニアで過ごす欧米人が増えてくるのにともなって、ルーマニアの人々も徐々にハロウィンを楽しむようになった。

　特に注目を浴びているのは、ドラキュラゆかりの地であるブラン城やシギショアラ、吸血鬼がたくさん出てくる映画『ブラッドレイン』の舞台にもなったコルヴィン城といったところ。パーティの内容は会場によって異なるが、中世の香りがそこかしこにあってムードも満点だ。

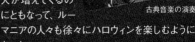

DATA

■ハロウィンパーティに参加するには
ゴー・ルーマニアなど、旅行会社などが主催するハロウィンツアーに参加するのが一般的。ブラン城では、公式サイトのイベント情報欄にパーティの予定が掲載されるので、こちらを通じて参加を申請する。
●Go Romania Tours
URL www.goromaniatours.com
●ブラン城（→P.224）
URL www.bran-castle.com

うまそうだなぁ
でしょ?
民族舞踊が披露されることも

夜遅くまでパーティは続く

243

Romania
折込Map裏 A2

★ ティミショアラ
ブカレスト ●

ティミショアラへの行き方

🚃鉄道利用のポイント
ブダペスト（ハンガリー）から国際列車がある（⇨P.22、23）。

●ブカレストから
✈1日5〜8便
所要：1時間5分
🚃IRが1日2便
所要：9時間10分〜9時間35分
運賃:IR2等100.90Lei
　　　IR1等154.60Lei

●オラデアから
🚃1日6便
所要：3時間〜4時間15分
運賃：普通2等24Lei
　　　IR2等48.60Lei
　　　IR1等70.20Lei
🚐鉄道駅前からからマクシータクシーが5:30〜19:00の1時間30分おき
所要約3時間
運賃:40Lei

■ティミショアラ・トライアン・ヴィア空港
☎(0256)386089
🌐aerotim.ro
町の北東8kmにある。空港から市内へは、E4の市バスが1時間に1便程度。バスティオン前に到着する。

■タロム航空
⇨Map P.245-A1
✉Str Aristide Demetriade 1
☎(0256)493563
🕙10:00〜22:00　🚫無休

町の東側に残るバスティオンはかつて町を囲んでいた要塞の一部分

1989年のルーマニアの激動は勝利広場から始まった

ティミショアラ
Timişoara
Timisoara

　人口約32万人を擁する国内第3の都市ティミショアラは、ハンガリーとセルビアの国境に近い、ルーマニア西部で最大の都市。この町の名を世界的に知らしめたのは、民主革命への口火を切ったチャウシェスク政権への抗議運動であった。1989年12月、ハンガリー人牧師テケーシュ・ラースロー **Tökés László**の退去命令に反発した市民はデモを行うが、治安警察軍によって武力鎮圧され、多数の犠牲者を出してしまう。だが、結果的にこの惨劇がブカレスト市民を蜂起させる引き金になり、流血民主革命へと発展していった。

　トランシルヴァニアの各都市同様、第一次世界大戦まではオーストリア・ハンガリー帝国の支配下にあり、住民にもハンガリー、ドイツ、セルビア系の住民が多い。そのため町に残るバロック様式の建築物も見どころのひとつだ。

　Primul Oraş Liber(ルーマニア最初の自由都市)と人々が誇る町、ティミショアラ。はや四半世紀前になるその過去をこの場所で振り返ってほしい。

歩き方

　町の中心は、**勝利広場Piaţa Victoriei**と**自由広場Piaţa Libertăţii**の周辺。オペラ劇場が建つ勝利広場は、ショッピングセンター、レストラン、ホテルが集中する観光の中心。1989年にハンガリー人牧師撤退命令に対する抗議運動が始まったのもこの広場だ。このふたつの広場を結ぶ**アルバ・ユリア通り**

Str. Alba Iuliaに❶があり、パンフレットや地図が置いてあるので、まずはこちらで情報収集しておくといい。

　旧市街の真ん中にある、中世の建築物に囲まれた石畳の広場が、**統一広場Piaţa Unirii**。建物のほとんどは15世紀から残る商家で、現在も営業を続けている。広場の東に面した黄色い建物は、1774年に建立されたカトリック教会。西に面しているのが、1754年建立のセルビア正教会だ。

　ティミショアラのアウトガラはブカレストと同じく、広範囲に点在している。ほとんどのバスはアウトガラ・アウトティムに着くが、事前にどこに到着するかは確認しておこう。ノルド駅へのトラム1番（運賃2.50Lei）は自由広場から出ており、タクシーで行くなら8Leiほど。ホレズ方面のバスは中心部の南東から発着している。

見どころ

フニャディ城（バナト博物館）Huniade Castle

Castelul Huniade カステルル・フニャデ

　もともとは14世紀初期に建てられた城を、15世紀にハンガリーの総督フニャディ・ヤーノシュ（1409？〜1456年）が城壁で囲って居城としたもの。19世紀半ばに戦火を受けたが、後に修復され、現在はバナト地方の歴史と自然史に関する展示を行うバナト博物館として利用されている。

■ティミショアラの❶
　　　　　⇨Map P.245-A1
✉Str. Alba Iulia 2
TEL&FAX(0256)437973
URLwww.timisoara-info.ro
🕐夏期 月〜金 9:00〜19:00
　　　土　　10:00〜16:00
　冬期 月〜金 9:00〜18:00
　　　土　　10:00〜15:00
休日

■ルーマニア革命博物館
　　　　　⇨Map P.245-B1
✉Str. Popa Şapcă 3-5
TEL(0256)294936
URLmemorialulrevolutiei.ro
🕐月〜金 8:00〜16:00
　土　　9:00〜14:00
休日　料寄付歓迎

■フニャディ城（バナト博物館）
　　　　　⇨Map P.245-A2
✉Piaţa Huniade 1
※2019年1月現在改装中のため閉館

フニャディ城は改装中

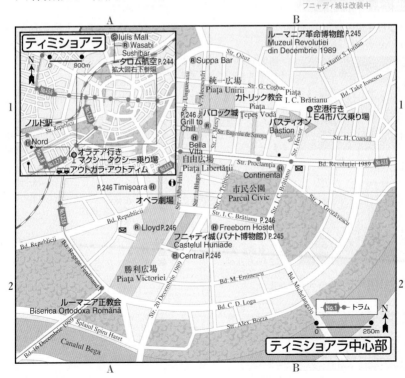

日本からの電話のかけ方　電話会社の番号 (→P.166) ＋010＋40 (ルーマニアの国番号) ＋256 (0を取った市外局番) ＋番号

ホテルは勝利広場の周辺に集中している。ほとんどのホテルは設備も新しく快適だ。ただし、料金はやや高めで、周囲に格安のホテルはほとんどないといっても過言ではない。レストランやファストフード店は、勝利広場周辺に点在している。ティミショアラ発祥のビール、ティミショレアナ**Timişoareana**もぜひお試しを。

ティミショアラ　Map P.245-A1
Timişoara

★★★★★／★★★★　　高級　室数:200

オペラ劇場の西側にある。勝利広場からルーマニア正教会までを一望できる。町の中心にありながらスパセンターを併設するなど、充実した設備を誇る。右記の料金は2019年1月の実勢料金。

✉Str. Mănăşeşti 1-3
☎(0256)498852　FAX(0256)499450
URLhoteltimisoara.ro
🛏S🚿W📶🔒🚭🅿💻353Lei〜
💳US$ € Lei
CCADMV
📶全館
EVあり

チェントラル　Map P.245-A2
Central

★★★　　中級　室数:80

フニャディ城の裏にあり、観光に便利。レセプションでは英語も通じる。客室は改装から少したっているが、清潔に保たれている。館内にはルーマニア料理を出すレストランもある。

✉Str. Lenau 6
☎(0256)490091
URLwww.hotel-central.ro
🛏S🚿🔒🚭🅿💻180Lei
🚿W🔒🚭🅿💻210Lei
💳Lei
CCMV
📶全館　EVあり

フリーボーン　Map P.245-B2
Freeborn Hostel

経済的　ベッド数:16

陽気なスタッフがいるホステル。チェックインの際は扉の横のインターホンを押す。ドミトリーのベッド数は6〜8。館内にはキッチンや卓球台などを完備。同経営のアパートメントも中心部にある。

✉Str. Patriarh Miron Cristea 3
☎074 3438534 (携帯)
URLwww.freebornhostel.com
🛏D📶🔒🚭🅿€11〜
🛏S🚿W📶🔒🚭🅿€25〜
💳Lei
CCMV
📶全館
EVなし

ロイド　Map P.245-A2
Lloyd

ルーマニア料理

勝利広場に面した雰囲気のよい店。アンティークが並べられており、ディナータイムには音楽の生演奏を聴きながら食事が楽しめる。メインは24〜69Lei。

✉Piaţa Victoriei 2
☎072 1225115 (携帯)
🕐8:00〜翌1:00
🈂無休
💳Lei
CCMV
📶あり

グリル・トゥー・チル　Map P.245-A1
Grill to Chill

ステーキ

可愛らしい椅子やテーブルなど、インテリアが素敵なグリル専門店。世界各地の牛肉を取り揃えており、和牛もある。

✉Str. Eugeniu de Savoya 12
☎075 5111797 (携帯)
🕐日〜木12:00〜23:00、金・土12:00〜翌1:00
🈂1/1、12/31
💳Lei　CCMV　📶あり

アールヌーヴォーの建築物が数多く残るオラデアの町並み

オラデア
Oradea
Oradea

ブカレストの北西約585km、ハンガリーと国境を接するビホル県**Bihor**に位置するオラデア。ティミショアラ、アラド同様にルーマニアの西の玄関口にあたる交通の要衝だ。人口は約20万人。オラデアの歴史は、11世紀にハンガリー王ラースロー1世により町が建設されたことに始まる。その後1944年12月にルーマニア・ロシア連合軍に解放されるまで、長くハンガリー領であったため、現在もハンガリー系住民が多い。ハンガリー名はナジヴァーラド**Nagyvárad**という。

歩き方

にぎやかなレプブリチ通り

鉄道駅から中心部までは、レプブリチ通りCalea Republiciiを南へ徒歩20分強。タクシーで行くなら10Leiで所要5分ほど、トラムも走っている。

アウトガラは中心部から南東へ約2.5km行った所にあり（便によって鉄道駅横に着く場合もある）、アウトガラを出て左へ約50m行った交差点からタクシーやバスが統一広場とを結んでいる。バスなら10番で切符は2回券が6Lei。

駅からレプブリチ通りを歩いて行くと、1階にマクドナルドがあるクリシュル百貨店を過ぎたあたりから、通りの両脇にカフェ、

ルーマニア ティミショアラ／オラデア

Romania

折込Map裏 A1

★オラデア

ブカレスト

オラデアへの行き方

🚃鉄道利用のポイント
　ブダペスト（ハンガリー）からの直接便もある。

●ブカレストから
✈土を除く1日1～3便
所要：1時間～1時間25分
🚃直行便はない。ティミショアラかクルージ・ナポカで乗り換え

●クルージ・ナポカから
🚃1日11便
所要：2時間40分～4時間
運賃：普通2等20.70Lei
　　　普通1等32.15Lei
　　　IR2等44.20Lei
　　　IR1等63.40Lei
🚌7:00～17:30の2～3時間に1便程度
所要：2時間30分～4時間
運賃：24～25Lei

●ティミショアラから
🚃1日6便
所要：3時間5分～4時間40分
運賃：普通2等24Lei
　　　IR2等48.60Lei
　　　IR1等70.20Lei
🚌鉄道駅周辺のマクシータクシー乗り場から5:30～19:30の1時間30分に1便
所要：約3時間
運賃：40Lei

●バヤ・マレから
🚃直通はない。サツ・マーレSatu Mareなどで乗り換え。
🚌6:00～18:00の2時間に1便
所要：3時間30分～4時間
運賃：45Lei

アウトガラは郊外にある

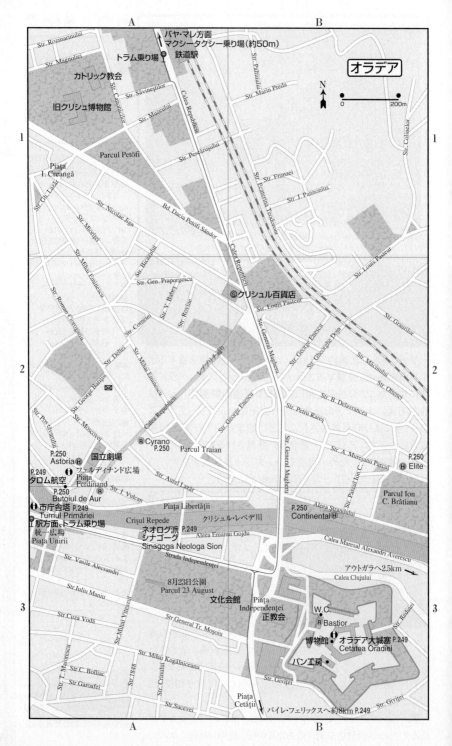

レストラン、ブティックなどが増え始める。ここから南西の**フェルディナンド広場Piaţa Ferdinand**までが町で最もにぎやかなエリア。広々とした歩行者天国だ。広場周辺にはホテルやレストランなどがあり、両替所もこのあたりに集中している。ベージュの配色が優しい印象の国立劇場も広場に面している。

　南へクリシュル・レペデ川Crişul Repede(ルーマニア語で速い川の意) を渡ると、バスやトラムが走る交通量の多い通りと**統一広場Piaţa Unirii**に出る。この広場からは駅やバイレ・フェリックスへ向かう市内バスが出ている。

見どころ

オラデア大城塞 Citadel

Cetatea Oradea チェタテア・オラデア

　町の南東、クリシュル・レペデ川近くにある12世紀建造の城塞。外壁などは当時の様子をよく残している。要塞は現在、博物館やアートギャラリー、展示室などの複合施設として利用されており、チケットは入口横の❶で販売している。カフェやショップも併設。

ネオログ派シナゴーグ The Zion Neolog Synagogue

Sinagoga Neologa Sion シナゴガ・ネオロガ・シオン

　統一広場からオラデア大城塞へ行く途中にあるユダヤ教の会堂で、ユダヤ教ネオログ派によって1878年に建てられた。内部はムーア様式の装飾が施されており、とりわけドームの装飾が美しい。2015年に改装を終え、博物館として公開されるようになった。宗教的な儀式は行われていない。

市庁舎塔 City Hall Tower

Turnul Primăriei トゥルヌル・プリマリエイ

　統一広場に建つ市庁舎の塔で、1903年に建設された。高さは約50mあり、オラデアの町を見下ろすことができる。

川沿いに建つ市庁舎と市庁舎塔

バイレ・フェリックス Baile Felix

Băile Felix バイレ・フェリックス

ホテルに併設された温水プール

　町の約8km南にある、ルーマニア有数の温泉保養地。源泉はなんと2400年前に噴き出したものだというから、歴史が長い。美容と健康のために国内外からやってくる人々で年中にぎわっている。リゾートホテルなども多数あり、宿泊施設には困らない。

■**オラディアの❶**
　　　　⇨Map P.248-A2
⊠Str. Patrioţilor 2
TEL0359 800202
圃9:00～17:00
休無休
このほか、オラデア大城塞、市庁舎塔にも❶がある。

■**タロム航空**
　　　　⇨Map P.248-A2
⊠Piaţa Ferdinand 2
TEL(0259)431918
圃9:00～17:00
休土・日

■**オラデア大城塞**
　　　　⇨Map P.248-B3
統一広場から徒歩約20分。
圃夏期10:00～18:00
　冬期9:00～17:00
休月　围5Lei　■40Lv

北西の稜堡は劇場として使用

■**ネオログ派シナゴーグ**
　　　　⇨Map P.248-A3
⊠Str. Independenţei 22
圃10:00～17:00
休月　围5Lei　■可

鮮やかな装飾のシナゴーグ

■**市庁舎塔**
　　　　⇨Map P.248-A3
⊠Str. Tudor Vladimirescu 2
圃夏期　10:00～19:00
　冬期　10:00～17:00
休月　围5Lei　■可

バイレ・フェリックスへの行き方

統一広場から南方面へ行くトラム3R、3N番などで終点ヌファルルNufărulへ。6Lei(1枚で2度乗車可)。そこから511番のバスに乗り換える。所要約20分。

日本からの電話のかけ方　電話会社の番号（→P.166）＋010＋40（ルーマニアの国番号）＋259（0を取った市外局番）＋番号

　ホテルは町の中心レプブリチ通りの南からフェルディナンド広場周辺に数軒ある程度。経済的な安宿はほとんどなく、中級ホテルが多い。レストランはレプブリチ通りに、高級料理店からファストフードまでいろいろな店が並んでいるが、郷土料理を出すような店は少ない。

エリート
Elite

Map P.248-B2

★★★★／★★★　　中級　室数:36

　中心部の東、公園沿いの静かな環境に建つホテル。屋外プールは温水を使っており、一年中オープンしている。スパやサウナも併設。客室は3つ星と4つ星の2種類がある。

✉I.C. Brătianu 26
☎(0259)414924
URL www.hotel-elite.ro
S €55　　W €65(3つ星)
S €65　　W €85(4つ星)
€ Lei
CC A M V
全館　EVあり

コンチネンタル
Continental

Map P.248-B3

★★★★　　中級　室数:168

　オラデア大城塞の近くにある町一番のホテル。広々としたロビーや部屋などは、一貫してブルーで統一されている。レストラン、温水プール、ナイトクラブといった施設も充実。

✉Aleea Ştrandului 1
☎(0259)598800
URL continentalhotels.ro
S €58
€64
US$ € Lei
CC A M V
全館　EVあり

アストリア
Astoria

Map P.248-A2

★★★★　　中級　室数:50

　フェルディナンド広場に面した1902年創業のホテル。外観、内装はもちろん、寝具や家具などもアールヌーヴォー様式を用いており、統一感がある。朝食は別料金で25Lei。

✉Str. Teatrului 1-2
☎0359 101039
URL astoriaoradea.ro
S 175Lei
195Lei
Lei
CC M V
全館　EVあり

ブトユル・デ・アウル
Butoiul de Aur

Map P.248-A3

ルーマニア料理

　フェルディナンド広場の近くにあるレストラン。館内は広々としており、天井の装飾はまるで宮殿のよう。郷土料理も用意しており、スタッフは英語が通じるのでおすすめを聞いてみよう。

✉Str. Iosif Vulcan 1
☎0359 427162
営9:00〜23:00
休無休
€ Lei
CC M V
あり

シラノ
Cyrano

Map P.248-A2

ルーマニア料理

　レプブリチ通り沿いにある。パスタは18.50Lei〜、ピザは17.50Lei〜。英語のメニューもある。写真の牛肉スープのパン包みCiorbă de vițel cu tarhon în chiflă 14.80Leiが人気。

✉Calea Republicii 7
☎072 8284721(携帯)
営10:00〜23:00
休無休
Lei
CC不可
あり

統一広場に建つ聖ミハイ教会

クルージ・ナポカ
Cluj-Napoca
Cluj-Napoca

Romania
折込Map裏 B1

★クルージ・ナポカ
ブカレスト

ルーマニア
オラデア／クルージ・ナポカ

トランシルヴァニアのほぼ中央に位置する町。文献に初めて登場するのは、紀元前2世紀にローマ帝国の植民都市ナポカとして。その後、東西交通の要衝として地方の中心地となり、繁栄した。13世紀にはザクセン人がやってきて商工ギルド（職人組合）を結成し、ハンガリー王の庇護のもと発展を続けるこの町をクラウゼンブルクKlausenburgと呼んだ。これがクルージである。1970年代になってローマ帝国時代のナポカという名称を加え、クルージ・ナポカとなった。

町の人口は約33万人。そのうち約2割はハンガリー人だ。「はい」を意味するルーマニア語は「ダー」だが、マジャル語（ハンガリー語）の「イゲン」もよく耳にする。オーストリア・ハンガリー帝国時代の面影を残すこの町は、ハンガリー名はコロジュヴァールKolozsvárといい、ドイツ名のクラウゼンブルクと合わせて合計3つの名前をもつ。多民族が混住するトランシルヴァニアを象徴しているといえる。

周辺にはシィクSicをはじめ、ハンガリー人が伝統を守りつつ暮らしている町や村が点在している。クルージ・ナポカを拠点に、ゆっくりとそれらを見て回るのもいいだろう。

歩き方

駅は町の中心から1.5kmほど北に位置している。駅正面から延びる**ホレア通りStr. Horea**を真っすぐ歩いてソメシュル川を渡りさらに**レジェレ・フェルディナンド通りStr. Regele**

クルージ・ナポカ への行き方

●ブカレストから
✈1日4～8便
所要：約1時間
🚂IRが1日5便
所要：9時間20分～12時間10分
運賃：IR2等90.80Lei
　　　IR1等140.00Lei
🚌アウトガラ・ミリタリから
7:30、9:00、11:30、12:00発
所要：9時間～9時間30分
運賃：84Lei
●ブラショフから
🚂IRが1日6便
所要：6時間30分～7時間45分
運賃：IR2等79.30Lei
　　　IR1等121.50Lei
🚌アウトガラ・ウヌから1日2便
所要：4時間50分
運賃：65Lei
●オラデアから
🚂1日11便
所要：2時間30分～4時間
運賃：普通2等20.70Lei
　　　IR2等44.20Lei
　　　IR1等63.40Lei
🚌鉄道駅周辺のマクシータクシー乗り場から8:30、15:30発。アウトガラから6:00～19:00の1日6便。
所要：2時間30分～4時間
運賃：28～30Lei

■**ブダペスト（ハンガリー）へ**
🚂1日3便
所要：約7時間45分
運賃：IR2等144Lei
　　　IR1等208Lei
🚌1日8便
所要：6時間～7時間30分
運賃：100Lei

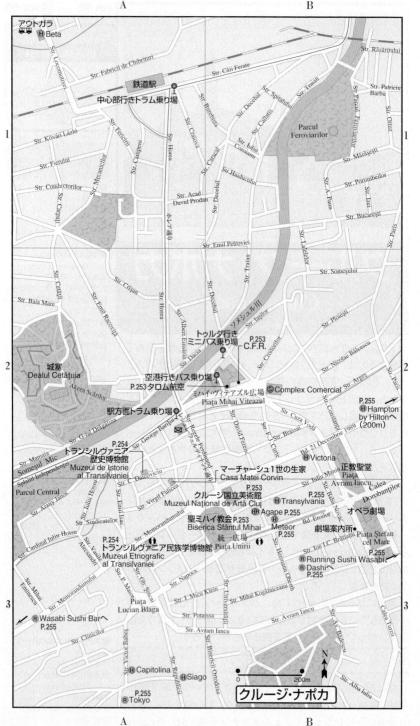

アウトガラ
(H) Beta
Str. Locomotivei
Str. Fabricii de Chibrituri
Str. Căii Ferate
Str. Răsăritului

鉄道駅
中心部行きトラム乗り場

Str. Kövári László
Str. Fierului
Str. Conductorilor
Str. Ferenczi
Str. Câmpeni
Str. Mecanicilor
Str. Carpați
Str. Horea
ホレア通り
Str. Craiova
Str. Cimeal
Str. Binchena
Str. Acad. David Prodan
Str. Decebal
Str. Iuliu Coroianu
Str. Haiducului
Str. Caltatis
Str. Spitatului
Str. Decebal
Str. Traian
Str. Emil Petroviei

Parcul Feroviarilor

Str. Patricin Barbu
Str. Oltuz
Str. Parcul Feroviarilor
Str. Mărăşeşti
Str. Porumbeilor
Str. A. Pann
Str. Izei
Str. Bucureşti
Str. Paris
Str. Someşului
Str. Ploieşti

Str. Cernei
Str. Crişan
Str. Emil Racoviţă
Str. Baia Mare
Str. Horea
Str. Decebal
Str. Jagtior
Str. Traian
Str. Iaşior
ソメシュル川

城塞
Dealul Cetăţuia

Aleea Scărilor

Str. G-ral Drăgălina

駅方面トラム乗り場

トゥルダ行き
ミニバス乗り場
P.253
C.F.R.

空港行きバス乗り場
P.253 タロム航空
ミハイ・ヴィテアズル広場
Piaţa Mihai Viteazul

(S) Complex Comercial

Str. Albert Einstein
Str. Dacia
Str. Regele Ferdinand
Str. David Ferenc
Str. F-ca Cure
Str. Brassai
Str. Cuza Vodă
Str. Constanţa
Str. Nicolae Bălcescu
Str. Argeş
Str. Paris

P.255
(H) Hampton
by Hiltonへ
(200m)

Someşul Mic
Splaiul Independenţei
Parcul Central
Str. Mamaia
Str. Cardinal Iuliu Hossu
Str. Iuliu Hossu
Str. Aron Iános
Str. Mihai Eminescu
Str. Cardinal Iuliu Hossu
Str. George Barițiu
Str. Regele Ferdinand
レゲレ・フェルディナンド通り
Str. V. Daicoviciu

P.254
トランシルヴァニア
歴史博物館
Muzeul de Istorie
al Transilvaniei

Str. Sindicatelor
Str. Emil Isac
Str. Virgil Fulicea
Str. Memorandumului
Str. P. Maior

マーチャーシュ1世の生家
Casa Matei Corvin

P.253
クルージ国立美術館
Muzeul Naţional de Artă Cluj

聖ミハイ教会 P.253
Biserica Sfântul Mihai

P.254
トランシルヴァニア民族学博物館
Muzeul Etnografic
al Transilvaniei

統一広場
Piaţa Unirii

(H) Victoria

正教聖堂
Piaţa

Str. Iuliu Maniu
Str. Avram Iancu
Calea Dorobanţilor

P.255
(H) Transylvania
(H)(R) Agape P.255
(R) Meteor
P.255

オペラ劇場
劇場案内所
Piaţa Stefan
cel Mare

P.255

Str. Baba Novac
Bd. Eroilor
Bd. 21 Decembrie 1989
Str. Ion I.C. Brătianu
Str. Hermann Oberth
Str. Mihai Kogălniceanu

Piaţa
Lucian Blaga

(R) Running Sushi Wasabi
(R) Dashiへ
P.255

P.255
(R) Wasabi Sushi Barへ
P.255

Str. Clinicilor
Str. Napoca
Str. J. Micu Klein
Str. Universitaţii
Str. Potaissa
Str. Bisericii Ortodoxe
Str. Avram Iancu
Str. Avram Iancu
Calea Turzii
Str. A. Bălcescu
Str. Alba Iulia

(H) Capitolina
(H) Siago

P.255
(R) Tokyo

N

0   200m

クルージ・ナポカ

城塞からの町並み。中央にそびえるのは聖ミハイ教会

Ferdinandを行くと、町の中心である**統一広場Piaţa Unirii**に着く。徒歩では20分強。荷物のある人は駅前からトラム101、102番に乗り川を渡れば郵便局裏に、もしくは、バス31番に乗って川を渡れば、ミハイ・ヴィテアズの像が建つ**ミハイ・ヴィテアズル広場Piaţa Mihai Viteazul**に出ることができる。

　アウトガラは駅の西約800mの所にあり、駅から歩いて徒歩10分ほど。中心部へはタクシーで10Leiほど。バスやトラムを利用するなら駅まで行くしかない。

　空港は町の東約10kmの所にあり、8番のバスが空港とミハイ・ヴィテアズル広場のタロム航空オフィス前とを往復している。

　ミハイ・ヴィテアズル広場周辺は、マクドナルドの看板が目立つ百貨店コンプレックス・コメルチアルComplex Comercial、C.F.Rやタロム航空のオフィスなどがある交通量の多い所。

　観光の中心となるのは統一広場のほうで、こちらにはホテル、レストラン、銀行など、観光客に必要なものが揃っている。博物館などの見どころもこの広場周辺に集中しており、徒歩で十分回ることができる。町の郊外にあるイウリス・モールには高級ブティックなども入っており、若者に大人気。

見どころ

聖ミハイ教会 St. Michael's Church

Biserica Sfântul Mihai ビセリカ・スフントゥル・ミハイ

　広場に建つゴシック様式のカトリック教会で15世紀に完成した。ハンガリー語ではSzent Mihály Templomセント・ミハーリィ・テンプロンという。一時ドイツ系プロテスタントの手に渡り、ユニテリアン教徒の教会となったが、18世紀に再びハンガリー系カトリックの手に戻るという運命をたどったために、内部装飾もやや複雑。修復のたびに古い壁画が発見されるという。教会の南側には騎馬姿のハンガリー王マーチャーシュ1世の像がある。

クルージ国立美術館 Cluj National Art Museum

Muzeul Naţional de Artă Cluj ムゼウル・ナツィオナル・デ・アルタ・クルージ

　ハンガリー人の富豪バーンフィー一族が1785年に建てたバロック様式のバーンフィー宮殿Banffy Palotaが、現在は美術館として公開されている。おもに近代から現代にかけてのトランシルヴァニアの作家の作品が展示されている。ルーマニアの人々の生活の息づかいが伝わってくるような情景画もあれば、抽象的な作品もあり、多様な作家活動の様子がうかがえる。

鉄道駅は町の北側に位置する。トラムを利用しよう

■**C.F.R.（国鉄旅行センター）**
⇨Map P.252-B2
✉Piaţa Mihai Viteazul 20
☎(0264)534009
🕒8:00～20:00
休土・日

■**タロム航空**
⇨Map P.252-B2
✉Piaţa M. Viteazul 11
☎(0264)530116
🕒9:00～17:00
休土・日

市内交通の券売機。クレジットカードも利用可能

■**クルージ・ナポカの❶**
⇨Map P.252-B3
✉Bd. Eroilor 6-8
☎(0264)452244
URLwww.visitclujnapoca.ro
🕒夏期　月～金8:30～20:00
　　　土・日10:00～18:00
冬期　月～金8:30～18:00
　　　土・日10:00～18:00
休無休
このほかトランシルヴァニア民族学博物館内にも❶がある。

■**聖ミハイ教会**
⇨Map P.252-B3
✉Piaţa Unirii
※2019年1月現在、修復のため閉館中

■**クルージ国立美術館**
⇨Map P.252-B3
✉Piaţa Unirii 30
☎(0264)596952
🕒10:00～17:00
休月・火
料8Lei　学生4Lei
📷20Lei　ビデオ20Lei

■トランシルヴァニア
　歴史博物館
　　⇨Map P.252-A2
⊠Str. Constantin Daicoviciu 2
℡(0264)592399
圃火・木～日10:00～16:00
　　水　　12:00～18:00
困月　料6Lei　学生3Lei
不可

■トランシルヴァニア
　民族学博物館
　　⇨Map P.252-A3
⊠Str. Memorandumului 21
℡(0264)592344
圃10:00～18:00
困月・火　料6Lei　学生3Lei
5Lei　ビデオ25Lei

トゥルダへの行き方

アウトガラから30分に1便
バスがあるが、ミハイ・ヴィテア
ルズ広場近くからトゥルダ中心
部を結ぶミニバスが5:30（土・日
8:00）～21:00の15～30分に1
便あり、こちらのほうが便利。
所要:約30分
運賃:7Lei
■サリナ・トゥルダ
　　⇨折込Map裏 B2
⊠Str. Aleea Durgaului 7
℡(0364)260940
URLsalinaturda.eu
圃夏期　9:00～19:00
　冬期　9:00～16:00
困1/1、12/25
料30Lei　学生15Lei　可
サリナ・トゥルダは北と南ふた
つの入口がある。南の入口は、
町の中心から北に徒歩2kmほ
ど。途中道が分かれるので右
折し、サリネロル通りStr.
Salinelorを進む。北の入口へ
はレプブリチ広場Piaţa
Republiciiのバス停から17番
の市バスで約10分。2時間に
1便程度の運行。

トゥルダ
　17番バス
　　サリナ・P.254
　　トゥルダ入口
　　（北側）
Magazin
Alimentar
　　サリナ・P.254
　　トゥルダ入口
　　（南側）
クルージ・
ナポカへ
Centrum　クルージ・
　　　　　ナポカ行き
　　　　　ミニバス
　17番市バス
トゥルダ
歴史博物館
N
アウトガラ
0　　1km

トランシルヴァニア歴史博物館 National History Museum of Transilvania

Muzeul de Istorie al Transilvaniei
ムゼウル・デ・イストリエ・アル・トランシルヴァニエイ

　紀元前4000年頃の土器に始まり、トランシルヴァニアの歴史
史料を一堂に集めた大博物館。ダキア人に関するコレクション
が豊富で、14万点という膨大な収蔵品のなかから選ばれて展示
されているだけに質は高い。さらにダキア人の遺跡をコンピュー
タグラフィックスで再現しており、映像の中で遺跡内を探検で
きるのが魅力。また、博物館のすぐ近くにはマーチャーシュ1世
の生家（2019年1月現在、内部非公開）がある。

トランシルヴァニア民族学博物館 Ethonographic Museum of Transilvania

Muzeul Etnografic al Transilvaniei
ムゼウル・エトノグラフィック・アル・トランシルヴァニエイ

　トランシルヴァニアの民族
衣装や生活用品が地方別に
展示されている。普段の服
装や結婚式の正装など、地
方によっては今でも見られる
ものがある。機織り機など、
クルージ近郊の村の家を訪
れると、同じものが現役で使
われているのがわかる。

各地方ごとに民族衣装が並ぶ

エクスカーション

サリナ・トゥルダ Salina Turda

Salina Turda サリナ・トゥルダ

　トゥルダはクルージから南へ約35kmに位置する小さな町。
ルーマニア最大級の岩塩坑があったことで知られており、11世
紀から既に岩塩坑で栄えていたという記録がある。岩塩坑は
閉鎖してしまったが、現在は坑道を改装した遊園地サリナ・トゥ
ルダSalina Turdaで多くの観光客を集めている。地下空洞に
作られた観覧車や地下水の上を漕ぐことができるボートなど、
他では体験できない不思議な世界が広がる。ハロセラピー（岩
塩療法）としての効果もあるそうだ。

ボート池となっているテレサ坑道

ショップや観覧車などが並ぶ地下遊園地

クルージ・ナポカの**ホテル&レストラン**　*Hotel & Restaurant*

日本からの電話のかけ方　電話会社の番号（→P.166）＋010＋40（ルーマニアの国番号）＋264（0を取った市外局番）＋番号

旧市街の統一広場を中心に中級ホテルが点在しており、どのホテルも比較的英語が通じる。高級ホテルは郊外に多いが、安価な宿は少ない。鉄道駅やアウトガラ周辺のホテルは設備はあまり充実していないが、中心部よりは安め。統一広場周辺にはレストランやカフェが集中しており、おしゃべりに興じる若者でにぎわっている。

ハンプトン・バイ・ヒルトン
Hampton by Hilton
Map P.252-B2外

★★★　　中級　室数:109

1989年12月21日大通り沿いにあり、鉄道駅からトロリーバス4、5番。中心部へは徒歩圏内で、バーとフィットネスセンターが完備されている。

⊠Bd. 21 Decembrie 1989, 67
TEL 0372 556600　FAX 0372 556617
URL hamptoninn3.hilton.com
S432Lei～
W482Lei～
US$ € Lei CC A D M V
全館　EVあり

メテオル
Meteor
Map P.252-B3

★★★　　中級　室数:29

統一広場からほど近い位置にある。入口はレストランになっており、奥に進むとフロントがある。客室はエアコンを完備。朝食はビュッフェスタイル。

⊠Bd. Eroilor 29
TEL & FAX (0264) 591060
URL www.hotelmeteor.ro
S192Lei
W233Lei
Lei CC M V
全館　EVあり

トランシルヴァニア
Transylvania
Map P.252-B3

経済的　ベッド数:30

クルージ・ナポカでは数少ない中心部にあるホステル。小さな宿だが、キッチンや冷蔵庫、ビリヤード台など、設備は充実している。スタッフも英語が堪能でフレンドリー。

⊠Str. Iuliu Maniu 26
TEL (0264) 443266
URL www.hostelcluj.com
D60Lei～
S W170Lei～
Lei CC M V
全館　EVなし

アガペ
Agape
Map P.252-B3

ハンガリー料理

1階がファストフード部門で2階がレストラン。メニューはハンガリー料理が中心。店員はかわいらしい民族衣装を着ている。上階は4つ星の高級ホテルになっており、設備も充実。全59室。

⊠Str. Iuliu Maniu 6　TEL (0264) 406523
URL www.hotelagape.ro
ファストフード
12:00～18:00
レストラン
12:00～23:00
休土・日（レストランは無休）
Lei CC M V　あり

東京
Tokyo
Map P.252-A3

日本料理

日本人オーナーが鍛えた職人が腕をふるう店。千葉県すし商生活衛生同業組合にも加盟。寿司盛り合わせは70Lei～。市内やティミショアラにも支店がある。

⊠Str. Gh. Marinescu 5
TEL (0264) 598662
TEL 075 3070000（携帯）
URL www.tokyorestaurant.ro
12:00～23:00　休無休
€ Lei CC M V
あり

そのほかの支店
● **Running Sushi Wasabi** ⊠Iulius Mall, Cartierul Gheorgheni TEL 072 9950322（携帯）　Map P.252-B3外
● **Dashi(ラーメン)** ⊠Iulius Mall, Cartierul Gheorgheni TEL 075 5056215（携帯）　Map P.252-B3外
● **Wasabi Sushi Bar** ⊠Polus Center Cluj, Str. Avram Iancu, Comuna Floreşti　Map P.252-A3外

クルージ・ナポカ周辺に点在する

ハンガリー系の村々を訪れる

　トランシルヴァニアは長い間ハンガリー領だったこともあり、いまでもハンガリー系住民が多い。特にクルージ・ナポカの周辺には昔ながらの生活スタイルを守るハンガリー系住民が多く住み、いまも多数派を占める村が少なくない。交通の便も決してよいとはいえないが、興味があるなら訪れてみたいところだ。

　トランシルヴァニアには支配する国が何度も代わるという複雑な歴史があり、現在もルーマニア人以外にもハンガリー

町の住所表示もルーマニア語ではなくマジャル語が書かれている

系の民族がこの地域に住んでいる。ルーマニア系住民の正教会、ザクセン系住民のプロテスタントに対して、ハンガリー系住民はカトリックと、宗派も民族によりほぼ分かれている。

　ハンガリー系の住民は日曜になると、色とりどりの伝統的な衣装に身を包んで礼拝に出かける。その美しい刺繍に魅せられる人々も少なくない。

　クルージ・ナポカの西方約50kmほどの範囲に点在する村はカロタセグと呼ばれている。とりわけクルージ・ナポカ近郊のナダシュ流域（ナダシュメンテ）の村々は、フォー

民族衣装を着た女性

クロアの宝庫として特に有名。歌や踊り、衣装、民芸品、室内装飾、どれをとってもほかにない特徴のあるものばかり。

　また、クルージ・ナポカの北東に広がる草原地帯にもハンガリー系の住民が住んでおり、衣装や民芸衣装などがカロタセグとはまったく異なる。この地方の代表的な村はシィクだ。

クルージ・ナポカ周辺

シィク
Sic

クルージ・ナポカから北東に30kmほどの、小高い丘に広がる村。マジャル語では、セイクSzékという。

男性は麦藁帽子をかぶっている

この村の人々は、男性はつばの狭い麦藁帽子をかぶり、女性は艶やかな花模様のスカーフとスカート、という伝統的な衣装を身に着けている。特に印象的なのは、

村にある井戸

アコーデオンのようにたっぷりとプリーツをつけた大きな袖のある白いシャツ。男女ともにこれを着て、日曜には教会へ向かう。この村では、昔ながらの生活や文化が延々と受け継がれているのだ。イースターやクリスマスのシーズンに村を訪れると、華やかな衣装の人々に出会えるだろう。

町を見下ろす高台にあるイズヴォル・クリシュルイの教会

イズヴォル・クリシュルイ
Izvoru Crişului

マジャル語ではクルスフー Körösfőという。クルージ・ナポカから国道1号線（鉄道の南側）を西に約45km、フェディンHuedinの5km手前にある。幹線道路沿いに

教会の天井装飾

あるので、カロタセグのなかでは比較的訪れやすい。国道沿いにいくつもの店が並んでおり、カロタセグ名物の刺繍や籐細工などの民芸品を並べて売っている。村の中心にある丘の上に美しい教会がある。通常は閉まっているが、管理人に頼んで開けてもらえる。鐘楼にも上ることができる。

遠方から眺めたシィクの町並み

独特の模様が入った刺繍が名物

DATA

■ハンガリー系の村々を巡る方法
🚌ハンガリー系の村々は基本的に交通の便はよくないが、シィク、イズヴォル・クリシュルイならクルージ・ナポカを拠点にして公共交通で回ることも可能。村には小規模ながらペンシウネもあるので、ゆっくり滞在することもできる。いずれの村も民族衣装を見るなら日曜の午前中がチャンス。なお、ハンガリー系の村についての情報はルーマニア系の人に聞いても要領を得ないことも少なくない。

■シィクへの行き方
●クルージ・ナポカから
🚗🚌直通バスは非常に少なく、ゲルラで乗り換えるとよい。クルージ・ナポカからゲルラへは鉄道が1時間に1便程度ある。村へはそこから約12kmあり、バスで45分。列車とバスの接続はあまりよくない。

■イズヴォル・クリシュルイへの行き方
●クルージ・ナポカから
🚌アウトガラからフェディン行きのバスが1日4便ほど出ており、イズヴォル・クリシュルイで下車。フェディンにはホテルも多く、距離も5kmほどなので、こちらをベースに立ち寄るのもよい。

■村の宿泊先
どの村でもペンションが数軒あるだけで宿泊施設は少ない。クルージ・ナポカを拠点にするのがベスト。

●ソヴィラグ・ペンシウネ（シィク）
URL www.soviragpanzio.ro

ここがドラキュラ伯爵の城への起点？

ビストリツァ Bistriţa

アイルランドの作家ブラム・ストーカーの小説『吸血鬼ドラキュラ』の冒頭は「5月3日。ビストリツァ──」で始まる。主人公の弁護士ジョナサンが、この町のホテル、コロアナ・デ・アウルCoroana de Aurに宿泊し、ブルゴー峠のドラキュラ伯爵の城へ向かった、という設定である。ドラキュラに関する見どころも多い。

歩き方

バスターミナルや鉄道駅は町の西側にある。町の中心へは南東へ延びるガリイ通りStr. Gǎriiを直進して左折する。中央広場までは徒歩15分ほど。鐘楼が美しい福音教会が建つのが中央広場。中央広場から統一広場までのあたりに旧市街の風情が漂っている。ホテルやレストランがあるのもこの周辺だ。

福音教会はビストリツァのシンボル的存在

DATA

■ビストリツァへの行き方
●スチャヴァから
🚆直通はない。デジDejなどで乗り換え
🚌1日4便
所要:3時間40分～6時間30分　運賃:50Lei
●クルージ・ナポカから
🚆1日3便　所要:3時間～3時間30分
運賃:普通2等15.40Lei　普通1等25Lei
🚌6:30～22:20の1～3時間に1便
所要:1時間50分～2時間30分　運賃:25Lei

■コロアナ・デ・アウル
Coroana de Aur　⇨Map P.258-B1
✉Piaţa Petru Rareş 4
☎(0263)232470
FAX(0263)232667
✉hotel@hcda.ro
🛏S🚿🛁📺🕿242Lei～
🛏W🚿🛁📺🕿279Lei～
💰Lei　💳ＡＭＶ
📶全館　EVあり

ホテルの入口

ドラキュラゆかりのホテルとしてあまりにも有名。現在では4つ星ホテルになっているが、外観はかつての雰囲気が残っている。

マラムレシュ地方

Maramureş Maramures

カリネシュティの木造教会 (P.269)

マラムレシュ地方 Maramureş

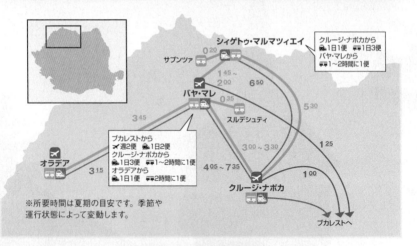

シィゲトゥ・マルマツィエイ

サプンツァ 0 20

クルージ・ナポカから
🚃1日便 🚌1日3便
バヤ・マレから
🚌1～2時間に1便

バヤ・マレ

1 45
2 00   6 50

0 35
スルデシュティ   5 30

3 45

ブカレストから
✈週2便 🚃1日2便
クルージ・ナポカから
🚃1日3便 🚌1～2時間に1便
オラデアから
🚃1日1便 🚌2時間に1便

オラデア

3 15   4 05 ～ 7 35   3 00 ～ 3 30

1 25

クルージ・ナポカ   1 00

ブカレストへ

※所要時間は夏期の目安です。季節や
運行状態によって変動します。

地理

ブカレストからマラムレシュ県の県庁所在地であるバヤ・マレまでIRでおよそ12～14時間、約630km。ウクライナと国境を接するルーマニア北部の奥地という印象が強いエリアだが、民俗学的にも注目される昔ながらの生活と伝統が息づいている。チャウシェスク政権時代に進められた近代化政策もこの地方まではほとんど届かなかった。冬は深い雪に閉ざされる。

世界中のどの地域とも同じく、ここにも近代化は迫ってきているが、マラムレシュ奥深くの小さな村の人々は、民族衣装をまとい、農林業と羊を主体とした牧畜による、地

マラムレシュでの結婚式の行列。地元の人は伝統衣装を着て村を練り歩く

域に根づいた生活を今でも続けている。独特の民族舞踊や音楽も興味深い。

周囲をニレの木の森に囲まれ、伝統的な装飾豊かな木造建築の家屋が建つ風景を見るだけでも、マラムレシュを訪れる価値があるといえるだろう。

気候

全般的に山がちなので夏は涼しく、冬は寒さが厳しい。10月下旬には木の葉が完全に色づき、11月になると本格的な冬が始まる。夏は観光客が多く、ベストシーズンといえる。逆に冬は雪が降ると周辺の村々を巡る道が閉鎖されることもある。未舗装の道も多いので要注意だ。

ルート作り

1日目:起点とするのはバヤ・マレ。空路を利用する場合は、クルージ・ナポカを経由して訪れるのが一般的。

2日目:バヤ・マレの近郊にあるスルデシュティへ。ここは他の村と比べてアクセスもよく、世界遺産に登録されている木造教会がある。時間があるのなら、バヤ・マレ郊外の野外村落博物館を見学するのもいい。

3日目、4日目:「陽気な墓」があるサプンツァ村や木造教会群はアクセスが非常に悪いので、旅行会社などで車をチャーターして巡ると効率がいい。シィゲトゥ・マルマツィエイを起点にしてもいい。

牧歌的な風景が今も残るスルデシュティ村

陽気な墓で有名なサプンツァ村は交通の便が悪いのでツアーなどで巡るといい

旧市街の中心にある自由広場。シュテファン塔が旧市街のシンボル

バヤ・マレ
Baia Mare
Baia Mare

Romania
折込Map裏 B1

★バヤ・マレ
ブカレスト

バヤ・マレへの行き方
●ブカレストから
✈週2便 所要:1時間25分
🚂IRが1日2便
所要:12時間20分〜14時間
運賃:IR2等110.90Lei
　　　IR1等167.10Lei
🚌アウトガラ・ミリタリから
7:30、11:30発
所要:約11時間30分
運賃:127Lei
●クルージ・ナポカから
🚂IRが1日3便
所要:約4時間15分
運賃:IR2等52.40Lei
　　　IR1等76.40Lei
🚌6:00〜20:30の1〜2時
間に1便
所要:3時間〜3時間30分
運賃:35Lei
●オラデアから
🚂IRが毎日19:16発
所要:約3時間15分
運賃:IR2等52.40Lei
　　　IR1等76.40Lei
🚌鉄道駅前から6:00、
8:20、10:00〜18:00の2
時間に1便
所要:約3時間45分
運賃:45Lei

■バヤ・マレの🛈
　　　　　　⇨Map P.262-B1
✉Str. Crişan 9
☎(0262)221003
圓月　　8:00〜16:00
　火〜金　8:00〜17:00
　土・日　9:00〜17:00
休祝

■鉱物博物館
　　　　　　⇨Map P.262-A2
✉Bd. Traian 8
☎(0262)227517
圓9:00〜17:00
休月
料8Lei　学生4Lei
📷10Lei　ビデオ25Lei

　バヤ・マレはマラムレシュ県の県庁所在地でもある近代的な都市である。マジャル語（ハンガリー語）でナジバーニャNagybányaと呼ばれるこの町は、金銀などの鉱山の町として繁栄した。15世紀に旧市街は現在の形になったという。

　マラムレシュの観光の拠点ともなり、周囲には世界遺産に登録されている木造教会が点在している。旅行者は基点として使用することが多く、町の中心部はあまり訪れないが、博物館の数や種類も豊富なので観光の合間に立ち寄ってみるのも楽しいだろう。

歩き方

　駅とアウトガラは隣接していて、町の南西の外れにある。ホテルが多い町の中心へは、駅前のバス乗り場からバス1、8番またはトロレイブズ（トロリーバス）51番で行くことができ、運賃は2.50Lei。タクシーでは12Leiほどだ。

　町はホテルやショッピングセンターなどがある**新市街**と、18世紀の町並みに見どころが点在する**旧市街**に分けられる。

　新市街は駅から**ブカレスト大通りBd. Bucureşti**を東へ2kmほど行った所にある**革命広場Piaţa Revoluţiei**。ホテルや銀行、郵便局などはこのあたりに集中している。また、鉱山とともに発展した工業都市らしく、新市街を南へ行った所には**鉱物博物館Muzeul de Mineralogie**があり、町の歴史的な側面を知ることができる。

■シュテファン塔
⇨Map P.262-B1
⊠Str. 1 Mai
🏛見学はツアーのみ
　月〜金8:00〜16:00の毎時
　土・日9:00〜16:00の毎時
🈺無休　🈯無料
※ツアーの集合場所は❶。英
　語の解説もある
■県立美術館
⇨Map P.262-B1
⊠Str. 1 Mai 8
☎(0262)263964
🏛10:00〜16:30　🈺月
🈯10Lei　📷不可

■野外村落博物館
⇨Map P.262-B1
⊠Dealul Florilor 1
☎(0262)276895
🏛10:00〜18:00　🈺冬期
🈯5Lei
📷10Lei　ビデオ150Lei

見応え十分、野外村落博物館

旧市街は、新市街からさらに東へ行った**自由広場Piaţa Libertăţii**周辺。ここから南側に、大きな時計塔**シュテファン塔 Turnul Sf. Ştefan**と、18世紀の木製イコンなどが見られる**県立美術館Muzeul de Artă**がある。広場から北へ歩くと、サザル川を越えた広大な公園内に**民族学博物館Muzeul de Etnografie**がある。新市街と旧市街は歩いても1kmほどだが、革命広場と自由広場をバス1、8番が結んでいる。

見どころ

野外村落博物館 Village Museum

Muzeul Satului ムゼウル・サトゥルイ

　民族学博物館の奥にあるマラムレシュの村を再現した野外博物館。この地域伝統の家屋や、教会などが移築されており、内部にも入ることができる。

エクスカーション

シュルデシュティ

Şurdeşti

　バヤ・マレから20kmほど東に離れた小さな村。シュルデシュティにある教会は世界遺産にも登録されており、尖塔の高さは72mという立派なもの。村から教会までは1.5kmほど離れており、周囲の牧歌的で美しい風景のおかげで、教会への道のり

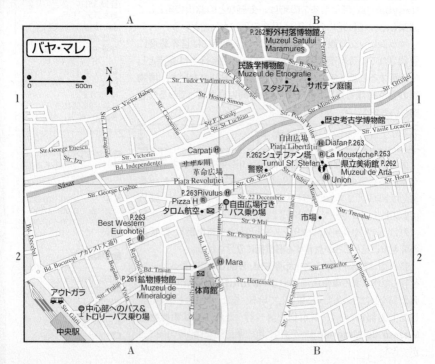

バヤ・マレ

A　　　　　　　　B

P.262野外村落博物館
Muzeul Satului
Maramureş
Str. Petricianului
Str. B. Shaw
民族学博物館
Muzeul de Etnografie
スタジアム
サボテン庭園
Str. Grivitei
Str. Tudor Vladimirescu Str. Valea Roşie
Str. Hoioşi Simon
Str. Minerilor
N
0　500m
Str. Victor Babeş
Str. Clocnuna
1
Str. I.L.Caragiale
Str. F. Karoly
Str. Podul Viilor
歴史考古学博物館
Str. Vasile Lucaciu
Str. St. Luchian
Str. George Enescu
Str. Iza
Str. Victoriei
Bd. Independenţei
Carpaţi🏨
サザル川
革命広場
Piaţa Revoluţiei
自由広場
Piaţa Libertăţii
Diafan P.263
P.262シュテファン塔
Turnul Sf. Ştefan
La Moustache P.263
県立美術館 P.262
Muzeul de Artă
Sāsar
Str. George Coşbuc
警察
Str. Gh. Şincai
Str. Andrei Mureşan
Str. Horia
Union
P.263Rivulus🏨
Pizza H🏨
タロム航空・⊠
Str. 22 Decembrie
自由広場行き
バス乗り場
Str. 9 Mai
市場
Str. Trenului
Bd. Decebal
Bd. Bucureşti カルガスト大通り
Best Western
Eurohotel🏨
P.263
Str. Traian Vuia
Str. Bogdan
Bd. Republicii
Str. Culturii
Str. Avram Iancu
Str. Progresului
市場
Str. Plugarilor
Str. M. Eminescu
2
Bd. Traian
P.261鉱物博物館
Muzeul de
Mineralogie
Mara🏨
Bd. Unirii
体育館
Str. Hortensiei
Str. Al. Alecsandri
アウトガラ
Str. Traian Vuia
Str. Gării
Str. Transilvaniei
中心部へのバス&
トロリーバス乗り場
中央駅

A　　　　　　　　B

シュルデシュティの木造教会はギリシア・カトリックの教会

も楽しい。

シュルデシュティから1kmほど離れた**プロピシュ Plopiş**にも世界遺産に登録されている木造教会がある。19世紀の初頭に完成した教会の尖塔の高さは47mと大きくはないが、バランスがとれており、美しい。

■シュルデシュティへの行き方
●バヤ・マレから
🚌7:00、11:30、12:30、14:00、15:00、17:00発（土・日減便）
所要:35分

シュルデシュティ教会の案内板。この標識の所で下車する

バヤ・マレのホテル&レストラン　　*Hotel & Restaurant*

日本からの電話のかけ方　電話会社の番号（→P.166）＋010＋40（ルーマニアの国番号）＋262（0を取った市外局番）＋番号

　新市街の中心、革命広場周辺に中級ホテルが何軒かあるが、数はあまり多くない。経済的なホテルを探すのなら、旧市街へ。レストランの数は少なく、ホテルに併設している店以外はほとんどがファストフード店。マラムレシュ地方は郷土料理が多く、チョルバならニンジンやジャガイモ、肉などがたっぷり入ったチョルバ・ツァラネアスカCiorba Ţărăneascăが有名。

ディアファン
Diafan
Map P.262-B1
★★★　　中級　室数:11

町の中心、自由広場に建つ、100年以上前の建物を改装したホテル。ロビーやレストランなどは古風な雰囲気が漂う。客室の内装はモダンで最新の設備を施している。

⊠Piaţa Libertăţii 14
TEL0362 402702　FAX0362 402750
URLwww.hoteldiafan.ro
🛏S🛁📶🚫🔲181Lei
🛏W🛁📶🚫🔲300Lei
💰US$　€　Lei
CC ⓂⓋ
📶全館　EVあり

リヴルス
Rivulus
Map P.262-B2
★★★　　中級　室数:59

新市街の中心にあり、客室の設備も新しくとても快適。全室にエアコン、ミニバー、テレビ付き。付設されたレストランはメニューも幅広く、評判がいい。

⊠Str. Culturii 3　TEL&FAX(0262)216302
URLwww.hotelrivulus.ro
🛏S🛁📶🚫🔲180〜210Lei
🛏W🛁📶🚫🔲225Lei
💰Lei
CC ⒶⓂⓋ
📶全館　EVあり

ベスト・ウエスタン・ユーロホテル
Best Western Eurohotel
Map P.262-A2
★★★／★★　　中級　室数:56

ブカレスト大通りとレプブリチ大通りの交差点付近に位置し、駅方面へも旧市街へもアクセスがよい。レストランのほか、無料で利用できるプールやサウナ、ジムまで備わっている。

⊠Bd. Bucureşti 23
TEL(0262)222405　FAX(0262)224561
URLwww.bestwestern.com
🛏S🛁📶🚫🔲150〜190Lei
🛏W🛁📶🚫🔲190〜220Lei
💰€　Lei
CC ⒶⓂⓋ
📶全館　EVあり

ラ・ムスタシュ
La Moustache
Map P.262-B1
ルーマニア料理

自由広場に面したレストラン。店内は店名にちなんだヒゲに関する絵やマグカップを飾っている。マラムレシュの郷土料理を得意としており、ウサギ料理なども出す。

⊠Piaţa Libertăţii
TEL075 1188212（携帯）
🕐月〜水　9:00〜24:00
　　木〜土 10:00〜翌2:00
　　日　　10:00〜24:00
🈺無休　💰Lei
CC ⒶⓂⓋ　📶あり

ヨーロッパの田舎
マラムレシュへ

Bun venit în Maramureş！
（マラムレシュへようこそ！）

緑の谷に沿って点在する村々で
木のぬくもりあふれる素朴な教会を見学したり、
織物を作ったり、畑で収穫を手伝ったり、料理を作ったり。
ヨーロッパ最奥の地マラムレシュで、
のんびりと過ごしてみてはいかが？

マクラメと呼ばれる手芸に挑戦！

伝統的な仮面職人にも出会うことも

川の流れを利用した天然の洗濯機さ

■マラムレシュ2泊3日農村体験
●サムライ・トラベル
Samurai Travel ▷Map P.220左
日本語OKで細かな要望にもいろいろ応えてくれる。マラムレシュでの滞在先は、オンチェシュティ村にあるペンシウネ・ブドゥ（→P.267）。体験教室プランは季節によってはできないものもあるので、事前に希望を伝えておこう。森林鉄道（→P.270）や、5つの修道院があるモルドヴァ地方を組み合わせたプランも可能。
✉Petru Maior 12A, Braşov
TEL(0268)547162
TEL074 5076938（携帯、日本語可）
URLwww.samurai-travel.com
料€500〜（2名で参加した場合の1名分料金。食事代、宿泊費込み。ブラショフ発、専用車での移動）

農作業体験や刺繍教室の代わりに、イコンの絵つけ教室や木彫りの体験を選ぶこともできる

町の郊外にあるマラムレシュ野外民族学博物館

シィゲトゥ・マルマツィエイ
Sighetu Marmaţiei
Sighetu Marmatiei

Romania
折込Map裏 B1

★シィゲトゥ・マルマツィエイ

ブカレスト●

ルーマニア

シィゲトゥ・マルマツィエイ

バヤ・マレを出発したバスは、山道をゆっくりと上っていく。標高が上がるにつれて、気温は少しずつ下がってくる。途中、峠で休憩したあと、今度は下り坂をひたすら走り続ける。その先がマラムレシュ地方の中心都市、バヤ・マレから北東約66kmのシィゲトゥ・マルマツィエイだ。

このあたりは盆地なので標高も280mと低く、古くから交通の要所として栄えてきた。ウクライナとの国境がマラムレシュを分断し、県庁所在地がバヤ・マレに移される以前は、名実ともにマラムレシュの中心地だったのだ。国境が近いせいもあり、住民にはハンガリー人やウクライナ人が多い。

町を歩けば、流行のファッションと民族衣装、自動車と馬車が共存する風景に出合う、現代文明と伝統が交錯した地方都市だ。マラムレシュの各村へはここからバスが出る。

歩き方

アウトガラは鉄道駅前にある。町の中心である**自由広場Piaţa Libertăţii**まで徒歩10～15分くらい。郵便局、ホテルなど、すべて広場の周辺にあるので、乗り継ぎの待ち時間だけでも散策は可能だ。

また、この自由広場から北側に少し入った所には、野菜や果物などを扱う市場があ

市場はいつもにぎやか

シィゲトゥ・マルマツィエイへの行き方

🚃**鉄道利用のポイント**
　主要都市からはサルヴァ Salvaまたはベクレアン・ペ・ソメシュ Beclean pe Someş で乗り換える。
🚌**バス利用のポイント**
　アウトガラはふたつあり、鉄道駅前にあるアウトガラ・トゥルは長距離バスが中心になっており、ローカル路線は東へ200mに位置するアウトガラ・ジャン（アウトガラ・マラとも呼ばれる）の発着。マラムレシュ地方のバスは、土曜は半減、日曜は激減または運休になるので注意。冬期は道が封鎖されることも。
●**ブカレストから**
🚃 🚌直行便はない
●**クルージ・ナポカから**
🚃普通が毎日14:35発
所要：6時間50分
運賃：普通2等29.50Lei
🚌1日3便
所要：5時間30分
運賃：50Lei
●**バヤ・マレから**
🚌7:00～17:45の1～2時間に1便、20:00発
所要：1時間45分～2時間
運賃：15Lei

■**シィゲトゥ・マルマツィエイの❶** ⇨Map P.266
✉Piaţa Libertăţii 26
☎0371 347133
🕙10:00～17:00 休無休

■**シィゲトゥ・マルマツィエイの旅行会社**
●**Genial Tour**
⇨Map P.266
✉Str. Bogdan Voda 5/15
☎074 6100343
🔗genialtour.ro
5月中旬～9月中旬の水曜に3つの木造教会やサプンツァ村を巡るマラムレシュの1日ツアーを催行している。要予約。

左サイドバー（博物館情報）

■マラムレシュ民族学博物館
⇨Map P.266

⊠Str. Bogdan Vodă
🕐夏期9:00〜17:00
　冬期9:00〜16:00
🈲月
💴4Lei　学生2Lei
📷4Lei　ビデオ10Lei

■記念博物館
⇨Map P.266

⊠Str. Corneliu Coposu 4
🕐夏期9:30〜18:30
　冬期9:30〜16:30
🈲冬期の月曜
💴10Lei　学生4Lei
📷5Lei　ビデオ15Lei

■マラムレシュ野外民族学博物館
⇨Map P.266外

　町の中心から東へ約3kmの所にある。タクシーで5分、12Leiほど。
⊠Str. Muzeul 1
🕐夏期10:00〜18:00
　冬期 8:00〜16:00
🈲月
💴4Lei　学生2Lei
📷4Lei　ビデオ10Lei

野外民族学博物館

本文

り、新鮮なものが安く手に入る。屋台ではミティティなどが焼かれ、軽食にもちょうどいい。

　自由広場近くにある**マラムレシュ民族学博物館Muzeul de Etnografie al Maramureşului**では、この地方の村々で見られる衣装や仮面などが展示されているので、村を訪れる前にここで予習をしてもいいだろう。ま

かつての独房を展示スペースにしている記念博物館

た、1897年に建てられ1950年代には政治犯を中心に収容した刑務所は**記念博物館Muzeului Memorial**として公開されている。郊外には**マラムレシュ野外民族学博物館Muzeul Maramureşului（Secţia în Aer Liber）**がある。

　また、シィゲトゥの町はクリスマス時期に大規模なパレードが行われることで有名で、マラムレシュ地方の人々が村ごとに民族衣装を身にまとい、歌ったり踊ったりしながら町を歩く。

地図内テキスト

シィゲトゥ・マルマツィエイ

鉄道駅　／アウトガラ・ジャンへ200m
アウトガラ・トゥル
Cimitir reformat
0　　150m
N

Str. Gării
Str. Nicolae Titulescu
Str. Iuliu Maniu
Str. Cheorge Bilaşcu
Str. Pineteva Viteazul
Str. M. Vilceazu
Str. Alexandru Ivasiuc
Str. V. Alecsandri
Str. Tudor Vladimirescu
Str. Dragoş Vodă
Str. George Coşbuc　P.267

Casa Veche P.267
ⓗ Casa Iurca de Călineşti
ⓡ Casa Iurca de Călineşti P.267
ⓗ Casa Iurca de Călineşti P.266

Str. Traian
教会
Str. 22 Dec. 1989
Str. Mihalyi de Apsa Plaţa Libertăţii
自由広場
Vila Royal ⓗ P.267
Str. Gh. Doja
サプンツァ村へ18km
Str. Ştefan cel Mare
Str. Gh. Lazar
Str. Mihail Eminescu
Str. V. Alecsandri
Str. Mureşanu
Str. Gătmunău
Str. Viilung
Str. Şincai
Str. Szilagy Istvan
Str. Corneliu Coposu

マラムレシュ民族学博物館 P.266
Muzeul de Etnografie al Maramureşului
Str. Bogdan Vodă
Str. 1 Dec. 1918
記念博物館 P.266
Muzeului Memorial
ⓢ Genial Tour P.265
P.267 Motel Buţii
P.266 マラムレシュ野外民族学博物館へ5km
Muzeul Maramureşului（Secţia în Aer Liber）

ホテルセクション

シィゲトゥ・マルマツィエイの**ホテル**　　*Hotel*

日本からの電話のかけ方　電話会社の番号（→P.166）＋010＋40（ルーマニアの国番号）＋262（0を取った市外局番）＋番号

　リーズナブルなホテルがあるのは自由広場周辺。中心部からやや離れるが、サプンツァ方面へ1kmほど行った所にも中級ホテルが1軒ある。近郊のサプンツァ村（→P.268）にホテルはないが、ペンシウネと呼ばれる家庭的な宿があり、素朴な村の暮らしに触れることができる。

カサ・イゥルカ・デ・カリネシュティ
Casa Iurca de Călineşti
Map P.266
★★★★　　高級　室数:19

　自由広場から北東へ徒歩5分ほど。マラムレシュ地方の伝統的な家造りを取り入れたホテルで、内部は木造りのあたたかみのある雰囲気。1階には朝食用のレストランも併設されている。近くにはマラムレシュ地方の伝統料理を出す同経営のレストランもある。

⊠Str. Dragoş Vodă 14　☎(0262)318882
🌐www.casaiurca.ro（ルーマニア語）
💴Ⓢ🛁📶📺🍴130Lei
💴Ⓦ🛁📶📺🍴180〜210Lei
💰US$　€　Lei
💳ⓂⓋ
📶全館
🛗なし

モテル・ブツィ
Motel Buți

★★★／★★　　中級　室数:22

住宅地を少し入った所にあるが、自由広場から徒歩3分と近く、設備も真新しくて快適。各部屋にはケーブルテレビが完備されている。1階にはピッツェリア(7:00〜23:00)も併設。

✉Str. Simion Bărnuțiu 6
TEL&FAX(0262)311035
URLwww.hotelbuti.ro
[S] 🛁📶🍴📺120Lei
[W] 🛁📶🍴📺145Lei
💶€　Lei
💳M Ⓥ　📶全館
EVなし

ヴィラ・ロイヤル
Vila Royal

Map P.266

★★★　　中級　室数:8

おしゃれなカフェ・バーの2階にあるプチ・ホテル。白を基調とした客室はシンプルなデザインだがエアコンも完備している。壁が厚いので通りの騒音もそんなに気にならない。

✉Str. Mihaly de Apșa 1
TEL(0262)311004
URLwww.vilaroyal.ro (ルーマニア語)
[S] 🛁📶🍴📺120Lei
[W] 🛁📶🍴📺180Lei
💶€　Lei
💳M Ⓥ
📶全館　EVなし

カサ・ヴェッケ
Pensiune Casa Veche

Map P.266

経済的　室数:9

駅から徒歩5分の所にある。客室はゆったりとした造りになっており、清潔にされている。1階はレストラン兼カフェとなっており、ピザからスイーツまでメニューの幅は広い。

✉Str. Iuliu Maniu 27
TEL074 4110299 (携帯)
[S][W] 🛁📶🍴📺100Lei
💶Lei
💳M Ⓥ
📶全館
EVなし

ブドゥ
Pensiunea Bud

Map P.268

経済的　室数:3

シィゲトゥ・マルマツィエイからバスで20〜30分のオンチェシュティ村にある。オーナーのヴァシレ氏はマラムレシュに詳しく、積極的に旅行者の相談にのってくれる。農作業体験なども可能。

✉Str. Principala 360, Oncești
TEL(0262)348448
TEL074 1166848 (携帯)
URLpensiuneabud.weebly.com
[S][W] 🛁📶🍴📺65Lei
💶€　Lei
💳不可
📶全館　EVなし

シィゲトゥ・マルマツィエイのレストラン　　*Restaurant*

シィゲトゥ・マルマツィエイのレストランは自由広場周辺に数軒あるが、カフェの多さに比べ、数はあまり多くはない。各ホテルに併設されているレストランは雰囲気がよく、落ち着いて食事がとれ、料金も手頃でおすすめだ。マラムレシュ地方の郷土料理で有名なのはチョルバ・ツェラネアスカ。地元で作られたブルンザBrânza (チーズ)もおいしい。

カサ・イゥルカ・デ・カリネシュティ
Casa Iurca de Călinești

Map P.266

ルーマニア料理

同名ホテルに隣接する伝統的ルーマニア料理レストランで、温かみのある素朴な雰囲気。マラムレシュ風シチューやシュニッツェル、チーズの盛り合わせなどが人気。メインは16〜38Lei。

✉Str. Dragoș Vodă 14
TEL0371 056449
URLwww.casaiurca.ro (ルーマニア語)
🕐12:00〜22:00
🛑無休
💶Lei　💳M Ⓥ
📶なし

シィゲトゥ・マルマツィエイ周辺に点在する

マラムレシュの小さな村巡り

　シィゲトゥ・マルマツィエイに来たのなら、ぜひ周辺の小さな村々に行ってみよう。シィゲトゥの周囲にはたくさんの木造教会が残り、そのいくつかは世界遺産にも登録されている。ルーマニアの最奥地といっていいだろう。小さな村にある素朴な木造教会や、陽気な墓を訪ねてみよう。

サプンツァ
Săpânţa

　シィゲトゥ・マルマツィエイから西へ18kmのサプンツァ村には、「陽気な墓」Cimitirul Veselと呼ばれる観光名所がある。1935年に村人スタン・イオン・パトラシュ氏が、故人の生前の職業や生活を、ユーモラスな彫刻として墓標に彫り、彩色したことが始まり。絵を見るだけで、羊飼い、教師、料理上手なおばさん、と故人の生活が見てとれる。スタン氏の家は現在、スタン・イオン・パトラシュ記念館 Muzeul Stan Ioan Patraşとなり、一般公開されている。その横にあるアトリエでは、彼の技術を引き継いだ弟子が、現在も新しい墓標を彫り続けている。

　幹線道路上のバス停から陽気な墓へは、村の中心部を経て徒歩約5分。このあたり

カラフルな「陽気な墓」

にはペンシウネやみやげ物屋も多い。シィゲトゥ・マルマツィエイから日帰りもいいが、1泊してのんびりとするのもいい。

ブルサナ 世界遺産
Bârsana

ブルサナの修道院

　マラムレシュ最大級の木造建築群がブルサナ修道院だ。現在残る建物の建築年代が比較的新しいなどの理由からか世界遺産にはなっていないが、広い敷地内に木造建築がいくつも並んでいる。中心となるのは高い尖塔が印象的な12使徒教会。社会主義政権が終わった1993年に建てられた。修道院とは別に、ブルサナには世界遺産の木造教会もある。

ブデシュティ 世界遺産
Budeşti

木造教会の祭壇

　17世紀に建てられた世界遺産の木

地図内：
マラムレシュ地方

101 Remeţi　P.268サプンツァ Sapânţa　Cimitirul Vesel
Băile Bixad
Certeze　P.265
シィゲトゥ・マルマツィエイ Sighetu Marmaţiei
ネグレシュティ・オアシ Negreşti-Oaş
Vama
ヴァドゥ・イゼイ Vadu Isei
Rona de Jos
Rona de Sus
18
Bildari　P.267Bud H オンチェシュティ Onceşti
Bistra
P.269デセシュティ Deseşti
Giuleşti　ファレシュティ Fareşti
ブルサナ Bârsana
Petrova
Poienile de Sub Munte
Valea Neagră
Firiza
Cărineşti
Ruscova
Repedea
マラ Mara
カリネシュティ Călineşti P.269
Strâmtura
Leordina
P.270 ヴァセウ渓谷 森林鉄道
サトゥ・マレへ
Cicărlău
バヤ・マレ P.261 Baia Mare
Budeşti P.268
ブデシュティ Budeşti
ボイエニレ・イゼイ Poienile Izei P.269
71
ヴィシェウ・デ・ジョス Vişeu de Jos
Poienile Izei
ボグダン・ヴォダ Bogdan Vodă
ドラミレシュティ
ヴィシェウ・デ・スス Vişeu de Sus
Recea
Groşi
Şişeşti
Cavnic
65
Botiza
P.269 イエウド Ieud
Dragomireşti
18
Dumbrăviţa
Satlung
シュルデシュティ Şurdeşti P.262
Băiuţ
Săcel
76
ボルシャ Borşa
Remetea Chioarului
Copalnic Mănăstur
プロピシュ Plopiş P.263
Cupşeni
Somcuta Mare
Cerneşti Inău
Stoiceni
Rogoz
Lapuş
Romuli
クルージュ・ナポカへ
ビストリツァへ

造教会がある。
デセシュティ、
カリネシュティと
並んで壁画が美
しいことで知ら
れている。また、

スルビ村のツイカ蒸溜所にて

ブデシュティの隣村スルビには、ツイカの
蒸留所や伝統工芸工房がまとまっており、
昔ながらの生活文化が垣間見られる。

カリネシュティ
Călineşti

カリネシュテ
ィの教会はほか
の教会と同じよ
うに18世紀後半

聖書のシーンが描かれた壁画

に建てられたもので、世界遺産にはなってい
ないが、壁画の保存状態のよさではトップ
クラス。タイミングが合えばぜひ立ち寄りた
い。素朴な画風で聖書にまつわるさまざま
なシーンが描かれている。

デセシュティ 世界遺産
Deseşti

18世紀前半に
タタールに襲撃さ
れ、1780年に建
て直されたという

木と絨毯のあたたかみある礼拝堂内

木造教会。内部に残る壁画の保存状態も
よく、世界遺産に登録されている。

周囲の墓地にはケルト十字（太陽を示す
円の中に十字架を形作ったもの）をかたどっ
た墓が多い。

ポイエニレ・イゼイ 世界遺産
Poienile Izei

ポイエニレ・イゼイ
の教会は1632年に
村の高台に建てられ
た。内装のイコンなど
は17〜18世紀に描か
れたもの。教会があ
る高台からは眺めが
いい。

ポイエニレ・イゼイの木造教会

イエウド 世界遺産
Ieud

イエウドの教会は、
村の外れにある。
1364年創建と、現
存するルーマニアの
教会でも最古級クラ
ス。すでにこの時代、
マラムレシュスタイル
ともいうべき建築様

イエウドの木造教会

式ができあがっていた。ギリシア・カトリック
教会だった時代もあったが、現在は正教会
の所有となっている。1391〜92年のものと
みられる、キリル文字で書かれた最古のル
ーマニア語が見つかったのもこの教会だ。

DATA

■サプンツァへの行き方
●シィゲトゥ・マルマツィエイから
🚌サトゥ・マレ方面行きがアウトガラ・ジャンから1
日2便、アウトガラ・トゥルからは1日3便
所要:20分　運賃:5Lei
🚕タクシーをチャーター　所要:20分
運賃:1台チャーターして片道50Leiほど

■陽気な墓
圏7:00〜21:00
困無休　圏5Lei　学生3Lei

■スタン・イオン・パトラシュ記念館
✉Săpânţa　圏8:00〜20:00　困無休
圏4Lei　学生2Lei

■木造教会の巡り方
路線バスの便数が少なく、村の中心と教会がやや
離れていることも少なくないので、よほど時間がある
人を除いて宿に足を頼むか、レンタカーで回るなどし
たほうがいい。また、このあたりの教会は、決まっ
た開館時間がなく、シーズン中を除いてたいていは

施錠されているので、管理人（多くの場合司祭さん）
に電話するか、周りの人に言って管理人を呼んでもら
う。このことを考えると、やはり足を出してもらうよう
に頼んだほうがいい。いずれにしても管理人が来た
段階で5〜10Lei程度の入場料を払う。教会によって
は入場料の代わりに寄付または心づけを求められる
こともある。
●ブルサナへ
🚌アウトガラ・トゥルから12:00発（土・日運休）
●ブデシュティへ
🚌アウトガラ・トゥルから1日5便（土・日運休）
●カリネシュティへ
🚌アウトガラ・トゥルから1日5便（土・日運休）
●デセシュティへ
🚌アウトガラ・トゥルからマラ方面へのバスがデセ
シュティを通る。1日4便ほど（土・日運休）。
●ポイエニレ・イゼイへ
🚌アウトガラ・ジャンから1日1便（土・日運休）
●イエウドへ
🚌アウトガラ・ジャンから1日4便（土・日運休）、教会
まではさらに500mほど歩く。

足を延ばして近郊の旅

ヨーロッパ最後の軽便森林鉄道

ヴァセル渓谷森林鉄道

ウクライナとの国境近くの町、ヴィシェウ・デ・ススを発着する蒸気機関車がある。
軽便の林鉄といえば日本でも見なくなって久しいが、マラムレシュでは今も現役だ。
ホテル・トレイン（寝台車を使用したホテル）もあり、旅人の人気を集めている。

薪のSL

ヴァセル渓谷
森林鉄道はマラ
ムレシュの最奥
部を走る鉄道。
木材の運搬のた
め、軌間760mm

燃料は、なんと薪！

の軽便狭軌鉄道として1935年に建設され
た。森林鉄道らしく燃料に石炭ではなく薪
を使った昔ながらのスタイルで、木材の運搬
に利用された。2004年からは観光用の客
車も登場した。

鉄道は2時間かけてパルティンPaltinまで
行き、その後ヴィシェウ・デ・ススまで戻ってく
る。ヴィシェウ・デ・ススには客車を利用したレ
ストランがあり、マ
ラムレシュ料理のディ
ナーが楽しめるほ
か、寝台車を利用
したホテルでの宿
泊も可能。

寝台車も風情がある

DATA

■ヴィシェウ・デ・ススへの行き方
ブカレスト発、クルージ・ナポカ経由で、4km離れた
ヴィシェウ・デ・ジョスまで来る鉄道の便が1日1便あ
る。そこからマクシータクシーで出発駅へ。
●シゲトゥ・マルマツィエイから
アウトガラ・ジャンから1日に5便（日曜2便）
所要：1時間25分　運賃：12Lei
■ヴァセル渓谷森林鉄道
6/3〜9/29は毎日9:00発、
3/21〜6/2、10/3〜11/17の木〜日9:00発
※上記スケジュールは2019年のもの
URLwww.cffviseu.com
往復59〜74Lei　1泊、朝夕食付きパッケージは
⑤209〜369Lei、⑩398〜692Lei

渓谷に沿ってSLは走る。ときに停まる

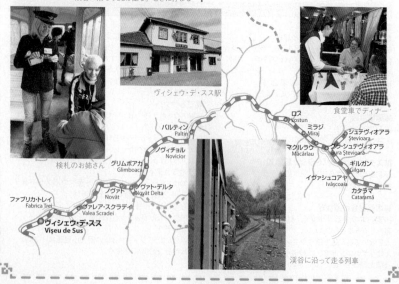

ヴィシェウ・デ・スス駅

食堂車でディナー

検札のお姉さん

渓谷に沿って走る列車

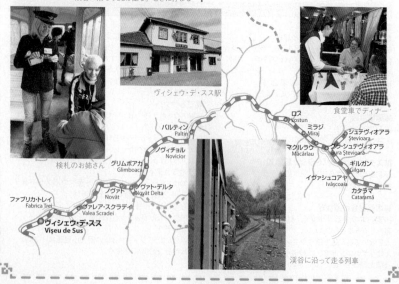

モルドヴァ、ブコヴィナ地方

Moldova, Bucovina
Moldova, Bucovina

教会の壁一面にフレスコ画が描かれたスチェヴィツァ修道院 (P.279)

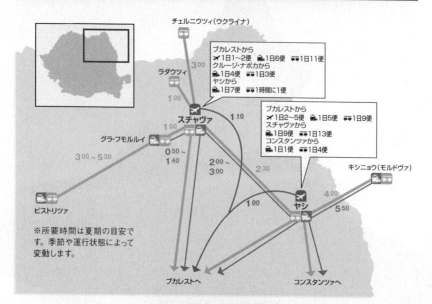

チェルニウツィ(ウクライナ)

ブカレストから
✈1日1～2便 🚌1日6便 🚆1日11便
クルージ・ナポカから
🚌1日4便 🚆1日3便
ヤシから
🚌1日7便 🚆1時間に1便

ラダウツィ

3⁰⁰

1⁰⁰

スチャヴァ

1¹⁰

ブカレストから
✈1日2～5便 🚌1日5便 🚆1日9便
スチャヴァから
🚌1日9便 🚆1日13便
コンスタンツァから
🚌1日1便 🚆1日4便

グラ・フモルルイ

1⁰⁰

3⁰⁰～5³⁰

0⁵⁰～1⁴⁰

2⁰⁰～3⁰⁰

2³⁰

キシニョウ(モルドヴァ)

4⁰⁰

5⁵⁰

ビストリツァ

1⁰⁰

ヤシ

※所要時間は夏期の目安です。季節や運行状態によって変動します。

ブカレストへ

コンスタンツァへ

地理

　旧ソ連の構成国だったウクライナ、モルドヴァ共和国と国境を接する、モルドヴァ地方。カルパチア山脈の東側に広がる、緑豊かな丘陵と平原の土地だ。現在はモルドヴァ共和国との国境近くにある文教都市ヤシを中心に、やや南方までの地域を指す。

　15世紀には、拡張するオスマン朝を何度も撃退したシュテファン大公の治世下、中世ルーマニア文化が発展した。シュテファン大公は各地に教会を建て、ルーマニア正

頻繁に馬車とすれ違うのもこの地方ならでは

五つの修道院では戦争を題材として描かれた宗教画も見られる

教の庇護と民衆の啓蒙に努めた。スチャヴァ周辺のブコヴィナ地方(北モルドヴァ)には、外壁の隅々にフレスコ画が描かれた「五つの修道院」が残る。世界遺産にも登録されたルーマニア観光のハイライトだ。

気候

　ブコヴィナ地方は、「冬は1年の半分、6ヵ月ある。夏は1日、金曜日にある」というくらい冬が長くて寒い。2月頃は積雪で車の通行ができない場所もあるのでそのつもりで。夏は涼しく、五つの修道院ツアーも多く行われる。

ルート作り

1日目:五つの修道院を巡る起点となる町はスチャヴァ。ブカレストからは飛行機で移動すれば時間が節約できる。スチャヴァでは聖ゲオルゲ教会もお見逃しなく。

2日目:スチャヴァで運転手付きの車をチャーターすれば五つの修道院は1日で回ることができる。

3日目:ヤシへ移動。ルーマニアで最も人気のある詩人、ミハイ・エミネスクの博物館を見学してみよう。

5つの修道院はツアーに参加すれば1日で見て回ることができる

スチャヴァ
ブカレスト

聖ゲオルゲ教会は世界遺産に登録されている

スチャヴァ

Suceava

Suceava

かつてスチャヴァはモルドヴァ公国の首都として栄えた。首都に定められたのは1388年。以降、モルドヴァ公国の文化・行政の中心地となり、1565年にヤシに遷都されるまでに大きく発展した古都だ。

ワラキア公国と並んで、現在のルーマニアの母体となったモルドヴァ公国。一時オスマン朝の支配下に入るもののシュテファン大公**Ştefan cel Mare**（在位1457～1504年）がこれを撃退し、後継のボグダン3世**Bogdan Ⅲ**（在位1504～17年）とペトル・ラレシュ公**Petru Rareş**（在位1527～38年、1541～46年）の治世下、モルドヴァ公国は黄金期を迎える。ルーマニア最大の見どころ「五つの修道院」の建設も、この時代である。スチャヴァを中心とした北モルドヴァ一帯をブコヴィナ地方と呼ぶが、独特の美しい修道院がブコヴィナに次々と建てられたのも、歴代の名君の安定した統治によるところが大きい。

現在、スチャヴァは修道院巡りの拠点として旅行者を迎える地方都市。小さい町だが教会や博物館は充実している。

歩き方

スチャヴァには、**スチャヴァ駅とスチャヴァ・ノルド（北）駅**のふたつの駅がある。町の北を流れるスチャヴァ川が20世紀初頭までオーストリアとルーマニアの国境だったので、それぞれの国が別々に鉄道を敷いてスチャヴァ駅としていたからだ。

このうち、スチャヴァ駅のほうが主要駅。ブカレストからの列

スチャヴァへの行き方

●ブカレストから
✈1日1～2便
所要:約1時間10分
🚆IRが1日6便
所要:約6時間30分
運賃:IR2等69.10Lei
　　　IR1等106.15Lei
🚌アウトガラ・オボルから1日11便
所要:6時間45分～8時間30分
運賃:80Lei
●クルージ・ナポカから
🚆IRが1日4便
所要:約7時間
運賃:2等52Lei
　　　1等83.10Lei
🚌1日3便
所要:6時間15分～8時間40分
運賃:75～80Lei
●ヤシから
🚆1日7便
所要:1時間50分～2時間50分
運賃:普通2等13.75Lei
　　　IR2等28.85Lei
　　　IR1等43.50Lei
🚌6:15～19:00の1時間に
1便程度
所要:2時間30分
運賃:35Lei

■チェルニウツィへ
（ウクライナ）へは
　チェルニウツィはウクライナ側のブコヴィナ地方の中心地。スチャヴァからの便があるが、時刻や便数はしばしば変更される。
🚌13:00、15:20発
所要:3時間　運賃:35Lei

■スチャヴァの❶
　⇨Map P.274-A2
✉Str. Mitropoliei 4
☎0330 803124
🌐www.turism-suceava.ro
（ルーマニア語）
🕘月～木8:00～16:30
　金　　8:00～14:00
　土　　9:00～13:00
🚫日、10～4月の土曜

273

■五つの修道院ツアーを運行している旅行会社

●Irene's Hostel
⇨Map P.274-A2
✉Str. Aleea Nucului 1, Building Entrance A, Apartment 3
☎074 4292588（携帯）
URL hellobucovina.com

●Axa Travel
URL www.axatravel.ro

スチャヴァ駅と中心部を結ぶ2番のバス

■大城塞
⇨Map P.274-B1
✉Dealul Cetăţii
🕐夏期　8:00～21:00
　　冬期　10:00～17:30
💴12Lei　学生3Lei
📷10Lei　ビデオ30Lei

高台にある大城塞

車はスチャヴァ駅に停車することがほとんどで、ノルド駅を経由する列車の数は少ない。また、ノルド駅周辺の治安はよくないので、鉄道で移動する場合はスチャヴァ駅を利用しよう。

どちらの駅からも町の中心部までは歩くと1時間はかかるので、バスやマクシータクシーを利用すると便利だ。スチャヴァ駅からは市内バス2番、タクシーなら15Leiほど。途中、大型ショッピングセンターのイウリス・モールを経由する。ノルド駅からの場合は市内バス5番で町の中心**12月22日広場Piaţa 22 Decembrie**へ行ける。タクシーなら15Lei。

アウトガラは12月22日広場の北西にあり、歩いても5分ほどの距離だ。町はこぢんまりとまとまっており、店はすべて12月22日広場周辺の狭い範囲に集中しているのでわかりやすい。このあたりには旅行会社も多く、五つの修道院への車やガイドの手配も行っている。❶は少し離れていて、ホテル・ブコヴィナ・セヴェリンの隣にある。

見どころ

大城塞 Princely Court

Cetatea de Scaun チェタテア・スカウン

モルドヴァ公国の大公ペトゥル2世Petru IIがスチャヴァを都と定めた1388年、彼はここにゴシック様式の城塞を築いた。その後歴代の君主が強化を図り、シュテファン大公の治世に円形の見張り塔が建てられ、現在あるような難攻不落の大城塞が完成した。

壁の厚さは所により2〜4mにもなり、1476年にはビザンツ帝国を滅亡させたオスマン朝のスルタン、メフメット2世による攻撃を退けている。

野外村落博物館 Bucovinean Village Museum
Muzeul Satului Bucovinean ムゼウル・サトゥルイ・ブコヴィネアン

大城塞の横にある村落博物館。ブコヴィナ地方の伝統的な民家や生活を広い敷地に復元し、この地方でどのような暮らしが行われてきたか、ひと目でわかるようになっている。民族学博物館と合わせて訪れたい。

聖ゲオルゲ教会 Saint George's Church
Biserica Sf. Gheorghe ビセリカ・スフント・ゲオルゲ

ブコヴィナ地方を代表する教会のひとつとして世界遺産に登録されている。敷地は広く、いくつかの建物がある。印象深いのは、1521年に完成した聖ゲオルゲ・ノウ教会堂。内壁には見事なフレスコ画が施されており、外壁にもフレスコ画がある。風化が進んでいるが、東壁と南壁で確認できる。

歴史博物館 Bucovina History Museum
Muzeul de Istorie ムゼウル・デ・イストリエ

紀元前から現代までのモルドヴァ地方の歴史を、豊富な資料で紹介する博物館。名君シュテファン大公については特に詳しく、大公の宮廷生活をろう人形などで再現。英語の解説はないが、タッチパネル式ガイドが英語に対応している。

民族学博物館 Ethnographic Museum
Muzeul de Etnografie ムゼウル・デ・エトノグラフィエ

スチャヴァに現存する最も古い建物のひとつで、16世紀の旅籠を改装したもの。館内はブコヴィナの民族衣装や織物、木彫りのスプーン、陶器類などが地域ごとに展示されており、写真と合わせて昔の農村の様子がよくわかるようになっている。建物と展示品を説明した日本語の解説書も用意されている。

■野外村落博物館
⇨Map P.274-B2
✉Platoul Cetăţii
⏰夏期　10:00〜18:00
　冬期　9:00〜15:30
休月、冬期の火
料6Lei　学生3Lei
📷10Lei　ビデオ30Lei

伝統的な民家を復元している

■聖ゲオルゲ教会
⇨Map P.274-B2
✉Str. Vodă-Viteazul
⏰6:00〜21:00頃
休無休　料無料

世 界 遺 産
モルドヴァの修道院群
Biserici din Moldova
1993年登録

■歴史博物館
⇨Map P.274-A2
✉Str. Ştefan cel Mare 33
⏰夏期　10:00〜18:00
　冬期　9:00〜17:00
休月
料12Lei　学生3Lei
📷10Lei　ビデオ30Lei

■民族学博物館
⇨Map P.274-A1
✉Str. Ciprian Porumbescu 5
☎(0230)214081
⏰夏期　10:00〜18:00
　冬期　9:00〜17:00
休月
料6Lei　学生1.50Lei
📷10Lei　ビデオ30Lei

スチャヴァのホテル　　Hotel

日本からの電話のかけ方　電話会社の番号（→P.166）＋010＋40（ルーマニアの国番号）＋230（0を取った市外局番）＋番号

ホテルは12月22日広場から徒歩圏内にいくつか点在している。1980年代にオープンした手頃なホテルが多く、設備もそこそこ。五つの修道院をタクシーをチャーターして回る予定の人は、フロントで相談してみよう。

■デイリー・プラザ
Daily Plaza

Map P.274-A1
★★★★　中級　室数:30

12月22日広場から徒歩すぐの位置にある。外観はモダンな造りだが、内部はシックな雰囲気でまとめられており、快適に滞在できる。客室は3つのタイプがある。

✉Str. Ştefan cel Mare 4
☎0330 803520　🌐dailyplaza.ro
🛏S🛁W🚿📺🔌📶€65
💴Lei
💳M V
📶全館
EVなし

コンチネンタル
Continental

Map P.274-A1
★★★　中級　室数:64

アウトガラから徒歩10分。ホテル前に建つ小さな教会が目印。各部屋にはテレビ、電話などを備える。館内には大型レストランもあり、朝食はビュッフェ式。レセプションのスタッフは英語堪能。

⊠Str. Mihai Viteazul 4-6
TEL0372 304904　FAX0372 304905
URLcontinentalhotels.ro
⑧⑤Ⓦ🅷🅿🅽⊠€29〜
💴US$　€　Lei
CCⒶⓂⓋ
WiFi全館　EVあり

ヴィラ・アリス
Villa Alice

Map P.274-A1
★★★　中級　室数:10

閑静な住宅街にある小さなホテル。全面をピンクで塗装した外観が目印。客室は3カテゴリーあり、最高級の部屋にはジャクージと大型テレビが設置されている。朝食はビュッフェ形式で25Lei。

⊠Str. Simion Florea Marian 1
TEL(0230)522254
URLwww.villaalice.ro
⑧⑤Ⓦ🅷🅿⊠149〜349Lei
💴US$　€　Lei
CCⓂⓋ
WiFi全館
EVなし

イレーヌズ
Irene's

Map P.274-A2
経済的　ベッド数:10

町の中心にあるホステルで、修道院巡りのツアーを催行している。ドミトリーはベッド数3〜4で男女混合。レセプションは常駐でないため、事前連絡が必要になる。

⊠Str. Aleea Nucului 1
TEL072 1280100（携帯）
URLireneshostel.ro
⑧Ⓓ🅷🅿🅽⊠€7〜
💴Lei
CCⓂⓋ
WiFi不可　EVなし

スチャヴァのレストラン　　　*Restaurant*

レストランやカフェは12月22日広場に数多くある。豊かな森林が広がるブコヴィナ地方は、キノコやブルーベリーの産地。ブルーベリーのリキュール酒アフィナタAfinataやモミの木のシロップSirop de Bradはこの地方ならではの飲み物だ。

ラティノ
Latino

Map P.274-A1
イタリア料理

地元の人々がよく通うイタリア料理店。夕食時はいつも混み合っている。パスタやピザ、リゾット、メインの肉料理や魚料理までメニューの数も豊富で味も本格的。メインは23〜79Lei。

⊠Str. Curtea Domnească 9
TEL(0230)523627
🕘9:00〜23:00
休無休
💴€　Lei
CCⓂⓋ
WiFiあり

オスカー・ワイルド
Oscar Wilde

Map P.274-A2
ダイニング・パブ

12月22日広場にあるアイリッシュパブ。ギネスビールやブッシュミルズなどのアイリッシュ・ウイスキーがある。フードメニューも充実しており、グリルやパスタなどのほか、カレーもある。

⊠Str. Ştefan cel Mare 26
TEL075 1350575（携帯）
🕘9:00〜24:00
休無休
💴Lei
CCⓂⓋ
WiFiあり

周囲の自然も美しいスチェヴィツァ修道院

五つの修道院
Cinci Mănăstiri Bucovinene
チンチ・マナスティリ・ブコヴィネネ **Five Monasteries**

モルドヴァ公国が輝く黄金期を迎えたのは、16世紀初頭。しかしこの時代は、オスマン朝が最盛期を迎えていた時代でもあった。オスマン朝軍は1526年にモハーチの戦いでハンガリー軍を破り、ハンガリーとトランシルヴァニアを支配下におくと、さらにウィーンに軍を進め、1529年にはウィーン攻略戦を敢行するなど、急激にその領土を拡大していた。

この時期に、オスマン朝の宗主権下で自治を許されたモルドヴァ公国は、シュテファン大公〜ボグダン3世〜ペトゥル・ラレシュ公の歴代名君の治世下、ルーマニア中世文化の華を咲かせていた。北モルドヴァ、ブコヴィナ地方にあるこれらの修道院群は、1993年にユネスコの世界文化遺産に登録されている。厳密に言えば世界遺産に登録されている教会は8つあるのだが、そのなかの主要な5つが以下で紹介しているものだ。

修道院それぞれの見どころはその外壁を埋め尽くす鮮やかなフレスコ画だ。聖人の肖像画や聖書の一場面が描かれ、彩色されている。カトリックなどキリスト教の聖堂には聖人の肖像などの宗教画が内壁にびっしりと描かれているものもあるが、建物外壁にまで描かれるのは非常に珍しい。明るい太陽のもとで見るフレスコ画は、美しさと経てきた長い年月を見せつけてくれるだろう。

丘陵や森林の続くなか、緑のなかにいきなり現れる修道院の美しさ。しかしながら外壁のフレスコ画は傷みが激しく修復が進められている。

Romania
折込Map裏 C1

五つの修道院
ブカレスト

五つの修道院への行き方

🚋 鉄道利用のポイント
スチャヴァからはラダウツィやグラ・フモルルイ、ヴァマなどの修道院への起点となる町へのアクセスは可能だが、あまり現実的ではない。

🚌 バス利用のポイント
鉄道に比べて、ミニバスがブコヴィナ地方全体に網羅されているので便利。しかし、スチャヴァから修道院へは直通のバスはなく、効率よく修道院巡りをするのならツアーの利用が便利。

世 界 遺 産
モルドヴァの修道院群
Biserici din Moldova
1993年登録

ヴォロネツ修道院内のフレスコ画。天井まで描かれている

ラダウツィの町。スチェヴィツァ修道院やアルボレ修道院への起点となる

ルーマニア

スチャヴァ／五つの修道院

グラ・フモルルイの町

グラ・フモルルイの鉄道駅

■スチェヴィツァ修道院
⇨Map P.278-A1
■モルドヴィツァ修道院
⇨Map P.278-A2
■アルボレ修道院
⇨Map P.278-B2
■フモル修道院
⇨Map P.278-A2
■ヴォロネツ修道院
⇨Map P.278-B2
■プトゥナ修道院
⇨Map P.278-A1
■修道院の入場料と開院時間
　各修道院の入場料は5Leiで均一（併設された博物館などの料金も含む）。カメラやビデオの撮影は10Lei（内部は撮影禁止）。各修道院の開院時間は、夏期8:00〜20:00、冬期8:00〜17:00。

歩き方

　修道院はブコヴィナの山々に点在しているため、**それらを結ぶ交通の便は非常に悪い**。バスや列車はどの区間も1日数便あるだけで、乗り継ぎの配慮はされていないから、**公共交通機関で巡ると日帰りでは帰ってこられない修道院も多い**。とはいえ、途中には宿泊施設もあるし、地方ならではの素朴な人情にも触れられる。時間に余裕があればバスや列車の利用もいいだろう。

　1日で回るには、タクシーかレンタカーを利用するしか方法はない。最も手っ取り早いのは、スチャヴァにある旅行会社（⇨P.274）やホテルのフロントで、英語ガイド付きタクシー（車）を1日チャーターする方法。五つの修道院を回ると1台€110〜。他の旅行者との混載ツアーであれば、食事や入場料も含めてひとり当たり€50〜。スチャヴァから出発して、落ち着いて壁画を見るなら9時間はみておこう。慣れない道でのレンタカーはおすすめしないが、どうしてもという人は旅行会社で相談を。もちろん国外運転免許証が必要だ。

　また春・夏は外国人旅行者が多いので、共同でタクシーをチャーターすれば安上がりになる。ただし秋・冬は旅行者も少なく、道も凍結することもあるので要注意。

　外壁にフレスコ画が描かれた教会・聖堂は、ブコヴィナ地方には現在8つ残っている。このうち保存状態のよいものが「五つの修道院」として有名だが、外壁にフレスコ画はないが重要な修道院もたくさんある。例えばウクライナ国境近くのプトゥナには、シュテファン大公が創建したプトゥナ修道院がある。

五つの修道院周辺

見どころ

スチェヴィツァ修道院 Sucevita Monastery

Mănăstirea Suceviţa マナスティレア・スチェヴィツァ

北壁のフレスコ画がはっきり残る唯一の修道院

17世紀初めに完成した修道院。「五つの修道院」のなかでも最大の規模と敷地をもつ聖堂。防壁が北風を防いでいたため、外壁フレスコ画の保存状態は他の修道院と比べて最もいい。門をくぐって最初に目に入るのは、北面外壁いっぱいに描かれた「天国への梯子」。天国にいたる32段の梯子を境に右が天国、左が地獄で、悪魔の誘惑と戦いながら梯子の段を上る修道士が描かれている。異端者の顔はすべてトルコ人の顔をしており、当時の政治状況がうかがえる。

東面には「聖人伝」。聖人や天使たちが壁を埋め尽くしている。南面は「エッサイの樹」。樹として表されているのは、ダビデの父エッサイに始まるキリストの系譜である。西壁は「最後の審判」。壁画は入口アーチをくぐった所に描かれている。聖堂を囲む僧房には、付属の博物館もある。

モルドヴィツァ修道院 Moldovita Monastery

Mănăstirea Moldoviţa マナスティレア・モルドヴィツァ

シュテファン大公の息子、ペトゥル・ラレシュ公が1532年に建てた修道院。外壁フレスコ画のモチーフはどの聖堂も共通なので、ここでも東面は聖母子を中心として聖人、天使たちが並んで描かれている。こうした壁画は、聖書を読むことができない農民たちにわかりやすく布教するために描かれたもの。輝かしい聖人たちの姿に農民たちは感激したに違いない。また、付属の博物館には、ロシア皇帝エカテリーナ2世から贈られた聖書などが展示されている。

モルドヴィツァ修道院で独特なのは、聖堂南面の一角に戦闘場面が描かれていることだ。626年のペルシャ軍襲来がモチーフで、キリスト教徒たちの守る砦はビザンツ帝国の都コンスタンティノープル、海を越えて攻めるのがペルシャ軍。しかし兵士の顔や装備はどう見てもトルコ軍のそれで、当時のオスマン朝に対する恐怖心がこれを描かせたといわれている。モルドヴァ公国とオスマン朝の関係も、この壁画と同じようなものだったのだ。

赤味のあるペイントが印象的なモルドヴィツァ修道院

スチェヴィツァ 修道院への行き方

スチェヴィツァへ行くのはタクシーをチャーターするのが楽。平日ならばバスでまずラダウツィ Rădăuţi へ行き、ミニバスに乗り換えても行くことは可能。
●スチャヴァからラダウツィへ
🚌月〜金8:00 10:00 10:30 12:40 14:50 15:00、土9:34 10:30 14:50、日10:30 14:50
所要:約1時間　運賃:8〜9Lei
●ラダウツィから修道院へ
🚌ラダウツィのアウトガラの前を走る通りを東に200m進み左折。大通りに出る手前にある乗り場からポヤナ・マルルイ Poiana Mărului 行きのミニバスに乗り、修道院前下車。
運行:6:30〜20:05の1時間に2便程度
所要:約30分　運賃:5.50Lei

モルドヴィツァ 修道院への行き方

タクシーをチャーターするか、ツアーに参加したほうが効率がよい。スチャヴァから公共交通で行く場合は、クンプルング・モルドヴェネスク Câmpulung Moldovenescu を経由して行く。
●スチャヴァからクンプルング・モルドヴェネスクへ
🚃4:29〜20:36の1〜3時間に1便程度
所要:1時間30分〜2時間5分
普通2等7.95Lei
　　　　IR2は18.40Lei
　　　　IR1等27.70Lei
🚌6:30〜15:30の1時間に1〜2便程度、18:30
所要:1時間20分〜2時間
運賃:18Lei
●クンプルング・モルドヴェネスクから修道院へ
🚌6:00〜19:00の1時間に1便程度
所要:約40分　運賃:11Lei

　タクシーのチャーターが楽
だが、平日ならばバスでラダウ
ツィへ行き、ミニバスに乗り換
えても行くことは可能。
●ラダウツィから修道院へ
🚐ラダウツィ中心部のタルス
ィンTarsinというバス会社がミ
ニバスを運行している。
運　行：8:00　9:40　12:30
14:00　15:50　17:00
戻り：7:05　9:00　10:20　13:00
14:30　16:30
所要：約30分
運賃：7Lei

　グラ・フモルルイという町の
北約6kmにフモル修道院が、
南約5kmにヴォロネツ修道院が
ある。グラ・フモルルイからフ
モル修道院へはマクシータク
シーが運行されている。ヴォ
ロネツ修道院へ行くにはタク
シーしか手段はない。
●スチャヴァから
　グラ・フモルルイへ
🚃1日9便
所要：45分～1時間10分
運賃：普通2等5.10Lei
　　　IR2等11.10Lei
　　　IR1等19.05Lei
🚐6:30～20:10の1～2時間
に1便程度
所要：約1時間　運賃：9Lei
●グラ・フモルルイから
　フモル修道院へ
🚐ホテル・ベスト・ウエスタン・
ブコヴィナBest Western
Bucovina前からマクシータク
シーを運行。
運行：7:00～19:00に40分おき
所要：10分　運賃：2.50Lei
●グラ・フモルルイから
　ヴォロネツ修道院へ
🚕タクシーをチャーター
所要：10分
運賃：往復で約€10

アルボレ修道院 Arbore Monastery

Mănăstirea Arbore マナスティレア・アルボレ

　ほかに比べると規模が小
さい、モルドヴァ公国の一貴
族が創建した教会堂。完成
は1503年。壁画は西壁によ
く残っており、緑を基調とし
たフレスコ画が周りの芝生と
調和して美しい。「聖人たち
の生活」と「創世記」などが描
かれている。

五つの修道院のなかで最も小さい

　今日ルーマニアで信仰されている正教は、ビザンツ帝国（東
ローマ帝国）から伝えられたものだ。これらフレスコ画もビザン
ツ帝国末期のパレオロゴス朝様式の流れをくんでおり、そのた
めブコヴィナ地方は「ビザンツ亡きあとのビザンツ美術の宝庫」
とさえ呼ばれている。

フモル修道院 Humor Monastery

Mănăstirea Humorului マナスティレア・フモルルイ

フモル修道院の壁画は南面以外ははげ
落ちてしまっている

　スチャヴァから西へ47km、ス
チャヴァ～クルージ・ナポカ間のIC
も停まる町グラ・フモルルイGura
Humoruluiの郊外約6kmにあ
る。1530年にモルドヴァ公国の
ブブイオグ大臣夫妻によって建て
られた修道院。壁画は宮廷画家
トーマなどの手によって1535年に
仕上げられた。修道院群の壁画
のなかで、画家の名前がわかっ
ているのはここだけである。

　壁画は、南面を除いてはげ落
ちていて保存状態が悪く、判別不能。南面のモチーフは、正
教総本山だったコンスタンティノープルの司教セルゲイが、626
年のペルシャ軍襲来から町を守護した聖母マリアに捧げた24
の詩の場面。「コンスタンティノープルの包囲戦」では、スチャヴ
ァの砦からコンスタンティノープルを見下ろす構図で、例によっ
てトルコ人が敗者として描かれている。

ヴォロネツ修道院 Voronet Monastery

Mănăstirea Voroneț マナスティレア・ヴォロネツ

　グラ・フモルルイの町を挟んでフモル修道院とは正反対に位
置する、ヴォロネツ村の修道院。シュテファン大公の命で
1488年に完成した。東面に「聖人伝」、南面には「エッサイの
樹」、そして西面には「最後の審判」の絵が描かれている。

　通常、キリスト教会堂の入口はすべて西側に設けられてい

ヴォロネツ修道院内部には閏年を含めた365日カレンダーが描かれている

南側にあるキリスト教会堂の入口

る。東方エルサレムに向かって祭室があり、十字架が安置されるから、入口は西方を向く構造になっているのだ。しかし、ヴォロネツの聖堂入口は「最後の審判」を完全に描ききるため、西方にはない。

「最後の審判」とは、生きている人々はもちろん、すべての死者も復活して生前の行いを神に裁かれる、人類最後の日。神に選ばれた者は天国の門へ、罪業の深い者や異教徒は地獄へ。天使が奏でる楽器はルーマニアのブチューンで、地獄に落ちているのはここでもトルコ人である。

プトゥナ修道院 Putna Monastery

Mănăstirea Putna マナスティレア・プトゥナ

1466年にシュテファン大公によって建てられた、聖堂とそれを囲む僧房からなる、典型的な正教会の修道院。聖堂外壁を覆うフレスコ画がないため「五つの修道院」に数えられず、世界遺産でもないが、ブコヴィナ地方の重要な修道院には違いない。聖堂の真っ白な外壁は太陽の光に輝いて美しい。ここにはシュテファン大公とその一族の墓地があり、博物館には大公の遺品が保存されている。内壁はフレスコ画がびっしりと描かれていて、ろうそくの光にイコン（キリスト教の聖画像）が浮かび上がる。

プトゥナ修道院への行き方

スチャヴァからプトゥナへ列車があるが、1日2便で、ドルネシュティ Dorneştiで乗り継ぎが必要と、日帰りは困難。ツアーの参加かタクシーのチャーターが現実的。

外壁のフレスコ画はないが、ブコヴィナを代表するプトゥナ修道院

ブコヴィナ地方の**ホテル&レストラン** *Hotel & Restaurant*

日本からの電話のかけ方	電話会社の番号（→P.166）＋010＋40（ルーマニアの国番号）＋230（0を取った市外局番）＋番号

この地域でホテルの数が最も多いのはグラ・フモルルイ。ペンシウネなど小規模の宿なら、ラダウツィ、スチェヴィツァにも数軒ある。修道院内には売店はあるが、おみやげなどしか売っていないので、食事はグラ・フモルルイや、ラダウツィなど近郊の町でとることになる。

ベスト・ウエスタン・ブコヴィナ
Best Western Bucovina

Map P.278-B2

★★★　　中級　室数:130

グラ・フモルルイにある大型ホテル。外観は修道院を模して作られており、遠くからでもよく分かる。客室はアンティーク風の家具が使用されていたりと、細部にもこだわりを見せている。

⊠Gura Humorului
TEL(0230)207000 FAX(0230)207001
URL www.bestwesternbucovina.ro
⑪SＳ⬛🅿⬛€39～
⑪WＳ⬛🅿⬛€54～
💳US$　€　Lei
CC Ⓐ Ⓜ Ⓥ
🛜全館 EVあり

ヒルデズ・レジデンス
Hilde's Residence

Map P.278-A2

ルーマニア料理

中心部から幹線道路沿いに約1km。人気のブティック・ホテルに併設したレストラン。メインは15～46Lei。季節ごとにメニューは変更される。

⊠Str. Sipotului 2, Gura Humorului
TEL & FAX(0230)233484
URL www.lucy.ro
⑪8:00～22:00
⑪無休 💳€　Lei
CC Ⓜ Ⓥ 🛜あり

Romania
折込Map裏 D1

ネオ・ゴシック様式の文化宮殿

ヤシ
Iaşi
Iasi

ヤシへの行き方

🚃鉄道利用のポイント
　幹線上にあるのでアクセスは比較的いい。モルドヴァ共和国のキシニョウChişinăuとブカレストを結ぶ国際列車も停車する。
●ブカレストから
✈1日2〜5便
所要：約1時間
🚃IRが1日5便
所要：6時間35分〜7時間25分
運賃：IR2等90.80Lei
　　　IR1等140.20Lei
🚌アウトガラIDMから1日9便
所要：7時間15分〜7時間50分
運賃：80Lei
●スチャヴァから
🚃1日9便
所要：2〜3時間
運賃：普通2等18.30Lei
　　　IR2等39.50Lei
　　　IR1等56.70Lei
🚌1日13便
所要：2時間30分
運賃：35Lei
●コンスタンツァから
🚃IRが毎日22:15発
所要：8時間20分
運賃：2等90.80Lei
　　　1等140.20Lei
🚌1日4便。会社により出発ターミナルが異なる。鉄道駅横のアウトガラからは11:20発
所要：7時間40分
運賃：105Lei

■タロム航空
　　　⇨Map P.283-A3
✉Str. Arcu 3-5
☎(0232)267768
🕐9:00〜17:00　休土・日

■C.F.R.(国鉄旅行センター)
　　　⇨Map P.283-A3
✉Piaţa Unirii 9-11
☎(0232)410024
🕐8:00〜20:00　休土・日

　キシニョウとブカレストを結ぶ国際列車の走る路線上に位置する、約32万人の文教都市。モルドヴァ公国の首都が1565年にスチャヴァからヤシに遷都されて以来、近代ルーマニアを代表する都として発展を遂げた。そして1859年、モルドヴァ公国はワラキア公国と統合し、オスマン朝主権下の自治公国としてではあったが、ルーマニア公国が成立した。そのときに首都はブカレストと定められる。しかし、1860年にはルーマニア最初の大学がヤシに開かれるなど、高等教育機関や劇場の拡充はほかの都市を圧倒していた。

　モルドヴァ共和国との国境までは北へわずかに8km。それというのも、モルドヴァ共和国はルーマニア語でバサラビア地方といい、もともとはモルドヴァ公国の東半分だった地域。住民もほとんどがルーマニア人だ。ロシア人の南下政策によって1861年にロシア帝国に併合されて以来の、ルーマニア人にとっては不本意な国境なのである。

　ヤシの町は、歩けば文学関係の記念碑や博物館にあたるといわれているくらい文化の拠点であるところ。ヤシ大学のあるコポウ公園では、古今を通じてルーマニアで最も評価の高い詩人ミハイ・エミネスクMihai Eminescuが詩作に興じていたともいう。ルーマニア人の間でも「ルーマニアらしい町」として人気がある。

ミハイ・エミネスクゆかりの町

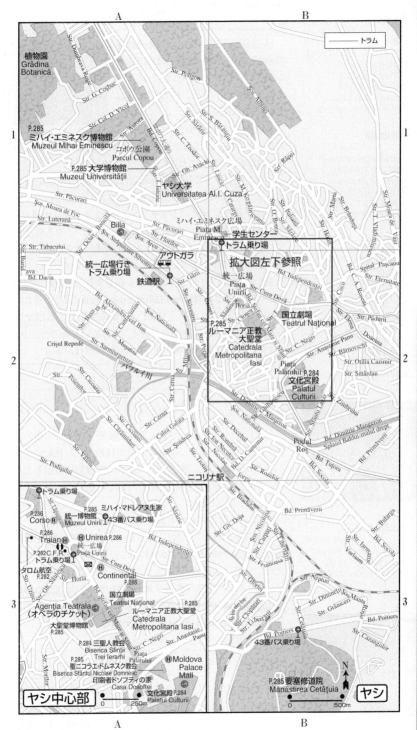

── トラム

植物園
Grădina
Botanică

P.285
ミハイ・エミネスク博物館
Muzeul Mihai Eminescu

コポウ公園
Parcul Copou

P.285 大学博物館
Muzeul Universității

ヤシ大学
Universitatea Al.I. Cuza

ミハイ・エミネスク広場
Piața M.
Eminescu

学生センター

トラム乗り場

拡大図左下参照

統一広場行き
トラム乗り場

アウトガラ

鉄道駅

統一広場
Piața
Unirii

国立劇場
Teatrul Național

P.285
ルーマニア正教
大聖堂
Catedrala
Metropolitana
Iași

Piața
Palatului P.284

文化宮殿
Palatul
Culturii

Billa

バフルイ川

ニコリナ駅

ヤシ中心部

トラム乗り場

ミハイ・マドレアヌ生家

P.285
統一博物館
Muzeul Unirii

43番バス乗り場

P.286
Corso R

Traian

P.285
統一広場
Piața Unirii

Unirea P.286

P.282 C.F.R.
トラム乗り場

タロム航空
P.282

Continental
P.286

国立劇場
Teatrul Național

ルーマニア正教大聖堂
Catedrala
Metropolitana Iași

Agenția Teatrala
(オペラのチケット)

大聖堂博物館
P.285

P.286

P.285

P.284 三聖人教会
Biserica Sfinții
Trei Ierarhi

Piața
Palatului

聖ニコラエ・ドムネスク教会
Biserica Sfântul Nicolae Domnesc

印刷者ドソフティの家
Casa Dosoftei

Moldova
Palace
Mall

文化宮殿 P.284
Palatul Culturii

0   250m

ヤシ

Podul
Roș

P.285 要塞修道院
Mănăstirea Cetățuia

43番バス乗り場

N

0   500m

■ヤシの⑥
⇨Map P.283-A3
統一広場の近くにある観光案内所。ヤシの見どころの案内などをしてもらえる。
✉Piața Unirii 12
☎(0232)261990
URLwww.turism-iasi.ro
⏰8:30～16:30　休土・日

■文化宮殿
⇨Map P.283-A3
✉Bd. Ștefan cel Mare 1
☎(0232)275979
URLpalatulculturii.ro
⏰10:00～17:00
時計塔ツアーは10：45～15:45の毎時発。
休月
料美術館
　16Lei　学生8Lei
　歴史博物館
　16Lei　学生8Lei
　民族学博物館
　12Lei　学生6Lei
　工芸博物館
　12Lei　学生6Lei
　4博物館共通券
　40Lei　学生20Lei
　時計塔ツアー
　16Lei　学生8Lei
📷16Lei　🎥可

2階にあるヴォイヴォダ・ホールは豪華絢爛

■三聖人教会
⇨Map P.283-A3
✉Bd. Ștefan cel Mare 62
⏰日～金9:30～12:00
　　　　15:00～17:00
　　土9:30～12:00
休無休　料無料
📷不可

外壁の彫刻の美しさも魅力

歩き方

鉄道駅から町の中心の**統一広場 Piața Unirii**までは800mほど。駅前から3、7番のトラムで行ける。徒歩でも10分ぐらい。また、駅の正面にはアウトガラがある。

ヤシの町を走るトラム

空港は町の北東約10kmの郊外にあり、中心部へ行くにはタクシーのみが交通手段。所要約10分、20Leiほどでアクセスができる。

ホテルが集中する統一広場周辺は、露天の古本屋や写真屋もあり、のどかな雰囲気だ。C.F.Rやタロム航空のオフィスもすぐそば。統一広場から**シュテファン・チェル・マレ大通りBd. Ștefan cel Mare**を南に下れば、国立劇場、三聖人教会を経て、4つの博物館から構成される文化宮殿に出る。通り沿いに銀行、レストラン、カフェが並ぶメインストリートだ。

統一広場から北西への遊歩道を直進すると、銅像が建つ**ミハイ・エミネスク広場Piața Mihai Eminescu**に出る。そこから並木が美しい**コポウ大通りBd. Copou**を北上すればヤシ大学、コポウ公園、植物園へと続く。少し広い町なので、トラムやタクシーの利用が便利。統一広場近くには⑥がある。

見どころ

文化宮殿 Palace of Culture

Palatul Culturii パラトゥル・クルトゥリー

シュテファン・チェル・マレ大通りを南東へ下っていくと、正面にネオ・ゴシック様式の巨大な宮殿が現れる。17世紀に建てられたモルドヴァ大公邸を1906～25年に博物館に改装したものだ。中には4つの博物館が入っており、時計塔もツアーで見学することができる。

4つある博物館の中でも**美術館Muzeul de Artă**はルーマニア美術史において非常に重要な作品が並ぶ。**歴史博物館 Muzeul de Istorie al Moldovei**はおもにモルドヴァ地方の歴史についての展示がされている。他にも農機具や機織り機のコレクションが秀逸な**民族学博物館Muzeul de Etnografic al Moldovei**やオルゴールと蓄音機など、古い楽器を集めた**工芸博物館Muzeul Ştinţei si Technicii**がある。

三聖人教会 Church of the Three Hierarchs

Biserica Sfinţii Trei Ierarhi ビセリカ・スフィンツィー・トレイ・イェラルヒ

シュテファン・チェル・マレ大通りの南側、文化宮殿近くに建つ、外壁の隅々まで施された繊細な彫刻の美しい教会。1638年にヴァシレ・ルプ公Vasile Lupuが、ヴァシレ、イオン、グリゴレの3司教を祀って建設したもので、モルドヴァ建築美術の

粋ともいえる教会だ。聖堂内には3司教の肖像がフレスコ画によって描かれている。統一ルーマニアの初代大公アレクサンドル・クザは、第二次世界大戦後にこの教会に移されている。

統一博物館 Museum of the Union

Muzeul Unirii ムゼウル・ウニリ

統一ルーマニアの立役者アレクサンドル・クザが建てた宮殿。1959年の統一100年を記念して博物館として公開された。1階には当時の資料、2階は大公の部屋が再現されている。

聖ニコラエ・ドムネスク教会 The Princely Saint Nicholas Church

Biserica Sfântul Nicolae Domnesc ビセリカ・スフントゥル・ニコラエ・ドムネスク

ヤシ最古の建築物といわれる教会。1492年シュテファン大公治世下に建てられた。外壁の彩色された聖人画が美しい。ドソフティの家の東側すぐ。

ミハイ・エミネスク博物館 Mihai Eminescu Museum of Literature

Muzeul Mihai Eminescu ムゼウル・ミハイ・エミネスク

町の北西コポウ公園Parcul Copouの中心部にある白い外壁の博物館。ミハイ・エミネスクMihai Eminescu(1850～89)はルーマニアの国民的詩人で、紙幣にもデザインされている。ここでは原稿のコピーや、1884年に発行された初版本、作品集、彼にささげられた肖像画、胸像などが展示されている。解説はすべてルーマニア語。彼はここヤシで多数の作品を執筆、発表した。特にコポウ公園は思索の場所であったという。

大学博物館 The Univercity Museum

Muzeul Universității ムゼウル・ウニヴェルシタツィー

アレクサンドル・ヨアン・クザ大学は、統一ルーマニア国が誕生した翌年の1860年に創立した歴史ある大学。博物館の1階は、紀元前5000年から3400年にこの地で栄えたククテニ文化に関する展示。三色土器や地母神像など、当時の生活や精神文化をうかがい知れる質の高い出土品が収蔵されている。2階は大学の歴史に関する展示を行っている。

ルーマニア正教大聖堂 Metropolitan Cathedral Iasi

Catedrala Metropolitana Iasi カテドララ・メトロポリタナ・ヤシ

ルーマニア最大の正教会で、1887年に新古典様式とバロック様式の折衷で建てられた。高さは34mあり、ルーマニアの宗教建築のなかで最も高い。2016年には敷地内に**大聖堂博物館**が併設され、イコンのコレクションや美しく彩色されたイースターエッグ、イコノスタスや洗礼室などを見学できる。

要塞修道院 Citadel Monastery

Mănăstirea Cetațuia マナスティレア・チェタツヤ

町の南側、市街を一望にできる丘の上にある修道院。三聖人教会をモデルとしてゲオルゲ公Gheorghe Ducaが1672年に建設したもの。修道院は高さ7mの石の壁に囲まれており、戦時における軍事拠点としても配慮がなされている。

■統一博物館
⇨Map P.283-A3
⌖Str. A. Lăpușneanu 14
TEL(0232)314614
⏰10:00～17:00 休月
料12Lei 学生3Lei
📷70Lei

■聖ニコラエ・ドムネスク教会
⇨Map P.283-A3
⌖Str. A. Panu
⏰月～土 8:00～17:00
　日　　 7:00～14:00
料無料

地元の人たちの結婚式も行われる
聖ニコラエ・ドムネスク教会

■ミハイ・エミネスク博物館
⇨Map P.283-A1
コポウ公園正面入口から公園中心部へ向かった右側。トラムもミハイ・エミネスク広場近くの市場前から多数ある。コポウCopou行きに乗ればいい。
⌖Parcul Copou
⏰10:00～17:00 休月
料14Lei 学生4Lei
📷20Lei

■大学博物館
⇨Map P.283-A1
⌖Str. Titu Maiorescu 12
TEL(0232)201102
URLwww.muzeul.uaic.ro
⏰火～金　　 9:00～16:00
　土・日　　 10:00～15:00
休月 料無料
📷無料 🚫不可

■ルーマニア正教大聖堂
⇨Map P.283-A3
⌖Bd. Ștefan cel Mare 4
■大聖堂博物館
⏰10:00～17:00
休日・月 料無料
📷無料 🚫不可

■要塞修道院
⇨Map P.283-B3
中心部から南へ約5km。タクシーで10分ほどで、料金は20～25Lei。中心部から43番のバスで麓まで行くことができる。麓から修道院までは徒歩約20分。
⏰8:00～20:00
料無料 📷教会堂内不可

日本からの電話のかけ方　電話会社の番号（→P.166）＋010＋40（ルーマニアの国番号）＋232（0を取った市外局番）＋番号

　中級ホテルが集中しているのは統一広場と文化宮殿の周辺。本格的なレストランの数はそれほど多くはなく、統一広場周辺に数軒あるぐらい。文化宮殿の南のショッピングモールにはフードコートがあり、中華のファストフードが充実している。

トライアン
Traian
Map P.283-A3
★★★★　　高級 室数:68

統一広場に面している。重厚な外観は町一番だが料金はとてもリーズナブル。白い家具に青のカーペットで統一された清楚な内装。右記は基本料金。

⊠Piaţa Unirii 1
TEL(0232)266666　FAX(0232)212187
URLwww.grandhoteltraian.ro
S€70〜
W€80〜
Lei　CC A M V
全館　EVあり

ウニリャ
Unirea
Map P.283-A3
★★★★　　高級 室数:186

統一広場に面した高層ホテル。改装済みなので設備は比較的新しく、上階からの眺めもすばらしい。スチームサウナやドライサウナ、屋内プールは無料で利用可能。

⊠Piaţa Unirii 5
TEL(0232)205000　FAX(0232)205026
URLwww.hotelunirea.ro
S385Lei
W455Lei
Lei　CC A M V
全館　EVあり

コンチネンタル
Continental
Map P.283-A3
★★　　経済的 室数:30

統一広場のトラム乗り場の近くにある。このあたりでは最も安いので人気も高いが、禁煙部屋はない。テーブルと椅子が置かれた部屋はシンプルだが、清潔。

⊠Str. Cuza Vodă 4　TEL(0232)211846
URLwww.continental-iasi.ro
S230Lei
W160Lei
Lei
CC M V
全館　EVあり

コルソ
Corso
Map P.283-A3
ダイニング・バー

ルーマニアのビール会社ウルススがスポンサーのレストラン。テラス席が中心で開放的な雰囲気。メニューはパスタやサンドイッチ、ピザなどが中心。

⊠Str. Lăpuşneanu 1
TEL(0232)276143
開8:00〜24:00
休無休
Lei
CC M V　あり

Information ヤシから国境を越えてモルドヴァ共和国へ

　モルドヴァ共和国の国境と接するヤシ。モルドヴァ共和国へは鉄道、バスともに便があり、鉄道で抜けるにはヤシ駅が起点となる。国際線は駅の北側に国際路線専門のプラットホームがあり、チケットもそこで購入する。キシニョウ行きの列車は1日1便。ヤシを3:00に出発する。ほかにもヤシ駅からはウンゲニ（モルドヴァ語表記はУнгень、ルーマニア語表記はUngheni）行きもある。

　キシニョウへのバスは、駅前にあるアウトガラから多数のバス会社によって運行されている。運賃は35〜40Lei。なお、モルドヴァ共和国は、日本国籍所持者はビザが不要。

キシニョウ中心部にある勝利の門

ドブロジャ地方

Dobrogea Dobrogea

ロープウエイから眺めたママイアのビーチ〈P.300〉

ドブロジャ地方 Dobrogea

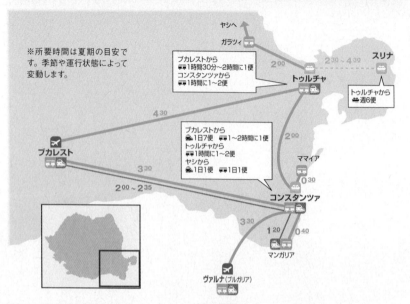

※所要時間は夏期の目安です。季節や運行状態によって変動します。

ブカレストから
🚂1時間30分～2時間に1便
コンスタンツァから
🚌1時間に1～2便

ヤシへ
ガラツィ

スリナ

トゥルチャ

トゥルチャから
🛳週6便

ブカレストから
🚂1日7便
🚌1～2時間に1便
トゥルチャから
🚌1時間に1～2便
ヤシから
🚂1日1便 🚌1日1便

ママイア

コンスタンツァ

ブカレスト

マンガリア

ヴァルナ (ブルガリア)

地理

ドイツに源を発するドナウ川は、中央ヨーロッパ、バルカン半島の国々計8ヵ国の長旅を終えた後、黒海へ出る。全長2857kmのドナウ川と黒海に挟まれた一帯をドブロジャ地方と呼ぶ。

この地域はヨーロッパ最後の秘境と呼ばれ、ユネスコの自然遺産にも登録されているドナウデルタ (デルタ・ドゥナリDelta Dunǎrii) が最大の見どころだ。広大な湿原は野生動物の宝庫といわれ、ペリカンなどの野鳥が見られる。また、ビーチリゾートと泥治療で人気のマンガリア、エフォリエ・ノルドなどの黒海沿岸地域もドブロジャ地方である。このあたりは少しだけ地中海性気候の影響も受けている。そのほか、港町コンスタンツァや紀元前の古代遺跡がある

ヒストリアなどがある。

この地方は民族博物館といわれるほど、歴史的に多様な民族で構成されている。特にロシア、ブルガリア、トルコ系住民が多い。

気候

ルーマニアのなかで最も温暖な地域。夏がベストシーズンで、ママイアやマンガリアのビーチでは海水浴も楽しめる。冬は日本と比べると気温の差はないが、沿岸部では冷たい海風が吹くので意外に寒い。ドナウデルタは凍結することもあり、このエリアへ訪れるのなら春から夏がベスト。

マンガリアのビーチ

ルート作り

1、2日目:まずはブカレストからドナウ川クルーズの起点となる町トゥルチャへと向かおう。トゥルチャの旅行会社でツアーを申し込むのもいいし、ドナウデルタ内にある町、スリナへと移動してもいい。スリナでは漁船をチャーターできるので、ペリカンウォッチングにチャレンジしてみよう。
3～5日目:コンスタンツァへと移動し、黒海沿岸のビーチリゾートでのんびりと過ごそう。夏ならビーチも開いているし、沿岸のリゾートでは泥治療を行うクリニックもある。

夏期ならばドナウ川クルーズはほぼ毎日行われる

ドナウ川下りの中心地トゥルチャ

トゥルチャ★
ブカレスト●

ルーマニア

トゥルチャ

トゥルチャ
Tulcea
Tulcea

　ドナウデルタの玄関口となる町、トゥルチャ。古くからドナウ川と黒海にまたがる貿易港として栄えた所で、紀元前1世紀にはギリシアの植民都市がすでにここにあったという。その後ローマに統治され、近代にはオスマン朝の主要貿易港となるなど支配者の変遷は続いた。位置的にトゥルチャが陸路、海路ともに貿易の重要な中継地だったからだ。町の名トルジュ **Tolcu** が文献に登場するのが15世紀後半。オスマン朝からの解放後、「トゥルチャ」としての歴史が始まった。

　現在は工業都市として発展し、人口約7万人を擁するドナウデルタの中核都市。ドナウ川下りのツアーに参加するなら、ここで直接申し込めば安く済む。ベストシーズンは4〜9月。

歩き方

　鉄道駅、アウトガラ、船着場など交通機関はドナウ川沿いに並んでいる。アウトガラから町の中心街までは **イサクチェイ通りStr. Isaccei** を徒歩10分程度。ドナウ川沿いにある大きな建物はドナウデルタの❶。ここではドナウデルタ観光に関するさまざまな情報を提供しているほか、ボートを貸し切りにするなど、個人でドナウデルタを観光するために必要な許可証などの発行を行っている。

　町の中心は **中央広場Piața**

ドナウ川沿いの遊歩道

トゥルチャへの行き方

🚃鉄道利用のポイント
　ブカレストやコンスタンツァからの便は、メドジディアMedgidiaで乗り換える。
●ブカレストから
🚃直通はなく、メドジディアで乗り換え
🚌アウトガラ・アウグスティナから7:00〜19:00の1時間30分〜2時間に1便
所要:約4時間30分
運賃:80Lei
●コンスタンツァから
🚃直通はなく、メドジディアで乗り換え
🚌アウトガラ・ノルドから6:00〜19:55の1時間に1〜2便
所要:約2時間
運賃:40Lei
●ヤシから
🚌12:00発
所要:約6時間30分
運賃:90Lei

■ドナウデルタの❶
⇨Map P.290-A
✉Str. Portului 34A
☎(0240)518924
URL www.ddbra.ro
圃月〜木 8:30〜16:00
　金　　8:30〜13:30
休土・日

ドナウデルタの情報が充実している

■トゥルチャの❶
⇨Map P.290-B
✉Str. Gloriei 4
☎(0240)519055
圃8:00〜16:00
休土・日

独立記念碑
⇨Map P.290-B外
圏9:00～17:00

ドナウデルタクルーズ

　フェリー乗り場にはたくさんの船が停泊しており、旅行会社により異なるが、ランチ付きで€50～。最短のツアーでも所要は約5時間。ほかには水上ホテルに泊まるツアーなどもある。トゥルチャの主要ホテルでもツアーの申し込みを受け付けている。

● **Verada Tour**
URL www.veradatour.ro
● **Safca Delta Tours**
URL www.egretamica.ro

クルーズを催行する旅行会社は川沿いに点在する

ドナウデルタ・エコ・ツーリズム博物館センター
⇨Map P.290-B
✉Str. 14 Noiembrie 1
TEL 0340 105652
圏夏期9:00～18:00
　冬期8:00～17:00　休月
圏20Lei　学生5Lei
📷100Lei　ビデオ500Lei

民族学博物館
⇨Map P.290-B
TEL (0240)516204
圏夏期9:00～17:00
　冬期8:00～16:00
休月　圏6Lei　学生3Lei
📷100Lei　ビデオ500Lei

Centralăで、周囲にはホテルやレストランのほか、トゥルチャの❶、郵便局などが集まる。すべての見どころは徒歩で十分回れる小さな町だ。ホテル・エグレタの前のグロリエイ通りStr. Glorieiを、中心街と反対側に向かって徒歩約15分ほどで、公園になっている小さな丘に出る。その頂上にある、両脇を鷲と兵士に守られたモニュメントが**独立記念碑**だ。オスマン朝からの解放戦争に従軍した市民をたたえ、1899年に建てられた。丘からはトゥルチャの全景やスリナに流れるスリナ川などが見え、ドナウデルタの地形を把握できる。

見どころ

ドナウデルタ・エコ・ツーリズム博物館センター
Danube Delta Eco Tourism Museum Center

Centrul Muzeal Eco-Turistic Delta Dunării
ツェントラル・ムゼアル・エコ・トゥリスティック・デルタ・ドゥナリ

ドナウ周辺に生息する魚が見られる

　ドナウデルタに生息する動物の剥製、模型などが展示されており、ドナウデルタの生態系を学ぶことができる。地下は水族館になっており、パイク、鯉、デルタ特有の魚をはじめ、世界各地の熱帯魚などを見ることができる。

民族学博物館 Folk Art & Ethnographic Museu

Muzeul de Etnografie şi Artă Populară
ムゼウル・デ・エトノグラフィエ・シ・アルタ・ポブララ

　ドナウデルタ地帯の民族衣装のほか、機織り機や祭り用の仮面、絨毯など多種多様な生活用品が集められた博物館で、ドナウデルタでの伝統的な生活がどのように行われていたかがわかる。庭には馬車やソリ、石うすなどが展示されている。

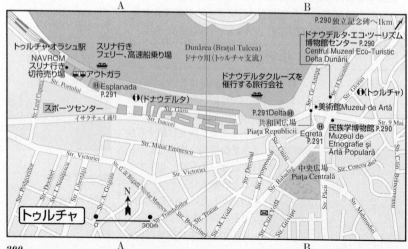

トゥルチャのホテル　*Hotel*

日本からの電話のかけ方　電話会社の番号（→P.166）＋010＋40（ルーマニアの国番号）＋240（0を取った市外局番）＋番号

　トゥルチャのホテルは外観ほど料金は高くなく、他都市と比べても安い。町の中心部やドナウ川沿いに建つホテルは中規模のものが多く、設備も申し分ない。

エスプラナダ
Esplanada

Map P.290-A
★★★★　高級　室数:100

　トゥルチャ・オラシュ駅からアウトガラを横切った所にある。フェリー乗り場に面しており、客室の窓からはドナウ川が一望できる。

⊠Str. Portului 1, Faleza
TEL(0240)516607　FAX(0240)516609
URLwww.hotelesplanada.ro
i⃝S🛁🔽💳€75〜　W🔽💳€85〜
⑩RON　CCAMV
📶全館　EVあり

デルタ
Delta

Map P.290-B
★★★★　高級　室数:94

　ドナウ川沿いの遊歩道を中心部へ歩くこと約10分。部屋は広めで快適。設備が少し落ちるが、3つ星のホテルも併設している。

⊠Str. Isaccei 2
TEL(0240)514720　FAX(0240)516262
URLwww.hoteldelta.eu
i⃝S🔽💳€70〜　W🔽💳€80〜
⑩€ Lei　CCMV
📶全館　EVあり

エグレタ
Egreta

Map P.290-B
★★★　中級　室数:98

　町の中心、共和国広場にある。部屋はテレビ、ミニバーを完備。一部の客室はバスタブ付き。アパートメントタイプもある。

⊠Str. Păcii 3
TEL(0240)506250
URLwww.unita-turism.ro
i⃝S🔽💳150Lei
W🔽💳192Lei
⑩Lei　CCMV　📶全館　EVあり

Information　世界遺産　ドナウデルタの地形と自然

　ドナウデルタはルーマニア語ではデルタ・ドゥナリDelta Dunăriiと呼ばれる大湿原地帯。ここの自然の姿は複雑だ。ドナウ川はトゥルチャ付近で3つの分流に分かれる。まず、ウクライナとの国境でもあるキリア川Braţul Chilliaとルーマニア領内を流れるトゥルチャ川Braţul Tulceaのふたつに分かれ、すぐにトゥルチャ川はスリナ川Braţul Sulinaと聖ゲオルゲ川Braţul Sfântu Gheorgheに分かれる。それらの川は途中でさらに無数の支流に分かれたり合流したりと、流れに従って刻々と表情を変えながら続いてゆく。ドナウデルタとは、キリア川と聖

ドナウデルタの湿地帯

ゲオルゲ川の間の巨大な三角州を構成するこの一帯のことをいう。また、ここは国の自然保護区であると同時に、1991年にユネスコの世界遺産にも登録されている。

　この大三角州はほとんど全域が湿地帯で、総面積は東京都の約2倍の4300k㎡。そのうち陸地はわずか13％にすぎない。黒海に近い所では海と川の両方の作用によって無数の丘や沼地が生みだされ、あるいは湖ができて、ドナウデルタの多様な自然景観を演出している。

　アシが覆う一帯にはヤマネコ、カワウソ、シカ、イノシシなど数十種の野生動物が生息し、アジア、ヨーロッパ、アフリカの各地から飛来する渡り鳥などの鳥類は300種以上も見られるという。日本の鳥の種類が小笠原諸島などの離島を含めて、北海道から沖縄まで数えてもやっと600種ということを考えると、この地域の自然の豊かさがわかるだろう。また、ペリカンの群生地としても有名。そして、魚は110種以上が数えられている。

　ドナウデルタの自然に関する情報はドナウデルタ自然保護区のウェブサイト（URLwww.ddbra.ro）でも得ることができる。

Romania
折込Map裏 D2

スリナ
ブカレスト

スリナへの行き方

🚢 **船利用のポイント**
　スリナまでの交通機関は水運会社NAVROM Deltaの船のみ。大型フェリーと高速船のハイドロフォイルの2種類がある。
●**トゥルチャから**
🚢 **大型フェリー**
月・水・金の13:30発
所要約4時間30分
運賃:46Lei
🚢 **高速船**
木・土13:30発
所要約2時間30分
運賃:56Lei
スリナからトゥルチャへの便は朝7:00出発のため、トゥルチャからの日帰りはできない。
URL www.navromdelta.ro(ルーマニア語)

■**スリナ博物館**
　　　　　　　⇨Map P.292
圏夏期10:00〜18:00
　冬期8:00〜16:00
㊡月
圏5Lei　学生2.50Lei
📷10Lei　ビデオ30Lei
　スリナの歴史などが展示された地域博物館。かつて灯台だったという塔の上からは、町の全景が眺められる。

スリナ博物館

ドナウデルタで魚釣り

黒海沿岸に広がるビーチ

スリナ
Sulina
Sulina

　黒海に面したドナウデルタ河口の港町。トゥルチャから1日1往復しか船がなく、さいはての町という雰囲気だ。町から少し離れるとすぐに湿原地帯が広がっている。

　スリナが文献に登場するのは10世紀頃のこと。その後、ドナウ川の利用をもくろんだオスマン朝に支配された時期もあったが、現在はデルタ観光東端の拠点となっている。

　シーズンはやはり夏。小船で湿原を回り、釣りやキャンプ、動物観察などを楽しむのが一般的だ。トゥルチャ〜スリナ間のクリシャンCrişanにも宿泊施設はあるので、途中下船してもいい。冬はマイナス20℃になり、周囲の様相は一変する。北緯45度は北海道の知床岬よりも高緯度なのである。

歩き方

　トゥルチャからの船は町の最東端の埠頭に接岸する。船を下りて直進するとスリナ博物館がある灯台が左側にある。船

P.293
Perlaへ
Ⓗ (約500m)

ドナウ川 Dunărea　トゥルチャ行き埠頭　河口へ

Str. A-1-a
スーパーマーケット Ⓗ Coral　正教聖堂

Str. A-2-a

0　　150m　N

スリナ

P.292
スリナ博物館

砂浜へ →

P.293

着場から右に進むと正教聖堂が見えてくる。周囲をフェンスで囲まれ、受付は裏手に回り込まなければならない。

町のメインストリートは埠頭からトゥルチャ方面に延びる川沿いの道Str. A-1-a。郵便局、ATM、レストラン、スーパーなど、旅行者はここを歩くだけですべて足りる。

未舗装の道を真っすぐ東へ行き、30分ほど歩くと黒海の砂浜へとたどり着く。物見台からは北方のウクライナ共和国を眺めることができる。砂浜と町の間には、ロシア正教、カトリック、プロテスタントなどが同居した珍しい墓地があり、ドブロジャ地方独特の民族混住地域の寛容さが感じられる。

ビーチには物見台もある

ルーマニア
スリナ

スリナの**ホテル**　　　　　　　　　*Hotel*

日本からの電話のかけ方　電話会社の番号 (→P.166) ＋010＋40 (ルーマニアの国番号) ＋240 (0を取った市外局番) ＋番号

ホテルは、スリナの町にはほとんどといっていいほどない。その代わりペンシウネが多数ある。相場はひとり€10〜30程度。レストランは少ないが、ペンシウネに併設しているところがあるので、気軽に利用できる。また、2食付き、3食付きにもできるので、相談してみよう。

ベルラ
Perla

Map P.292外

中級　室数:15

中心部からは少し離れているが、充実した設備を誇るホテル。リバーサイドの部屋からの眺めが自慢。併設のレストランではドナウデルタで捕れた魚を食べることができる。

⊠Str. A-1-a 155
☎072 2715254 (携帯)
URLwww.perla-sulina.ro
S🛁🚿📶130〜230Lei
W🛁🚿📶130〜250Lei
💶Lei
🆑不可
📶全館　EVなし

コラル
Coral

Map P.292

経済的　室数:15

メインストリート沿いにあるペンシウネ。規模も比較的大きく、設備もホテル並みに調っている。黄色い建物が目印。レストランも併設しており、広い庭のテラス席で食事をとることもできる。

⊠Str. A-1-a 195
☎074 2974016 (携帯)
S🛁W📶🚿150Lei〜
💶Lei
🆑不可
📶全館
EVなし

Information

ドナウデルタのペリカン

世界遺産に登録されているドナウデルタには、多様な動物が生息している。特に鳥類は300種類におよび、なかでもペリカンの群生地として知られている。運がよければ5〜8月のスリナでは、大群を見ることができる。

ペリカンを見に行くには、まずは船探しから。桟橋からStr. A-1-aを西に約700m行った、市場の前の船着き場に船頭が集まっている。彼らの外見は荒くれ者といった印象だが、実際はおおらかで親切な人々だ。交渉には最低限のルーマニア語か英語、粘り強さが肝心だ。筆談でもいい。最近はクルーズ船を所有するドライバーもおり、半日ツアーが夏期ならばほぼ毎日催行されている。相場は€40〜60。

季節、天気によりペリカンがいる場所は違う。ロシュ湖 (ラクル・ロシュ Lacul Roşu) はそのひとつ。スリナから南へ10kmに位置するこの湖は、モーター付きボートで片道約3時間。

ペリカンに限らず、鳥たちはモーターの爆音とともに接近すると飛び立ってしまうので、オールで漕いで近づいていく。ペリカンは音と気配には非常に敏感だが、慎重に静かに近づけば、10mぐらいまで距離を詰められる。

湖面には藻がびっしり生え、モーターにからみつく。ウンカのような小さな虫が大量にまとわりつき、目や口や鼻に入ってくる。ペリカンが見られるかどうかは運というほかはないが、デルタの自然を体感できることは間違いない。

コンスタンツァ
ブカレスト ●

コンスタンツァへの行き方

バス利用のポイント
　ブカレスト方面のバスは鉄道駅近くのアウトガラから発着するが、トゥルチャやヒストリア遺跡方面のバスが発着するのは、町の中心から約4km北にあるアウトガラ・ノルド。アウトガラ・ノルドへは市バス42、43番でトミス大通りとソヴェジャ通りStr. Sovejaの交差点付近下車。

●ブカレストから
🚄IRが1日6便
所要:2時間～2時間30分
運賃:IR2等54.05Lei
　　　IR1等79.90Lei
🚌アウトガラ・マタケから
5:30～21:15の1～2時間に1便
所要:約3時間
運賃:40Lei
●トゥルチャから
🚄直通はなく、メドジディアで乗り換え
🚌1時間に1～2便
所要:約2時間10分
運賃:40Lei
●ヤシから
🚄IRが毎日22:28発
所要:8時間25分
運賃:IR2等82.15Lei
　　　IR1等126.60Lei
🚌11:00、12:00、22:00発
所要:約8時間20分
運賃:100Lei

■タロム航空
　　　　　　⇨Map P.296-A1
✉Str. Ştefan cel Mare 15
☎(0241)662632
🕐9:00～17:00
🈲土・日

コンスタンツァの鉄道駅

海沿いに建つアールヌーヴォー建築のカジノ・コンスタンツァ

コンスタンツァ
Constanţa
Constanta

　ドブロジャ地方最大の都市コンスタンツァは、ルーマニアの貨物輸出入の半分以上を担う、黒海でも有数の港湾都市。
　町の歴史は、紀元前6世紀にギリシア人がこの地に要塞を築きトミスTomisと呼んだことに始まる。当時から黒海とエーゲ海を結ぶ良港として繁栄し、その規模は次第に拡張されていった。ローマ時代の1世紀には『変身物語』の著者で知られるオイディウスが配流され、この地で『悲しみの歌』、『黒海からの手紙』といった作品を残している。4世紀にはローマのコンスタンティヌス帝の治下でますます発展し、住宅地も整備され、町の名称は皇帝の名前を受けてコンスタンティアナとなった。以後、長くローマの港湾都市として栄え、その支配はビザンツ帝国（東ローマ帝国）滅亡まで続く。その後はオスマン朝の支配下に入り直轄地となった。19世紀後半以降、さまざまな勢力が領有を主張したが、露土戦争の結果ルーマニアに編入されることとなった。

　市内にはギリシア、ローマ、ビザンツ、オスマン朝と、長い歴史を物語る痕跡が残っている。彩りある歴史をもつこの町は、1905年に反乱を起こした帝政ロシアの戦艦ポチョムキン号が避難した港としても、現代史にその名をとどめている。

たくさんの人でにぎわいを見せる海岸沿いの遊歩道

コンスタンツァのビーチ

歩き方

鉄道駅とアウトガラは隣合っているが、中心街から西へ2km以上離れている。中心部へは、40C、43C、5-40番のバスで**1907年の反乱通りStr. Răscoalei din 1907**下車。この通りの東側に並行して延びるのが、メインストリートの**トミス大通りBd. Tomis**だ。

町は遺跡が残る**遺跡公園Parcul Arheologic**を挟んで雰囲気が変わる。遺跡公園より北側は、ホテルやレストランがあるにぎやかな地域。トミス大通りと交差する**シュテファン・チェル・マレ通りStr. Ştefan cel Mare**を北東に行くと、おしゃれなショップが並ぶショッピングエリアもある。

トミス大通りを南東に下ると民俗博物館や国立歴史考古学博物館、マフムード2世モスクなどがある旧市街だ。古い教会やギリシア・ローマ時代の遺跡が残る、静かなたたずまい。さらに南へ下れば黒海沿いに舗装された遊歩道に出る。

見どころ

遺跡公園 Archaeological Park

Parcul Arheologic　パルクル・アルヘオロジック

メインストリートのトミス大通りやフェルディナンド大通りに面する大きな遺跡公園。一角は、ギリシア・ローマ時代の要塞の柱や壁、大理石の建材などが残る野外博物館となっている。

遺跡公園の南側は海軍公園になっていて、近代の戦艦や重火器が展示されている。また、公園の近くには**海軍博物館Muzeul Marinei Române**がある。館内は年代別に4つの区画に分かれており、各時代の船の模型のほか実物大の碇といったものまで展示されている。

広々として静かな遺跡公園

アウトガラ・ノルド

■**遺跡公園**
⇨Map P.296-A1〜A2
■**海軍博物館**
⇨Map P.296-A2
⊠Str. Traian 55
☎(0241)619035
圓夏期10:00〜18:00
　冬期9:00〜17:00
圀月・火
圀10Lei　学生5Lei
◘25Lei
ビデオ70Lei

改装して新しくなった海軍博物館

■国立歴史考古学博物館
⇨Map P.296-B2
⊠Piaţa Ovidiu 12
℡(0241)609640
⊞夏期8:00～20:00
　冬期9:00～17:00
困冬期の月・火
⊛20Lei　学生5Lei

■民俗博物館
⇨Map P.296-A2
⊠Bd. Tomis 32
℡(0241)616133
⊞6/16～9/14　9:00～20:00
　9/15～6/15　9:00～17:00
困無休
⊛5Lei　学生2.50Lei
◘20Lei
ビデオ30Lei

各地のカラフルな民族衣装が並ぶ

国立歴史考古学博物館 National History & Archeology Museum

Muzeul de Istorie Naţională şi Arheologie
ムゼウム・デ・イストリエ・ナツィオナラ・シ・アルヘオロジエ

オヴィディウ広場の中央に位置する重厚な建物が印象的。ルーマニアで最高水準の質を誇る博物館で、優れた収蔵品は必見だ。特にギリシア・ローマ時代の豊富なコレクションはすばらしい。

グルコンの大蛇が展示の目玉

なかでも羊の頭に人間の目と髪をもつ2世紀の彫像「グルコンの大蛇」はぜひ観たい展示物のひとつ。

民俗博物館 Folk Art Museum

Muzeul de Artă Populară　ムゼウル・デ・アルタ・ポプララ

ルーマニア各地の手織物製品や民族衣装、イコンなどさまざまなものを展示している博物館。展示品のなかには、モルドヴァ地方では今でも実際に使われているものも多い。

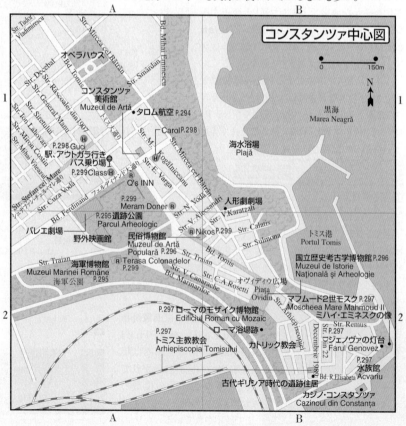

コンスタンツァ中心図

0　　　　150m

N

オペラハウス
Str. Tudor Vladimirescu
Str. Mircea cel Bătrân
Bd. Mihai Eminescu
Str. Smârdan

黒海
Marea Neagră

コンスタンツァ美術館
Muzeul de Artă
Str. Decebal
Bd. Tomis
Str. Răscoalei din 1907

タロム航空 P.294
Carol P.298

海水浴場
Plajă

Str. General Manu
Str. Sirenului
Str. Ion Lahovari
Str. Miron Costin
Str. Mihai Viteazul

P.298 Guci
駅、アウトガラ行き
バス乗り場
P.299 Class
Q's INN

Str. M. Kogălniceanu
Str. E. Varga
Str. Mircea cel Bătrân

Str. Ştefan cel Mare
Str. Cuza Vodă

P.299
Meram Doner
Str. N. Vodă

人形劇場
V. Karatzali

Bd. Ferdinand

P.295遺跡公園
Parcul Arheologic

Str. V. Alecsandri

トミス港
Portul Tomis

バレエ劇場
野外映画館

民俗博物館
Muzeul de Artă
Populară P.296

Nikos P.299
Str. Catatis
Str. Sulmona
Bd. Tomis

国立歴史考古学博物館 P.296
Muzeul de Istorie
Naţională şi Arheologie

Str. Traian
海軍博物館
Muzeul Marinei Române
海軍公園 P.295

Terasa Colonadelor
P.299
Str. Traian
Str. V. Canarache
Bd. Marinarilor

Str. C.A. Rosetti
オヴィディウ広場
Piaţa
Ovidiu

マフムード2世モスク P.297
Moscheea Mare Mahmoud II
ミハイ・エミネスクの像
P.297
Str. Remus

P.297ローマのモザイク博物館
Edificiul Roman cu Mozaic

Str. Arhiepiscopiei
Str. Decembrie 1989

ジェノヴァの灯台
Farul Genovez
Str. Din 23

P.297
トミス主教座教会
Arhiepiscopia Tomisului

ローマ浴場跡
カトリック教会

P.297
水族館
Bd. R. Elisabeta Acvariu

古代ギリシア時代の遺跡住居

カジノ・コンスタンツァ
Cazinoul din Constanţa

ローマのモザイク博物館 Roman Mosaics

Edificiul Roman cu Mozaic エディフィチュル・ロマン・ク・モザイク

1959年にこの地区の工事をしていた職人たちが発見した、ローマ時代の大規模な浴場跡。この博物館ではそこからの出土品が展示されている。内部はガラス張りで明るく、繊細なモザイク模様が敷き詰められた広間は、その技術力の高さに驚かされる。

内部は見学ルートが設けられている

ジェノヴァの灯台 Genovese Lighthouse

Farul Genovez ファルル・ジェノヴェズ

もともとこの場所には、コンスタンツァを活動拠点としたイタリアのジェノヴァ商人が13世紀に建てた灯台があった。現在見られる灯台は、それを記念して19世紀中頃に建てられたものだ。灯台の先にある像はルーマニアの国民的詩人ミハイ・エミネスク。

マフムード2世モスク The Great Mahmudiye Mosque

Moscheea Mare Mahmoud II モスケーア・マレ・マフムード・ドイ

1909年に建設されたイスラム礼拝堂。ドブロジャ地方にはトルコ人が多く、ルーマニア独立後もこの地にとどまった人たちが完成させた。高さ47m、140段の階段があるミナレット（尖塔）に上ることができる。

トミス主教教会 Tomis Archiepiscopate

Arhiepiscopia Tomisului アルヒエピスコピア・トミスルイ

コンスタンツァの主教座がおかれている正教聖堂。露土戦争後、コンスタンツァがルーマニア領となった19世紀末にワラキア様式にならって建てられた。

すぐ隣には古代ギリシア時代の住居跡が残されており、古代と現代の同居した不思議な空間ができあがっている。

トミス主教教会と古代ギリシアの住居跡

水族館 Aquarium

Acvariu アクヴァリウ

遊歩道沿いにある水族館

港近くにある水族館。黒海とドナウデルタに生息する100種類以上の魚たちが集められている。建物の装飾に魚の姿のモザイク模様がかわいらしく施されている。

■ローマのモザイク博物館
　　　⇨Map P.296-B2
⊠Piaţa Ovidiu 12
圏夏期9:00～20:00
　冬期9:00～17:00
困冬期の月・火
園10Lei　学生2.50Lei

■ジェノヴァの灯台
　　　⇨Map P.296-B2
⊠Str. Remus Opreanu
　内部は非公開。外観のみ見学できる。

ミハイ・エミネスクの像（右）の奥にある灯台（左）

■マフムード2世モスク
　　　⇨Map P.296-B2
⊠Str. Arhiepiscopiei 5
圏夏期8:00～20:00
　冬期9:00～16:00
困無休
園5Lei　学生3Lei

ミナレットの形が独特

■トミス主教教会
　　　⇨Map P.296-B2
⊠Str. Arhiepiscopiei 23
圏6:30～20:00
困無休　園寄付歓迎
📷不可

■水族館
　　　⇨Map P.296-B2
圏5～9月　10:30～21:30
　10～4月　9:30～16:30
困無休
園20Lei（冬期8Lei）
　学生5Lei（冬期2Lei）

ヒストリアへの行き方

🚌🚌コンスタンツァのアウトガラ・ノルドから1日4便。ミハイ・ヴィテアズ Mihai Viteazu 行きのバスに乗り、ヒストリア遺跡手前のイストリア村 Comuna Istria 下車。ここからヒストリア遺跡までは約7kmも歩かなくてはならないので、タクシーをチャーターしたほうがいい。その場合35Lei程度。
所要：約1時間

■ヒストリア遺跡
⇨折込Map裏 D3
📞(0241)618763
🕐夏期9:00～19:00
　冬期9:00～17:00
🈳月
💰20Lei　学生5Lei

博物館では遺跡で発掘された遺物を展示している

ヒストリア遺跡 Histria

Histria

コンスタンツァから北へ約70kmの所にある古代都市の遺構。都市は紀元前657年にギリシア人によって建設され、小アジアとの貿易により栄えた。繁栄はその後ローマに引き継がれる。水道やサウナなどを備えた高度な都市も、3世紀のゴート族の侵入、6世紀のスラヴ族の侵入で破壊と

ローマ時代の浴場跡と井戸

復興が繰り返され、土砂の堆積による地形の変化などの理由もあって7世紀後半についに放棄された。現在も発掘調査が進むヒストリア遺跡は、ローマ時代の浴場や大聖堂、町の広場とそれを囲むように残る教会跡など、往時の繁栄がしのばれる。また、遺跡の入口には博物館があり、発掘されたレリーフや柱などを見ることができる。

コンスタンツァのホテル　　　　　　　　　　　*Hotel*

日本からの電話のかけ方　電話会社の番号（→P.166）＋010＋40（ルーマニアの国番号）＋241（0を取った市外局番）＋番号

ルーマニアを代表する港町だけあって、設備の調った中級～高級クラスのホテルが多数揃っている。しかし、夏場は混み合うので、満室なら北にあるリゾート地、ママイアでの宿泊を検討してみよう。ただし、どちらもあまり経済的な宿は少ない。そのほか、エフォリエ・ノルドやマンガリアにもホテルは多い。

グチ
Guci
Map P.296-A1

郵便局の裏側、1907年の反乱通りにあり、駅、アウトガラ行きのバス停のすぐそば。フロントは24時間オープンで英語もOK。6階にはレストランがあるほか、宿泊者はサウナやジャクージなども無料で利用できる。

★★★★　　中級 室数:22
✉Str. Răscoalei 1907, 23
📞(0241)695500　FAX(0241)638426
🌐www.guci-hotel.ro(ルーマニア語)
🛏️S🚿📶💶€65～
🛏️W🚿📶💶€75～
💳€　Lei
CC Ⓜ Ⓥ
📶全館
EVあり

カロル
Carol
Map P.296-A1

遺跡公園のすぐ近くにある小規模な4つ星ホテル。1913年創建の建物を利用しており、家具や内装も建てられた当時のスタイルを保持し、クラシカルな雰囲気。サウナ、フィットネスセンターも併設している。

★★★★　　中級 室数:24
✉Str. Mihail Kogălniceanu 15
📞(0241)552100
🌐www.carolhotel.ro
🛏️S🚿📶💶240Lei
🛏️W🚿📶💶300Lei
💳Lei　CC Ⓜ Ⓥ
📶全館
EVなし

マリア
Maria

★★★　　中級　室数:85

　　　駅から徒歩3分のロケーションで、早朝発の列車に乗るときや深夜に到着したときなどに便利。フロントから客室まで青で統一されたモダンな雰囲気。館内は広く、フロントには小さなバーも併設している。

✉Bd. 1 Decembrie 1918, 2D
TEL(0241)611711　FAX(0241)616852
URLwww.hotelmaria-ct.ro
🛏S🚿🛁📺📶160Lei(スタンダード)
🛏W🚿🛁📺📶210Lei(スタンダード)
🛏S🚿🛁📺📶220Lei(スペリアー)
🛏W🚿🛁📺📶250Lei(スペリアー)
💰Lei
📶全館　EVあり

クラス
Class

★★★　　中級　室数:26

　　　遺跡公園のすぐそばにあるホテル。町の中心部にあるので観光にはとても便利な立地。すぐ前は鉄道駅行きのバス停になっている。客室の設備は最新で居心地がよく、エアコン、テレビなども完備。

✉Str. Răscoalei 1907, 1
TEL072 6684796　FAX(0241)660909
URLwww.hotelclass.ro
🛏S🚿🛁📺📶275Lei
🛏W🚿🛁📺📶340Lei
💰€　Lei
💳M Ⓥ
📶全館
EVあり

コンスタンツァのレストラン　　　　　*Restaurant*

　　コンスタンツァはルーツの異なる人々が共存する町。そのため、トミス大通りを中心にトルコ、イタリア、ギリシア、ロシアなど、さまざまな国の料理を楽しむことができる。また、遺跡公園やトミス港周辺にはテラス席を設けたおしゃれなカフェやレストランがある。

テラサ・コロナデロル
Terasa Colonadelor

ルーマニア料理

　　　入口を入って右がスイーツショップ、左がレストランになっている。メニューは特にシーフードが充実しており、カラマリやエビ、ムール貝などを出す。スイーツショップはカフェとして利用可能。

✉Str. Traian 53
TEL072 8018058 (携帯)
URLwww.colonadelor.ro
(ルーマニア語)
🕐9:00～24:00
🈺無休
💰Lei　💳M Ⓥ
📶あり

ニコス
Nikos

ギリシア料理

　　　トミス大通り沿いにある人気のギリシア料理店。ギロス（薄切り肉のサンドイッチ）16Leiを食べている人が多いが、シーフード（16～53Lei）も充実している。前菜（7～21Lei）も豊富。ママイアにも支店がある。

✉Bd. Tomis 44
TEL072 6847603 (携帯)
URLwww.nikosgreektaverna.ro(ルーマニア語)
🕐日～木 10:00～24:00
　金・土 10:00～翌2:30
🈺無休
💰Lei
💳M Ⓥ
📶あり

メラム・ドネル
Meram Doner

トルコ料理

　　　トミス大通りに面したトルコ料理店。ドネル・ケバブ（13Lei～）のテイクアウトから、本格的なトルコ料理の食事まで楽しめる。メインは28～49Lei。

✉Bd. Tomis 46
TELなし
🕐9:00～22:00
🈺無休
💰Lei
💳M Ⓥ
📶なし

黒海沿岸 ★
ブカレスト ●

黒海沿岸への行き方

🚃鉄道利用のポイント

黒海沿岸への列車はコンスタンツァ発か経由。夏期はコンスタンツァから普通とIR合わせて1日12便、冬期は6便。普通、IRにかかわらず、エフォリエ・ノルド（30分弱）、マンガリア（約1時間10分）に停車する（カッコ内はコンスタンツァからの所要時間）。

🚌バス利用のポイント

コンスタンツァからは、鉄道駅を背に右側にあるバス停から、黒海沿岸へのバスが出ている。メトロポリタン社Metoropolitanとシンパ・トランス社Simpa Transのバスはほぼ30分おきに運行している。

ママイア

Ⓗ Caraiman
Ⓗ Best Western Savoy
Ⓗ Amiral
Ⓗ Alcor
黒海
Marea Neagră
Siret Ⓗ
Ⓗ Bicaz
Apollo Ⓗ
Ⓗ Hawaii
Ⓗ Zenith
Ⓗ Central
Splendid Ⓗ Modern
Ⓗ Rex
Ⓗ Majestic
Ⓗ Venus
Ⓗ Iaki P.301
Ⓗ Richmond
Ⓗ Historia
──ロープウエイ
Ⓗ Albatros
✉ Ⓗ Condor
シィウトゥギョル湖 Ⓗ Victoria
Laguna
Laguna Ⓗ Ⓗ Flora
N P.301
Delta Ⓗ
Ⓗ Neptun
Dunarea Ⓗ
ロープウエイ
コンスタンツァへ
0 300m

ロープウエイから眺めるママイアのビーチ

黒海沿岸

Litoralul Mării Negre リトラルル・マリー・ネグレ

Black Sea Coast

　約70kmに及ぶ長い海岸線に、白い砂浜や森や湖などの豊かな自然の表情がある国内最大のリゾート地帯。ルーマニア・ドブロジャ地方の南端だ。リゾートとしての評判は高く、夏になると国内はもちろん、西欧からもたくさんのバカンス客が集まってくる。海岸沿いにはローマ神話にちなんだ名をもつリゾートタウンが並び、ホテルやレストランが密集している。

　バカンスなら黒海沿岸のママイアやエフォリエ・ノルドに部屋を取ろう。ビーチにはウインドサーフィンなどの各種マリンスポーツの設備が充実。夏のルーマニアのホリデイスポットだ。

　また、黒海名物として名高いのがタラソテラピーこと「泥風呂（**Baie de Nămol**）」。これはテキルギョル湖に沈殿するプランクトンが堆積してできた真っ黒な泥を体中に塗って、そのまま汗をたっぷりかく、という不思議な美容法。リューマチなどの病気にも効果があるという。これを目当てにシーズン中は世界中から人が集まってくる。ルーマニアの隠れた名物だ。

見どころ

ママイア Mamaia

Mamaia

　コンスタンツァから北へわずか5km、黒海とシィウトゥギョル湖に挟まれたママイアは、美しい砂浜で知られるリゾート。コンスタンツァからは40番、40C

海岸沿いをロープウエイが通る

番の市内バスで行くことができる。

　ママイアには約8kmにも及ぶビーチがあり、夏期には多くの観光客が訪れる。ここでは、砂浜に寝ころぶ人々に混じって、のんびりと1日を過ごしたい。

エフォリエ・ノルド Eforie Nord
Eforie Nord

エフォリエ・ノルドのビーチ

　コンスタンツァの南14kmにあるリゾート地。それだけに夏の混雑も大変なもの。泥治療による温泉治療所Clinic(クリニック)もあり、予約をすれば体験することができる。満員になることもあるので、早めに訪れるようにしよう。

マンガリア Mangaglia
Mangalia

　ルーマニアにおける、黒海沿岸最南の保養地。それなりに大きい町だがコンスタンツァのような大都市でもないので、長期滞在するのならおすすめ。

　なお、夏期は南のブルガリアとの国境行きバスに、ここから乗車することができる。

■ママイアのロープウエイ
　ママイアには町の南の入口近くと中心部を結ぶロープウエイがあり、見晴らしも抜群。
圏早朝〜夕方
休9月中旬〜5月

■アナ・アスラン・ヘルス・スパ
Ana Aslan Health Spa
　エフォリエ・ノルドのホテル・エウロパ内にあり、ジュロビタール化粧品を開発したアナ・アスラン博士の名がついたスパ。泥治療も行える。
TEL(0241)702840
URLwww.anahotels.ro/europa

ホテル・エウロパ内にある

ママイアの**ホテル** *Hotel*

日本からの電話のかけ方　電話会社の番号(→P.166)＋010＋40(ルーマニアの国番号)＋241(0を取った市外局番)＋番号

　ホテルは黒海沿岸に沿って一直線に並んでいるので探しやすい。プールやスパ施設を完備した高級リゾートホテルからリーズナブルな宿まで、宿泊施設の数は多いので、予算と目的に合わせて選べる。ただし、夏のシーズン中は混雑するので早めに予約しよう。プライベートルームの紹介所はないが、町なかで直接交渉することもできる。

ヤキ
Iaki

Map P.300

★★★★　　高級　室数:122

目の前に大きなサッカーコートがある。部屋の種類が豊富でバルコニー付きやリビング付きの部屋も選べる。敷地内にはプールやサウナ、エステ＆アンチエイジングのクリニックもある。

✉Mamaia, Constanța
TEL(0241)831025　FAX(0241)831169
URLwww.iaki.ro
冷S♨W🅿🍴€59〜
料Lei
CCADMV
WiFi全館
EVあり

ラグナ
Laguna

Map P.300

★★★★　　高級　室数:30

敷地内に大きなテラスをもつ4つ星ホテル。上階からの眺めも抜群で、設備も申し分ない。館内にはレストランが併設されている。右記は調査時の実勢料金。

✉Mamaia, Constanța
TEL0341 454466
URLwww.hotel-laguna.ro
冷S♨W🅿🍴196Lei〜
料Lei
CCMV
WiFi全館　EVあり

旅の言葉
ルーマニア語会話

　ルーマニア語の紀源は、古代にこの地を支配していたローマ帝国が使用していた言葉だ。ロマンス語に分類され、イタリア、フランス、スペイン語に近い。このうちのどれかひとつを少しでも知っていれば、かなりわかりあえるはずだ。アルファベットはほぼ英語と同じ。発音は若干異なるが、比較的親しみやすい言語である。出発前に少し予習をするだけで、旅の内容はかなり充実したものになるだろう。また、トランシルヴァニア地方では歴史の関係上、ハンガリー語、ドイツ語がよく通じる。

あいさつ、呼びかけ

おはよう
ブナ ディミニャッツァ
Bună dimineaţa.

こんにちは
ブナ ズィウア
Bună ziua.

こんばんは
ブナ セアラ
Bună seara.

おやすみなさい
ノアプテ ブナ
Noapte bună.

さようなら
ラ レヴェデレ
La revedere.

ありがとう
ムルツメスク
Mulţumesc.

どういたしまして
ナヴェツィ ペントル チェ
N-aveţi pentru ce.

ごめんなさい
ヴァ チェル スクゼ
Vă cer scuze.

はい／いいえ
ダ ヌ
Da. / Nu.

すみません(呼びかけ)
スクザツィマ
Scuzaţi-mă.

お願いします
ヴァ ログ
Vă rog.

どうぞ
ポフティム
Poftim.

乾杯!
ノロク
Noroc!

基本会話

これは何ですか
チェ エステ アチェスタ
Ce este acesta?

シビウのバス時刻表
Plecari は出発、Sosiri は到着

あなたは誰ですか
チネ スンテツィ ドゥムニャヴォアストラ
Cine sunteţi dumneavoastră?

〜はどこですか
ウンデ エステ
Unde este 〜 ?

何時ですか
クットゥ エ チェアスル
Cât e ceasul ?

いくらですか
クットゥ コスタ
Cât costă ?

わかりません
ヌ ヴァ ウンツェレグ
Nu vă înţeleg.

もう一度言ってください
スプネツィ ミ ウンカ オ ダタ ヴァ ログ
Spuneţi-mi încă o dată,vă rog?

ごきげんいかがですか
チェ マイ ファチェツィ
Ce mai faceţi ?

わたしの名前は〜です
ヌメレ メウ エステ
Numele meu este〜.

あなたの名前は何ですか
クム ヴァ ヌミツィ
Cum vă numiţi?

わたしは日本人(女性)です
エウ スント ジャポネズ(ザ)
Eu sunt japonez(ă).

ちょっと待ってください
アシュテプタツィ プツィン
Aşteptaţi puţin.

〜が欲しい
アシュ ヴリャ
Aş vrea 〜.

これはルーマニア語で何と言うのですか
クム セ スプネ アスタ ウン ロムナ
Cum se spune asta în română?

ルーマニア　旅の言葉

移動

～はどこですか
ウンデ エステ
Unde este～?

～へ行きたいのですが
アシュ ヴリャ サ メルグ ラ
Aş vrea să merg la～.

～行きを1枚ください
ダツィ ミ ウン ビレト ペントル　ヴァ ログ
Daţi-mi un bilet pentru ～ vă rog.

2等車をください
ダツィ ミ ウン ビレト ラ クラサ ア ドウア ヴァ ログ
Daţi-mi un bilet la clasa a doua, vă rog.

～までいくらですか
クトゥ コスタ プナ ラ
Cât costă până la～?

～までどのくらいかかりますか
クテ オレ ファチェム プナ ラ
Câte ore facem până la～?

何番線から発車しますか
デ ラ チェ リニエ プレアカ
De la ce linie pleacă?

何時に発車（到着）しますか
ラ チェ オラ プレアカ（ソセシュテ）
La ce oră pleacă (soseşte)?

～には停車しますか
アレ スタツィエ ラ
Are staţie la～?

宿泊

～の近くに安いホテルはありますか
ウミ プテツィ レコマンダ ウン ホテル イエフティン ルンガ
Îmi puteţi recomanda un hotel ieftin lângă～?

空室はありますか
アヴェツィ カメレ リベレ
Aveţi camere libere?

何泊する予定ですか
クトゥ ティンプ ヴレツィ サ スタツィ
Cât timp vreţi să staţi?

1泊いくらですか
クトゥ コスタ オ ノアプテ
Cât costă o noapte?

シングル（ダブル）の部屋はありますか
アヴェツィ オ カメラ ク ウン パト（ドウア パトゥリ）
Aveţi o cameră cu un pat (două paturi)?

バス、トイレ付き
ク バイエ トアレタ
Cu baie, toaletă.

部屋を見てもいいですか
ポトゥ ヴェデア カメラ
Pot vedea camera?

この部屋に決めます
ダツィ ミ カメラ アチェアスタ
Daţi-mi camera aceasta.

チェックアウトは何時ですか
ラ チェ オラ トレブイエ サ プレダウ カメラ
La ce oră trebuie să predau camera?

お湯が出ません
ヌ エステ アパ カルダ
Nu este apă caldă.

荷物を預かってもらえますか
ウミ ポトゥ ラサ バガジュル ラ レチェプツィエ
Îmi pot lăsa bagajul la recepţie?

食事

このあたりにいいレストランはありますか
エステ ウン レスタウラント ブン ウン アプロピエレ
Este un restaurant bun în apropiere?

このテーブルは空いていますか
マ サ アチェアスタ エステ リベラ
Masa aceasta este liberă?

ここに座ってもいいですか
ヴァ デランジェアザ ダカ スタム シ ノイ アイチ
Vă deranjează dacă stăm şi noi aici?

メニューを見せてください
メニウル ヴァ ログ
Meniul, vă rog.

～をください
ダツィ ミ
Daţi-mi ～.

どうですか（おいしいですか）
クム ヴィ セ パレ
Cum vi se pare?

おいしいです
エ フォアルテ ブン
E foarte bun.

お勘定をお願いします
ファチェツィ ミ ノタ ヴァ ログ
Faceţi-mi nota vă rog.

買い物

何かお探しですか
ヴァ ポトゥ フィ デ フォロス
Vă pot fi de folos?

いいえ、けっこうです。見ているだけです
ヌ ムルツメスク アルンカム ヌマイ オ プリヴィレ
Nu, mulţumesc. Aruncam numai o privire.

いくらですか
クトゥ コスタ
Cât costă?

それは安い／高いです
エステ イエフティン ／ スクンプ
Este ieftin ／ scump.

ほかの値段のものはありますか
エステ ヴレオ ディフェレンツァ デ プレツ
Este vreo diferenţă de preţ?

郵便、電話、両替

郵便局はどこですか
ウンデ エステ オフィチウル ポシュタル
Unde este oficiul poştal?

日本までの切手を5枚ください
ダツィ ミ ヴァ ログ チンチ ティンブレ ペントル ジャポニア
Daţi-mi, vă rog, cinci timbre pentru Japonia.

日本へ電話をかけたいのですが
アシュ ヴリャ サ ダウ ウン テレフォン ウン ジャポニア
Aş vrea să dau un telefon în Japonia.

テレフォンカードはありますか
アヴェツィ カルテラ テレフォニカ
Aveţi cartelă telefonică?

～は両替できますか
ポトゥ スキンバ
Pot schimba～?

303

計算が間違っています
クレドゥ カ サ ストゥレクラト オ グレシェアラ
Cred că s-a strecurat o greşeală.

観光

開館（閉館）は何時ですか
ラ チェ オラ セ デスキデ ウンキデ
La ce oră se deschide (închide)?

入場料はいくらですか
クットゥ コスタ イントゥラレア
Cât costă intrarea?

写真を撮ってもいいですか
ヴァ ポトゥ ファチェ オ ポザ
Vă pot face o poză?

中心街はどこですか
ウンデ エステ チェントルル オラシュルイ
Unde este centrul oraşului?

英語は話せますか
ヴォルベシュティ エングレゼシュテ
Vorbeşti englezeşte?

楽しかったです
プラチェレア ア フォスト デ パルテア メア
Plăcerea a fost de partea mea.

緊急、医療

気分が悪いです
ヌ マ シィムトゥ ビネ
Nu mă simt bine.

病院（日本大使館）はどこですか
ウンデ エステ スピタル （ アンバサダ ジャポニエイ）
Unde este spital (ambasada Japoniei)?

ここが痛い
マ ドアレ アイチ
Mă doare aici.

〜の薬をもらえますか
イミ プテツィ ダ チェヴァ ウンポトリヴァ
Îmi puteţi da ceva împotriva〜.

助けて！
アジュトル
Ajutor !

どろぼう！
ホツィー
Hoţii !

警察！
ケ マ ツィ ポリツィア
Chemaţi poliţia !

Centru は
中心街のこと（シビウ）

■数字

1	ウヌ （ウナ） unu (una)	30	トレイゼチ treizeci
2	ドイ doi(două)	40	パトゥルゼチ patruzeci
3	トレイ trei	50	チンチゼチ cincizeci
4	パトゥル patru	60	シャイゼチ şaizeci
5	チンチ cinci	70	シャプテゼチ şaptezeci
6	シャセ şase	80	オプトゥゼチ optzeci
7	シャプテ şapte	90	ノアゼチ nouazeci
8	オプトゥ opt	100	オ スタ o suta
9	ノウア nouă	200	ドウア ステ două sute
10	ゼチェ zece	500	チンチ ステ cinci sute
11	ウンスプレゼチェ unsprezece	1000	オ ミエ o mie
12	ドイスプレゼチェ doisprezece	1万	ゼチェ ミー zece mii
13	トレイスプレゼチェ treisprezece	10万	オ スタ デ ミー o sută de mii
14	パイスプレゼチェ paisprezece		
15	チンチスプレゼチェ cincisprezece	■曜日	
16	シャイスプレゼチェ şaisprezece	月曜日	ルニ luni
17	シャプテスプレゼチェ şaptesprezece	火曜日	マルツィ marţi
18	オプトゥスプレゼチェ optsprezece	水曜日	ミエルクリ miercuri
19	ノアスプレゼチェ nouăsprezece	木曜日	ジョイ joi
20	ドウアゼチ douăzeci	金曜日	ヴィネリ vineri
21	ドウアゼチ シ、ウヌ douăzeci şi unu	土曜日	スムバタ sâmbătă
22	ドウアゼチ シ、ドイ douăzeci şi doi	日曜日	ドゥミニカ duminică
23	ドウアゼチ シ トレイ douăzeci şi trei		

■月

1月	ヤヌアリエ ianuarie
2月	フェブルアリエ februarie
3月	マルティエ martie
4月	アプリリエ aprilie
5月	マイ mai
6月	ユニエ iunie
7月	ユリエ iulie
8月	アウグスト august
9月	セプテムブリエ septembrie
10月	オクトムブリエ octombrie
11月	ノイエムブリエ noiembrie
12月	デチェムブリエ decembrie

■基本単語

昨日	イエリ ieri
今日	アジ azi
明日	ムイネ mâine
午前	ディミニャツァ dimineaţă
午後	ドパ アミアザ după amiază
朝	ディミニャツァ dimineaţă
昼	アミアザ amiază
夜	セアラ seară
毎日	ズィルニク zilnic

暑い　cald
寒い　frig
よい　bun
悪い　rău
右　dreapta
左　stânga
上に　sus
下に　jos
前に　înainte
後ろに　înapoi
ここ　aici

■移動に役立つ単語

飛行機　avion
列車　tren
地下鉄　metrou
バス　autobuz
タクシー　taxi
トラム　tramvai
自動車　automobil
自転車　bicicletă
空港　aeroport
駅　gară
バス停（バスターミナル）　autogară
特急　rapid
急行　accelerat
各停（鈍行）　persoane
1等　clasa întâia
2等　clasa a doua
寝台車　vagon de dormit
切符　bilet
指定席券　bilete cu loc
鉄道時刻表　mersul trenurilor
到着　sosire
出発　plecare
車掌　conductor
運転手　şofer

■宿泊に役立つ単語

部屋　cameră
シャワー　duş
バスタブ　baie
トイレ　toaletă
朝食　micul dejun
鍵　cheie
税金　taxa
ホテル　hotel
プライベートルーム　cameră particulară
レセプション　recepţia
エレベーター　ascensor

階段　scara
水／お湯　apă／apă caldă
冷たい／熱い　rece／cald
テレビ　televizor
ベッド　pat
毛布　pătură
電球　bec
窓／ドア　fereastră／uşă
うるさい／静か　zgomotos／liniştit
狭い／広い　mic／mare
汚い／きれい　murdar／curat
暗い／明るい　obscur／luminos

■食事に役立つ単語

メニュー　meniu
朝食　micul dejun
昼食　prânz
夕食　cina
テーブル　masa
ナイフ　cuţit
フォーク　furculiţa
スプーン　lingura
ウエーター　chelner
ウエートレス　chelneriţă
肉　carne
野菜　legume
魚　peşte
鶏肉　pui
豚肉　porc
牛肉　vacă
羊肉　oaie
パン　pâine
ライス　orez
スープ　supă (ciorbă)
飲み物　băutură
水（炭酸なし）　apa plată
炭酸水　apa carbogazoasă
酒　alcool
ジュース　suc
コーヒー　cafea
紅茶　ceai
ビール　bere
ワイン　vin
ウイスキー　whisky
デザート　desert
勘定書　nota de plată

■買い物に役立つ単語

大きい／小さい　mare／mic
赤色　roşu

青色　albastru
黄色　galben
緑色　verde
黒色　negru
白色　alb
茶色　maro
これ　acesta
あれ　acela

■郵便、電話、両替に役立つ単語

切手　timbru
ハガキ　carte poştală
エアメール　scrisorile par avion
国際電話　convorbire internaţională
両替所　casa de schimb
両替証明書　chitanţă de schimb valutar
小包　pachet

■観光に役立つ単語

地図　harta
博物館、美術館　muzeu
城　castel
教会　biserică
修道院　mănăstire
川　râu
山脈　munte
公園　parc
広場／市場　piaţă
カフェテリア　cofetărie
観光案内所　birou de informaţii
旅行代理店　agenţie de turism

■緊急・医療に役立つ単語

頭　cap
顔　faţa
手　mână
足　picior
目　ochi
鼻　nas
口　gură
歯　dinte
のど　gât
耳　ureche
腹　pântece (burtă)
胃　stomac
背中　spate
腸　intestin
救急車　ambulanţă
薬局　farmacie
医者　doctor

305

【ルーマニアの歴史】

ルーマニアの歴史は、紀元前8世紀からカルパチア山脈とバルカン半島北部に定着した、インド=ヨーロッパ語族のダキア人とともに始まる。106年、ローマ帝国のトラヤヌス帝は、ドナウ川を越えてダキア人を支配、属州にする。先住ダキア人は、ローマ人社会に組み込まれラテン化していく。これが、ルーマニア人の原形となった。

14世紀になると、ハンガリーを宗主国とするワラキア公国と、反ハンガリー派のモルドヴァ公国が誕生する。バルカン半島をほぼ全域にわたり征服していたオスマン朝に対して、ルーマニアの諸侯はさまざまな抵抗を試みるが、結局はオスマン朝の支配下におかれてしまう。ドラキュラのモデルとなったワラキア公ヴラド・ツェペシュ（ヴラド3世）は、侵攻するオスマン朝に対して果敢に戦いを挑んだ民族の英雄である。

18世紀になると、ロシアは南下政策を推し進めたが失敗に終わり、両公国は、オスマン朝宗主権下の自治公国ルーマニアとして正式統一された。1881年、カロル大公はルーマニア王国を宣言、カロル1世として即位する。

第二次世界大戦での敗戦後はソ連軍がブカレストに入城し、ルーマニアはその統治下に組み込まれていく。ソ連の後ろ盾を得た共産党は、閣僚ポストを独占。1952年には新憲法を発布し、ルーマニア人民共和国の宣言を行った。1965年、チャウシェスクが党の第1書記に就任する。

1989年、ティミショアラで発生した抗議運動は全土に広がり、革命はチャウシェスク夫妻の処刑という形で幕を閉じた。その後は民主化が進み、外交的には西側への接近、2004年にはNATO加盟、2007年にはEUへの加盟を果たした。

歴史年表

B.C.10C頃	インド・ヨーロッパ語族のダキア人が定住
B.C.1C頃	ダキア人の首長ブレビスタがルーマニア初の単一国家を形成する
↑ B.C. A.D. ↓	
106	ローマ帝国のトラヤヌス帝がダキアを制圧。属州にする
12C頃	ハンガリー王ゲーザ2世によって、 ドイツ系移民の**トランシルヴァニア植民**が始まる
13C頃	ワラキア公国の誕生
1359	マラムレシュのボグダン公がモルドヴァ公国を建国
15C頃	オスマン朝によるワラキア、モルドヴァ公国への侵攻
1476	ワラキア公国の**ヴラド・ツェペシュ（ヴラド3世）**が オスマン朝との戦いで死亡
1571	トランシルヴァニア公国がハンガリーから独立
1711	トランシルヴァニア公国、ハプスブルク帝国に統合される
1768	ロシアがオスマン朝に宣戦布告。 ワラキア、モルドヴァ両国はロシアの支配下に入る
1859	ワラキア、モルドヴァ両国が統一
1881	ルーマニア王国の建国。カロル大公はカロル1世として即位
1912	バルカン戦争勃発
1916	第一次世界大戦に参戦
1918	第一次世界大戦終結
1920	ルーマニア王国がトランシルヴァニア地方を併合
1941	第二次世界大戦に参戦
1945	第二次世界大戦終結
1947	ルーマニア人民共和国が発足
1948	労働党による一党独裁政治の開始。社会主義の道へと進む
1965	チャウシェスクが党第1書記に就任
1976	モントリオール・オリンピック。 ナディア・コマネチが体操競技で金メダルを3個獲得
1980〜	チャウシェスクの独裁色が強くなっていく
1989	ティミショアラで**ハンガリー人牧師退去令に対する抗議活動** 抗議活動は全土に広まり、デモに発展する。 チャウシェスク夫妻の処刑により、独裁体制は崩壊
2004	NATOに加盟
2007	EUに加盟

トランシルヴァニア各地に残る要塞教会はドイツ系住民が建設したもの

ドラキュラのモデルとして知られるが、ルーマニアでは英雄としてたたえられている

ルーマニア民主革命は西部の町ティミショアラから始まった

旅の便利帳

素朴なデザインが人気のホレズ焼きのショップ

旅の必需品

パスポートとビザ

**■パスポートの申請から
受領まで**
URL www.mofa.go.jp/mofaj/
toko/passport/index.html

❀**パスポート**　パスポート（旅券）は旅行者が日本国民であることを証明し、渡航先の国に対して安全な通過や保護を要請した公文書で、5年間有効のものと10年間有効のものがある。10年間有効のパスポートを取得できるのは、20歳以上の成人のみ。

■申請に関する疑問は
東京都パスポート電話案内
センター
TEL (03)5908-0400（東京）
または各都道府県旅券課に問
い合わせを。

　申請は自分の住民登録をしてある都道府県庁の旅券課へ。申請から発給までは通常1週間かかる。受領は本人しかできないので、気をつけよう。

❀**ビザとパスポート残存有効期間**　ブルガリア、ルーマニアともに90日までの観光目的の滞在ならビザは不要。パスポートの残存有効期間はブルガリア、ルーマニアともに入国時に6ヵ月以上。

**■日本で予約できる
旅行会社**
●株式会社ユーラシア旅行社
URL www.eurasia.co.jp
TEL (03)3265-1691

旅行前に手に入れたい証明書

❀**国際学生証**　国際学生証（ISIC）があれば、博物館や美術館、遺跡などの入場料が割引になる場合もある。申請は左記のサイトから。各大学の生協でも受け付けている。

■国際学生証ISICカード
URL www.isicjapan.jp

■日本ユースホステル協会
URL www.jyh.or.jp

❀**ユースホステル会員証**　ユースホステル会員になれば、ユースホステルに会員料金で宿泊できる。申請はユースホステル協会または大学生協の窓口へ。ウェブサイトからも申し込みができる。年齢制限はない。

**■警視庁運転免許
テレホンサービス**
TEL (03)3450-5000

❀**国外運転免許証**　レンタカーを利用するには、事前に国外運転免許証International Driver Permitを取得しておく必要がある。

**■トラベル
プリペイドカード**

　申請は所持している免許証を発行している都道府県の免許センターまたは指定警察署に出向く。

海外旅行保険

トラベルプリペイドカードは、外貨両替の手間や不安を解消してくれる便利なカードのひとつだ。多くの通貨で国内での外貨両替よりレートがよく、カード作成時に審査がない。出発前にコンビニATMなどで円をチャージし（入金）、その範囲内で渡航先のATMで現地通貨の引き出しができる。各種手数料が別途かかるが、使い過ぎや多額の現金を持ち歩く不安もない。2019年2月現在、発行されているのはおもに下記のとおり。

　ブルガリア、ルーマニア両国とも、スリや闇両替、ニセ警官といった、観光客をターゲットにした犯罪が報告されている。盗難や傷害事件、病気などに備えて海外旅行保険に入っておいたほうがいい。具体的なトラブルについては別項（⇨P.311）を参照してほしい。

　海外旅行保険には、一般的に必要な保険と補償を組み合わせた「セット型」と、ニーズと予算に合わせて各種保険を選択できる「オーダーメイド型」がある。

●NEO MONEY ネオ・マネー
URL www.neomoney.jp
クレディセゾン発行
●GAICA ガイカ
URL www.gaica.jp
アプラス発行
●CASH PASSPORT
キャッシュ・パスポート
URL www.jpcashpassport.jp
マスターカードプリペイド
マネージメントサービシーズ
ジャパン発行

　アクシデントに遭ったら、速やかに連絡して指示を受ける。その際加入時の書類が必要なので携帯しよう。また、帰国後の申請に備え、治療や盗難の証明書が必要かどうかについても、出発前に確認しておこう。

出国と入国

日本出国

✿チェックイン 空港へは出発時刻の2時間前には到着しておきたい。空港に着いたら航空会社の窓口へ行き、パスポートとeチケットを提示し、搭乗券を受け取る。スーツケースやバックパックなどの大きな荷物はこのときに預ける。

✿出国審査 チェックインが終わったら出国審査の列に並ぶ。順番が来たらパスポートと搭乗券を提示すればOK。出国手続きが済めば「制限エリア」と呼ばれる「日本の外」。免税店で免税品を買うこともできる。

ブルガリア、ルーマニアの入出国

✿入国 ブルガリア、ルーマニアへは日本からの直行便がないので、フランクフルトやイスタンブールなど、距離も近く、規模の大きい国際空港がある国で乗

まずはターン・テーブルで荷物を受け取る

り継ぐこととなる。フランスやドイツなどのシェンゲン協定を実地しているEU諸国を経由した場合でも、ブルガリアやルーマニアでの入国審査は必要。

　入国審査を終えたら、ターンテーブルで荷物を受け取ろう。持ち込み品が免税範囲内（右記参照）であれば税関申告は必要ないが、もし範囲を超えているのなら書類を作成する。

✿出国 空港には2時間前には着くようにしよう。搭乗手続きを終え、出国審査が終わったらそのまま飛行機に乗るだけ。免税の払い戻しを受けられる制度はあるものの、ルーマニアの場合、空港での手続きは難しい。

新しくなったアンリ・コアンダ空港のチェックインカウンター

日本へ帰国する

✿入国手続き 入国審査の前に検疫があるが、ブルガリアやルーマニアの場合は基本的に不要。体調に不安がある場合は健康相談室へ。その後、入国審査で入国スタンプを押してもらう。

✿通関 ターンテーブルから荷物を受け取ったら税関検査台へ。免税範囲内なら緑色、超過あるいはわからない場合は赤色の検査台へ並ぶ。なお、すべての乗客に「携帯品・別送品申告書」の提出が義務づけられている。申告書は機内で配られたり、検査台付近のカウンターに置かれている。

■欧州旅行にも電子渡航認証が必要に!

　2021年1月より、ビザが免除されている日本やアメリカなどの国民がシェンゲン協定国（スペイン、フランスなど26ヵ国で、ブルガリア、ルーマニアは2019年2月現在未加盟）にビザなしで入国する際、ETIAS（エティアス、欧州渡航情報認証制度）電子認証システムへの申請が必須となる予定。各種条件や導入時期などは変更される可能性もあり、ホームページなどで最新情報の確認を。
URL etias-euvisa.com

■国際線の機内へは、液体物の持ち込み禁止

　日本を出発するすべての国際線では100mℓ以上の液体物は持ち込み禁止（出国手続き後の免税店などの店舗で購入されたものを除く）。液体物は事前にスーツケースやバックパックなど、託送荷物の中に入れてカウンターで預けてしまおう。化粧水やベビーフードなどの必需品は100mℓ以下の容器に入れ、容量1ℓ以下のジッパー付き透明プラスチック製袋に入れれば機内持ち込み可能。

日本へ帰国の際の免税範囲

たばこ	日本製と外国製のたばこ200本（1カートン）ずつ、葉巻50本
酒	3本（1本760mℓ程度のもの）
香水	2オンス
その他	海外市価の合計が20万円以内のもの

ブルガリア、ルーマニアに無税で持ち込めるもの

たばこ	紙巻きたばこ200本、葉巻50本、刻みたばこ250gのいずれか
酒	22度以上のアルコール飲料1ℓ（22度以下なら2ℓ）、ワイン2ℓ。
香水	香水50g、またはオーデコロン250cc。

通信事情

郵便

　日本へのはがきや封書は航空便なら1週間くらいで着く。日本へ送る場合、宛名は日本語でOKだが、"JAPAN""AIR MAIL"とはっきり書くこと。小包は国によって重量制限などの細かい条件が決められているが、航空便なら1週間程度で日本に着く。郵便局では英語が通じない場合が多いが、送りたいものを窓口で見せればわかってくれるので、内容を書いたメモを持っていくといい。

ルーマニアの公衆電話

電話とインターネット

✿**電話**　公衆電話はテレフォンカード式が主流だが、携帯電話の普及により、公衆電話自体の数が少ない。海外で携帯電話を利用するには、日本で使用している携帯電話を海外でそのまま利用する方法や、レンタル携帯電話を利用する方法がある。また、SIMフリーのスマートフォンや携帯電話を持っているのなら、現地でSIMカードを購入して利用するという手もある。

✿**無線LAN**　ほとんどのホテルやカフェでは、利用者向けに無料で無線LANを開放している。

■**無線LANの使い方**
　無料の場合、パスワードが必要なことがあるのでチェックインのときにフロントで聞いておこう。カフェなどでも飲食をすればパスワードを教えてくれる。

INFORMATION

ブルガリア・ルーマニアでスマホ、ネットを使うには

　スマホ利用やインターネットアクセスをするための方法はいろいろあるが、一番手軽なのはホテルなどのネットサービス（有料または無料）、Wi-Fiスポット（インターネットアクセスポイント。無料）を活用することだろう。主要ホテルや町なかにWi-Fiスポットがあるので、宿泊ホテルでの利用可否やどこにWi-Fiスポットがあるかなどの情報を事前にネットなどで調べておくとよい。ただしWi-Fiスポットでは、通信速度が不安定だったり、繋がらない場合があったり、利用できる場所が限定されたりするというデメリットもある。そのほか契約している携帯電話会社の「パケット定額」を利用したり、現地キャリアに対応したSIMカードを使用したりと選択肢は豊富だが、ストレスなく安心してスマホやネットを使うなら、以下の方法も検討したい。

☆ 海外用モバイルWi-Fiルーターをレンタル

　ブルガリア・ルーマニアで利用できる「Wi-Fiルーター」をレンタルする方法がある。定額料金で利用できるもので、「グローバルWiFi（【URL】https://townwifi.com/）」など各社が提供している。Wi-Fiルーターとは、現地でもスマホやタブレット、PCなどでネットを利用するための機器のことをいい、事前に予約しておいて、空港などで受け取る。利用料金が安く、ルーター1台で複数の機器と接続できる（同行者とシェアできる）ほか、いつでもどこでも、移動しながらでも快適にネットを利用できるとして、利用者が増えている。

▼グローバルWiFi

　海外旅行先のスマホ接続、ネット利用の詳しい情報は「地球の歩き方」ホームページで確認してほしい。
【URL】http://www.arukikata.co.jp/net/

治安とトラブル

犯罪の手口を知る

ブルガリア、ルーマニア両国とも、凶悪な犯罪やテロなどは少ないものの、首都や国境の町、観光地などは日本に比べると治安はよくないと言える。しかし、最低限の注意さえしていれば防げる犯罪も多い。一般的な手口は以下のとおり。もし被害に遭ってしまっても、慌てずに対処することが大切だ。

❀睡眠薬強盗 手口としては町なかや鉄道車両内で声をかけられ、すすめられた飲み物や食べ物を口にしたあと意識を失い、気づいたら身ぐるみはがされている、というものがほとんどだ。

注射針などで睡眠薬を注入し、目の前で袋を開封して自分が食べて見せて安心させるという手口で、睡眠薬強盗の事実を知っていてもだまされてしまう旅行者もいる。また、最初のうちは自分がお金を払い信用させて、数日かけて最後にだますケースもある。

❀闇両替、ニセ警官 町なか、駅周辺を歩いていると「チェンジ、マネー」と声をかけられことがあるかもしれない。少しでも話を聞いていると、ニセ警官が現れ、偽札のチェックをするという名目で札を数えるふりをしながら抜き取る。

❀スリ 観光客が巻き込まれるトラブルで、最も件数が多いのがスリ。おもな例としては、トラムやバスの中、観光地付近で偶然を装って数人でターゲットを取り囲む。混雑した状態を作り、それに気を取られている間に、持っているかばんを開けて（あるいはかばんごと）貴重品を盗む、というもの。

❀タクシー タクシーは密室でもあるので犯罪の温床になりやすい。2012年夏にはブカレストの空港から親切を装ったルーマニア人男性とタクシーに乗った日本人女性が殺害されるという痛ましい事件も発生している。空港や鉄道駅、バスターミナルなどでは向こうから声をかけてくることも多いが、可能な限り利用は控えよう。アンリ・コアンダ空港やブカレスト・ノルド駅には登録業者のタクシーを呼び出すことができるタッチパネル式機械があるので、タクシーを利用する場合は必ずこちらを利用すること。

タクシーで圧倒的に多いのが料金トラブル。いわゆるぼったくりタクシーだ。対策としては、呼ぶ前に複数の地元の人に、信頼できるタクシー会社を聞いておくこと。ソフィアならOKスーパートランスなど、ブカレストならメリディアンなどが大手で知られているが、似た社名やロゴを掲げる偽物もいるので気をつけよう。トラブルになったら、車の中に張ってある料金表下の連絡先を控えること。降車時のスリも注意。料金を払う際に財布の場所がわかってしまうので狙われやすい。高額紙幣で支払いしようとすると、釣り札がないと主張して、全額せしめようとする運転手もいる。

■外務省海外安全相談センター
URL www.anzen.mofa.go.jp
URL m.anzen.mofa.go.jp（モバイル版）

■集団暴行に注意
ソフィアなどでは若者が集団で徘徊して、旅行者などに暴力をふるうという事件が起きている。それらしい集団を見かけたら近づかないこと。単独での深夜の外出や、ひと気のない地域の出入りはなるべく避けたほうがいい。

■クレジットカードを紛失、盗難されたとき
紛失したカードが不正使用されないために、ただちにクレジットカード会社に連絡をして、カードが無効となる手続きをしてもらおう。このようなときのためにカード会社の緊急連絡先、カードの番号を忘れずに控えておくこと。また、緊急連絡先以外でも、各カード発行会社の支店や加盟店、日本のオフィスに届け出ても手続きできる。

■コピー商品の購入は厳禁！
旅行先では、有名ブランドのロゴやデザイン、キャラクターなどを模倣した偽ブランド品や、ゲームソフト、音楽ソフトを違法に複製した「コピー商品」を、絶対に購入しないように。これらの品物を持って帰国すると、空港の税関で没収されるだけでなく、場合によっては損害賠償請求を受けることも。「知らなかった」では済まされないのだ。

■渡航先で最新の安全情報を確認できる「たびレジ」に登録しよう
外務省の提供する「たびレジ」に登録すれば、渡航先の安全情報メールや緊急連絡を無料で受け取ることができる。出発前にぜひ登録しよう。
URL www.ezairyu.mofa.go.jp/tabireg

■パスポートを紛失、盗難、焼失したとき
詳しくは、外務省のウェブサイトに掲載されている。
URL www.mofa.go.jp/mofaj/toko/passport/pass_5.html

311

索 引

ブルガリア

ルーマニア

あなたの**旅の体験談**をお送りください

「地球の歩き方」は、たくさんの旅行者からご協力をいただいて、
改訂版や新刊を制作しています。
あなたの旅の体験や貴重な情報を、これから旅に出る人たちへ分けてあげてください。
なお、お送りいただいたご投稿がガイドブックに掲載された場合は、
初回掲載本を1冊プレゼントします！（発送は国内に限らせていただきます）

ご投稿はインターネットから！

URL www.arukikata.co.jp/guidebook/toukou.html
画像も送れるカンタン「投稿フォーム」
※左記の二次元コードをスマートフォンなどで読み取ってアクセス！

または「地球の歩き方　投稿」で検索してもすぐに見つかります

　地球の歩き方　投稿　　　　　　🔍　　[検索]

▶投稿にあたってのお願い

★ご投稿は、次のような《テーマ》に分けてお書きください。

《**新発見**》————ガイドブック未掲載のレストラン、ホテル、ショップなどの情報
《**旅の提案**》———未掲載の町や見どころ、新しいルートや楽しみ方などの情報
《**アドバイス**》——旅先で工夫したこと、注意したこと、トラブル体験など
《**訂正・反論**》———掲載されている記事・データの追加修正や更新、異論、反論など

> ※記入例「○○編20XX年度版△△ページ掲載の□□ホテルが移転していました……」

★データはできるだけ正確に。
　ホテルやレストランなどの情報は、名称、住所、電話番号、アクセスなどを正確にお書きください。
　ウェブサイトのURLや地図などは画像でご投稿いただくのもおすすめです。

★ご自身の体験をお寄せください。
　雑誌やインターネット上の情報などの丸写しはせず、実際の体験に基づいた具体的な情報をお
　待ちしています。

▶ご確認ください

※採用されたご投稿は、必ずしも該当タイトルに掲載されるわけではありません。関連他タイトルへの掲載もありえます。
※例えば「新しい市内交通バスが発売されている」など、すでに編集部で取材・調査を終えているものと同内容のご投稿をい
　ただいた場合は、ご投稿を採用したとはみなされず掲載本をプレゼントできないケースがあります。
※当社は個人情報を第三者へ提供いたしません。また、ご記入いただきましたご自身の情報については、ご投稿内容の確認
　や掲載本の送付などの用途以外には使用いたしません。
※ご投稿の採用の可否についてのお問い合わせはご遠慮ください。
※原稿は原文を尊重しますが、スペースなどの関係で編集部でリライトする場合があります。

地球の歩き方 シリーズ一覧

2024年8月現在

*地球の歩き方ガイドブックは、改訂時に価格が変わることがあります。 *表示価格は定価（税込）です。 *最新情報は、ホームページをご覧ください。www.arukikata.co.jp/guidebook/

地球の歩き方 ガイドブック

A ヨーロッパ

A01 ヨーロッパ	¥1870
A02 イギリス	¥2530
A03 ロンドン	¥1980
A04 湖水地方＆スコットランド	¥1870
A05 アイルランド	¥2310
A06 フランス	¥2420
A07 パリ＆近郊の町	¥2200
A08 南仏プロヴァンス コート・ダジュール＆モナコ	¥1760
A09 イタリア	¥2530
A10 ローマ	¥1760
A11 ミラノ ヴェネツィアと湖水地方	¥1870
A12 フィレンツェとトスカーナ	¥1870
A13 南イタリアとシチリア	¥1870
A14 ドイツ	¥2420
A15 南ドイツ フランクフルト ミュンヘン ロマンチック街道 古城街道	¥2090
A16 ベルリンと北ドイツ ハンブルク ドレスデン ライプツィヒ	¥1870
A17 ウィーンとオーストリア	¥2090
A18 スイス	¥2200
A19 オランダ ベルギー ルクセンブルク	¥2420
A20 スペイン	¥2420
A21 マドリードとアンダルシア	¥1760
A22 バルセロナ＆近郊の町 イビサ島／マヨルカ島	¥1980
A23 ポルトガル	¥2200
A24 ギリシアとエーゲ海の島々＆キプロス	¥1870
A25 中欧	¥1980
A26 チェコ ポーランド スロヴァキア	¥2420
A27 ハンガリー	¥1870
A28 ブルガリア ルーマニア	¥1980
A29 北欧 デンマーク ノルウェー スウェーデン フィンランド	¥2640
A30 バルトの国々 エストニア ラトヴィア リトアニア	¥1870
A31 ロシア ベラルーシ ウクライナ モルドヴァ コーカサスの国々	¥2090
A32 極東ロシア シベリア サハリン	¥1980
A34 クロアチア スロヴェニア	¥2200

B 南北アメリカ

B01 アメリカ	¥2090
B02 アメリカ西海岸	¥2200
B03 ロスアンゼルス	¥2090
B04 サンフランシスコとシリコンバレー	¥1870
B05 シアトル ポートランド	¥2420
B06 ニューヨーク マンハッタン＆ブルックリン	¥2200
B07 ボストン	¥1980
B08 ワシントンDC	¥2420
B09 ラスベガス セドナ＆グランドキャニオンと大西部	¥2090
B10 フロリダ	¥2310
B11 シカゴ	¥1870
B12 アメリカ南部	¥1980
B13 アメリカの国立公園	¥2640
B14 ダラス ヒューストン デンバー グランドサークル フェニックス サンタフェ	¥1980
B15 アラスカ	¥1980
B16 カナダ	¥2420
B17 カナダ西部 カナディアン・ロッキーとバンクーバー	¥2090
B18 カナダ東部 ナイアガラ・フォールズ メープル街道 プリンス・エドワード島 トロント オタワ モントリオール ケベック・シティ	¥2090
B19 メキシコ	¥1980
B20 中米	¥2090
B21 ブラジル ベネズエラ	¥2200
B22 アルゼンチン チリ パラグアイ ウルグアイ	¥2200
B23 ペルー ボリビア エクアドル コロンビア	¥2200
B24 キューバ バハマ ジャマイカ カリブの島々	¥2035
B25 アメリカ・ドライブ	¥1980

C 太平洋 / インド洋島々

C01 ハワイ オアフ島＆ホノルル	¥2200
C02 ハワイ島	¥2200
C03 サイパン ロタ＆テニアン	¥1540
C04 グアム	¥1980
C05 タヒチ イースター島	¥1870
C06 フィジー	¥1650
C07 ニューカレドニア	¥1650
C08 モルディブ	¥1870
C10 ニュージーランド	¥2200
C11 オーストラリア	¥2750
C12 ゴールドコーストとケアンズ	¥2420
C13 シドニー＆メルボルン	¥1760

D アジア

D01 中国	¥2090
D02 上海 杭州 蘇州	¥1870
D03 北京	¥1760
D04 大連 瀋陽 ハルビン 中国東北部の自然と文化	¥1980
D05 広州 アモイ 桂林 珠江デルタと華南地方	¥1980
D06 成都 重慶 九寨溝 麗江 四川 雲南	¥1980
D07 西安 敦煌 ウルムチ シルクロードと中国北西部	¥1980
D08 チベット	¥2090
D09 香港 マカオ 深圳	¥2420
D10 台湾	¥2090
D11 台北	¥1980
D13 台南 高雄 屏東＆南台湾の町	¥1980
D14 モンゴル	¥2420
D15 中央アジア サマルカンドとシルクロードの国々	¥2090
D16 東南アジア	¥1870
D17 タイ	¥2200
D18 バンコク	¥1980
D19 マレーシア ブルネイ	¥2090
D20 シンガポール	¥2200
D21 ベトナム	¥2090
D22 アンコール・ワットとカンボジア	¥2200

D23 ラオス	¥242
D24 ミャンマー（ビルマ）	¥209
D25 インドネシア	¥242
D26 バリ島	¥220
D27 フィリピン マニラ セブ ボラカイ ボホール エルニド	¥220
D28 インド	¥264
D29 ネパールとヒマラヤトレッキング	¥220
D30 スリランカ	¥187
D31 ブータン	¥198
D33 マカオ	¥176
D34 釜山 慶州	¥154
D35 バングラデシュ	¥209
D37 韓国	¥209
D38 ソウル	¥187

E 中近東 アフリカ

E01 ドバイとアラビア半島の国々	¥209
E02 エジプト	¥253
E03 イスタンブールとトルコの大地	¥209
E04 ペトラ遺跡とヨルダン レバノン	¥209
E05 イスラエル	¥209
E06 イラン ペルシアの旅	¥220
E07 モロッコ	¥198
E08 チュニジア	¥209
E09 東アフリカ ウガンダ エチオピア ケニア タンザニア ルワンダ	¥209
E10 南アフリカ	¥220
E11 リビア	¥220
E12 マダガスカル	¥198

J 国内版

J00 日本	¥330
J01 東京 23区	¥220
J02 東京 多摩地域	¥202
J03 京都	¥220
J04 沖縄	¥220
J05 北海道	¥220
J06 神奈川	¥242
J07 埼玉	¥220
J08 千葉	¥220
J09 札幌・小樽	¥220
J10 愛知	¥220
J11 世田谷区	¥220
J12 四国	¥242
J13 北九州市	¥220
J14 東京の島々	¥264
J15 広島	¥220
J16 横浜市	¥220

地球の歩き方 aruco

●海外

1	パリ	¥1650
2	ソウル	¥1650
3	台北	¥1650
4	トルコ	¥1430
5	インド	¥1540
6	ロンドン	¥1650
7	香港	¥1650
9	ニューヨーク	¥1650
10	ホーチミン ダナン ホイアン	¥1650
11	ホノルル	¥1650
12	バリ島	¥1650
13	上海	¥1320
14	モロッコ	¥1540
15	チェコ	¥1320
16	ベルギー	¥1430
17	ウィーン ブダペスト	¥1320
18	イタリア	¥1760
19	スリランカ	¥1540
20	クロアチア スロヴェニア	¥1430
21	スペイン	¥1320
22	シンガポール	¥1650
23	バンコク	¥1650
24	グアム	¥1320
25	オーストラリア	¥1760

26	フィンランド エストニア	¥1430
27	アンコール・ワット	¥1430
28	ドイツ	¥1760
29	ハノイ	¥1650
30	台湾	¥1650
31	カナダ	¥1320
33	サイパン テニアン ロタ	¥1320
34	セブ ボホール エルニド	¥1320
35	ロスアンゼルス	¥1320
36	フランス	¥1430
37	ポルトガル	¥1650
38	ダナン ホイアン フエ	¥1430

●国内

北海道	¥1760
京都	¥1760
沖縄	¥1760
東京	¥1540
東京で楽しむフランス	¥1430
東京で楽しむ韓国	¥1430
東京で楽しむ台湾	¥1430
東京の手みやげ	¥1430
東京おやつさんぽ	¥1430
東京のパン屋さん	¥1430
東京で楽しむ北欧	¥1430
東京のカフェめぐり	¥1480
東京で楽しむハワイ	¥1480

nyaruco 東京ねこさんぽ	¥1480
東京で楽しむイタリア＆スペイン	¥1480
東京で楽しむアジアの国々	¥1480
東京ひとりさんぽ	¥1480
東京パワースポットさんぽ	¥1599
東京で楽しむ英国	¥1599

地球の歩き方 Plat

1	パリ	¥1320
2	ニューヨーク	¥1650
3	台北	¥1100
4	ロンドン	¥1650
5	ドイツ	¥1320
7	ホーチミン／ハノイ／ダナン／ホイアン	¥1540
8	スペイン	¥1320
9	バンコク	¥1540
10	シンガポール	¥1540
11	アイスランド	¥1540
12	マニラ セブ	¥1650
14	マルタ	¥1540
15	フィンランド	¥1320
16	クアラルンプール マラッカ	¥1650
17	ウラジオストク／ハバロフスク	¥1430
18	サンクトペテルブルク／モスクワ	¥1540
19	エジプト	¥1320
20	香港	¥1100
22	ブルネイ	¥1430

23	ウズベキスタン サマルカンド ブハラ ヒヴァ タシケント	¥165
24	ドバイ	¥132
25	サンフランシスコ	¥132
26	パース／西オーストラリア	¥132
27	ジョージア	¥154
28	台南	¥143

地球の歩き方 リゾートスタイル

R02	ハワイ島	¥165
R03	マウイ島	¥165
R04	カウアイ島	¥187
R05	こどもと行くハワイ	¥154
R06	ハワイ ドライブ・マップ	¥198
R07	ハワイ バスの旅	¥132
R08	グアム	¥143
R09	こどもと行くグアム	¥165
R10	パラオ	¥165
R12	ブーケット サムイ島 ピピ島	¥165
R13	ペナン ランカウイ クアラルンプール	¥165
R14	バリ島	¥143
R15	セブ＆ボラカイ ボホール シキホール	¥165
R16	テーマパークin オーランド	¥187
R17	カンクン コスメル イスラ・ムヘーレス	¥165
R20	ダナン ホイアン ホーチミン ハノイ	¥165

地球の歩き方 御朱印

1	御朱印でめぐる鎌倉のお寺 三十三観音完全掲載 三訂版	¥1650
2	御朱印でめぐる京都のお寺 改訂版	¥1650
3	御朱印でめぐる奈良のお寺	¥1760
4	御朱印でめぐる東京のお寺	¥1650
5	日本全国この御朱印が凄い! 第壱集 増補改訂版	¥1650
6	日本全国この御朱印が凄い! 第弐集 都道府県網羅版	¥1650
7	御朱印でめぐる全国の神社 開運さんぽ	¥1430
8	御朱印でめぐる高野山 三訂版	¥1760
9	御朱印でめぐる関東の神社 週末開運さんぽ	¥1430
10	御朱印でめぐる秩父の寺社 三十四観音完全掲載 改訂版	¥1650
11	御朱印でめぐる関東の百寺 坂東三十三観音と古寺	¥1650
12	御朱印でめぐる関西の神社 週末開運さんぽ	¥1430
13	御朱印でめぐる関西の百寺 西国三十三所と古寺	¥1650
14	御朱印でめぐる東京の神社 週末開運さんぽ 改訂版	¥1540
15	御朱印でめぐる神奈川の神社 週末開運さんぽ 改訂版	¥1540
16	御朱印でめぐる埼玉の神社 週末開運さんぽ 改訂版	¥1540
17	御朱印でめぐる北海道の神社 週末開運さんぽ 改訂版	¥1540
18	御朱印でめぐる九州の神社 週末開運さんぽ 改訂版	¥1540
19	御朱印でめぐる千葉の神社 週末開運さんぽ 改訂版	¥1540
20	御朱印でめぐる東海の神社 週末開運さんぽ	¥1430
21	御朱印でめぐる京都の神社 週末開運さんぽ 改訂版	¥1540
22	御朱印でめぐる神奈川のお寺	¥1650
23	御朱印でめぐる大阪 兵庫の神社 週末開運さんぽ 改訂版	¥1540
24	御朱印でめぐる愛知の神社 週末開運さんぽ 改訂版	¥1540
25	御朱印でめぐる栃木 日光の神社 週末開運さんぽ	¥1430
26	御朱印でめぐる福岡の神社 週末開運さんぽ 改訂版	¥1540
27	御朱印でめぐる広島 岡山の神社 週末開運さんぽ	¥1430
28	御朱印でめぐる山陰 山陽の神社 週末開運さんぽ	¥1430
29	御朱印でめぐる埼玉のお寺	¥1650
30	御朱印でめぐる千葉のお寺	¥1650
31	御朱印でめぐる東京の七福神	¥1540
32	御朱印でめぐる東北の神社 週末開運さんぽ 改訂版	¥1540
33	御朱印でめぐる全国の稲荷神社 週末開運さんぽ	¥1430
34	御朱印でめぐる新潟 佐渡の神社 週末開運さんぽ	¥1430
35	御朱印でめぐる静岡 富士 伊豆の神社 週末開運さんぽ	¥1430
36	御朱印でめぐる四国の神社 週末開運さんぽ	¥1430
37	御朱印でめぐる中央線沿線の寺社 週末開運さんぽ	¥1540
38	御朱印でめぐる東急線沿線の寺社 週末開運さんぽ	¥1540
39	御朱印でめぐる茨城の神社 週末開運さんぽ	¥1430
40	御朱印でめぐる関東の聖地 週末開運さんぽ	¥1430
41	御朱印でめぐる東海のお寺	¥1650
42	日本全国ねこの御朱印&お守りめぐり 週末開運にゃんさんぽ	¥1760
43	御朱印でめぐる信州 甲州の神社 週末開運さんぽ	¥1430
44	御朱印でめぐる全国の聖地 週末開運さんぽ	¥1430
46	御朱印でめぐる茨城のお寺	¥1650
47	御朱印でめぐる全国のお寺 週末開運さんぽ	¥1540
48	日本全国 日本酒でめぐる 酒蔵&ちょこっと御朱印〈東日本編〉	¥1760
49	日本全国 日本酒でめぐる 酒蔵&ちょこっと御朱印〈西日本編〉	¥1760
50	関東版ねこの御朱印&お守りめぐり 週末開運にゃんさんぽ	¥1760
52	一生に一度は参りたい! 御朱印でめぐる全国の絶景寺社図鑑	¥2479
53	御朱印でめぐる東北のお寺 週末開運さんぽ	¥1650
54	御朱印でめぐる関西のお寺 週末開運さんぽ	¥1760
D051	鉄印帳でめぐる全国の魅力的な鉄道40	¥1650
	御朱印はじめました 関東の神社 週末開運さんぽ	¥1210

地球の歩き方 島旅

1	五島列島 4訂版	¥1870
2	奄美大島 喜界島 加計呂麻島（奄美群島①）4訂版	¥1650
3	与論島 沖永良部島 徳之島（奄美群島②）改訂版	¥1650
4	利尻 礼文 4訂版	¥1650
5	天草 改訂版	¥1760
6	壱岐 4訂版	¥1650
7	種子島 3訂版	¥1650
8	小笠原 父島 母島 3訂版	¥1650
9	隠岐 3訂版	¥1870
10	佐渡 3訂版	¥1650
11	宮古島 伊良部島 下地島 来間島 池間島 多良間島 大神島 改訂版	¥1650
12	久米島 渡名喜島 改訂版	¥1650
13	小豆島〜瀬戸内の島々1〜 改訂版	¥1650
14	直島 豊島 女木島 男木島 犬島〜瀬戸内の島々2〜	¥1650
15	伊豆大島 利島〜伊豆諸島1〜 改訂版	¥1650
16	新島 式根島 神津島〜伊豆諸島2〜 改訂版	¥1650
17	沖縄本島周辺15離島	¥1650
18	たけとみの島々 竹富島 西表島 波照間島 小浜島 黒島 鳩間島 新城島 由布島 加屋	¥1650
19	淡路島〜瀬戸内の島々3〜 改訂版	¥1760
20	石垣島 竹富島 西表島 小浜島 由布島 新城島 波照間島	¥1650
21	対馬	¥1650
22	島旅ねこ にゃんこの島の歩き方	¥1344
23	屋久島	¥1760

地球の歩き方 旅の図鑑

W01	世界244の国と地域 改訂版	¥2200
W02	世界の指導者図鑑	¥1650
W03	世界の魅力的な奇岩と巨石139選	¥1760
W04	世界246の首都と主要都市	¥1760
W05	世界のすごい島300	¥1760
W06	地球の歩き方的! 世界なんでもランキング	¥1760
W07	世界のグルメ図鑑 116の国と地域の名物料理を 食の雑学とともに解説	¥1760
W08	世界のすごい巨像	¥1760
W09	世界のすごい城と宮殿333	¥1760
W10	世界197ヵ国のふしぎな聖地&パワースポット	¥1870
W11	世界の祝祭	¥1760
W12	世界のカレー図鑑	¥1980
W13	世界遺産 絶景でめぐる自然遺産 完全版	¥1980
W15	地球の果ての歩き方	¥1980
W16	世界の中華料理図鑑	¥1980
W17	世界の地元メシ図鑑	¥1980
W18	世界遺産の歩き方 学んで旅する! すごい世界遺産230	¥1980
W19	世界の魅力的なビーチと湖	¥1980
W20	世界のすごい駅	¥1980
W21	世界のおみやげ図鑑	¥1980
W22	いつか旅してみたい世界の美しい古都	¥1980
W23	世界のすごいホテル	¥1980
W24	世界の凄い神木	¥2200
W25	世界のお墓図鑑	¥1980
W26	世界の麺図鑑	¥1980
W27	世界のお酒図鑑	¥1980
W28	世界の魅力的な道	¥1980
W29	世界の映画の舞台&ロケ地	¥2090
W30	すごい地球!	¥2200
W31	世界のすごい墓	¥1980
W32	日本のグルメ図鑑	¥1980
W34	日本の虫旅	¥2200

地球の歩き方 旅の名言 & 絶景

ALOHAを感じるハワイのことばと絶景100	¥1650
自分らしく生きるフランスのことばと絶景100	¥1650
人生観が変わるインドのことばと絶景100	¥1650
生きる知恵を授かるアラブのことばと絶景100	¥1650
心に寄り添う台湾のことばと絶景100	¥1650
道しるべとなるドイツのことばと絶景100	¥1650
共感と勇気がわく韓国のことばと絶景100	¥1650
人生を楽しみ尽くすイタリアのことばと絶景100	¥1650
今すぐ旅に出たくなる! 地球の歩き方のことばと絶景100	¥1650
悠々の教えをひもとく 中国のことばと絶景100	¥1650

地球の歩き方 旅と健康

地球のなぞり方 旅地図 アメリカ大陸編	¥1430
地球のなぞり方 旅地図 ヨーロッパ編	¥1430
地球のなぞり方 旅地図 アジア編	¥1430
地球のなぞり方 旅地図 日本編	¥1430
脳がどんどん強くなる! すごい地球の歩き方	¥1650

地球の歩き方 旅の読み物

今こそ学びたい日本のこと	¥1760
週末だけで70ヵ国159都市を旅したリーマントラベラーが教える自分の時間の作り方	¥1540
史跡と神話の舞台をホロホロ! ハワイ・カルチャーさんぽ	¥1760

地球の歩き方 BOOKS

ハワイ ランキング&マル得テクニック!	¥1430
台湾 ランキング&マル得テクニック!	¥1430
御船印でめぐる船旅	¥1870
BRAND NEW HAWAII とびきりリアルな最新ハワイガイド	¥1650
FAMILY TAIWAN TRIP #子連れ台湾	¥1518
GIRL'S GETAWAY TO LOS ANGELES	¥1760
HAWAII RISA'S FAVORITES 大人女子はハワイで美味しく美しく	¥1650
LOVELY GREEN NEW ZEALAND 未来の国を旅するガイドブック	¥1760
MAKI'S DEAREST HAWAII	¥1540
MY TRAVEL, MY LIFE Maki's Family Travel Book	¥1760
いろはに北欧	¥1760
ヴィクトリア朝が教えてくれる英国の魅力	¥1320
ダナン&ホイアン PHOTO TRAVEL GUIDE	¥1650
とっておきのフィンランド	¥1760
フィンランドでかなえる100の夢	¥1760
マレーシア 地元で愛される名物食堂	¥1430
香港 地元で愛される名物食堂	¥1540
最高のハワイの過ごし方	¥1540
子連れで沖縄 旅のアドレス&テクニック117	¥1100
食事作りに手間暇かけないドイツ人、手料理神話にこだわり続ける日本人	¥1100
台北 メトロさんぽ MRTを使って、おいしいとかわいいを巡る旅	¥1518
北欧が好き! フィンランド・スウェーデン・デンマーク・ノルウェーの素敵な町めぐり	¥1210
北欧が好き!2 建築&デザインでめぐるフィンランド・スウェーデン・デンマーク・ノルウェー	¥1210
日本全国 開運神社 このお守りがすごい!	¥1522
地球の歩き方 ディズニーの世界 名作アニメーション映画の舞台	¥2420

地球の歩き方 スペシャルコラボ BOOK

地球の歩き方 ムー	¥2420
地球の歩き方 JOJO ジョジョの奇妙な冒険	¥2420
地球の歩き方 宇宙兄弟 We are Space Travelers!	¥2420
地球の歩き方 ムーJAPAN 〜神秘の国の歩き方〜	¥2420

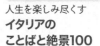

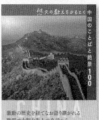

地球の歩き方 関連書籍のご案内

ブルガリア ルーマニアとその周辺諸国をめぐるヨーロッパの旅を「地球の歩き方」が応援します！

地球の歩き方 ガイドブック

地球の歩き方 aruco

地球の歩き方 Plat

地球の歩き方 旅と健康

※表示価格は定価（税込）です。改訂時に価格が変更になる場合があります。

制　作	今井 歩	Producer	Ayumu Imai
編　集	どんぐり・はうす	Editors	Donguri House
	大和田聡子		Akiko Ohwada
	平田功		Isao Hirata
	黄木克哲		Yoshinori Ogi
デザイン	シー・パラダイス	Design	Sea Paradise
地　図	どんぐり・はうす	Maps	Donguri House
ＤＴＰ	どんぐり・はうす	DTP	Donguri House
表　紙	日出嶋昭男	Cover Design	Akio Hidejima
校　正	三品秀徳	Proofreading	Hidenori Mishina

協力:岩間幸司／平岡ひとみ／グルーボ ピコ／大島政則／菅原篤／Albena Todorova／
Bulgarian Tourism National Tourist Information Center／ルーマニア観光局／
荒井-ソコロヴァ比呂子

本書の内容について、ご意見・ご感想はこちらまで
　〒141-8425　東京都品川区西五反田2-11-8
　株式会社地球の歩き方
　地球の歩き方サービスデスク「ブルガリア ルーマニア編」投稿係
　URL▶ https://www.arukikata.co.jp/guidebook/toukou.html
地球の歩き方ホームページ(海外・国内旅行の総合情報)
　URL▶ https://www.arukikata.co.jp/
ガイドブック『地球の歩き方』公式サイト
　URL▶ https://www.arukikata.co.jp/guidebook/

地球の歩き方A 28 ブルガリア ルーマニア 2019～2020年版
1992年11月2日　　初版発行
2024年8月23日　　改訂第12版第1刷発行

Published by Arukikata. Co., Ltd.
2-11-8 Nishigotanda, Shinagawa-ku, Tokyo, 141-8425, Japan

著作編集	地球の歩き方編集室
発行人	新井邦弘
編集人	由良暁世
発行所	株式会社地球の歩き方
	〒141-8425　東京都品川区西五反田2-11-8
発売元	株式会社Gakken
	〒141-8416　東京都品川区西五反田2-11-8
印刷製本	開成堂印刷株式会社

※本書は基本的に2018年8月～2019年2月の取材データに基づいて作られています。
　発行後に料金、営業時間、定休日などが変更になる場合がありますのでご了承ください。
更新・訂正情報:https://www.arukikata.co.jp/travel-support/

●この本に関する各種お問い合わせ先
・本の内容については、下記サイトのお問い合わせフォームよりお願いします。
　URL ▶ https://www.arukikata.co.jp/guidebook/contact.html
・広告については、下記サイトのお問い合わせフォームよりお願いします。
　URL ▶ https://www.arukikata.co.jp/ad_contact/
・在庫については　Tel 03-6431-1250 (販売部)
・不良品(乱丁、落丁)については　Tel 0570-000577
　学研業務センター　〒354-0045　埼玉県入間郡三芳町上富 279-1
・上記以外のお問い合わせ　Tel 0570-056-710 (学研グループ総合案内)

※本書は株式会社ダイヤモンド・ビッグ社より1992年11月に発行したもの(2019年4月に改訂第12版)の最新・改訂版です。
学研グループの書籍・雑誌についての新刊情報・詳細情報は、下記をご覧ください。
学研出版サイト　https://hon.gakken.jp/